D0191387

COLECCIÓN POPULAR

61

EL TEATRO HISPANOAMERICANO
CONTEMPORÁNEO

*

CARLOS SOLÓRZANO

EL TEATRO
HISPANOAMERICANO
CONTEMPORÁNEO

ANTOLOGÍA

*

COLECCION

cfe

POPULAR

FONDO DE CULTURA ECONÓMICA

MÉXICO

Primera edición,   1964
Quinta reimpresión,   1992

ISBN 968-16-0770-8 Tomo I
ISBN 968-16-0769-4 (Edición general)

Impreso en México

PRÓLOGO

EN LOS comienzos del siglo XX apareció en la expresión literaria de la América hispánica un teatro con signos propios y bien definidos. Durante el largo periodo colonial, en el que la creación dramática de América era un reflejo o imitación del teatro español, y aun después de consumada la independencia política de España, fue éste el que constituyó la más inmediata y frecuente inspiración de nuestros hombres de teatro. Las normas del romanticismo, que exaltaban las virtudes de los héroes dramáticos, hallaron inmediata repercusión en el teatro de la América hispánica, que, a su vez, recogía e idealizaba también personajes desvinculados de su propia realidad y mostraba una tendencia a la exageración de los gestos heroicos. Fue la comedia de costumbres de Manuel Bretón de los Herreros, que presentaba tipos y personajes de la clase media española, la que influyó de modo directo en la creación dramática de Hispanoamérica. Al atreverse el teatro a plantear y desenvolver conflictos reales e inmediatos, nuestros dramaturgos estuvieron en posibilidad de exponer los problemas más urgentes de sus respectivos países y de expresarse en una forma verbal que incluía el lenguaje familiar y el habla popular. Nació, así, el teatro hispanoamericano de costumbres y con él subió al escenario un mundo colorido, en el que se movían personajes que hablaban un castellano conformado según las peculiaridades lingüísticas de cada país, ya fuera para mostrar algunos arcaísmos conservados a lo largo del tiempo, o para hacer patente la amplia medida en que las lenguas indígenas habían influido en la lengua conquistadora.

7

De este periodo costumbrista nos quedan hoy, aún vivos, numerosos dramas y comedias de autores de diversas procedencias, que fueron los primeros en lograr una definición de los caracteres peculiares de nuestros países, de sus formas idiomáticas, del especial comportamiento de sus habitantes, del colorido de su vestuario y de las formas externas que rodeaban su existencia, descritas minuciosamente en las escenografías. Esta época tuvo su mayor auge en la Argentina. La "Década Gloriosa" (1900-1910), que fue iniciada con la dramatización que José Podestá hizo de la novela *Juan Moreira* de Eduardo Gutiérrez, continuó con el descubrimiento de más de treinta autores criollos, que construían sus comedias exaltando la verdad de los pobres y las dificultades de su subsistencia. De aquellos autores sobreviven, con calidad permanente, los nombres de Florencio Sánchez, Ernesto Herrera, Roberto J. Payró, y de otros muchos que habían asimilado los procedimientos del drama naturalista y que trasladaban a la escena los conflictos de los personajes locales con profundidad y con sabiduría dramática. El movimiento costumbrista se extendió por todo el continente, animado por un espíritu liberal que afirmaba su fe en los pobladores de Hispanoamérica y en su capacidad para gobernarse a sí mismos y para luchar por su libertad política y espiritual.

Aún antes de esta década los problemas locales eran presentados aisladamente, pero el auge que el teatro de costumbres alcanzó en Buenos Aires hizo que salieran a la luz otras comedias costumbristas anteriores a él, como las del chileno Manuel Barros Grez y las del peruano Manuel Ascencio Segura, e hizo posible que surgieran, posteriormente, otros autores que cultivaron el mismo género con un acento más hondo en la acusación y en la denuncia. Entre ellos figuran, en lugar sobresaliente, el cubano Marcelo Salinas y el guatemalteco Manuel Galich.

Como reacción ante el teatro costumbrista que limitaba el campo de observación psicológica a los personajes de la clase media o de la campesina, los dramaturgos de Hispanoamérica ensayaron posteriormente una nueva actividad. Coincidía este cambio con un fenómeno de índole universal: la terminación de la primera Guerra Mundial y las consecuencias que este hecho traía al mundo del teatro.

Si el costumbrismo había ejercido su acción durante los tres primeros lustros de este siglo, la primera Guerra Mundial vino a romper violentamente las fronteras de la cultura y los hombres de letras de todo el mundo construyeron una nueva literatura que echaba de nuevo sus raíces en el humanismo y en la revisión de los temas eternos y universales. El crecimiento de la ciencia psicológica aportaba un nuevo instrumento, con el análisis sistemático del mundo onírico y su correspondencia con la realidad. Los dramaturgos volvieron de nuevo los ojos a la tragedia clásica, para revisarla y para hallar en ella nuevas implicaciones: Los personajes aparecían en ese nuevo teatro desprendidos de su origen legendario, cobraban su verdadera dimensión humana, sin ataduras y sin servir ya a sus destinos atávicos. Correspondió con esta postura el crecimiento de las escenografías inespaciales (Craig, Appia), de las síntesis escénicas y del aprovechamiento de los planos físicos del escenario como determinantes de diversos niveles psicológicos. Rota así la barrera con que el positivismo había sujetado por tantos años al teatro, éste recobró su índole de ficción, de fantasía y, para usar una palabra grata a Strindberg, uno de los precursores del teatro moderno, de ensueño. Aquel movimiento de liberación repercutió también en la Amé-

9

rica Española, pues traía implícita la libertad de alejarse de los terrenos y personajes cercanos. Algunos dramaturgos rescataron, también en América, el tema clásico para recrearlo con un nuevo aliento; otros exploraron en las posibilidades que brindaba el surrealismo al desdoblar la realidad en varios planos, o al integrar esta realidad, mostrando alternativa o sucesivamente todos los ámbitos que la forman, con un lenguaje poético, de alto linaje literario. Entre estos autores debemos recordar con admiración a los argentinos Conrado Nalé Roxlo y Samuel Eichelbaum, al colombiano Luis Enrique Osorio, al cubano Luis A. Baralt, al portorriqueño Emilio Belaval, al dominicano Pedro Henríquez Ureña, a los mexicanos Julio Jiménez Rueda, Francisco Monterde, Alfonso Reyes y Xavier Villaurrutia.

Al mismo tiempo que esta corriente "universalista" se extendía en Hispanoamérica, los frutos del costumbrismo se depuraban y los conflictos lugareños ampliaban su órbita al examen de los problemas nacionales, mediante la observación minuciosa de los rasgos psicológicos dominantes en los pobladores de cada país y en la determinación de la influencia que estos rasgos ejercían en las relaciones humanas y políticas. Esta nueva forma teatral aspiraba a hacer un examen sociológico de los países de Hispanoamérica y dio frutos muy valiosos, porque en el procedimiento quedaban descartados todos los eufemismos y se presentaban los conflictos más hirientes, suscitados en las relaciones de los países americanos. Las formas expresivas del costumbrismo alcanzaron una mayor significación. El lenguaje pintoresco dejó sitio a una forma de expresión medida y funcional. El tránsito de lo cómico a lo dramático singularizó esta transformación del teatro costumbrista en teatro nacionalista. Los personajes populares fueron mostrados con creciente audacia y con severidad analítica. El teatro se nutría de los estudios políticos y sociológicos y la expresión dramática alcanzó un tono de profundo análisis racional, capaz de visualizar todos los acontecimientos en su fondo histórico más trascendente. Debemos recordar entre los autores que lograron estos propósitos, dentro del más riguroso cuadro estético, al cubano José Antonio Ramos, al chileno Antonio Acevedo Hernández, al portorriqueño Enrique Laguerre, al mexicano Rodolfo Usigli. Después de la segunda Guerra Mundial, la filosofía de la angustia parece gobernar los destinos de la literatura. Hemos conocido un teatro que establece un sistema diferente; que descubre las contradicciones del ser humano y muestra el absurdo de un mundo en donde el hombre cree ver reñida su propia naturaleza con la civilización que él mismo ha inventado. Esta disociación entre el ser y el devenir, entre la condición humana y la experiencia histórica del hombre, es el tema básico del teatro de la segunda posguerra, teatro que ha inventado el personaje dramático más atormentado de la historia, pues sabe que debe admitir su responsabilidad sin estar seguro de su libertad.

Los autores de la América hispánica recogieron esta tendencia en diferentes formas de expresión, pero ese hecho no implica ahora un reflejo imitativo. La segunda Guerra Mundial tuvo como consecuencia la actualización de los problemas de la América española. Nuestros países son, por primera vez en su historia, contemporáneos de su tiempo. Sus pobladores afrontan, en términos generales, la misma problemática que todos los hombres de la tierra.

Asistidos por el conocimiento del teatro de costumbres, de la indagación psicológica y del análisis de los problemas nacionales, nuestros autores pueden visualizar hoy cualquier conflicto y situarlo dentro de un ámbito propio, con rasgos peculiares. Al mismo tiempo pueden mostrar problemas universales, interesantes al lector y al espectador de otras latitudes.

La verdadera función activa del teatro se ha desenvuelto también en Hispanoamérica después de la segunda Guerra. Durante estos últimos veinte años hemos visto surgir compañías teatrales, crear academias de enseñanza, multiplicarse los locales para las representaciones. Paralelamente han aparecido una serie de autores que aspiran a crear un teatro trascendente, filosófico algunas veces, épico otras, pero siempre ambicioso, nunca banal. Un teatro que aspira a expresar la realidad de los hombres de hoy con instrumentos propios, sin enajenar la fisonomía de sus conflictos, de sus personajes ni de su idioma.

Esta antología tiene el propósito de mostrar un grupo de autores muy representativos de este teatro escrito en los últimos veinte años, periodo en el cual la creación dramática, como género literario, ha alcanzado en la América hispánica su edad adulta y se ha situado, inesperadamente, al lado de la poesía y de la novela, géneros que han merecido ya una minuciosa atención crítica.

Sin duda resultará sorpresivo para el lector comprobar que estas obras tienen un propósito común, que es un deseo de rectificación respecto de los problemas más dolorosos de nuestros países, un anhelo de reconciliación del hombre con su mundo. Los procedimientos cambian, según la naturaleza del autor, pero no el sentido de denuncia. Con ello nuestros dramaturgos asumen la misma actitud que todos los escritores del mundo: afirman su fe en el destino final del hombre, mediante un procedimiento que descubre sus insuficiencias actuales, sus flaquezas, sus incertidumbres y sus deficiencias. De esta manera logran concebir la imagen de un hombre redimido en el tránsito doloroso del drama y visualizar el establecimiento de un nuevo orden moral.

El presente volumen, aunque pretende mostrar un cuadro completo de este teatro, no ignora tampoco que la dificultad de comunicación entre nuestros países pudo haber sido la causa de que cuatro de ellos no estén representados. El teatro mexicano no tiene tampoco representación aquí, pues el Fondo de Cultura Económica dedicó ya, con anterioridad, tres volúmenes a los autores mexicanos de este siglo.

CARLOS SOLÓRZANO

AGUSTÍN CUZZANI

[1924]

*Argentino. Se graduó como abogado. Obtuvo
después el grado de Doctor en Leyes. En 1954
fue estrenada su primera obra,* Una libra de
carne, *que ha alcanzado gran éxito en la Argentina, otros países de América y Europa. En 1955
estrenó su segunda obra,* El Centro Forward
murió al amanecer, *que ha recorrido después el
mundo, triunfante, traducida a varios idiomas.
Posteriormente estrenó* Los indios estaban cabre-
ros, *que ha sido traducida al francés.* Sempronio
*es la última de las obras escritas por Cuzzani,
de la cual el autor ha hecho dos versiones. La original es la que se publica en esta antología. Tiene
escrita una obra, aún inédita, titulada* Para que
se cumplan las escrituras.

*Cuzzani ha ejercido algunas otras actividades
literarias: dos novelas de juventud,* Lluvia para
Yosia *y* Las puertas del verano; *un volumen de
cuentos,* Los mundos absurdos. *Actualmente escribe una estética teatral según el materialismo
dialéctico, de la cual ha terminado dos tomos.
Sus cuentos han sido dramatizados y difundidos
por la televisión argentina, a la cual Cuzzani ha
enriquecido con su presencia haciendo comenta-
rios acerca de temas generales. Las cinco obras
que ha escrito hasta hoy, a las cuales el autor
denomina "farsátiras", están concebidas en un
tono amargo e irónico a la vez. Sus anécdotas,*

en extremo significativas, recuerdan los temas del expresionismo, en los cuales los personajes adquieren un valor simbólico, sin perder nunca su propia sustancia vital. Sempronio *aborda* un tema de vibrante actualidad: la proximidad con que en el mundo contemporáneo conviven la creación y la destrucción. Escrita con singular maestría, esta obra se aleja del tono épico de las otras obras del autor y profundiza en el tema del amor creativo, de validez universal, sin perder el arraigo con la Argentina, que se hace patente en los giros idiomáticos y en la directa e inmediata comunicación que los personajes entablan entre sí.

Sempronio

FARSÁTIRA EN TRES ACTOS

La radioactividad ha permitido a los hombres hacer los trabajos más admirables. Es también un medio terrible de destrucción en manos de los grandes criminales que arrastran a los pueblos a la guerra.

PEDRO CURIE

Comunicación a la Academia de Ciencias de Estocolmo. Junio de 1905.

PERSONAJES

SEMPRONIO
OLGA, *su mujer*
SUSANITA, *su hija*
DIEGO, *su hijo*
EL ALTÍSIMO COMISIONADO
EL SOLDADO
SABIO
SABIO II
SABIO III
SABIO IV
1 JUBILADO
1 FILATÉLICO
2 ROCKERS
SOLDADOS, PÚBLICO, ETC.

ACTO PRIMERO

Habitación en casa de Sempronio. Pocos muebles, humildes. Una silla en el centro de la escena dando frente a público. A un costado, una pequeña mesita para planchar ropa. A foro, una gran ventana. Puertas de acceso de interiores a derecha e izquierda. Comunicando la escena con la platea, en el ángulo lateral izquierdo, una estructura de puerta con timbre, que puede tener número de calle y una escalera que baja a platea. Algunos muebles convencionales, aparadores, mesas, etc., completan el mobiliario.

Es de día, un domingo de primavera a las 10 de la mañana. Todo está ordenado y limpio, denotando la presencia de una buena ama de casa. Izquierda y derecha del actor. Época actual. Al levantarse el Telón, nadie.

Lentamente, al principio lejano, luego más cerca, comienza a oírse un silbido de Sempronio. Se trata de algún vals antiguo, silbado monótona y distraídamente. Siguiendo al silbido, con las manos en los bolsillos del pantalón, en mangas de camisa y con los tiradores a la vista, entra Sempronio. Es un hombre que pasa algo los sesenta años. No muy avejentado, más bien tranquilo y plácido que aburrido. Camina sin dejar de silbar arrastrando un poco los pies, toma su silla y se coloca frente a público. Mira distraídamente hacia adelante. Silba. Queda así.

Con la plancha en la mano, arrastrando el cordón con el enchufe y una canasta de ropa para planchar, entra Olga, esposa de Sempronio. Edad proporcionada a la de su marido. Olga es una buena mujer en quien lo doméstico ha solidificado como síntesis de todo lo importante y sublime que puede haber en la vida. Es gorda. Avanza decididamente hacia la mesita, acomoda la ropa como para empezar el trabajo. Habla mientras acciona.

18

OLGA.—(*Arreglando ropa.*) Ahora ya no hace falta la calefacción. Los días vienen más templados...

SEMPRONIO.—(*La mira y esboza una sonrisa.*) Nunca se sabe. De pronto llueve y refresca. Por las dudas, no guardes todavía la estufa.

OLGA.—(*Termina de acomodar la ropa. Vuelve a tomar la plancha. Se acerca a Sempronio, que continúa silbando bajito, y le coloca el enchufe entre la camisa y el cuello. Todo esto con mucha normalidad, sin tratar de destacarlo expresamente. Sempronio tampoco considera esta conexión como algo notable.*) A ver... ladeá un poco más el cuello, por favor... (*Sempronio obedece.*) ¿Te molesta?

SEMPRONIO.—¡No! ¡Qué idea! ¡Cómo me va a molestar! (*Sonríe.*)

OLGA.—No... pero el lunes me apretaste demasiado el enchufe y casi quemás la plancha. (*Espera un instante con la plancha en la mano. Luego moja su dedo en la lengua y toca ligeramente la plancha, para probarla. Retira el dedo rápidamente como si oyera el clásico chasquido.*) ¡Ya está! (*Le deja conectado el enchufe y comienza a planchar. Habla sin mirar a Sempronio.*) ¡Sempronio!...

SEMPRONIO.—Sí...

OLGA.—Convendría que hablaras con Susanita...

SEMPRONIO.—(*Un poco alarmado.*) ¿Con Susanita? ¿Qué le ocurre a la nena?

OLGA.—Como ocurrirle... nada. Pero se está entusiasmando mucho con el baile, y me parece demasiado chica todavía, para estas cosas.

SEMPRONIO.—(*Medita. Luego se enternece.*) Oh... la pobrecita estudia toda la semana. Es justo que de cuando en cuando... Está en la edad en que esas músicas son importantes. (*Más enérgico.*) Además, a mí me gusta verla bailar las danzas que se usan ahora. (*Tararea, desde su sitio, y para sí, moviendo el cuello, un ritmo de síncopa muy marcado. Procurará con los ojos y los gestos, parecerse a cual-*

quier imbécil rockero en éxtasis de ritmo y chwe-
wing-gum. Balancea el cuello al compás.)

OLGA.—¡Cuidado con la plancha!...

SEMPRONIO.—(*Súbitamente avergonzado.*) Perdoná.

OLGA.—A vos todo lo que hace Susanita te parece
bien. No te das cuenta que se empieza así, intere-
sándose en la música... y después se aprende a
bailar... y entonces se necesita un compañero, o
varios... y luego querrá salir con esos hombres...
(gestos de horror). Y al final...

SEMPRONIO.—Bueno... todavía estamos al principio. Susanita ya tiene 16 años. ¿Te olvidás que
nosotros hacíamos lo mismo? La nena es una muchachita cariñosa y bien educada que estudia mucho
sus lecciones y cumple todo lo que le pedimos.
No veo nada de malo que le guste un cha-cha-cha,
un mambo... o un... sucu-sucu...

OLGA.—(*Escandalizada.*) ¿No ves? ¡Vos también
estás aprendiendo! ¡Parece mentira, a tus años!

SEMPRONIO.—A la nena porque es joven. A mí
porque soy viejo. Me querés decir a qué edad debe
un ser humano bailar el *rock'n roll.* (*Esto lo pronuncia como un típico* jitteburg *en slak americano.
Tararea con entusiasmo en su sitio, haciendo balan-
cear el cuello.)*

OLGA.—¡Sempronio! (*Entra muy apurada, con una
pequeña radio, arrastrando el cordón con el enchufe por el piso, Susanita. Es hermosa, tiene dieciséis
años muy bien llevados. Es movediza y moderna.
También ella se sorprende al ver las contorsiones
de Sempronio.)*

SUSANITA.—¡Papito! (*Sempronio mira alternativa-
mente a Olga y Susanita.)*

OLGA.—(*Desalentada.*) ¡Y con la radio encima!
¡Parece que tendremos concierto!

SUSANITA.—Claro. Son las diez y media. ¡Es hora
del *rock!*

OLGA.—¡Las diez y media! Linda hora de levantarse, ¿no?

SUSANITA.—Hoy es domingo. *(Se acerca al padre.)* Permiso, papito. *(Lo besa y le coloca el enchufe de la radio, del otro lado del cuello.)* Sos el ángel de esta casa. *(Se pone en actitud de comenzar a bailar. Espera un instante. Nada. De pronto recuerda que falta algo. Se le ilumina la cara y tomando un brazo de Sempronio, lo levanta bien alto. La radio rompe a sonar con un rock'n roll frenético. Tanto Sempronio como Olga se sobresaltan. Susana empieza a bailar. Primero para sí misma, luego para el padre que sonríe y lleva el compás con los pies.)*

OLGA.—¡Susana, esa radio está muy fuerte! Yo estoy planchando y tengo que conversar con tu padre.

SUSANITA.—*(Interrumpe a medias el baile y baja hasta la mitad el brazo-antena de Sempronio.)* Bueno, mamá. Yo no tengo la culpa. Ahora pueden conversar... aunque después de veintiocho años de casados, no veo que tengan nada interesante que decirse. *(Sigue bailando.)*

OLGA.—*(Espantada.)* ¡Nena! *(A Sempronio.)* ¿Oíste? Vos tenés la culpa por consentirla todo el día a esta chiquilina. Ahí tenés el resultado.

SEMPRONIO.—Susanita... este... tu madre me decía... es decir... estábamos conversando con tu madre a propósito de esos bailes modernos que tanto te agradan...

SUSANITA.—*(Marcando pasos suaves en su sitio.)* Sí... ¿qué ocurre?

OLGA.—Que no son nada bueno para una jovencita como vos. Sin querer, una se va acostumbrando a cosas que al final resultan siempre mal.

SUSANITA.—¡Mamá, por favor! No querrás decir que por la simple costumbre de bailar, me voy a echar a perder.

OLGA.—Vos sabés bien lo que quiero decir.

SUSANITA.—Sí, pero para esas malas costumbres, no hacen falta bailes modernos. Al contrario, con un vals antiguo y romántico pueden ser mucho más peligrosas. La forma moderna del baile es más un deporte que un pretexto para tomarse lascivamente la cintura, como antes. ¿No es cierto, papito?

OLGA.—¿No ves? ¡La descarada! ¡Fíjense qué pregunta para hacerle a un padre anciano!

SEMPRONIO.—(*Risueño y burlón.*) ¿Un padre... cómo dijiste ?

OLGA.—(*Corrida.*) Bueno... quise decir un padre serio y respetable.

SUSANITA.—¡Papito no es anciano, ni serio ni respetable!

SEMPRONIO.—(*Más divertido.*) Bueno, ahora tampoco soy serio ni respetable...

SUSANITA.—Bueno... yo quise decir...

SEMPRONIO.—Ya sé lo que quisiste decirme, Susanita. Yo te comprendo muy bien. Querés decir que sos joven y alegre, que amás la vida y que estás segura de tu conducta, con o sin música. Tu madre también comprende y está orgullosa de su hija. Sólo que... bueno... hay que perdonarla... Ella es una mujer anciana y respetable... (*Ríe.*)

OLGA.—¡Ahora sí! ¡La anciana respetable soy yo! (*Padre e hija ríen entre sí.*) Con ustedes no se puede hablar. ¡Están siempre de acuerdo! Pero... (*Amenaza con el dedo, un poco ya en broma. Sempronio, como respuesta, levanta el mismo brazo y la radio vuelve a sonar fuerte. Susana baila ahora para su padre, y, a la pasada, para la madre que, vencida sonríe y plancha ropa casi al compás. Todo queda así un buen instante, más aún, se diría que el ritmo va* in crescendo *al llamado salvaje de la música.*)

Entra Diego. Es el hijo mayor del matrimonio. Joven técnico de mucho porvenir, trabajador, sim-

22

pático, aunque para sus pocos años y tal vez por
tener una hermana jovencita, sus maneras resulten
a veces excesivamente serias y graves. Llega con
una pava de agua, el mate y el diario de la mañana.
Como es domingo, viene con ropas de entrecasa, un
poco despeinado. Queda parado con todos sus im-
plementos, mirando la escena.

DIEGO.—¡Buenos días! *(No lo oyen. Grita.)* ¡Buenos días! *(Lo miran. Él mira fijamente a Susana.)* ¿Se podrá leer el diario en esta casa o nos volveremos todos locos? *(Se acerca a Sempronio y le baja el brazo hasta que la radio es sólo un susurro.)*

SUSANITA.—¡Justo ahora! Ya había ganado la primera batalla por el baile. ¿No podrías venir a otra hora a leer el diario?

DIEGO.—*(Sin contestarle.)* Permiso, papá. Te voy a molestar un minuto. Vos sabés que a mí no me gusta abusar. *(Y le coloca la pava en la cabeza.)* A propósito, esta tarde tendrás que darle corriente de nuevo al club. La compañía la tiene con este barrio. Hoy hay un nuevo corte de electricidad. Además, mañana empieza la calesita y quisieran tirar un cable hasta aquí... por las dudas.

SEMPRONIO.—Cuidado que no se te hierva el agua. Después el mate se quema y no sirve. *(La pava empieza a echar humo.)*

DIEGO.—No, ya está. ¿Querés unos mates, viejo? *(Retira la pava y se instala a su gusto a leer el diario y tomar mate.)*

SEMPRONIO.—No, ahora no. Ya tomé mate esta mañana. Nosotros los jubilados madrugamos más que ustedes los trabajadores.

DIEGO.—Hoy es domingo. Además, los jubilados tienen menos desgaste. Se cansan menos.

OLGA.—No hables de desgastes, que va resultando un abuso eso que todos los días te aparezcas con un club nuevo o una calesita o un sindicato que necesitan corriente. Me pregunto qué pasaría si decidimos cobrarles algo por conectar a tu padre.

SEMPRONIO.—¡Cobrar! ¿Por qué cobrar? Si a mí no me cuesta nada. Al contrario, es una gran alegría sentirme unido por cables a tanta gente que trabaja, a tantos chicos que juegan. Además, no van a comparar la calidad de mi corriente con la de la usina. Cuando yo digo dos veinte, son dos veinte.

DIEGO.—Los muchachos del club compraron un televisor y dicen que no lo van a usar más que con vos.

SUSANITA.—¡Un televisor! ¿Me vas a llevar al club, Dieguito?

OLGA.—¡Lo único que te faltaba!

DIEGO.—Claro que te voy a llevar. Por la tarde hay programas infantiles. *(Susana muy ofendida hace un gesto de desafío. Levanta el brazo del padre y baila. Diego se sienta a leer. Olga plancha. Una pausa.)* ¡Bueno... bueno, esto se pone feo!

SEMPRONIO.—¿Qué ocurre? *(Lo miran a Diego. La radio baja sola.)*

DIEGO.—¿Leíste el diario?

SEMPRONIO.—No, todavía no. ¿Por qué?

DIEGO.—Hay una noticia medio rara. Escuchá. *(Lee.)* Curiosa radioactividad. A pesar del secreto policial, ha trascendido que las autoridades están muy preocupadas por ciertos trastornos radioactivos aparecidos en un barrio de esta ciudad. *(Baja el diario.)* Podría ser que... se tratara de nosotros, viejo.

SEMPRONIO.—¿Te parece? Sin embargo, no creo que yo haya ocasionado eso que dice allí. Trastornos radioactivos... alarma...

SUSANITA.—¿Te pueden hacer algo, papito?

OLGA.—¿Qué le van a hacer? Sempronio no hace mal a nadie. Además, la corriente no la roba.

SUSANA.—Bueno, no se asusten, entonces... Debe

ser otra cosa y no nosotros. (*A Sempronio.*) Todavía me faltan veinte minutos de *rock*, papá.

Cuando Sempronio levanta el brazo, la música se interrumpe bruscamente y se oye la voz urgente del locutor.

Radio.—¡Atención! Interrumpimos momentáneamente nuestro programa para transmitir una noticia de último momento. Se relaciona con la extraña aparición de radioactividad en Buenos Aires y dice así: Se comunica a la población de toda la ciudad que se ha logrado localizar, sin lugar a dudas, el origen de las manifestaciones radioactivas que se venían haciendo notar en nuestra ciudad. Según informaron esta mañana las autoridades, tales manifestaciones provienen del barrio de Balvanera, particularmente de una manzana ocupada por viviendas, que ya ha sido aislada y rodeada por la policía. Es la manzana que se encuentra comprendida entre las calles Rivadavia, Bulnes, Salguero y Bartolomé Mitre. Se esperan más informaciones.

Sempronio deja caer los brazos y la radio calla del todo.

Diego.—Somos nosotros, no hay dudas.

Susanita.—Y dice que la policía rodea la manzana.

Olga.—¿Qué te harán, viejo?

Sempronio.—Nada, ¿qué me van a hacer? Además, la manzana es muy grande. Quién sabe si al fin y al cabo somos nosotros.

Olga.—Diego, mejor asomate vos, a ver si distinguís algo...

Diego y Susana corren a "asomarse" a platea. Simulan hacerlo por una ventana algo estrecha que da directamente a público.

Susanita.—(*Ve algo y se asusta.*) Diego... fijate allá...

Diego.—(*Que se asoma.*) ¿Qué hay? No veo nada.

Susanita.—*(Señala al fondo de la sala, por las últimas filas de platea.)* Aquello ¿qué es?

Por el sitio donde señala Susana aparecen el altísimo comisionado y el sabio. El altísimo comisionado es un hombre corpulento, autoritario, prepotente, muy fatuo y satisfecho de sí mismo. El sabio es pequeño, dulce e ingenuo. Usa una enorme barba blanca y lleva en la mano una cajita negra, tipo contador Geyger.

Altísimo Comisionado.—Usted, profesor, vaya por allí mientras yo investigo esta parte.

Sabio.—*(Corriendo con su cajita hacia un costado, como si hubiera pescado algo entre el público.)* Aquí hay algo... *(Oye.)* ...Sí, parece que... *(Oye.)* ¡Ah, no!, es una recién casada... *(Cambia de rumbo.)* Mejor parece que es por aquel lado. *(Recorre otro sector de público.)* A ver... *(Habla para sí.)* Ingeniero... poeta... nada radioactivo... reloj de oro... brillante falso... dolor de muelas... *(Se vuelven.)* Por aquí no es.

Altísimo Comisionado.—Yo tampoco siento nada. *(Con un poco de miedo.)* Mejor... nos vamos, ¿no?

Por el aire, de ninguna parte en especial, se empieza a oír con fuerza un latido acompasado y persistente.

Sabio.—¡No... oiga! ¡No podemos dejar esto así! ¿Si fuera una bomba?

Altísimo Comisionado.—*(Pronto a huir.)* ¿Una bomba? ¿Usté cree? Entonces mejor... nos vamos. Yo no soy ningún recolector de bombas escondidas. Soy un Alto funcionario. No puedo arriesgarme. *(Va saliendo.)* ¡Vamos!

Sabio.—¡Si usted lo ordena, yo deberé informar que no pude localizar el origen de las manifestaciones, porque usted me lo ordenó!

Altísimo Comisionado.—No, porque entonces me pedirán la renuncia... Hay tantos envidiosos... Bueno... siga buscando, pero... ¿si hay una bomba en serio?... ¡Oh, Dios mío! ¡Qué trágicos dilemas nos plantea el ejercicio de nuestros elevados cargos! ¡Triste vida la de los funcionarios! Me siento desfallecer. *(Avanza hasta la escalera que conduce a casa de Sempronio.)* Mejor... siga usted solo... Yo... *(Busca la excusa.)* Yo entraré en alguna de estas casas a pedir un vaso de agua y reponerme un poco...

Sabio.—*(Solícito.)* ¿Se siente mal? *(Avanza hasta él.)* Podemos descansar un momento. Lo acompañaré.

La escena ha sido vista en todo momento desde la ventana imaginaria por los hijos de Sempronio y Olga. Llegan hasta la puerta y el sabio apoya su dedo contra el timbre.

Sempronio.—*(Impersonal, quieto, mirando hacia el vacío.)* ¡Trrrrrrrrrrriiiiiiiiiiiiin!

Olga.—Tocaron el timbre. ¿Qué hacemos?

Diego.—No les abras. Necesitan orden de allanamiento firmada por el Juez.

Susanita.—Pero si la tienen echarán la puerta abajo.

Sempronio.—Abran esa puerta.

Olga.—No, viejo...

Sempronio.—*(Mientras el sabio oprime otra vez el timbre.)* ¡Trrrrrrrriiiiiiiiiin!

Olga.—Se impacientan.

Susanita.—*(Va hacia la puerta.)* ¡Abro y les digo que papá no está! *(La sigue Diego y luego Olga. Sempronio, muy tranquilo, con los cables conecta-*

dos, queda en su sitio y puede silbar indiferente. Susana abre y los enfrenta.) ¿Qué... desean los señores?

ALTÍSIMO COMISIONADO.—Vea, yo soy...

El latido en el aire se hace insoportable.

SABIO.—¡Un momento! ¿Me permite? *(Le acerca el contador a Susana. El comisionado da un salto atrás.)* ¡No hay duda... es aquí. *(Entra.)*

SUSANITA.—No se puede pasar, señor. *(Pero el sabio ya está adentro y luego de dar una vuelta alrededor de Susana, recorre la pieza a largos trancos de petizo con su contador.)* Le repito que no se puede.

DIEGO.—*(Al alto comisionado.)* Un momento. ¿Qué viene a hacer usted aquí? ¿Con qué derecho?...

ALTÍSIMO COMISIONADO.—*(Avanzando ahora que el sabio ha descubierto a Sempronio y le da vueltas rítmicas alrededor, al compás de los latidos, mientras lo mira con curiosidad.)* Profesor, ¿éste es el origen?

SABIO.—*(Bajando el volumen de su caja.)* Sin ninguna duda. *(Muestra la caja.)* Puede acercarse. ¡Es una verdadera pila atómica!

ALTÍSIMO COMISIONADO.—*(Señalando los cables.)* ¿Y eso? *(El sabio los desconecta y mira la plancha y la radio.)* ¡Inconscientes!

DIEGO.—¿Pero se puede saber quiénes son ustedes?

SUSANITA.—¡Retírense inmediatamente de esta casa y dejen tranquilo a mi papito!

ALTÍSIMO COMISIONADO.—*(Indignado.)* Inconscientes... *(A Sempronio.)* ¡A ver, usted, levántese! *(Sempronio muy tímidamente se levanta. El Altísimo comisionado grita histérico.)* ¡Rápido, nombre y apellido!

SEMPRONIO.—Perdonen, señores. Pero todavía ésta es mi casa y aquí no estamos acostumbrados a los gritos. Además, si tuvieran a bien decirme, ¿quiénes son ustedes?

Altísimo Comisionado.—¡Soy el Altísimo Comisionado para la Energía Atómica!

Sempronio.—*(Tendiéndole la mano.)* Mucho gusto...

Altísimo Comisionado.—*(Da un salto atrás y grita.)* ¡No me toque!

Diego.—Le han dicho que no grite. ¿Entendió?

Sabio.—*(Más dulce.)* Perdódenos, señor. Pero estamos cumpliendo órdenes superiores muy estrictas. Las autoridades nos han enviado a buscar el origen de ciertas manifestaciones radioactivas en este barrio... y usted parece ser el origen... además no puede negar que cuando llegamos estaba conectado a una radio y una plancha. De modo que ya ve... El señor es un Altísimo funcionario. Tiene facultades suficientes en estos casos, para usar la fuerza pública, allanar domicilios, hacer interrogatorios...

Altísimo Comisionado.—Y poner presos a todos.

Gesto de Diego.

Sabio.—A todos los que dificulten su trabajo. De modo que es preferible que nos entendamos desde el principio. Yo soy el Profesor Germán Noclis, Altísimo Físico Matemático, y usted permitirá que también yo le haga unas preguntas...

Sempronio.—No tengo ningún inconveniente, señor.

Sabio.—En primer lugar... ¿Cómo ha hecho para volverse radioactivo?

Diego.—No le cuentes nada, papá. Todo esto no está claro.

Sempronio.—Bueno, es que ni siquiera sé qué contarles. Nunca en mi vida había sentido nada por el estilo. Y una mañana, hace cerca de tres meses, desperté con muchísima sed. Como nunca bebo nada a esa hora, me levanté un poco extrañado y fui hasta la cocina a servirme agua. Allí fue lo curioso. El agua salía fría de la canilla, pero al llegar a mis labios, estaba hirviendo. Dejé caer el vaso y para no quemarme salté hacia atrás. Al apoyarme en la cocina, empezó a funcionar. Probé entonces con la radio y me oí todo el informativo... Después... no sé... mi esposa quiso llamar al médico, pero... yo no me sentía enfermo, y además, los viejos siempre tenemos miedo que nos vean los médicos. Además, aparte de esa pequeña molestia de beber agua hirviendo, yo me encuentro perfectamente bien.

SABIO.—¿Y qué hizo entonces?

SEMPRONIO.—De acuerdo con mi familia, comencé a usar mi corriente para hacer andar las cosas de la casa. La radio, la plancha, la cocina, el calefón, la estufa. Todo anda a las mil maravillas conmigo. Aparte que sale mucho más barato. Y mientras, yo me entretengo...

OLGA.—No veo que hagamos mal a nadie, señor.

SABIO.—¿Usted trabaja en algún laboratorio? ¿Hace experiencias?

SEMPRONIO.—No, señor. Yo no trabajo.

SUSANITA.—Mi papito está jubilado.

OLGA.—Ya trabajó bastante como para que lo dejen vivir tranquilo.

SABIO.—¿Y qué clase de vida hace?

SEMPRONIO.—Ninguna clase de vida, señor. Me levanto... le sirvo corriente a mi mujer, a mis hijos que van al trabajo o estudian, le doy radio a la nena para que baile. La nena baila muy bien esas danzas que se usan ahora. ¿Quieren ver? (*Toma el enchufe con la mano.*) Mostrale a los señores.

La radio suena. Susana un poco extrañada pero desafiante, se prepara. El comisionado la toma por una muñeca. Sempronio suelta el cordón.

ALTÍSIMO COMISIONADO.—¡Silencio! (*Pausa. Mira desafiante a todos.*) Yo lo interrogaré. ¿Tiene amigos que trabajan en energía nuclear?

SEMPRONIO.—No, señor. Apenas si salgo de casa una vez cada dos o tres meses.

ALTÍSIMO COMISIONADO.—¿Dónde va?

SEMPRONIO.—A un club de filatélicos, del que soy socio. A veces hacemos reuniones. Nos mostramos las estampillas...

Al sabio le brillan los ojos, hace un gesto de sorpresa. Interrumpe.

SABIO.—¿El señor es filatélico? ¡Qué interesante! ¿Hace mucho?

SEMPRONIO.—No, sólo desde que me jubilé. Yo... estaba habituado a trabajar. Nunca fui un inútil. ¿Qué puede hacer un jubilado? Tampoco estaba acostumbrado a vagar por la calle. ¿Adónde puede ir un jubilado? ¿Comprende? Las estampillas me resultaron algo muy emocionante... ¡Pedacitos de mundo!

SABIO.—¡Tiene razón! ¿Y qué clase de estampillas colecciona?

ALTÍSIMO COMISIONADO.—¡Profesor! ¿Eso es importante?

SABIO.—Claro que es importante. Yo también junto estampillas.

SEMPRONIO.—Pero yo creo...

ALTÍSIMO COMISIONADO.—Déjese de tonterías ahora. Averigüe lo que nos interesa.

SABIO.—Un minuto. ¿Qué me iba a decir?

SEMPRONIO.—Oh... nada del otro mundo. Decía que mi colección es tan nueva que no debe haber nada interesante... Pero así y todo, tengo algunas estampillas de valor... Japonesas. Me vienen de Hiroshima, de Nagasaki... de...

ALTÍSIMO COMISIONADO.—¿De dónde? *(Salta de golpe.)*

SABIO.—De Hiroshima, de Nagasaki... Japonesas... *(A Sempronio.)* En colores, ¿verdad?

ALTÍSIMO COMISIONADO.—*(Cortando bruscamente.)* ¿Y qué hace con esas estampillas?

SEMPRONIO.—Nada... las miro... las pego en mi álbum...

ALTÍSIMO COMISIONADO.—¿Pero cómo las pega?

SEMPRONIO.—*(Hace gesto de pegar estampillas, pasándose la lengua por la palma de la mano.)* Así...

SUSANITA.—No es ningún delito pegar estampillas con la lengua.

DIEGO.—Además, ya les hemos dado bastantes explicaciones. Ahora váyanse y déjennos tranquilos.

OLGA.—Tenemos mucho que hacer. No estamos para perder el tiempo.

ALTÍSIMO COMISIONADO.—Así que estampillas de Hiroshima... ¡Bueno, el caso está claro! *(Militarmente, con solemne postura.)* Señor... *(No sabe el nombre.)*

SEMPRONIO.—Sempronio.

ALTÍSIMO COMISIONADO.—¡Señor Sempronio!: En nombre de la Altísima Comisión de Energía Atómica, de la que soy Presidente, y en uso de las facultades de las que estoy investido, a efectos de cumplir las importantes funciones para las que estoy llamado, procedo a tomar posesión en esta sencilla pero emotiva ceremonia y en presencia de testigos y familiares, de esta pila atómica, fuente de energía que es propiedad inalienable, imprescriptible e intransferible de la Nación.

OLGA.—¿Qué quiere decir todo esto, viejo?

SEMPRONIO.—No entiendo bien. Dejalo que termine.

ALTÍSIMO COMISIONADO.—Es para mí un motivo de sincera emoción, en nombre de los más altos intereses que represento, darle la bienvenida. Y agradeceros, sobre todo, la buena voluntad con que os disponéis a acompañarnos, sacrificando vuestra libertad y demás comodidades domésticas, para entregaros por entero al cumplimiento del deber.

SEMPRONIO.—Libertad... deber... ¿Quieren decir que me llevan con ustedes?

ALTÍSIMO COMISIONADO.—¡Por supuesto! ¡Usted es propiedad de la Nación!

OLGA.—¡Qué propiedad ni que propiedad! ¡Es mi marido! Y de aquí no se lo van a llevar. ¡No está en edad de andar solo por ahí!

ALTÍSIMO COMISIONADO.—¡Silencio! Les recomiendo a ustedes que no intenten ningún escándalo. Todos ustedes han estado abusando sin permiso de la corriente de esta pila atómica, propiedad inalienable, imprescriptible e intransferible de la Nación. No pienso tomar medidas, pero tampoco voy a tolerar que se discutan mis disposiciones. ¡Venga con nosotros!

SEMPRONIO.—¿Y dónde me quieren llevar?

ALTÍSIMO COMISIONADO.—El lugar es ultrasecreto. Hay muchos espías del enemigo que quieren descubrir nuestros secretos atómicos.

DIEGO.—¿Qué enemigos? ¡Si nuestro país no tiene enemigos!

ALTÍSIMO COMISIONADO.—Pero tiene amigos. Ellos se encargan de buscarnos enemigos. Usted no entiende nada de política internacional.

OLGA.—¿Y cómo haremos para verlo?

ALTÍSIMO COMISIONADO.—Es muy difícil. Tal vez para fin de año, organicemos una exposición de nuestros más modernos materiales y artefactos nucleares. A lo mejor exhibimos también al señor.

OLGA.—¡Pero es mi marido!

SUSANITA.—¡Pero es mi papito!

DIEGO.—¡Pero es un atropello!

ALTÍSIMO COMISIONADO.—¡Es la ley! ¡Y ahora, les ruego, señores, que no dificulten mi tarea! Abnegación, señores. ¡Abnegación! ¡Y renunciamiento! Cualquier cosa que le ocurra a la pila será bajo mi responsabilidad. Hasta que le den entrada en el Inventario de la Comisión. *(A Olga.)* Le daré un recibo provisorio. *(Firma un papel, lo entrega.)* Sírvase, señora.

OLGA.—Yo no quiero un recibo. Yo quiero a mi viejo. *(Llora.)*

Diego avanza un paso y Sempronio lo contiene.

SEMPRONIO.—Quieto, Diego. El señor cumple órdenes. Ya se arreglará todo. *(A Olga.)* No te aflijas, vieja. No me harán nada. *(A los hijos.)* Cuiden mucho a su mamá. Vos, Diego... decile a los muchachos del club que disculpen... *(Se le arrojan a los brazos.)*

DIEGO.—Moveremos cielo y tierra para sacarte.

SUSANITA.—¡Papito!

OLGA.—¡Volvé pronto, viejo!

Sempronio se desprende dulcemente y camina hacia la escalera. Van bajando.

SEMPRONIO.—*(A ellos.)* Si todo es legal... no me pueden tener encerrado. Ya verás cómo se arregla todo. *(Al Altísimo Comisionado.)* Vamos, señor.

La familia desde la puerta, agita las manos, pañuelos, etc. Sempronio, el Altísimo Comisionado y el Sabio bajan a platea. Susana corre desde la puerta a "asomarse" a la ventana que da a platea. Se le reúnen todos muy apretados, Diego y Olga. En platea y avanzando camino el Altísimo Comisionado, palmea a Sempronio, satisfecho.

ALTÍSIMO COMISIONADO.—Bueno, se ha portado usted como un buen ciudadano. *(Lo palmea.)* ¡Así

34

me gusta! *(De pronto queda petrificado de espanto mirándose la mano. Grita con voz deformada de miedo al Sabio que ya está en la salida.)* ¡Profesor!

Sabio.—*(Desde la salida, se vuelve.)* ¿Qué ocurre?

Altísimo Comisionado.—¡Lo toqué! ¡Me voy a morir...!

Sabio.—*(Muy ingenuo.)* Es posible... nunca se sabe.

Altísimo Comisionado.—¡Cómo, es posible! ¡Qué se puede hacer!

Sabio.—*(Siempre inocente.)* ¿Si se muere? No sé... nombrar otro Altísimo Comisionado.

Sale. El Altísimo Comisionado y Sempronio lo siguen. En la ventana los tres asomados, están tristes y caídos.

Susanita.—Ya no se ven... *(Grita.)* ¡Papito! *(Oye el silencio.)* ¡Papitoooo!

Olga y Diego se retiran de la ventana. Susanita, muy triste, mira a platea.

Olga.—Nena... cerrá esa ventana.

Susana, muy triste, va desenrollando en el aire la cinta que baja la cortina imaginaria. Coincidiendo con ello, en lugar de la cortina de la ventana, cae lentamente el

TELÓN

ACTO SEGUNDO

Celda donde tienen prisionero a Sempronio. Pocos muebles. Afuera ventana con rejas. Un soldado con escafandro de buzo, dos antenas y tres descargas a tierra, se pasea delante de una bañadera de latón gris, de la que no se aparta. Su actitud es serena, un poco aburrida. Es joven, aunque esto sólo se adivina dentro de la estrambótica ropa antiatómica. En primer plano está sentado Sempronio, en la misma actitud del primer acto. Sólo que silba con más tristeza y parece más cansado y viejo. Junto a él hay una mesita con una bandeja.

Al comenzar la acción todo queda así, una larga pausa, hasta que el espectador entre en el ritmo lento de la escena.

SOLDADO.—*(Acercándose y mirando la bandeja.)* Ha dejado todas las estampillas.

SEMPRONIO.—No tengo apetito.

SOLDADO.—Si sigue así se va a debilitar.

SEMPRONIO.—Me da lo mismo. ¿Conoces alguna tortura peor que comer solo?

SOLDADO.—¿Qué tiene de malo? Uno come y ya está.

SEMPRONIO.—¿Pero... dónde mirás cuando masticás tu comida? Nada adelante, nada atrás, y encerrado en un cerco de saleros, botellas, vasos...

SOLDADO.—Pero es necesario que coma... el Altísimo Comisionado dijo que...

SEMPRONIO.—¡Ajá!

SOLDADO.—Además, son las mejores estampillas que se consiguen en el Japón. Las de Nagasaki son de dos clases. Estas chiquitas que vienen en envase de plomo aislante, y estas otras tiernas, traídas especialmente frescas en aviones a reacción.

SEMPRONIO.—¡Ajá!

SOLDADO.—Deben ser ricas, ¿no?

SEMPRONIO.—Podés probarlas. Ahí tenés...

SOLDADO.—¡No! *(Con miedo se acerca y mira.)* Yo siempre me pregunto, por qué las estampillas no vendrán hechas con gustos diferentes, chocolate, crema, frutilla... ¿Le gustan las frutillas, señor Sempronio? En mi casa, mi mamá me hacía dulce de frutilla como para volverse radioactivo... *(Se corta.)* Es decir, si usted no se ofende. Mi hermana también cocina, pero, como dice mi mamá: siempre tiene la cabeza puesta en otra parte. Claro... tiene sólo 16 años...

SEMPRONIO.—Y le da por los bailes modernos... y la mamá tiene miedo...

SOLDADO.—¡Ah!... usted también adivina... Claro... con el fuido ese...

SEMPRONIO.—No, pero Susanita es como tu hermana.

SOLDADO.—Susanita... ¿Quién es Susanita?

SEMPRONIO.—¡Es mi hija menor! Yo tengo dos hijos, ¿sabes?

SOLDADO.—*(Extrañado.)* ¡Usted tiene hijos!

SEMPRONIO.—Dos.

SOLDADO.—Entonces, tendrá también esposa, ¿no?

SEMPRONIO.—Claro.

SOLDADO.—¡Oía!

SEMPRONIO.—¿Qué te extraña?

SOLDADO.—Nada... pero... como usted es tan... bueno, usted hace andar las radios, las máquinas, usted come estampillas y además, lo tienen aquí encerrado... yo creía que... en fin... que usted era una cosa rara, no un padre como los de todo el mundo.

SEMPRONIO.—Acércate, muchacho.

SOLDADO.—No. Está prohibido.

SEMPRONIO.—Pero ahora no hay nadie.

SOLDADO.—Tengo órdenes estrictas. *(Mira alrededor.)* Bueno, si le voy a confesar la verdad, también tengo miedo estricto.

Sempronio.—Si yo no te voy a hacer nada.

Soldado.—No, usted no. Pero el fluido ese que tiene usted... Aquí, la Altísima Comisión me ha hecho aprender de memoria el reglamento de precauciones que hay que tomar con usted.

Sempronio.—¿Conmigo?

Soldado.—Claro. *(Recita.)* Artículo Primero: El soldado que tenga a su cargo y vigilancia al elemento S.P.49 H 321 V/60...

Sempronio.—¿Qué es el elemento S.P.49 H 321 V/60?

Soldado.—Usted. Continúo. El soldado que tenga a su cargo y vigilancia el elemento S.P.49 H 321 V/60, deberá abstenerse de respirar durante las horas que esté con él. Sólo en casos excepcionales y si le fuere muy indispensable podrá respirar pequeñas cantidades de aire, en el lugar más apartado de la celda. Y siempre que no sople viento o corriente de aire del lado del elemento. Artículo Segundo: El soldado que realice las tareas previstas en este reglamento deberá evitar cuidadosamente todo contacto personal con el elemento, ya sea contacto físico —darle la mano, palmearle o recibir palmadas en el hombro—, o contacto ideológico —conversar sobre política, averiguar opiniones o secretos del elemento—. Artículo Tercero: El soldado procurará no rozarse o tocar a ninguna persona de la Altísima Comisión y queda especialmente prohibido tocar al Altísimo Comisionado. Artículo Cuarto: Al menor síntoma de radioactividad, el soldado deberá arrojarse inmediatamente a la bañadera de latón llena de agua, que forma parte de su equipo. *(Pausa.)* Dicen que el agua es aislante, ¿sabe?

Sempronio.—Acercate, muchacho.

Soldado.—Pero...

Sempronio.—No te preocupes. Ese reglamento no sirve para nada. En mi casa, toda mi familia, mi

38

mujer, mis hijos, los vecinos, han vivido meses enteros conmigo y a ninguno le ocurrió nada.

SOLDADO.—Eso es lo raro. Digo yo... sus hijos, por ejemplo, ¿lo besan?

SEMPRONIO.—Por supuesto... ¿Vos crees que se puede tener una hija como Susanita y no dejar que me bese todas las mañanas? ¡Es tan dulce Susanita!

SOLDADO.—(En bobo.) ¿Es muy dulce Susanita? Perdón... digo si es muy cariñosa su señorita hija.

SEMPRONIO.—Podés llamarla Susanita, si querés. Contigo haría muy buenas migas.

SOLDADO.—¿Le gusta el baile, verdad? ¿Y qué baila?

SEMPRONIO.—De todo. Mambo, cha cha chá, rock... Ahora, yo no sé si baila bien.

SOLDADO.—No es difícil. El rock, por ejemplo... es una cosa así. (Ensaya un paso.)

SEMPRONIO.—Sí, y ahora una vuelta.

SOLDADO.—¿Así? (Lo hace.)

SEMPRONIO.—Y ahora todo corrido. (Silba y con palmas lleva el compás.) ¡Eso!

El soldado se quita el casco escafandro y comienza a dar saltos frenéticos de rock. Sempronio se entusiasma y marca un furioso ritmo con palmas, pies y manos, silbido y tarareo. Entra el Altísimo Comisionado, sin ser advertido, pone un gesto de espanto.

ALTÍSIMO COMISIONADO.—(Grita.) ¡Horror! (El soldado sigue bailando.) ¡Soldado!

SOLDADO.—(Jadea, se cuadra militarmente.) Sí, señor. Disculpe, señor, permiso para hablar, señor...

ALTÍSIMO COMISIONADO.—¡No se acerque! ¡Tírese a la bañadera!

SOLDADO.—Pero señor...

ALTÍSIMO COMISIONADO.—¡A la bañadera (Se lo

marca con gesto imperativo. El soldado se arroja con gran salpicadura de agua.) Eso le ocurre por desobedecer los reglamentos. Ahora quién sabe si podemos curarlo.

Sempronio.—Vea, señor... usted está equivocado. Este joven sólo estaba bailando por pedido mío. Quería que ensaye un paso así. *(Le va a tomar la mano al Comisionado para indicarle el movimiento.)*

Altísimo Comisionado.—*(Dando un paso atrás.)* ¡No me toque! *(Se vuelve a la bañadera.)* ¿Y usted? ¿Se siente bien?

Soldado.—Permiso para hablar.

Altísimo Comisionado.—Hable, soldado.

Soldado.—El agua está fría.

Altísimo Comisionado.—Le pregunto por su salud.

Soldado.—Permiso para hablar.

Altísimo Comisionado.—Hable, soldado.

Soldado.—La salud también depende del agua fría.

Altísimo Comisionado.—Bueno, salga y cámbiese el uniforme. Una vez cambiado, póngase a la puerta para impedir que un espía del enemigo pueda arrimarse.

Soldado.—Permiso para hablar.

Altísimo Comisionado.—Hable, soldado.

Soldado.—¿Cómo hago para distinguir los espías del enemigo de los espías de los amigos?

Altísimo Comisionado.—Los amigos no necesitan espías. ¡Yo soy tan sincero! *(El soldado sale de la bañadera y se cuadra militarmente. Hace una venia rara, juntando el pulgar y el meñique y levantando los otros tres dedos y sale.) (A Sempronio.)* Ahora sí, quiero conversar con usted. ¿Qué tal se siente aquí?

Sempronio.—Permiso para hablar.

Altísimo Comisionado.—Hable, soldado... ¡Oh, perdone! Es la costumbre, ¿sabe? ¿Qué quiere decirme?

Sempronio.—Vea, señor Altísimo Comisionado...

las cosas están un poco confusas. Los días van pasando y yo sigo aquí... encerrado... sin hacer nada, sin hablar con nadie... Nadie me explica nada...

ALTÍSIMO COMISIONADO.—Bueno... tiene que tener un poco de paciencia. Usted sabe que la administración es un poco lenta. Hay muchos expedientes...

SEMPRONIO.—Sí, pero todo eso, ¿qué tiene que ver conmigo?

ALTÍSIMO COMISIONADO.—Es decir... nosotros buscábamos una fuente radioactiva. No un hombre. El expediente ordenaba secuestrar toda máquina, yacimiento, artefacto o bomba que produjera radioactividad. Hubo que hacer una serie de trámites para transformar a usted en un artefacto. Pero, felizmente usted ya no es un hombre. Es el elemento S.P.49 H 321 V/60...

SEMPRONIO.—Perdóneme, pero no entiendo nada. Y ya van muchos días...

ALTÍSIMO COMISIONADO.—Comprendo su impaciencia. Pero ahora ya está todo terminado y podrá empezar a rendirnos su energía. Verá cómo queda pronto satisfecho.

SEMPRONIO.—¿Usted cree?

ALTÍSIMO COMISIONADO.—¡Por supuesto! Faltaría más. ¡Saltar a la gloria, a la celebridad! ¡Usted, un simple ex operario, un oscuro insignificante jubilado viejo e inútil! Como quien dice un muerto a crédito. Y de pronto, ¡la fama, la importancia, la gloria! Comprendo su impaciencia... Pero ya está todo arreglado. Ahora podemos tratar de altísimo artefacto a altísimo funcionario.

SEMPRONIO.—No.

ALTÍSIMO COMISIONADO.—¿No?

SEMPRONIO.—No. Yo no estoy impaciente por todo esto que usted dice. No soy tan inútil ni tan jubilado como usted cree. Lo que pasa es que tengo urgente necesidad de ver a mi familia. Que los días

41

pasan sin que se resuelva nada. ¿Cuánto va a durar todavía este castigo?

ALTÍSIMO COMISIONADO.—¡No es castigo! ¡Es la gloria!

SEMPRONIO.—¿Y cuándo termina esto?

ALTÍSIMO COMISIONADO.—Esto es definitivo. Usted es el elemento S.P.49 H 321 V/60. O quiere que tengamos que hacer todos los expedientes de nuevo.

SEMPRONIO.—¿Entonces no podré ver a mi familia?

ALTÍSIMO COMISIONADO.—Usted sabe que no. No hablemos más de eso.

SEMPRONIO.—Entonces... mi resolución está tomada. Lo lamento por usted, pero yo no me iré de aquí.

ALTÍSIMO COMISIONADO.—¿Irse? Difícil. Eso depende de la Altísima Comisión que presido. Usted ve... los barrotes de su celda... los soldados que le custodian...

SEMPRONIO.—Si yo me voy, nada podrán sus barrotes ni sus soldados... ni usted ni toda su comisión.

ALTÍSIMO COMISIONADO.—(*Escandalizado de horror.*) Oh... una bomba... ¡Intentará usted desintegrar todo esto! (*Va retrocediendo.*) ¡Volará todo! Eso... no, usted no puede... un elemento S.P.49... H 321... V/60 no debe de hacer eso... (*Se esconde detrás de la mesa.*)

SEMPRONIO.—Señor Altísimo Comisionado, estoy hablando en serio.

ALTÍSIMO COMISIONADO.—Permiso para hablar... ¿Y cómo piensa... irse?

SEMPRONIO.—Hace muchos días que no como ni casi duermo... Yo soy viejo... débil... y si no veo a mi familia... ¿Cree que tardaré mucho en morirme? Verá usted cómo una vez muerto se acaban los barrotes y los soldados. Y la radioactividad también.

ALTÍSIMO COMISIONADO.—(*Recomponiéndose.*) Ah,

era eso... Pero qué idea, ¡morirse! No... el elemento no debe morir... Nosotros podemos llegar a un arreglo. ¿Usted quiere ver a su familia?

SEMPRONIO.—Urgentemente.

ALTÍSIMO COMISIONADO.—Y si yo le muestro a su familia, ¿promete darme toda la corriente que le pida?

SEMPRONIO.—Usted mismo dice que la corriente no me pertenece, señor. Que es del Estado, que la ley lo manda. Qué sé yo... La corriente me brota, mientras esté vivo, por supuesto.

ALTÍSIMO COMISIONADO.—Bueno. Para esta tarde he organizado una pequeña exhibición de su energía. Si todo sale bien, le prometo arreglar una visita de sus familiares. Claro que habrá que tomar ciertas precauciones. Estamos llenos de espías... enemigos.

SEMPRONIO.—¿Los veré hoy mismo?

ALTÍSIMO COMISIONADO.—Inmediatamente después de las pruebas.

SEMPRONIO.—(Reaccionando súbitamente.) Bueno, entonces tráigame algo de comer. ¡Hace días que no pruebo casi nada! ¡Qué alegría poder ver a Susanita, y a mi vieja y a Diego!

ALTÍSIMO COMISIONADO.—(Señala la bandeja.) Pero si aquí tiene...

SEMPRONIO.—¡No! ¡Bifes de lomo, señor! Puchero de gallina con fariña. Manzanas asadas. ¿Me comprende?

Entra el soldado con ropas secas, se para en la puerta con una regadera.

SOLDADO.—Permiso para hablar, señor.

ALTÍSIMO COMISIONADO.—¿Qué le ocurre ahora?

SOLDADO.—Debo llenar otra vez la bañadera, señor. Forma parte de mi equipo. *(Echa agua en la bañadera.)* Además, como el elemento S.P.49 H 321

V/60 no ha comido desde hace varios días, encargué a los Altísimos cocineros de la Comisión, algunos platos especiales.

ALTÍSIMO COMISIONADO.—¡Magnífico! De eso estábamos tratando. ¡Haced pasar esos platos! (*El soldado sale y entra con un carrito lleno de fuentes, campanas metálicas, platos, etc. Va sirviendo la mesa de Sempronio.*) Ajá... a ver... Antipasto italiano, pickles ingleses y una salsita liviana de estampillas japonesas, para mezclar lo útil con lo agradable. Aquí... Gulasch de ternera con papas Brandeburgo y un licuado de camisetas de marineros japoneses enfermos de radioactividad... Ensalada de berros frescos del río con tomates de Bulgaria y crema de las Actas de la Conferencia Internacional del Desarme... De fruta, granadas radioactivas del Sahara.

SEMPRONIO.—¿Veré a mi familia si como todo esto?

ALTÍSIMO COMISIONADO.—Coma y no pierda tiempo. (*Sempronio come apresuradamente, con verdadera desesperación.*) Soldado, puede dar las órdenes para la prueba nuclear.

El soldado se sienta, saca un micrófono y levanta una antena de su espalda. Por platea entran dos soldados trayendo una enorme bomba que colocan en el pasillo, o entre el público. La bomba tiene un larguísimo cable que está por el momento libre.

SOLDADO.—(*Al micrófono.*) Atención, atención... Puesto número uno... en lugar secreto. Pueden conectar el cable. (*Por una puerta lateral de escena, entra un grueso cable y un soldado que va directamente a Sempronio y lo conecta en el cuello.*) Atención. Atención, puesto número dos, en Maipú 326,[1]

---

[1] O en el lugar donde se represente la obra. [N. del A.]

pueden conectar... (*Los dos soldados de platea suben con el cable a escena y conectan a Sempronio en el cuello.*) Atención... puesto número tres, en Brandsen y Aristóbulo del Valle... (*Al Comisionado.*) Pero esa es la cancha de Boca... ¿Y si vuela?

ALTÍSIMO COMISIONADO.—Son sólo bombas de prueba. No hay riesgo. Además, ¡yo soy de River! (*Al soldado.*) Déme el micrófono. (*Toma el micrófono.*) Atención... A todos los que estén próximos a las bombas de prueba. Serenidad. Las explosiones que se producirán, si bien de apariencia terrible, no son dañinas para la salud. No asustarse y mantener la calma. (*Tapa el micrófono.*) La próxima sí y entonces todo el poderío atómico estará en mis manos. ¡Haremos volar ciudades enteras con sus habitantes y todo! (*Vuelve al micrófono.*) Atención, vamos a comenzar. ¡Todo listo! Diez... nueve... ocho... (*A Sempronio.*) ¿Usted se imagina si estuviéramos en una guerra de verdad? Siete... seis. (*A Sempronio.*) ¡Miles, millones de enemigos muertos! Cinco... cuatro... (*A Sempronio.*) Piense en su familia... tres... dos... La fuerza, la gloria, el poder... Uno... cero... *Fireeee!*

El comisionado se tira al suelo tapándose la nuca con la palma de las manos. Los soldados hacen cuerpo a tierra. Un largo minuto de silencio y de quietud. Después tímido, distraído, el silbido de Sempronio. Entran lentamente el sabio y tres colegas más, todos iguales con un extraño escafandro cada uno, como yelmo, en el brazo. El altísimo comisionado se incorpora. Los soldados, muy curiosos, también.

SABIO.—Fracaso absoluto, señor Altísimo Comisionado. Ninguno de los artefactos estalló.

ALTÍSIMO COMISIONADO.—(*Luego de una pausa. A Sempronio.*) ¿Cómo explica esto?

Sempronio.—No sé, señor... en casa siempre tenía...

Altísimo Comisionado.—¡Traidor! ¡Viejo embustero!

Sempronio.—Hice lo que pude. Yo quería ver a mi familia...

Altísimo Comisionado.—¡Mentira! ¡Usted no quiso dar corriente! *(A los sabios.)* ¡Revísenlo! *(Los sabios se miran.)* ¡Revísenlo!

Sabio.—A eso veníamos. *(A los colegas.)* Profesores... *(Los sabios se colocan los raros escafandros en la cabeza. Uno parece un micrófono, otro una cabeza de surtidor, otro un triángulo, una antena zig zag de televisión, etc. A Sempronio.)* Permiso, señor. *(Todos se inclinan sobre él, por turno. A cada inclinación se oyen trozos de señales fácilmente reconocibles por el público, por ejemplo, Sabio Uno da la señal de ocupado telefónico. Sabio Dos, la señal de radio del Estado, Sabio Tres el silbato de ronda policial o la siringa de los afiladores. Cuando se juntan todas las cabezas inclinadas, el ruido es insufrible. Al levantar las cabezas cesan todos los ruidos. El sabio se aparta meditando. Luego, con un gesto enérgico.)* ¡Compañeros! *(Todos se reúnen junto a él, en una especie de* scrawn *de rugby. Los ruidos de cada uno, mezclados, vuelven a ser caóticos hasta que, gradualmente, se van uniformando para desembocar finalmente en el vals de Sempronio a toda orquesta.)* Ya estamos de acuerdo... Señor Altísimo Comisionado, el elemento S.P.49 H 321 V/60 no tiene radioactividad de ninguna especie. Es absolutamente neutro como cualquier ser humano. *(Quitan sus escafandros no sin antes inclinarse y dar entre todos un acorde melodioso.)* Vamos a redactar el informe, colegas.

Salen. El Altísimo Comisionado se pasea meditativo arriba y abajo.

Soldado.—Permiso para hablar.

Altísimo Comisionado.—*(Se le echa encima. Por él y por los otros soldados.)* ¡¡¡Fuera de aquí!!! *(Salen los soldados. El Altísimo Comisionado continúa su paseo. Sempronio silba.)* ¿Y ahora...? ¿Qué será de mí ahora...? ¡Esto es el fin... la renuncia... la destitución... otra vez el llano! ¡Adelante los que quedan! ¡Qué digo!... Me siento como una *botiglia vuota*... Esto es peor que la muerte, peor que la deshonra... Es... convertirse en lo más negro, en lo más gris, en lo más infame... para un funcionario. ¡Es convertirse en un ex! ¡Qué horror! *(Reacciona.)* ¡Y todo por culpa de este viejo inservible! ¡Jubilado achacoso, que ya ni puede hacer andar una radio de transistores! *(A Sempronio se le ilumina la cara en una sonrisa de triunfo.)* ¡De qué se ríe, viejo estúpido!

Sempronio.—De eso... de ser un viejo inservible... un jubilado inútil... De no tener energía... Ya no sirvo para usted. Ya no soy más el elemento ese... ¡Me tendrá que poner en libertad!...

Altísimo Comisionado.—¡Libertad!... ¡Eso es lo único que saben decir cuando ven al gobierno en dificultades! ¡Libertad! En lugar de colaborar, mortificarse, de entregarlo todo y soportar el peso de la desgracia... ¡Libertad! ¡Si antes tuvo corriente, la volverá a tener! ¡Si alguna vez anduvo, volverá a andar! ¡Yo no renuncio! Esto es sólo una alternativa, un desperfecto. Daré un comunicado, emitiré un desmentido... Cualquier cosa se arregla con un desmentido... Le echaré la culpa a los extremistas, haré 40 charlas por televisión para explicarlo... En todas partes pasa lo mismo. ¡Proyectiles que no llegan, cohetes que no suben, satélites que se caen... Hay que esperar... es cuestión de tiempo... ¡Lo haré desarmar! ¡Lo haré reparar por nuestros mejores mecánicos! ¡Lo haré rectificar, encamisar, reconstruir! *(Se asoma.)* ¡Soldado!

SOLDADO.—*(Haciendo la venia anterior.)* ¡Yes, sire!

ALTÍSIMO COMISIONADO.—¡Llame inmediatamente al *Service*!

Sale el soldado.

SEMPRONIO.—¿Me permite...?

ALTÍSIMO COMISIONADO.—¡No sé! ¡Si a nosotros no nos sirve para nada, podemos venderlo a algún país más subdesarrollado que nosotros, para su reequipamiento! *(Entra de culata un camión remolque, atracando en la puerta lateral de escena.)* ¡Ajá! *(Con mamelucos de mecánico llenos de grasa, con llaves inglesas saliéndoles de los bolsillos, etc., entran dos mecánicos.)* Ahí tienen. ¡Llévenselo! *(Sempronio se levanta y avanza sonriendo a los mecánicos. Éstos lo alzan y lo cuelgan de la grúa del remolque. Me gustaría que la grúa pueda levantarlo. Salen los mecánicos y parte el camión. El Altísimo Comisionado queda solo.)* Mantengamos la calma... Pensemos... No es más que un accidente... un simple desperfecto. Ellos son buenos mecánicos. Además, si yo les doy una orden, tendrán que cumplirla. El mundo está organizado así. No se discute con las licuadoras o con las máquinas de afeitar. Se las repara. ¡Y una vez reparadas, se las utiliza! Están todos muy equivocados si esperan que por un mínimo desperfecto me voy a desconcertar. ¡Yo soy el que da las órdenes! A los hombres y a las cosas. Les digo: ¡Funcionad! ¡Y ellos, a funcionar! *(Golpea con tremenda energía en la mesa.)* ¡A funcionar! *(Saca la mano del pastel de estampillas donde fue a parar su puño cuando golpeó. Se mira.)* Eh... *(Se sacude molesto, se limpia en la ropa. Luego se va asustando.)* Este pastel es... *(Grita.)* ¡De estampillas! ¡Radioactivas! ¡Socorro! ¡Me voy a desintegrar! ¡Voy a reventar como una bomba!... Me voy a morir en pleno ejercicio de mis funciones... ¡Horror! *(Mira a todas partes desesperado y finalmente se arroja, con todo ímpetu, dentro de la bañadera de latón, arrojando mucha agua. Emerge dentro y grita.)* ¡Viva la Ciencia Dirigida!

TELÓN RÁPIDO

ACTO TERCERO

Al levantarse el telón, se ve otro telón que simula ser el paredón del Club "Defensores de Balvanera", cuyos portones se advierten a un costado. Las paredes están llenas de inscripciones antiguas tales como "Vote Balbín - Frondizi", otra tapada, dice solamente "Cumple". Cruzando toda la larga pared, una inscripción reciente, fresca y vibrante que ocupa todo el largo del paredón: "Libertad a Sempronio." Al lado, un palo con un letrero grande: "Aquí, hoy. Gran acto por Sempronio." Una mesa en un extremo, para servir de tribuna, por el momento vacía. Por un costado sube lenta y fatigosamente un viejito flaco y muy débil, con un cartel que dice: "Jubilados con Sempronio." Camina y se instala junto a la mesa. Por la otra punta aparece otro viejito, chiquito y regordete, con un enorme cartel en forma de estampilla cuadrada y dentada, con la foto de Sempronio y una inscripción en el dorso: "Filatélicos con Sempronio." Camina y se instala junto a la mesa y al jubilado. Por el mismo sitio y siguiéndole de cerca, entra un caballito de madera, de esos que se usan en las calesitas, con un letrerito de todos colores: "Las calesitas con Sempronio." Cerrando la marcha, dos hermosísimas girls en pantalón vaquero, caminando con ritmo y pasos de swing *y un cartel que dice:* "The rockers fans with Semprony." *Cuando todos se han reunido junto a la mesa (reforzados, si se puede, con todos los comparsas del elenco) aparece Diego, sube a la mesa y recibe el aplauso de los presentes, quienes comienzan a corear la marcha "Queremos a Sempronio":*

> ¡Señor de la luz y la energía,
> dador voluntario de calor,
> lucharemos con amor y valentía
> para verte, otra vez, entre nos!

Las rockers *pueden recorrer la platea juntando firmas por la libertad de Sempronio. Aplausos, gritos, vivas, mueras, etc.*

DIEGO.—¡Amigos, compañeros! Con este magnífico acto culminan todas las actividades programadas en nuestra campaña para recuperar la libertad de Sempronio, mi querido padre y nuestro querido dador voluntario de corriente. Tengo que reconocer con profundo dolor, que todos los esfuerzos han resultado inútiles y alguno, como la compra de un detector de radioactividad para localizarlo por nuestra cuenta, muy caro y hasta peligroso. No, mis amigos. Estos largos quince días de campaña, en la cual hemos agotado todos los métodos pacíficos, nos han enseñado una cosa. ¡Hay que cambiar de métodos! Hay que oponer la energía a la energía, la violencia a la violencia. Hay que intentarlo todo en un solo acto, total, definitivo. Y eso es lo que vengo a proponerles ahora, para que todos lo aprueben por aclamación. Amigos y compañeros, yo propongo...

Se apagan todas las luces. Hay gritos, murmullos, pataleos. Junto al portón un viejito muy tímido y asustado, con una vela encendida, se asoma.

SERENO.—Muchachos. Hablaron de la Comisaría. Dicen que hay un corte de luz en el barrio y que levanten inmediatamente la reunión porque no están autorizados los actos públicos a oscuras. *(Sopla la vela. Todo queda a oscuras. Hay murmullos, luego silencio. Por platea, silenciosa, llorando o sollozando, avanza Susanita hacia escenario; cuando ha recorrido unos pasos, se ilumina la escena. El telón está bajo y Diego viene caminando, muy cabizbajo, pateando piedras o papeles de la calle. En el rincón de siempre, la escalerita que sirve de acceso a la casa de Sempronio, como en el primer acto.)* ¡Susana!

Susanita lo ve, levanta la cabeza y llora más fuerte.

DIEGO.—*(Avanza hacia ella, al borde de la escalera.)* ¿Qué te ha ocurrido?

SUSANITA.—¡Nadaaaa!

DIEGO.—¿Por qué lloras así, entonces?

SUSANITA.—¡Porque quiero ser fea!

DIEGO.—¿Estás loca? *(Le ayuda a subir. Susana se le abraza.)* ¿Te parece momento para ponerte a llorar por una tontería así?

SUSANITA.—Si yo fuera fea habría encontrado a mi papito...

DIEGO.—¿Y eso qué tiene que ver?

SUSANITA.—Que a cada oficina donde voy para pedir autorización de visita a papito, lo único que me contestan es que quieren salir a bailar conmigo. Y por más que me enojo, lo único que consigo es que en lugar de salir de noche, me invitan a bailar de tarde. *(Vuelve a llorar.)* ¡Y yo no quiero bailar... yo quiero ver a mi papito!

DIEGO.—¡Estúpidos!

SUSANITA.—Si yo fuera fea, me harían caso. Pero soy como Teresita, que estuvo tres años sin conse-

51

guir empleo, porque cada vez que se presentaba donde pedían una dactilógrafa, el gerente la quería llevar a cenar...

DIEGO.—Bueno... bueno..., no entrés así en casa, que la pobre mamá ya tiene bastante como para que todavía te vea con esa cara... (*Saca un pañuelo.*) Tomá... limpiate.

Avanzan hasta la puerta disimulada. El telón se levanta. Estamos en casa de Sempronio. Todo es igual al primer acto. Sólo que en la silla de Sempronio está sentada Olga, rodeada de una verdadera maraña de cables de planchas, ventiladores, estufas, radios, etc. Todos con sus enchufes conectados a su cuello. Sobre su regazo tiene un álbum de estampillas del que va sacando, una por una, pequeñas piezas que luego de mirar y de murmurar con rabia: Hiroshima... Nagasaki... Huemul... las va metiendo en la boca y masticando con rabia o tragando con dificultad. De tiempo en tiempo retoca los enchufes, eleva una mano como antena, tantea la plancha y vuelve a su juego. Sus hijos, desde la puerta, la miran azorados.

OLGA.—(*Juego indicado.*) Hiroshima... Nagasaki... Isla Huemul... (*Mira una con dificultad. Lee.*) Ganaremos la batalla del petr... (*La tira.*) Ésta no sirve... Hiroshima... Na...

DIEGO.—Vieja, ¿qué haces?

SUSANITA.—(*Corre hacia ella.*) Mamita, ¿qué estás haciendo con las estampillas de papito?

OLGA.—(*Gesto melodramático.*) ¡No se acerquen! ¡Puedo estallar en cualquier momento! (*Hipa terriblemente.*) ¡Hic! Malditas estampillas... tienen un gusto... (*Otra vez su juego.*) Hiroshima... Nagasaki... ¡Hic!

SUSANITA.—Estás comiendo las estampillas de papito...

DIEGO.—¿Ahora vos también querés volverte radioactiva?

OLGA.—*(Va a hablar.)* ¡Hic! *(Con desesperación.)* ¡Sí... quiero volverme radioactiva!

SUSANITA.—Mamita...

OLGA.—Ya que no podemos saber dónde está... ya que no lo devuelven... quiero volverme radioactiva y que venga de nuevo la Comisión ésa y me lleve a mí también... al mismo sitio donde está mi hijo. *(Hipa.)* ¡Hic! ¡Yo sé que el viejo me necesita! *(Llora.)*

DIEGO.—*(La desconecta suavemente.)* Lo único que conseguirás es arruinarte el estómago.

SUSANITA.—*(Retirando el álbum.)* Papito no las comía.

OLGA.—Ya lo sé. Al principio yo tampoco. Las chupé, las mastiqué... ¡Al final, de puro desesperada, me las comí! ¡Lo único que faltaba ahora era fumarlas en una pipa! *(Hipa terriblemente.)* ¿Y ustedes... encontraron algo? ¿Consiguieron alguna cosa nueva?

SUSANITA.—Todo es inútil. Y encima...

DIEGO.—Callate.

OLGA.—¿Qué pasó?

DIEGO.—*(Mirando a la hermana.)* Nada... que Susanita no quiere bailar más...

OLGA.—¡Cómo no! ¿Vas a dejar el *rock* ahora? ¿Esa danza moderna tan linda? ¿Y si papá vuelve? ¿Qué le vas a bailar? ¿Te acordás cómo se ponía contento cuando venías con tu radio a practicar? *(Suspira.)* ¡Pobre viejo! Siempre estaba allí... sentado, quieto... silbando su vals... feliz... *(Se oye, muy lejano, como una evocación, el silbido de Sempronio.)* Al principio las vecinas creían que le habían dado un puesto importante en el gobierno... y me felicitaban. Después... se fueron dando cuenta... y ahora es peor. Me tratan como a una viuda. Hasta la dueña del Bazar Marnet, que es espiritista, me quiso ayudar. Pero los espiritistas no pueden hablar con los espíritus vivos. Tienen que esperar...

SUSANITA.—¡Mamá, qué cosas decís!

DIEGO.—Dejate de cosas raras. ¡Mirá al viejo dónde lo llevó la filatelia!

OLGA.—Ya lo sé... pero... ustedes salen... pelean... hacen reuniones, van a presentar escritos, pero yo... sola, aquí... mirando su silla a cada rato... ¡Pobre viejo! *(Hipa.)* A veces me parece verlo. *(El silbido de Sempronio casi en primer plano.)* Quieto... silbando su vals... mirándonos feliz!

En la puerta está parado Sempronio, quieto, mirándolos, silbando feliz.

SUSANITA.—*(Lo ve y grita.)* ¡Papá, papito! *(Corre a él.)*

DIEGO.—¡Viejo! ¡Te soltaron!

SUSANITA.—¿Te escapaste, papito?

Todos lo rodean, lo besan. Sempronio los abraza a todos.

SEMPRONIO.—*(En un abrir de brazos. Habla por entre cabezas, caras, caricias.)* ¡Cuánto he soñado este momento! ¡Todos juntos, otra vez!

OLGA.—¿No te encerrarán más? ¿Te dejarán vivir en casa?

DIEGO.—¿Te trataron bien?

Lo van llevando a su silla. Lo sientan. Toda la familia lo rodea.

SEMPRONIO.—¡Ah... qué bien se está aquí! *(A Olga.)* ¡No, mi vieja, ya no me llevarán más! La pesadilla terminó para siempre. ¡Cuánto los he extrañado! *(Mira a Susanita.)* ¡Qué alta que estás! *(A Olga.)* ¡Cómo crecen estos chicos!...

SUSANITA.—No seas exagerado, papito. Fueron dos semanas...

SEMPRONIO.—A mí me parecieron dos siglos... ¡Qué sé yo!

DIEGO.—¿Y cómo fue que te soltaron? Si hasta ayer no querían dar noticias tuyas. ¿Vos sabés todo lo que hicimos?

SEMPRONIO.—Me lo imagino, hijo. Pero... felizmente no se necesitó ninguna violencia. La cosa fue que desde mi llegada a la Altísima Comisión... se me acabó la corriente.

SUSANITA.—¿No tenés más, papito?

DIEGO.—(Al mismo tiempo.) ¿No das más energía?

OLGA.—¿Te curaron, viejo?

SEMPRONIO.—No tengo siquiera una chispita así... ni para mostrar. Y eso que me hicieron toda clase de pruebas, me mandaron a institutos, gabinetes... pero... nada. (Pausa. Sonríe un poco triste.) Soy un hombre como los demás. (Sonríe más francamente.) Y me tuvieron que soltar. Claro... es una lástima no tener más corriente...

OLGA.—En el fondo, es mejor... quién sabe si te hacía bien tener eso en el cuerpo.

SUSANITA.—¡Claro! ¡Lo importante es que vivas con nosotros!

DIEGO.—Y... claro... no es lo mismo... pero así por lo menos no te molestarán más, podrás vivir tranquilo tu vida.

SEMPRONIO.—(Progresivamente triste.) Yo también pensé todo eso... pero... ¿vivir mi vida, decís?... ¿Qué vida? Ustedes son jóvenes, trabajan, se mueven, hacen cosas... ustedes sí, viven. Yo... así... simplemente así...

OLGA.—¡Pamplinas! ¡Lo que tenés que pensar es en descansar! No andar haciéndote el radioactivo por ahí...

SEMPRONIO.—Es que yo no quiero descansar. ¡Eso

55

es como estar muerto! ¡No se imaginan qué feliz era yo con mi corriente! ¡Hacer andar planchas, radios, fábricas, calesitas! Ahora, ¿qué me queda? Resignarme... ¿Qué puede hacer un jubilado? Pintar las macetas, matar las hormigas, arreglar el gallinero o sentarme a hablar de fechas y recuerdos en alguna plaza. Levantarme estúpidamente temprano, silbar mi vals. *(Para sí, muy bajo.)* Nadie se imagina lo que he perdido. *(A Olga.)* Casi casi, me siento como una fotografía en la repisa. *(A Susana.)* Vos, por ejemplo, podrás bailar sola, sin mi ayuda. *(A Diego.)* Y vos... avisale a los muchachos que... ya no sirvo más...

Diego.—Los muchachos se van a alegrar mucho. No sabés todo lo que me hicieron. *(Se acuerda.)* A propósito, tengo que ir a decirles. Están organizando una manifestación con antorchas para esta noche en Plaza de Mayo. *(Marca el mutis.)* Y dejate de pensar macanas. Si te vuelve la corriente, tendrás otra vez encima a la Altísima Comisión y su corte de sabios barbudos. *(Va a salir y choca con el sabio que está parado en la puerta con una cajita negra tipo contador Geyger.)* ¿Y usted? ¿Qué quiere ahora?

Susanita.—¡Papito, vienen de nuevo!

Sempronio.—Pase, profesor...

Sabio.—No se asusten. No vengo en misión oficial.

Diego.—Ah, ¿y ese aparato que trae ahí?

Sempronio.—Diego... andá tranquilo. Susanita, traé una silla al profesor.

Diego.—*(Saliendo.)* Voy y vuelvo en seguida. Cualquier cosa *(por el sabio)*, si me precisás, ya sabés... *(Sale y se oye su grito.)* ¡Muchachos, volvió el viejo... muchachos!

Sabio.—*(Recibe la silla de Susanita y se sienta.)* Gracias, señorita. No hay dudas que su familia lo defiende. *(Muestra la cajita.)* Pero esto no es un detector, es simplemente *(saca de la cajita un pe-*

56

queño álbum de estampillas) un álbum de estampillas. Necesito su consejo como filatélico. *(Abre la caja.)* Quiero que examine estas estampillas. *(Saca una del álbum y la da a Sempronio.)* Fíjese... *(Sempronio examina una, el sabio le da la lupa.)* Son todas estampillas de un solo país... Tonguería, en el corazón del África Central. Hace un año inicié esta colección especializada. He gastado una fortuna en completarla.

Sempronio.—Muy interesantes. Y muy coloridas también. ¡Susanita, vení! Fijate qué lindas estampillas africanas. *(Susana se aproxima por detrás y mientras mira las estampillas, disimuladamente coloca el enchufe de la radio en el cuello de Sempronio.)* ¿De dónde dijo que eran, profesor? ¡Susana, quieta!

Sabio.—Tonguería, en África Central.

Sempronio.—¿Y qué dificultad tiene? Son estampillas auténticas. Están con su estampa y su dentado correcto. Además hay algunas con sobrecarga. ¿Cuál es el problema?

Sabio.—Tonguería no existe. *(Muy triste.)* No figura en ningún mapa, en ninguna geografía. Han abusado de mi buena fe. Me han estafado. Además, ya son más de una docena las víctimas. Y por eso venía a verlo. Estamos juntando firmas de filatélicos para ver si fundamos un gobierno de Tonguería en el exilio. ¿Usted no cree que es una lástima que estampillas tan lindas no tengan un país de dónde venir?

Sempronio.—Bueno, yo no tengo inconveniente en ayudarlo. Además...

Lo interrumpe el estallido de un rock'n roll *furioso en la radio. Todos quedan petrificados.*

Susanita.—¡Papito!... La co... corriente!

Sempronio.—¡Qué has hecho, hija!

Susanita.—*(Bajando el volumen.)* Nada... quise probar a ver si era cierto... estabas tan triste que te conecté.

Olga.—Otra vez como antes, viejo. ¡Nena, esa radio está muy fuerte! *(Susana baja más el volumen, pero comienza a marcar pasos en su sitio.)*

Sempronio.—¡Es extraordinario! ¡Otra vez! ¡Como antes!

Olga.—*(Viene con la plancha.)* ¿A ver si la plancha también? *(Lo enchufa. Espera, la prueba y corre a buscar ropa. Entra Diego corriendo.)*

Diego.—¡Cómo! ¿Otra vez la corriente, viejo? *(Al sabio.)* ¿Fue usted el que lo hizo andar? *(Entusiasmado, se abalanza a la ventana de foro. La abre y grita.)* ¡Muchachos! ¡Le volvió la corriente! *(Pausa. Mira. Busca.)* ¡Manuel!

Voz Manuel.—¡Qué!

Diego.—¡Pasen el cable de la calesita y avisen a los demás que conecten!

Entra por la ventana un gran manojo de cables.

Sempronio.—¡Conecten! ¡Conecten nomás! ¡Esto sí que es vida! ¿Qué me decís, vieja?

Diego.—*(Con un cable en la mano.)* Éste es de la calesita. *(Conecta. Se oye fuera una música de calesita.)* Éste es de la cooperativa. *(Conecta.)* Éste del otro taller, el de Joaquín, que está con un corte.

Lo va enchufando. Fuera se van oyendo pitos de fábricas, sirenas, ruidos de máquinas rítmicas, campanas, todo en profusa algarabía que pronto entra en un todo único, sinfónico, del tipo de la sinfonía de las máquinas de mossolov o un más simple ritmo sincopado de rock bailable sobre el cual la radio sobreimprime el cantabile. Todos oyen y van entrando en el ritmo. Susana es la primera que baila decididamente. Entran las dos girls del principio del

tercer acto, bailando con los dos viejos, el jubilado
y el filatélico, cada uno con sus carteles. Entra el
caballo de calesita. Entra el soldado del segundo
acto con un ramo de flores. Mira la escena y grita.

SOLDADO.—¡Felicitaciones, don Elemento!

Ríe. Sempronio le agita la mano. Susana se aproxi-
ma bailando. El soldado la saluda y le tiende las
flores en un paso de rock. *Bailan. El sabio, entusias-*
mado, saca a bailar el rock *a Olga, quien al compás*
le plancha la barba. Todo es de un latido rítmico
y cortado, marcado en el fondo de rock *industrial.*
En medio de todos, Sempronio, feliz, con cara de
alimentador universal de fuerza y energía. Nadie
ha visto al altísimo comisionado que ha entrado,
cauteloso, por platea y una vez cerca del escenario
hace sonar un fuerte silbato de referee. *El segundo*
silbato cae como una lluvia de hielo sobre todos,
que se van tornando al origen de la interrupción. La
música decrece.

ALTÍSIMO COMISIONADO. — *(Subiendo a saltos.)*
¡Quietos todos! *(Con furia reconcentrada.)* ¡Traidores! *(Avanza con cautela hasta Sempronio. Los rui-*
dos de fondo decrecen notablemente hasta hacerse
casi silencio. El Altísimo Comisionado arranca un
cable y fuera se oye un gemido industrial disonante
que muere como un aullido de perro atropellado por
un auto. Arranca otro cable y la música de la ca-
lesita se va quedando sin cuerda. Arranca todos los
cables a manotones y se provoca fuera una cadena
de explosiones, pitos, choques, estampidos y final-
mente un tremendo acorde disonante que muere de
golpe, en seco.) ¡Traidores! ¡Ya me imaginaba esto!
(A Sempronio.) ¿Y usted, viejo estafador? ¡Lleno
de corriente como una batería nueva, engañarme
así! *(Al ver que Sempronio quiere contestar.)* ¡Cá-

llese la boca, insensato! Engañar de esa manera a la Altísima Comisión. ¡Defraudar al Estado! ¡Saboteador! Y lo peor, ¡hacer peligrar mi carrera político-administrativa! ¿Qué tiene que responder a todo esto?

Sempronio.—Vea, señor, yo...

Altísimo Comisionado.—Miente. ¡Ladrón, más que ladrón! Ahora mismo vendrá de nuevo conmigo. *(Al sabio.)* Su situación la examinaremos después...

Sempronio.—Si usted permite...

Altísimo Comisionado.—¡He dicho que no! ¡Vamos!

Diego.—¿Y si nosotros no quisiéramos?

Viejo Jubilado.—*(Asmático.)* La verdad, nosotros no queremos. *(Tose.)*

Coro.—¡No queremos!

Diego.—¡Esta vez, de aquí no se llevan a mi padre! ¿Qué se han creído? *(Grita a la ventana.)* ¡Muchachos! ¡Se llevan al viejo!

Altísimo Comisionado.—¿Qué es esto? ¿Una rebelión? ¿Ustedes conocen la ley? Además, tengo la manzana rodeada y me llevaré al elemento por las buenas o por las malas.

Olga.—*(Blandiendo la plancha.)* ¡Fuera de aquí!

Diego.—*(Tomando del cuello al Comisionado.)* Antes que llegue un solo soldado suyo, yo lo estrangulo a usted.

El Altísimo Comisionado retrocede. Se oyen tambores fuera y también la marcha "Queremos a Sempronio", coreada por los muchachos.

Susanita.—*(Asomada a foro.)* Vienen hacia aquí. ¡Es todo el barrio!

Diego.—Ahora verán lo que es bueno.

Sempronio.—*(Se levanta de golpe. Separa a Diego del Altísimo Comisionado. Aparta a las mujeres que quieren retenerlo.)* Déjenme a mí solo. *(Enfrenta al*

Altísimo Comisionado.) Dígale a sus tropas que se retiren.

ALTÍSIMO COMISIONADO.—No recibo órdenes de un elemento.

OLGA.—Más elemento será su...

DIEGO.—Déjame que le haga tragar su...

SEMPRONIO.—Silencio. Aquí no hay ningún elemento y es hora que usted nos deje vivir tranquilos. El expediente está terminado, y allí se ordenó mi libertad.

ALTÍSIMO COMISIONADO.—Usted nos engañó. Haré anular ese expediente.

SEMPRONIO.—Pero por el momento, estoy libre. Además, va a perder su tiempo si intenta encerrarme de nuevo.

ALTÍSIMO COMISIONADO.—Yo no puedo permitir que malgaste energía del Estado en estas... tonterías... calesitas, cooperativas, clubes, radios...

SEMPRONIO.—Mi energía es mía, no del Estado. Y no pierda más su tiempo. Ni bien quieran llevarme a su Altísima Comisión, la corriente se me irá por completo. Otro fracaso como el primero, y no doy diez centavos por su cargo...

ALTÍSIMO COMISIONADO.—*(Asustado.)* ¿Usted cree? *(Se repone.)* Esta vez yo me encargaré de hacerle producir corriente. Ya verá...

SEMPRONIO.—¿Qué piensa hacer? ¿Torturarme? No depende de eso. ¿Hacerme tragar estampillas? Tampoco.

ALTÍSIMO COMISIONADO. — Averiguaremos su secreto.

SEMPRONIO.—¡No hay ningún secreto! Se lo voy a decir a usted ahora mismo. No me di cuenta hasta ahora cuando mi hija me volvió a conectar la radio. Ustedes empezaron a pedirme energía para hacer bombas, matar gentes, destruir ciudades..., y la corriente desapareció solita... y no hubo forma de producirla. Aquí, bastó que se tratara de usos

61

pacíficos, rodeado por mi familia, y la corriente
volvió. ¿No comprende? ¡La fuerza que me brota,
que me surge, que se me derrama, no es sólo radioactividad! Una vez que anida en un hombre como
yo... un hombre simple, o cualquiera... se transforma y tiene otro nombre... Un nombre que le
va a hacer mucho daño cuando huya de aquí despavorido... ¿Quiere que se lo diga? *(Se lo arroja
a la cara.)* ¡Amor! ¡Ésa es mi fuerza! *(Se oye la
calesita.)* ¿Lo oye? ¡Ni siquiera preciso cables! Jubilado, viejo e inútil, así y todo, estoy lleno de amor.
Me brota, trepida dentro mío. Es el gran motor de
todas las cosas. *(Se oyen fuera toda clase de ruidos
de fábricas, pitos, máquinas, campanas.)* Todo se
mueve por amor. Qué, ¿se asombra? ¿Se asusta?
(El Altísimo Comisionado se repliega espantado.)
Seguramente olvidó esa palabra. Ahora la va a oír
hasta que tiemble de espanto. *(A todos.)* ¡Díganse-
la! ¡Amor!

Todos.—¡Amor!

*El Altísimo Comisionado desciende, huyendo de
espaldas, a la platea.*

Sempronio.—Enséñesela a sus funcionarios. Re-
cuérdesela a sus gobernantes. Repítasela a los sabios
esos que fabrican bombas, y a los brazos que las
arrojan. ¡Amor!

Todos.—Amor! *(El Altísimo Comisionado va retrocediendo y tapándose los oídos hasta que, de
pronto, echa a correr despavorido. Desde la escena,
todos, con suprema arrogancia y plenos de energía
atómica, arrojan al aire de la platea la palabra
enorme, dulce, definitiva.)* ¡Amor! ¡Amor! ¡Amor!
¡Amor!

TELÓN

MARIO BENEDETTI

[1920]

Uruguayo. Nació en Paso de los Toros. Autodidacto. Ha sido empleado público, comercial y taquígrafo. Desde 1954 ejerció el periodismo en su aspecto humorístico, o bien haciendo crítica de cine. Fundó la revista Marginalia.

Entre sus obras publicadas figuran: Esta mañana, El último viaje y otros cuentos, Montevideanos *(relatos),* Quién de nosotros, La tregua *(novelas),* Peripecia y novela, Marcel Proust y otros ensayos, El país de la cola de paja *(ensayos),* Solo mientras tanto, Poemas de la oficina *y* Poemas de hoy por hoy.

Sus poemas y cuentos figuran en las principales antologías de la literatura hispanoamericana.

Ha escrito dos obras de teatro: El reportaje *e* Ida y vuelta, *que figura en este volumen. En las breves dimensiones de esta obra (escrita en 1955 y estrenada en 1958) el polifacético escritor uruguayo ha logrado apresar varias imágenes del más puro linaje teatral. El juego gratuito del teatro dentro del teatro, la sobreposición de imágenes, la correspondencia de la ficción con la realidad, o sus contradicciones, han sido expuestos con vivacidad y con un diálogo cuyo ágil lenguaje colorido alivia el procedimiento intelectual de exposición.*

Ida y vuelta

COMEDIA EN DOS PARTES

PERSONAJES

EL AUTOR
JUAN
MARÍA
CARLOS
LAURITA
MOROCHA
CAJERO
GLADYS
ROBERTO
PEPE
ACOMODADOR
OFICINISTA 1º
OFICINISTA 2º
OBRERO PORTUARIO 1º
OBRERO PORTUARIO 2º

La acción en Montevideo, estos últimos años

PRIMERA PARTE

Al levantarse el telón, la escena estará virtualmente desierta. Sólo en el extremo derecho habrá un escritorio con muchos papeles, frente al cual estará sentado.

El autor.—Aún no sé exactamente cómo va a terminar, pero ya los tenga. No son lo que suele llamarse una pareja típica. Ustedes y yo sabemos que la pareja típica no existe. Nadie nace para ser promedio. Pero, de todos momentos, los tengo. Una verdadera suerte. Siempre me ha reventado tener ganas de escribir y no saber por qué. Ahora tengo la historia: un poco en los papeles pero sobre todo aquí, en la cabeza. Claro que mientras no la cuento me parece una idea en borrador; tengo que decirla en voz alta, tengo que asistir a mis propias imágenes, tengo que saber si a ustedes les gustan y, muy particularmente, si me gustan a mí. De modo que quisiera mostrarles el material humano de que dispongo, y escuchar después esos inevitables consejos que ustedes siempre saben fabricar, esas recomendaciones que todo buen espectador tiene ganas de alcanzar al autor nacional. Después veremos, ustedes y yo, si esto sirve para una comedia. (Pausa.) Se trata, ya lo verán, de una anécdota nada extraordinaria, de un hombre y una mujer tan corrientes y tan montevideanos que da lástima escribir sobre ellos. Yo reconozco que ni uno ni otra son lo que nosotros llamamos un personaje. Un personaje es siempre algo más o menos complicado, al que debemos buscar un motivo especial de alegría o de angustia, que lo empuje a asumir una actitud, a decir una palabra, a realizar un hecho, especialmente angustiosos o alegres. Lo teatral tiene mucho de sorpresa y, precisamente, la sorpresa es provocada siempre por algo especial. Estoy tan convencido de esto, que el inconveniente que yo veo en la pareja que voy a presentarles, es que ni él ni ella son nada especial. Dudo que con esto pueda hacerse teatro e imagino que ustedes también lo estarán dudando. De cualquier manera, y para el consuelo de todos, puedo adelantarles que tengo en preparación una Nausicaa, una Nausicaa minuciosamente homérica. ¡Eso sí es un **personaje**! (*Pausa.*) Bah, en esta vida hay que hacer de todo... Y ahora ¡atención!... Él se llama Juan y ella María. Ni siquiera sus nombres son alentadores. Trabajan, claro. ¿Quién no trabaja hoy en día? Algún empleado público, ya lo sé. Pero ni él ni ella son empleados públicos. En cierto aspecto, esto vendría a conferirles algo especial, ¿no? Pero, en fin, presentémoslos. (*Gritando hacia adentro.*) ¡A ver, telón de oficina! (*Baja un pequeño telón de fondo en el lado izquierdo de la escena; en él han pintado estantes de oficina, un almanaque de pared con un 17 de julio bien visible, un plano de Montevideo, etc.*) ¡La mesita y la silla, por favor! (*Dos empleados del teatro introducen al mismo tiempo una silla, una mesita con una máquina de escribir, y un parlante.*) ¡Que entre Juan, vamos!

Juan aparece en la zona oscura de la escena y se sienta frente a la mesita. Cuando se le ilumine, Juan empezará a escribir frenéticamente a máquina.

EL PARLANTE.—¡Rrrrrrrr!

JUAN.—(*Aprieta un botón.*) ¿Señor?

EL PARLANTE.—(*Voz grave.*) Og og og og.

JUAN.—Sí, señor.

EL PARLANTE.—Og og og og og og.

JUAN.—Sí, señor.

EL PARLANTE.—Og og og og og og og og og.

JUAN.—Sí, señor, en seguida. (*Sigue escribiendo cada vez más frenéticamente, mientras vuelve a oscurecerse ese lado de la escena.*)

Los empleados del teatro introducen una silla, una mesita con una máquina de escribir y un parlante, exactamente iguales a los de Juan y los colocan frente a un telón de fondo que acaba de bajar

en el lado derecho de la escena y que es un dupli-
cado del primero.

EL AUTOR.—Ella también trabaja, pero en algo totalmente distinto. Su labor, tiene personalidad.
(Llama hacia adentro.) ¡A ver, María!

María aparece por la derecha y se sienta frente
a la mesita, que todavía está en la zona oscura.
Cuando se la ilumine, empezará a escribir a má-
quina frenéticamente.

EL PARLANTE.—¡Rrrrrrrr!
MARÍA.—*(Aprieta un botón.)* ¿Señora?
EL PARLANTE.—*(Voz muy aguda.)* Ig ig ig ig.
MARÍA.—Sí, señora.
EL PARLANTE.—Ig ig ig ig ig.
MARÍA.—Sí, señora.
EL PARLANTE.—Ig ig ig ig ig ig ig ig ig.
MARÍA.—Sí, señora, en seguida.

Sigue escribiendo cada vez más frenéticamente,
hasta que se apagan las luces, con excepción del
círculo que rodea al autor. Suben ambos telones.
Juan y María salen por lados opuestos, los emplea-
dos del teatro retiran sillas, mesas, parlantes, etc.
Mientras todo esto se realiza, ha comenzado a ha-
blar nuevamente.

EL AUTOR.—Ya ven... aparentemente cada uno de
ellos es un eco, una modesta repercusión. Él escribe a máquina, ella escribe a máquina. Como
quien dice, estaban destinados a encontrarse. Y,
naturalmente, se encontraron. Sin embargo, sería
injusto achacarlo todo al azar. Yo considero que el
azar siempre es inocente. Viene porque lo tenta-
mos, porque le hacemos la cama. ¡Pobre azar!
(Pausa.) En el caso de Juan y María hubo un im-

pulso convencional, es cierto. Pero hubo también estudio de caracteres, maduración de ideas y de sentimientos, un verdadero proceso consciente. Pero no voy a explicarles mi teoría, por la sencilla razón de que las largas tiradas hacen mucho mal al teatro. En la escena tiene que pasar algo... Entonces vamos a ver qué pasa aquí. *(Hacia adentro.)* ¡Telón de cine, por favor!

Baja un telón de fondo que tiene pintada la entrada de un cine de barrio. Pegados a ambos lados de la puerta unos cartelones con fotos en colores de Rita Hayworth, Clark Gable, o cualquier otra de esas figuras demasiado populares del cine americano. Se ilumina la entrada y aparecen en la puerta Juan y Carlos, armando sendos cigarrillos.

JUAN.—Está bastante bien, ¿no?

CARLOS.—Regular. No me gustan las cómicas.

JUAN.—Ah ¿no? ¿Y qué te gustan? ¿Las de Bette Davis? No embromes, ché. Como dice mi vieja: "Al cine hay que ir a divertirse. Bastante amarga es la vida."

CARLOS.—Pero decime un poco: ¿a vos esto te divierte?

JUAN.—Claro que sí.

CARLOS.—Mira lo que son las cosas... A mí me divierte mucho más *(señalando hacia la derecha)* esa cosita peshosha que viene así.

JUAN.—*(Distraído, insistiendo.)* Yo al cine cómico le encuentro cuatro ventajas, a saber...

CARLOS.—*(Interrumpiéndolo.)* Primero: suspendé la filosofía... Segundo mirá esas brutas piernas que vienen ahí...

JUAN.—*(Mirando ahora, verdaderamente asombrado.)* ¡La gran siete!

CARLOS.—*(Imitando la insistencia anterior de Juan.)* Y... ¿nos quedamos a ver la otra?

JUAN.—¿Qué otra?

CARLOS.—La de Bob Hope.

JUAN.—Entrá vos. Yo me quedo a ver ésta.

CARLOS.—Mirá lo que son las cosas... A mí me parece que fui yo el pequeño vigía lombardo, ¿no?

JUAN.—No seas tarado. ¿Te parece bien que atropellemos los dos juntos?

CARLOS.—¡De ningún modo! Me parece mejor que atropelle yo solo.

JUAN.—Lo más que te concedo es que lo tires a la suerte. ¿Tenés un medio?

CARLOS.—Sí, creo que sí... Tengo el vuelto de la propina. ¿A qué vas?

JUAN.—A número.

CARLOS.—*(Tira la moneda al aire y la recoge apretándola con las manos planas.)* ¡Número! ¿Cuándo no?...

Juan saca pecho, se arregla la corbata y se repasa el peinado. Rebosa satisfacción. Carlos se retira discretamente hacia la izquierda y hace como que lee uno de los carteles. Por la izquierda aparece María, con un vestidito de jersey gris, sumamente ajustado, y zapatos negros de taco muy alto, de modo que las piernas rindan el máximo y la sagrada región del sacro siga un vaivén trágico e hipnotizante. Con ese paso se acerca a Juan, quien por breves instantes se queda rígido. Ella tiene la clara sensación de ser mirada y en seguida siente prácticamente en su oreja la voz y el aliento de

JUAN.—Señorita, yo... sabe... la vi venir, y entonces... este... la vi venir... y me pareció...

MARÍA.—*(Dándose vuelta.)* Le pareció que me veía venir... *(Carlos aplaude y hace gestos de aprobación.)*

JUAN.—Quizá peque de atrevido...

MARÍA.—Sí.

JUAN.—Pero la verdad es que su presencia me asombró... Yo soy lo que se dice...

MARÍA.—¡Un guarango! *(Carlos se sigue divirtiendo y el Autor ha comenzado a sentarse.)*

JUAN.—Señorita, usted me interpreta mal... Y lo que es peor, usted se burla... Yo me he acercado con todo respeto...

MARÍA.—¡No diga!

JUAN.—Tenía que decidirme... así, repentinamente. ..Tuve la impresión de que usted era el Amor, sabe... y que el Amor iba a pasar a mi lado... quizá por única vez en mi vida... y que no podía desaprovechar la oportunidad... no podía...

MARÍA.—¿Y eso qué es? ¿Un bolero?

JUAN.—¿Por qué quiere parecer mala si usted no lo es, no puede serlo? Con esos ojitos... *(María le da una sonora bofetada.)*

MARÍA.—¡Basta por hoy! *(Sale con un pasito nervioso y apurado, sin acordarse ya de mover el trasero.)*

Carlos, y ahora también el Autor, se ríen a carcajadas, ambos tomándose el estómago y casi llorando. Aunque se siguen escuchando las risotadas, la luz hace un círculo sobre Juan, que queda compungido y asombrado, con una mano en la mejilla herida. Luego la luz desaparece; Carlos y Juan salen silenciosamente, mientras el telón de fondo asciende y prosigue su monólogo.

EL AUTOR.—*(Todavía jadeante, mientras se seca los ojos con un pañuelo.)* ¡Qué temperamento! Me gusta porque no se quedó callada como tanta mosquita muerta que anda por ahí... ¡Basta por hoy y sácate! *(Pausa.)* Basta por hoy... La pobrecita tiene razón. Ése es el gran momento de ellas. Cuando las acosan, cuando las apremian, pero cuando todavía son ellas las que imponen su ley... porque no han cedido. Basta... por hoy. Mañana, bueno, mañana, es decir, pasados tres meses, todo habrá cambiado... *(Hacia adentro.)* ¡A ver el zaguán!

Baja un telón que tiene pintado un zaguán. Cuando éste se ilumina con una lucecita sin pretensiones, Juan y María aparecen allí, muy juntitos, abrazados, haciéndose mimos, como cualquier parejita de barrio.

JUAN.—¿Te acordás cuando me pegaste?
MARÍA.—¿Te dolió mucho, tesoro?
JUAN.—*(Mimoso.)* Imaginate.
MARÍA.—*(Ultramimosa.)* ¿Dónde fue? ¿Aquí? *(Le toca con un dedo la mejilla izquierda.)*
JUAN.—No, aquí. *(Con su mano lleva el dedo de ella a la otra mejilla.)*
MARÍA.—¿Y todavía te duele?
JUAN.—Todavía.

El autor hace gestos de repugnancia y les da la espalda.

MARÍA.—¿Y cómo podría curarse?
JUAN.—Vos sabés cómo. Con un besito.
MARÍA.—Es que te estoy curando todas las noches.
JUAN.—Pero hoy tenemos que festejar una fecha.
MARÍA.—¿Una fecha? ¿Cuál?
JUAN.—Hoy a las ocho hizo tres mil horas que nos conocimos.
MARÍA.—¿Tres mil horas ya? ¡Cómo pasa el tiempo!
JUAN.—Entonces, ¿me curás?
MARÍA.—Si vos querés...

Se besan largamente. Se oyen algunas bocinas y ruido de motores, en tanto que los reflectores pasan y repasan varias veces iluminando el beso.

EL AUTOR.—Son los faros pilotos de los autos. ¡Muy edificante! *(El beso dura hasta que apagan totalmente la lucecita y los faros pilotos. Salen Juan y María.)* Siempre fui un convencido de que la ternura no sirve para el teatro. Sirve para la vida diaria. Allí sí es una especie de ganzúa, abre cualquier puerta. Aburre aquí, porque es el teatro, pero cuando ustedes hacían ternura en los zaguanes, no se aburrían, ¿verdad? ¡Ah, bandidos! *(Con nostalgia.)* ¡Lindo tiempo aquél!... Qué vida... *(Con resignación.)* Y... bueno... ¿qué se va a hacer? *(En otro tono.)* Pero no todo en la vida es dulzura, ¿eh?... Menos mal. Está también el segundo aspecto del zaguán...

Igual escena que la anterior, pero Juan y María se dan ahora la espalda y no se hablan. Cada uno está cruzado de brazos y mira altivamente hacia lo lejos.

JUAN.—*(Después de un largo silencio, sin mirar a María.)* ¿Nos vamos a pasar así toda la noche? *(Silencio.)* Después de decir por teléfono que me estás extrañando y que me quisieras ver siempre aquí, contigo, etc., etc. y resulta que vengo y ni siquiera me mirás...

MARÍA.—*(Sin darse vuelta.)* Claro, como vos sí me estás mirando...

JUAN.—*(Igual.)* Yo no te miro para que aprendas. Porque sos demasiado caprichosa.

MARÍA.—*(Igual.)* Y vos sos un bruto *(llora)* y un cochino.

JUAN.—*(Dándose vuelta, ofendido.)* Yo... ¿soy un bruto?

MARÍA.—*(También se da vuelta, llorando.)* Sí, sos un bruto... y un cochino...

JUAN.—¿Pero por qué soy un bruto?

MARÍA.—¿Ves cómo tenés cola de paja? Te molesta lo de bruto pero no lo de cochino. ¿Ves cómo lo reconocés? ¿Ves cómo sos un cochino?

JUAN.—Pero ¿por qué?

MARÍA.—Bien que lo sabés.

JUAN.—Te juro que no.

MARÍA.—¿Lo jurás por que yo me muera?

JUAN.—No, por eso no.

MARÍA.—¿Ves cómo sos un cochino? ¿Ves cómo no lo jurás?

JUAN.—(Acercándosele.) Pero querida...

MARÍA.—(Apartándose.) Andá a decirle querida a aquella asquerosa.

JUAN.—(Sorprendido.) ¿Qué asquerosa?

MARÍA.—La que te miraba en el cine.

JUAN.—(Con asombro sincero.) ¿Quién me miraba?

MARÍA.—La rubia toda pintarrajeada que se te sentó al lado.

JUAN.—(Estallando, cada vez más sorprendido.) ¡¡Aquélla!! (En tono moderado.) ¿Aquélla me miró?

MARÍA.—(Siempre llorosa.) Sí. Y te tocaba.

JUAN.—(Desesperado.) ¿Cómo? ¿No eras vos?

MARÍA.—(Gritando.) ¡No! ¡No era yo! Era ella, la asquerosa...

JUAN.—(Sin poderse contener.) ¡Si seré idiota!

MARÍA.—No, no sos un idiota, sos un cochino, porque te quedabas quietito...

JUAN.—(Intentando otra vez acercarse.) Pero querida...

MARÍA.—(Gritando.) ¡A mí no me toques!

UNA VOZ.—(Desde atrás del telón de zaguán.) ¡Nena!

MARÍA.—¿Qué, mamá?

VOZ DE MAMÁ.—¿Te pasa algo?

MARÍA.—No, mamita.

VOZ DE MAMÁ.—Si ese bruto te hace algo, llamá nomás.

MARÍA.—Pero, mamita, si no pasa nada.

Voz de mamá.—Mejor entonces. Era nada más que para saber.

Juan.—(*Ofendido, a María.*) Decime un poco, ese bruto a que se refería tu mamita... ¿soy yo, verdad?

María.—(*Ya calmada, acercándose.*) No, tesoro.

Juan.—¿Ah, no? Mirá qué monada... (*Estallando.*) Me vas a decir inmediatamente qué otro bruto frecuenta este zaguán.

Se apagan las luces. Sube el telón de fondo. Salen los actores.

El autor.—Esto se llama un ataque de dignidad. En el teatro, la dignidad queda siempre bien. Pero es un desperdicio que un personaje sufra un ataque de dignidad en mitad de la obra. La dignidad debe ser el efecto final, el broche de oro, algo para ser comentado hasta las tres de la mañana en el café. Tengo que arreglar esto... (*Pausa.*) Además es importante el papel de la mamá... "¡Nena!"... Que por la voz uno se la imagine toda... con la nariz ganchuda... los pelos en el mentón... la mirada de acero por sobre los anteojos... "¡Nena!"... Quién pudiera encontrar una voz así... (*Pausa.*) Es importante, porque debe dar a la pareja una sensación de incomodidad, porque la incomodidad la preciso para el cuadro siguiente. ¿Comprenden? No es que la incomodidad vaya a ser la *vedette*. No. De ningún modo. Pero es (*solemne*) el impulso secreto. Están incómodos en casa de ella y buscan la escapatoria, la diversión. La incomodidad los impulsa a la diversión. (*Hacia adentro.*) ¡Telón de club!

Baja el telón, con la típica decoración de una pared de club deportivo. Banderines, remos, fotos de equipos, etc. Cuando es iluminada la escena,

*hay varias parejas bailando un bolero lentísimo.
Apartados de los demás, en una esquina, bailan Juan
y María. Una de las muchachas está sin pareja,
como perdida, y entonces el Autor, en un gesto que
debe parecer improvisado y que a nadie asombra,
va hacia ella y la saca a bailar.*

MARÍA.—*(A Juan.)* No me aprietes así. Me estás
ahogando.

JUAN.—Si no te aprieto. *(Bailan un rato en silencio. La mano derecha de él recorre sobre el vestido rojo la columna vertebral de María. En el comportamiento de Juan es visible el progreso normal hacia un estado de ebullición.)* ¿Me querés?

MARÍA.—Callate. Te van a oír.

JUAN.—No tenemos nada que ocultar. Todo el
mundo puede saber que nos queremos. Al menos,
yo...

MARÍA.—Ah, ¿y yo no? Bien lo sabés.

JUAN.—No sé nada. Para que lo sepa me lo tenés
que decir cada cinco minutos.

MARÍA.—Te vas a aburrir.

JUAN.—*(Como si ella hubiera anunciado que se
va a suicidar.)* Por favor, nunca digas eso, ¡nunca!
Si no querés verme enojado.

MARÍA.—Yo no quiero verte enojado.

JUAN.—*(Después de una pausa.)* Tengo una buena noticia.

MARÍA.—Ya sé.

JUAN.—No. Ésta no la sabés.

MARÍA.—Te digo que sí.

JUAN.—Bueno, ¿qué es?

MARÍA.—Que podemos casarnos.

JUAN.—*(Desalentado.)* ¿Ves cómo sos? ¡Qué cosa
bárbara!

MARÍA.—¿Qué? ¿No es cierto?

JUAN.—Claro que es cierto. Pero nunca me dejás
que te dé una sorpresa.

MARÍA.—Preferirías que fuese una falluta y te hiciera la escena.

JUAN.—No. Eso no.

MARÍA.—¿Entonces?

JUAN.—Entonces, te quiero. ¿Qué más remedio?

Las parejas se retiran, no sin que el Autor le pida a la suya el número telefónico. Se apagan las luces, con excepción del círculo que rodea al Autor.

EL AUTOR.—¡Ufa! Esto es imposible. Hay que sacarlo íntegro. No quiero que después los críticos me comparen con Casona. Pero lo cierto es que yo les estoy mostrando mi material humano y es esto, sólo esto... ¿No es para compadecerme? Sin personajes, sin temas... ¿cómo va a haber entonces? El porvenir del teatro nacional está en el petróleo que están buscando. Si aparece, no faltará quien nos lo quite a prepotencia, y tendremos entonces un teatro de oprimidos, un teatro de la prepotencia. Antes de proyectar mi *Nausicaa*, había pensado en un *Oro Verde*... ¡Un teatro de la prepotencia! Se me hace agua la boca... ¡eso es un tema! Fusilamiento en la Plaza Independencia, campos de concentración en Pando, traiciones, actos de heroísmo. ¡Qué tercer acto puede hacerse con eso! ¡Sirenas de diarios, ambulancias, patetismo, redobles, muchedumbres, mucho Claudel, mucho Claudel! Nadie me negará que es más fácil hacer teatro con la Revolución francesa que con un bolero. Sin embargo... sin embargo, hay que remediarse... Puede ser que el bolero desemboque en otra cosa... Puede ser que Juan y María se hayan casado y sigan divirtiéndose, con ciertas variantes, naturalmente...

Nuevamente se ilumina el baile. Esta vez es un tango. Juan está bailando con una morocha bastante vistosita. María baila con Carlos.

JUAN.—Baila muy bien.

MOROCHA.—No diga eso.

JUAN.—Yo a usted la conozco. No sé de dónde.

MOROCHA.—También usted me resulta cara conocida.

JUAN.—No sé bien si es que la conozco de antes o si es que me siento tan a gusto como si nos conociéramos desde siempre.

MOROCHA.—A ver si lo escucha su mujer...

JUAN.—Oh, no se preocupe. Me abandonó por un amigo de la infancia.

MOROCHA.—Son los peores.

JUAN.—No crea. Por Carlos pongo las manos en el fuego.

CARLOS.—*(A María.)* Pensar que una moneda decidió mi destino.

MARÍA.—¿Cómo es eso? Cuente.

CARLOS.—¿No lo sabe? No puedo creer que Juan no se lo haya contado.

MARÍA.—No. Nunca.

CARLOS.—*(En tono misterioso.)* Cuando Juan la conoció, frente al cine, habíamos tirado una moneda al aire para decidir quién le hablaba.

MARÍA.—*(Dando una patadita.)* ¡Oh!

CARLOS.—¿Le molesta saberlo?

MARÍA.—Póngase en mi lugar. ¿Le gustaría que lo hubiesen echado a sol o número?

CARLOS.—Me gustaría, siempre que me hubiese ganado usted.

MARÍA.—*(Dejándose llevar por la coquetería, pero arrepintiéndose inmediatamente.)* Y a usted, ¿le hubiera agradado la suerte de Juan?

CARLOS.—Eso se llama sadismo. Permitirle a uno mirar por la ventana del paraíso y darle después con la puerta en las narices.

MARÍA.—*(Igual que antes.)* Todavía no he dado ese portazo.

CARLOS.—Pero lo va a dar... *(Repentinamente*

77

esperanzado.) ¿O no? ¿Puedo pensar que no? *(Estrechándola más al bailar.)* ¿Me da permiso para visitar el paraíso?

María.—*(Apartándose un poco.)* Dígame Carlos, usted que acató tan rigurosamente el dictamen de una monedita lanzada al aire, ¿sería capaz ahora, después de dos años, de traicionar a su amigo, a su mejor amigo?

Carlos.—Hace dos años usted sólo era un par de piernas tentadoras que se acercaban, una cosita linda de mirar. Era fácil tirar la moneda al aire. Ahora, en cambio...

María.—¿Qué? ¿Ya no soy linda de mirar?

Carlos.—*(Pronunciando lentamente las palabras.)* Ahora es algo lindo de mirar, de escuchar y de tocar.

María.—*(Dando una patadita.)* ¡Oh!

Carlos.—¿Qué pasa?

María.—Es muy amable de su parte hacerme la corte. Pero no tiene por qué insultar a Juan.

Carlos.—*(Sorprendido.)* ¿Yo he insultado a Juan?

María.—*(Habla en tono severo.)* Sí, lo está insultando.

Juan.—*(A la morocha.)* ¿Y usted a qué hora sale de su empleo?

Morocha.—A las siete.

Juan.—Lindo horario.

Morocha.—¿Lindo horario para qué?

Juan.—Por ejemplo, para irla a esperar.

Morocha.—¿Van a venir los dos?

Juan.—¿Qué dos?

Morocha.—¿Usted y su mujer?

Juan.—Pero qué obsesión. ¿Por qué no deja tranquila a mi mujer?

Morocha.—Y... métodos.

Juan.—No sea ridícula. Estamos en la éra del átomo.

Morocha.—¿No diga? Por lo menos lee *Life en Español*.

JUAN.—(*Volviendo a la carga.*) ¿Puedo esperarla? (*Impaciente.*) Diga que sí.

MOROCHA.—Oh, ya veremos. No creo que sea su vocación el amor clandestino. Un hombrecito de hogar, eso es lo que es. Le gusta acostarse y sentir los pies helados de su mujer.

JUAN.—(*Cambiando el tono.*) Usted tiene todo el derecho de decirme que no, hasta de dejarme plantado, si quiere. Pero no tiene por qué insultar a María.

MOROCHA.—(*Riendo, sorprendida.*) ¿Yo la he insultado?

JUAN.—(*Severo.*) Sí, la está insultando.

Se apagan las luces y la música.

EL AUTOR.—(*Con un leve tonito de suficiencia.*) Un efecto simétrico. Queda bastante bien. Posiblemente lo emplee en "Nausicaa". Tengo una teoría muy personal de lo dramático, por medio de la cual se tiende a sustituir la peripecia por la simetría. Es un efecto contrario al de las obras de Bernard Shaw, donde uno piensa que siempre va a pasar lo mismo, y pasa lo contrario. En mi teoría personal, uno piensa que siempre va a pasar lo contrario y pasa siempre lo mismo. Pueden tomar nota. Muy interesante. La sorpresa de la no-sorpresa (*Pausa. Saca la cigarrera, toma un cigarrillo, lo enciende, luego sigue hablando en un tono más natural.*) De modo que ella guarda la compostura, él guarda la compostura. Pero ¿hasta cuándo? Aquí entra el factor misterio. Muy modesto, claro. Soy el primero en reconocerlo. Pero no olviden que también el tema es bastante módico. Un gran misterio desentonaría. ¿Hasta cuándo? Irrumpe la etapa del hastío. Los primeros síntomas del aburrimiento y del fastidio se mezclan con las palabras y las actitudes del amor. (*Pausa.*) ¿Hasta cuándo? (*Un suspiro.*) Llega un

79

instante en que todo está listo para que aparezca el factor disolvente, el gran separador. En otro tiempo se llamó el Diablo. Ahora se llama Fernández o Santalucci o Gabelsberg. En nuestro caso especial se llama Rijo. Alfredo Rijo. *(Llamando hacia adentro.)* ¡El telón familiar! *(Baja un telón que oficia de pared en una salita. Tiene colgados algún cuadrito naturalista, fotos de familia, etc. Los empleados del teatro traen un sofá y algunas sillas.)* Ahora el señor Rijo, por favor.

UNA VOZ.—¿Quién?

EL AUTOR.—El señor Rijo.

UNA VOZ.—No viene hoy.

EL AUTOR.—¿Cómo que no viene?

UNA VOZ.—Claro que no. ¿No se acuerda que hoy es viernes?

EL AUTOR.—Cierto. Me había olvidado. *(Al público.)* Es un actor nuevo, con muchas condiciones. Pero, naturalmente, del teatro solo no se puede vivir. El teatro es la vocación. Macanudo. Pero cuando usted va a pagar el alquiler, o cuando toca el timbre el cobrador de impuestos, o cuando viene Samuel a cobrar la tricota que le vendió a 20 meses, ellos quieren tacataca, minga de vocación. Y eso es lo que le pasa a este muchacho, un excelente actor. Yo lo he visto trabajar en tres diferentes papeles dentro de una misma obra. ¿Ustedes fueron a ver *El hombre, la bestia y la virtud?* Bueno, cuando hacía de Hombre no estaba muy bien... porque el físico no le ayudaba, pero en cambio cuando hacía de Virtud... y sobre todo cuando hacía de Bestia, estaba sensacional. Lloraba la gente. *(Pausa.)* Claro que a pesar de todas esas magníficas condiciones tampoco a él el teatro le da para vivir. Y, como es lógico, vive de otra cosa. Un oficio que, naturalmente, no es ni remotamente su vocación, pero... que le da para comer. Se dedica a eso... este... ¿cómo se llama ese oficio? ¡Pucha qué memoria! Empieza con M. Lo tengo en la punta de la lengua...

UNA VOZ.—Mueblero. (*El autor niega con la cabeza.*) Mecánico. (*Niega.*) Menor inadaptado. (*Niega.*) Ministro. (*Niega.*) Mellizo...

EL AUTOR.—¡Nooooo! (*Se da una palmada en la frente.*) ¡Ya me acordé! Mo-dis-to. Ah, y le va muy bien. Un muchacho de talento. Desde chico tuvo habilidad para esas cosas. Le hacía pijamas a la perrita. En casa, por ejemplo, le hizo vestidos bolsa a todas mis primas. Claro que yo no la voy con eso. Porque si ustedes las miran de lejos... de muy lejos... como tres cuadras... macanudo. Pero si ustedes las miran de cerca... no me van a negar que parecen unas berenjenas. Bueno, y él le ha hecho el modelo berenjena a las mejores familias montevideanas. A las de Urdiondo Fernández Rueda, a las de Pérez Clipper, a las de García Mascarone Saboya Méndez Pif. Lo que se dice lo más rancio. Pero resulta que los viernes siempre se demora. Es el día que dedica a probarles el modelo berenjena a las señoras de más de cincuenta, y, claro, siempre cuesta un poco más dejarlas conformes... porque... a mí me explicaba el otro día este muchacho... que el modelo bolsa es una cosa que tiene que caer... así... y resulta que a muchas veteranas... no les cae... llega aquí (*señala su propia cadera*) y se les atranca. Y desatrancarlo lleva su tiempito. (*Pausa, cambio de tono.*) Bueno, la cosa es que esto hay que arreglarlo de algún modo... Así que vamos a hacer algo de emergencia, a la sanfazón, como quien dice en familia, porque el teatro no es como un ómnibus, que viene el guarda, todo amable, y dice (*a gritos*): "A bajarse todo el mundo, se descompuso." (*Otra vez normal.*) Así que ustedes disculpen, pero, a los efectos de que este ómnibus siga, yo mismo voy a hacer de Rijo. Total... es un papelito corto. Además, yo sé que ustedes tienen mucha imaginación, así que me pongo un bigote y chau. ¿Estamos? *(Pausa.)* ¿Cómo era la cosa? *(Desde adentro una Voz apunta: "Llega un instante en que todo está listo...")* Ah, sí, llega un instante en que todo está listo para que aparezca el factor disolvente, el gran separador. En otro tiempo se llamó el Diablo. Ahora se llama Fernández o Santalucci o Gabelsberg. En nuestro caso especial se llama Rijo. Alfredo Rijo. *(Dirigiéndose hacia el lateral.)* Voy a buscarlo, no se vayan...

Sale para regresar de inmediato llevando anteojos, un bigote postizo, un ostentoso clavel en el ojal. Avanza aparatosamente hacia el sofá. Se sienta, cruza las piernas y fuma. Mira despreciativamente el cuadro naturalista de la pared del fondo, y luego se sacude, con dos dedos juntos de la mano derecha, una manchita de polvo en la pierna izquierda del pantalón. Luego se aprieta la corbata, se moja con saliva un dedo y con él se alisa las patillas. Luego el Autor, en su papel de Rijo, queda otra vez en su estudiada pose de naturalidad.

JUAN.—*(Entrando, efusivo.)* Pero, viejo, ¡qué alegría! ¿Cuándo llegaste?

Rijo se pone de pie y Juan le da un abrazo avasallante.

RIJO.—*(Tratando de no perder la pose.)* Hace... ce... una semana...
JUAN.—*(Con otro abrazo destructor.)* ¿Y qué esperabas para venir? ¡Qué tipo!
RIJO.—*(Desprendiéndose a duras penas.)* Me dijo Carlos que te habías casado.
JUAN.—Sí, hace dos años y medio. Tengo que presentarte a mi mujer. *(Llama hacia adentro.)* ¡Ma-

ría! *(No hay respuesta. A Rijo.)* Te va a gustar. Es muy sencilla, ¿sabés?

Rijo.—Carlos me la ponderó mucho.

Juan.—Sí, son muy amigos. *(Llamando otra vez.)* ¡María!

Voz de María.—*(Desde muy atrás del telón que oficia de pared.)* Ya voy. ¿No podés esperar un momento?

Juan.—Claro, claro. Vení en cuanto puedas. *(A Rijo.)* Está muy atareada en la cocina. ¿Te quedás a comer?

Rijo.—No, gracias.

Juan.—¿Por qué no? ¿Qué te pasa?

Rijo.—Nada, hombre. Sólo que es una sorpresa encontrarte casado.

Juan.—Bueno, algún día tenía que ser... ¿y vos?

Rijo.—¿Yo? Ni pensarlo... Siempre libre.

Juan.—¿Libre para qué?

Rijo.—Para todo, ché. Para comer bien, para tener mis aventuritas, para viajar. Sobre todo, para viajar.

Juan.—Eso es cierto. Mirá que te has movido estos últimos años. ¿Estuviste en España, también?

Rijo.—Sí. Y en Francia y en Italia y en Inglaterra y en Suiza.

Juan.—¡Pah, qué bárbaro! Si habrá para contar... Tenés que quedarte a comer.

Rijo.—No. Eso no.

Juan.—Ché... al final me voy a ofender.

Rijo.—¿Quién sabe cómo le caigo a tu señora?

Juan.—¿A María? ¡Vamos ché! No la conocés. En seguida vas a simpatizar con ella... Y después, si empezás a contar cosas de Europa...

Rijo.—No creas. Las mujeres son siempre sedentarias.

Juan.—No sólo las mujeres. Yo también.

Rijo.—Sí, ya lo veo.

Juan.—¿Qué es lo que ves?

Rijo.—Que has cambiado mucho. Estás lo que se dice afirmado. Una lástima.

Juan.—¿Por qué?

Rijo.—Te lo confieso, me has desengañado un poco. Esta vez pensaba volver contigo a Europa. Pero no hay caso. Estás amarrado.

Juan.—¿Conmigo a Europa? ¡Estás loco! ¿Con qué plata?

Rijo.—¡Oh, eso es lo de menos!

Juan.—¿Ah, sí?

Rijo.—Lo principal es la voluntad de viajar, de escaparse.

Juan.—¿Y para qué voy a escaparme?

Rijo.—Ves cómo estás amarrado. No sabés lo que es Europa. *(Pausa.)* No sabés lo que es estar sentado en un café de Madrid.

Juan.—Y... será más o menos como estar sentado en cualquier café de Dieciocho.

Rijo.—¡Cómo vas a comparar! Allá hay siglos, viejo...

Juan.—Sí, claro.

Rijo.—Desde aquí no podés darte cuenta de lo que significa presenciar los besos de las parejas en las calles de París.

Juan.—Y... más o menos como en el Parque de los Aliados.

Rijo.—¡Cómo vas a comparar! Aquí siempre tienen cara de culpa. Allá hay siglos, viejo... siglos de pecado, siglos de vicio...

Juan.—Sí, claro, eso es cierto.

Rijo.—No sabés lo que significa asistir a esa libertad. Que un tipo venga y te diga: el señor Tal, morfinómano. Como quien dice escribano o corredor de bolsa. Eso se llama amplitud. Mirá, una vez en una fiesta bastante familiar, me fueron presentados varios señores y sus respectivas damas. Uno decía: "Mi señora." Otro: "Mi novia." Otro: "Mi querida." Pero hubo un señor muy culto, con mucho don de gentes, que me dijo: "Le presento a mi amante" y el amante era un tipo de bigote, con un bruto tórax de levantador de pesas. ¿Te das cuenta qué amplitud?

Juan.—*(Desorientado.)* Sí... sí.

Rijo.—¿Y qué te parece?

Juan.—Y... deben ser los siglos.

Rijo.—Claro que sí. Aquí somos unos neófitos. Capaz que ves un día a tu mujer del brazo con otro y te ponés furioso.

Juan.—*(Reaccionando.)* Bueno, me parece que...

Rijo.—¿Lo ves? A eso le llamo yo estrechez de miras. Allá todo se comprende. La gente es inteligente. In-te-li-gen-te.

Juan.—Sí, sí. *(Queriendo cambiar de tema.)* ¿Y viste muchos museos?

Rijo.—¿Museos? ¿Qué museos?

Juan.—De arte, por ejemplo. El Louvre, el Museo del Prado...

Rijo.—Ah, ésos... Sí, estuve alguna vez...

Juan.—Notables, ¿verdad?

Rijo.—Ahí tenés... eso sí es igual que aquí. Te aburrís lo mismo. *(Pausa.)* Bueno, me tengo que ir... Ya hablaremos largo y tendido...

Juan.—¡Cómo! No podés irte así. Tenés que conocer a mi mujer. *(Llama hacia adentro, a gritos.)* ¡María!

En mitad del grito aparece María por detrás del telón.

María.—Querido, no estás en la selva.

Juan.—*(Fastidiado, y bajando forzadamente el tono.)* Y vos parece que no estuvieras en la casa. Hace rato que te estoy llamando.

María.—Estaba en la cocina.

Juan.—Podías haber contestado.

María.—Creo que fue lo que hice.

JUAN.—Me parece que no.

MARÍA.—Me parece que sí.

JUAN.—Bueno.

MARÍA.—¿Qué?

JUAN.—Nada.

MARÍA.—¿Y para eso me llamás a los gritos?

JUAN.—¿Yo te llamé a los gritos?

MARÍA.—Me parece que sí.

JUAN.—Me parece que no.

MARÍA.—Bueno.

JUAN.—¿Qué?

MARÍA.—Nada.

JUAN.—¿Y para eso me interrumpís?

RIJO.—*(Incómodo, acercándose a la pareja.)* Ustedes perdonen, si ahora el que interrumpo soy yo. Por otra parte, ya me iba... *(A Juan.)* A tu señora la habías llamado para presentármela...

JUAN.—Oh, disculpame...

Intenta efectuar tardíamente las presentaciones, pero María y Rijo lo hacen por sí mismos, sonriéndose forzadamente y con los dientes apretados.

MARÍA.—¿Así que usted es el gran amigo de Europa?

RIJO.—¿Y usted la tan elogiada esposa de Juan?

MARÍA.—Encantada.

RIJO.—Encantado.

Se apagan las luces, con excepción del círculo que rodea a Rijo, que se quita el bigote y se convierte nuevamente en

EL AUTOR.—¿Qué tal estuve? *(Haciendo un ademán defensivo.)* Eh, no tiren... *(Cambio de tono.)* Absurdo, ¿no? Sin embargo, todo tiene su explicación. ¿No se les ocurrió pensar que ella había escuchado todo? ¿No se les ocurrió pensar que ella vio en el antiguo amigo de Juan al enemigo de su felicidad o —para ser menos pomposo— de su tranquilidad? Es un vicio muy frecuente en las mujeres el espionaje de las visitas que recibe el marido. ¿Verdad, señoras? Después... ah, después... cuando la visita ya no está, es más difícil arreglardo todo...

Se ilumina otra vez la escena, igual a la anterior. Juan está ahora sentado en el sofá en que estuvo Rijo. Entra María, con un mate y un termo y, con toda naturalidad, los deja en la mesa del Autor, que agradece y se ceba el primero. Luego, María pasa un plumero sobre los muebles, vacía los ceniceros o por lo menos imita esos gestos.

JUAN.—*(Después de un silencio.)* ¿Y qué te pareció? *(Ella hace un ademán indefinido pero no contesta; sigue limpiando.)* Es un tipo divertido. *(Otro gesto de ella.)* Mejor dicho, un buen tipo. *(Otro gesto.)* En el liceo le decíamos el loco Rijo. *(Ríe.)* Porque siempre se equivocaba... ¡Qué plato!... *(Pausa.)* Lo que se dice un buen tipo. ¿Qué te pareció?

MARÍA.—*(Seca.)* No me gusta.

JUAN.—*(Sorprendido.)* Pero ¿estás loca? Si ni has hablado con él...

MARÍA.—Lo suficiente.

JUAN.—Sólo un saludo.

MARÍA.—Pero si me hubiera gustado, sería suficiente, ¿no?

JUAN.—Vos de contrera que sos. Porque sabés que es un tipo que aprecio. ¿Qué te hizo? ¿A ver?

MARÍA.—Nada. *(Acercándose.)* ¿Nunca te pasó que una persona se te quede aquí? *(Aprieta la garganta con el pulgar y el índice.)*

JUAN.—¿Y a vos Rijo se te quedó ahí?

MARÍA.—Aquí. Justo aquí. ¡No lo paso!

JUAN.—Lo raro es que él tenía ese temor!

MARÍA.—¿Qué temor?

JUAN.—El de no agradarte. Por eso no quiso quedarse a almorzar.

MARÍA.—Ah... lo habías invitado. Gracias por consultarme.

JUAN.—Era de cajón. Después de cinco años que no nos veíamos.

MARÍA.—¿Y a mí qué me importa? Podía haberse demorado otros cinco... Total, para venir a calentarte la cabeza con todos esos cuentos de Europa...

JUAN.—Pero si él...

MARÍA.—(*Interrumpiéndole.*) Que los cafés de Madrid y las parejas de París y los morfinómanos y los maricas... ¡Lindo amigo te echaste! Seguro que es un degenerado, un vicioso... ¡un comunista!

JUAN.—¡Estuviste escuchando!

MARÍA.—Claro, allá hay siglos, dijo el señor. Pero, ¿siglos de qué? ¡Siglos de mugre, siglos de relajo!

JUAN.—¡Estuviste escuchando!

MARÍA.—(*Como si no lo oyese, furiosa.*) Y ya que habla tan despreciativamente de nuestra chatura, de nuestros prejuicios, ya que él se cree tan importante, yo le preguntaría quién es. ¿Churchill? ¿Yves Montand? ¿Obdulio Varela? No. Es el señor Rijo, ilustre desconocido aquí y en su querida Europa. Aquí es un imbécil a la europea y en Europa un ignorantito recién llegado de las selvas. Nada aquí, nada allá. Europa y esta aldea... ¡Que se lo trague otro! Lo que es yo...

JUAN.—¡Estuviste escuchando!... ¿Sabés cómo se llama eso?

MARÍA.—Legítima defensa.

JUAN.—No, señora. Eso se llama espionaje, sencillamente espionaje, y el espionaje es una de las actividades más repugnantes que puede ejercer el ser humano.

María.—Es una opinión. La tuya. La mía es que el espionaje es legítima defensa.

Juan.—¡El espionaje es una inmundicia!

María.—¡Y tu amigo es otra!

Juan.—Pero ¿qué te hizo?

María.—Calentarte la cabeza. (*Lloriquea.*)

Juan.—Pero, ¿por qué lo decís?

María.—Cuando te hablaba de los morfinómanos y todo eso, te brillaban los ojos.

Juan.—¿A mí?

María.—¡Sí!

Juan.—(*Después de una vacilación, como si hablara consigo mismo.*) Puede ser...

María.—¿Ves cómo lo reconocés? ¡Sos un morfinómano, un degenerado!

Juan.—(*Distraído, sin prestarle atención.*) Me interesó. Nunca pensé que me interesara.

María.—¿Te das cuenta ahora? Todo por ese imbécil, por ese cretino...

Juan.—Ahora me di cuenta... Si no te hubieras puesto a gritar, no pasa nada. Pero de golpe me desperté. Tenés razón. Puede ser que me hayan brillado los ojos. ¿Sabés por qué? Porque nunca pensé que podría viajar... y ahora sí... ahora se me ha ocurrido... hasta me parece posible...

María.—(*Saliendo paulatinamente de la histeria.*) ¿Con tu sueldo?

Juan.—Sí, con mi sueldo. Eso no importa. Lo dijo él: "Lo principal es la voluntad de escaparse." Y eso siento que lo tengo. ¡Hay que escaparse, María!

María.—(*Extrañada.*) ¿Escaparse de qué?

Juan.—De esta chatura, de esta aldea; hay que ver otra cosa, hay que lavarse los ojos viendo otra gente, otro paisaje.

María.—(*Como para sí.*) Ya sabía yo.

Juan.—Pero, María, hay que irse. ¿Cómo es posible que sólo ahora acabe de entenderlo?

María.—(*Resignada.*) ¿Cómo es posible, eh?

Juan.—No es por esas cosas sin importancia que contaba Rijo. Es por todo, ¿sabés? La gente, los museos, los puertos, las ciudades. Dicen que hasta el cielo es diferente.

María.—Sí, eso dicen.

Juan.—Aquí somos demasiado sencillos, María. Es lo que nos pierde.

María.—Puede ser.

Juan.—(*Frenético.*) Entonces, ¿vamos?

María.—Entonces... vas.

Juan.—¿Cómo? (*Vacilando.*) No, así no. Tenemos que ir juntos.

María.—Bastante sacrificio será que vayas solo. Bastante penuria habrá que pasar si a la vuelta no encontrás el empleo.

Juan.—Siempre hay soluciones.

María.—Para ir, sí... Para quedarse, en cambio...

Juan.—¡Siempre hay soluciones!

Se apagan las luces, menos la que ilumina al Autor. Son retirados el sofá, las sillas. Sube el telón. Salen Juan y María.

El autor.—Siempre hay soluciones. Claro que sí. Por otra parte, en el teatro resulta contraproducente desanimarse. El desánimo es teatral cuando culmina en el suicidio, pero en los demás casos resulta un estorbo. Juan tiene razón. Hay soluciones. Las clásicas y las improvisadas. Me referiré a las clásicas, porque desde un punto de vista rigurosamente crítico, las soluciones improvisadas son un mal truco. No queda bien, por ejemplo, que el hombre consiga ir a Europa porque le caiga una herencia del cielo. Puede intervenir el destino, naturalmente, pero un destino creíble. La lotería, una beca. Ustedes saben que en la actualidad se usa más la beca que la lotería. Y con toda razón, porque uno compra un vigésimo y es exactamente lo mismo que tirar la plata. La beca es mucho mejor, mucho más seguro. Pero... hay que hacer antesalas, arrimarse al sol que más calienta, sonreír, dar abrazos, festejar chistes bobos, armarse de paciencia, mucha paciencia. Y no por falta de motivos para becar al honorable ciudadano. Motivos siempre hay. Hoy en día se usan mucho las becas, por ejemplo, para el estudio de la langosta en el Peloponeso, para comparar nuestro sistema jubilatorio con el de Dinamarca, para adquirir maquinarias en Andorra, para estudiar la influencia del cante jondo en nuestros payadores, para historiar el proceso de la dactilografía en la administración pública de los Países Bajos, etc. etc. Las becas (junto con el fútbol y la ganadería) constituyen probablemente el aspecto más adelantado de nuestra producción nacional. Naturalmente que la concentración, la compensación, el *clearing*, digamos, de todos los becarios debe hacerse en París. En París se encuentran casi tantos becarios uruguayos como ex-primeros ministros franceses. Tremendo, ¿verdad? A todos se nos iluminan los ojos. Y Juan, el pobre, no tenía paciencia ni padrinos ni especialización becable. Un fracaso. Por eso tuvo que recurrir a otras soluciones. Una de ellas...

UNA VOZ.—*(Por un parlante, en tono grave.)* No va más. Colorado ¡el cinco!

OTRA VOZ.—*(Inmediatamente, por otro parlante.)* No va más. ¡Ceeeero!

OTRA VOZ.—*(Inmediatamente, por otro parlante.)* No-va-más. ¡Negro el diecisiete!

EL AUTOR.—Pero Juan sólo jugaba a tercera docena. Solución descartada. *(Pausa.)* María tenía ahorrados unos pesos. Juan tenía ahorrados algunos más. En total: dos mil ochocientos noventa y cinco con cuarenta centésimos, incluyendo intereses. No es demasiado, ¿verdad? Entonces viene la solución final, el puerto al que arriban todos los desamparados. (*Llamando hacia adentro.*) A ver. ¡Caja Nacional!

Baja un telón con una ventanilla de banco marcada con el número 2 y un letrero de Pagador. Al ser iluminado, se ve al Cajero en la ventanilla, contando billetes, moviendo papeles, sellando formularios. El Cajero irá llamando por su nombre a varias personas que forman cola frente a la Caja. Éstas, una vez que cobran, se retiran por la derecha contando su dinero. Juan aparece por la izquierda y se acerca lentamente a la mesa del Autor. Le hace a éste algún comentario que no llega al público, y luego el Autor le pasa el mate.

CAJERO.—Pifaretti. Rodríguez. Castro. Silberstein. Núñez. Aidelman. Domínguez. (*Hasta ese momento los nombres son pronunciados por el Cajero con su voz normal. El último que queda por cobrar es Juan y cuando es nombrado la voz del Cajero sale muy amplificada por los parlantes.*) ¡Juaaan! (*Juan sigue distraído, prendido a la bombilla.*) ¡Juancito, Caja 2, por favor!

Sólo entonces el Autor le hace notar que lo están llamando. Juan deja el mate, se acerca a la Caja y cobra. Muestra los billetes al público y al Autor, da un salto de alegría y sale corriendo por la izquierda. Se apagan las luces de la escena. Sube el telón.

EL AUTOR.—(*Después de limpiar con un papel la embocadura de la bombilla.*) ¿Vieron qué contento? Va a viajar, va a alejarse de esta aldea. Como él mismo dice cuando se pone cursi: va a lavarse los ojos con otros paisajes, con otras gentes. (*Pausa.*) Este Juan siempre ha sido un problema para mí. No le tengo demasiada simpatía y a veces no sé qué hacer con él. *(Pausa, durante la cual revisa los papeles que tiene sobre la mesa.)* Díganme, ¿no se enojan si les pido una cosa? ¿Por qué no se van al *hall* a charlar un rato? Estiran un poco las piernas y de paso me dejan un momento a solas... Tengo que poner en claro ciertas ideas con respecto a la comedia... y si ustedes se quedan ahí mirándome... francamente, no puedo... Yo sé que no lo parezco, pero en el fondo soy un tímido... Si no lo fuera, en vez de escribir comedias, las representaría... Como ustedes pudieron comprobarlo hace un ratito, el ideal secreto de mi vida es ser actor... *(Pausa. En tono casi suplicante.)* Bueno... entonces ¿no se enojan, verdad? Gracias. Son ustedes muy amables. Muchísimas gracias. Hasta lueguito.

Cuando todavía está pronunciando esas últimas frases, entran Juan, Carlos y María, y se dirigen al Autor en un tono vulgarmente coloquial, diferente por completo al que han empleado hasta ahora.

CARLOS.—Oiga, don...

EL AUTOR.—¿Qué, viejo?

CARLOS.—¿Podemos ir un momento al café a tomar una cañita?

MARÍA.—Cañita para usted. Para mí, una gaseosa con ferné.

EL AUTOR.—*(Entre asombrado y colérico.)* Pero, ¿están chiflados? ¡No piensen en que se van a poder mover de aquí! ¡No faltaba más! ¡Justamente ahora, que tengo que hacerles unos cuantos retoques y construirles el futuro!

JUAN.—Pero, ché, no se haga odiar. Es un momentito nomás. Volveremos en seguida. *(Hay murmullos de protesta.)*

EL AUTOR.—*(Gritando.)* ¡Quietos! *(Juan, Carlos y María quedan detrás del Autor, inmovilizados por el grito.)* ¡Qué embromar! *(Dirigiéndose al público,*

con un airecito de suficiencia.) Estos tipos a veces
se olvidan de que es el Autor, y sólo el Autor, el
que gobierna a sus personajes...

*Contrastando con ese último alarde de poder,
Juan, Carlos y María le hacen al Autor, sin que éste
pueda verlos, una cuarta de narices.*

TELÓN

SEGUNDA PARTE

*Al levantarse el telón, el Autor está aún en la mesa,
escribiendo, en mangas de camisa. De vez en cuando
revisa los papeles, corrige algún detalle. Después
junta las hojas, las cuenta y las deja aparte. Sólo
entonces repara en el público y se pone rápidamente el saco, en tanto que murmura alguna disculpa.*

EL AUTOR.—Ah, ¿ya volvieron? ¿Qué tal? ¿Muchos
chismes? Pónganse cómodos. *(Restregándose las
manos.)* Ahora sí está todo claro. *(Pausa.)* Porque
yo tenía un problema, ¿saben? ¿Cómo iba a representar la estadía de Juan en Europa si lo más lejos
que yo he salido es a Tacuarembó? Uno corre el
riesgo de equivocarse feo. Pero van a ver ustedes
la solución que encontré. No en esta escena. En la
que sigue. Van a ver que no está mal. Por un lado,
me da cierta libertad para mover los personajes, y
por el otro me ahorra repasar las guías azules de
turismo. Ya verán, ya verán. Por el momento, tenemos a María sola, amargamente sola...

*Baja el mismo telón y es introducido el mismo
mobiliario de la escena de la salita. Ahora hay en*

un costado una mesita con una radio. En el suelo, un teléfono. María está sentada en el sofá, con la mirada clavada en donde debería estar el cielo raso. Suena el teléfono. Sólo a la cuarta llamada sale María de su abstracción y levanta el tubo.

MARÍA.—Hola, ¿quién?... Ah, ¿qué tal, mamá? *(Gruñidos del teléfono.)* Sí, estoy sola. *(Gruñidos.)* Tuve noticias. Dos telegramas. *(Gruñidos.)* Habrá escrito, mamita, pero las cartas a veces se pierden. *(Gruñidos.)* No, mejor no vengas. *(Gruñidos prolongados.)* No, no es por eso. *(Gruñidito.)* Pero por unos días me gustaría estar sola. *(Gruñidos.)* ¿Para qué? Para pensar. Hace tanto tiempo que no estoy sola. *(Gruñidos.)* Hasta luego, mamá. Sí, yo te llamo mañana. Chau, mamita.

Cuelga. María queda por unos momentos inmóvil, luego recoge una revista, la hojea desganadamente y la deja. Después se dirige hacia el receptor de radio y lo enciende. El Autor, no bien se da cuenta de que María ha sintonizado un episodio de radioteatro, huye despavorido.

LA RADIO.—*(Música de episodios, la voz del locutor.)* La señora Parkington hace avanzar su silla de ruedas hasta el centro de la galería. Desde allí divisa la alameda por donde siempre regresa el Conde. Pero no ha notado que, a sus espaldas, se abre una puerta. *(Música alusiva.)*

VOZ DE HOMBRE.—¡Margaret!

VOZ DE MUJER.—¡Richard! ¿Tú aquí?

HOMBRE.—Sí, Margaret, por última vez.

MUJER.—¡Nooo!

HOMBRE.—Es preciso conformarnos, Margaret. El Conde lo sabe todo.

MUJER.—No puede ser. Me estás mintiendo.

HOMBRE.—No, Margaret, tú sabes que debes confiar en mí.

MUJER.—¿Cómo puedes decir eso en el instante mismo en que amenazas abandonarme?

HOMBRE.—No es una amenaza, es una decisión.

MUJER.—Yo sé que has tomado esa decisión porque estoy inválida.

HOMBRE.—Margaret... querida.

MUJER.—Ilusa de mí que pensé algún día que podría retenerte.

HOMBRE.—Me haces sentir demasiado vil.

MUJER.—(*Entre sollozos.*) Si tienes que irte, vete ya.

HOMBRE.—No. Quiero ver tus ojos un solo instante más. Quiero grabar en mi alma esa imagen tuya que me acompañará para siempre. (*Suena la música de fondo.*)

MUJER.—¡Richard, el Conde está cruzando la alameda! Vete, por favor, déjame. No quiero que nadie te haga daño, ni siquiera yo misma.

HOMBRE.—Margaret, tú siempre serás la más noble.

MUJER.—No, Richard, siempre estaré sola, horriblemente sola. (*Música alusiva.*)

María apaga la radio y se echa sobre el sofá, llorando convulsivamente. Se apagan las luces.

EL AUTOR.—(*Asomándose por el costado.*) Bueno, que llore todo lo que quiera... pero que no me ponga episodios, que no me ponga. ¡Bastante tengo en casa con los que escucha la vieja! Es fatal. A la hora del almuerzo, viene, prende la radio y se va para la cocina. Y todo ese menjunje de lady Tennyson, y James, y Sir Pèter, y Violet, de puertas que se abren chirriando en la galería y patas de palo que se acercan por la alameda, todo ese guiso me lo trago yo al mediodía, junto con la sopa y el churrasco. Y, claro, la comida se me queda acá. *(Se toca la garganta.)* Por eso le viene bien a María llorar un poco. Todo se paga. Y esto que me ha hecho de poner el episodio, yo como autor no se lo perdono. *(Se oyen los sollozos de María.)* Que llore nomás. Aunque ella llora más bien por otra cosa. Llora por su soledad, porque Juan está en Europa y no le ha escrito, porque en la radio la cosa ésa dijo que se quedaba horriblemente sola y también María está horriblemente sola. Bueno, ustedes habían entendido por sus propios medios este paralelismo, ¿verdad? Pero de todos modos conviene explicarlo un poco para los críticos. *(Pausa.)* Además, no siempre iba a estar sin noticias. Pronto comenzarán a llegar, en cartas, en fotos, en más cartas y en más fotos. *(Hacia adentro.)* A ver, ¡el proyector!

Se ilumina la escena. Es igual a la anterior. Sólo que ahora María está bien arreglada y con aspecto alegre. En el centro y de frente al público hay una linterna mágica o proyector. Sentados en el sofá, en las sillas, están Carlos, Laurita, Pepe, Roberto y Gladys.

CARLOS.—Así que al fin dio el hombre señales de vida.

GLADYS.—Bueno, era hora.

LAURITA.—Estarías inquieta, ¿eh, María?

MARÍA.—Imaginate. Pero ya no me acuerdo de eso. Ahora tengo cartas y fotos en cantidad. Los llamé para mostrárselas.

LAURITA.—¿Las cartas?

MARÍA.—No, boba, las fotos. Carlos consiguió el proyector.

CARLOS.—*(Se pone de pie y se coloca junto al proyector.)* Bueno, acomódense. Va a comenzar la función. *(Bajan las luces al mismo tiempo que todos*

miran hacia una imaginaria pantalla, o sea hacia el
espectador.)

LAURITA.—¿Y pueden subir a cubierta yendo en tercera?

MARÍA.—No. Esta foto es de aquí, en el puerto. En realidad, se la tomé yo. *(Risas.)*

LAURITA.—¿Y quién es ése que está con Juan?

CARLOS.—Rijo.

LAURITA.—¿Cómo?

CARLOS.—Rijo. Un viejo amigo nuestro.

PEPE.—Tirando a petizo, ¿no?

GLADYS.—Pero, Laurita, fijate qué pinta...

ROBERTO.—¿De qué la va ése? ¿De explorador?

PEPE.—Es una lástima que no tenga aspecto de Hombre de las Nieves... porque como Abominable... está fenómeno.

LAURITA.—Pues a mí me parece bastante churro.

ROBERTO.—Vamos, ché, ¿me querés decir cómo podés verlo debajo de todo ese equipo?

GLADYS.—Intuición femenina, ¿verdad, Laurita?

PEPE.—Ché Carlos, ¿qué estás esperando para sacar esa infección? ¡No lo puedo ver al coso ése!

LAURITA.—He dicho que a mí me parece un churro y lo sostengo.

MARÍA.—Y de Juan, ¿nadie dice nada?

LAURITA.—Lo dejamos todo para vos. Que lo disfrutes.

CARLOS.—Bueeeeeno... ¡Segunda parte!

Manipula en el proyector como si estuviera cambiando la foto. Hay silbidos y exclamaciones de envidia —las mujeres— y de admiración —los hombres—. Sólo María queda algo deprimida.

ROBERTO.—¡Esto se llama viajar!

MARÍA.—Ya me lo explicó todo por carta. Es una fiesta que dieron en el barco al cruzar el Ecuador.

CARLOS.—Ché Roberto, ¿qué me contás de esa pantorrilla?

ROBERTO.—¿Cuál? ¿La de la rubia?

CARLOS.—Mirá, no sé, todavía no llegué a la cabeza...

PEPE.—Yo, en cambio, empecé por arriba; así que te espero en el diafragma.

LAURITA.—Si serán idiotas... ¿Ninguno de los tres se dio cuenta de que es chueca?

ROBERTO.—*(En éxtasis.)* Nos dimos.

CARLOS.—*(Igual que Roberto.)* Claro que sí.

LAURITA.—¿Y de que tiene rodillas de futbolista?

ROBERTO.—*(Igual que antes.)* Nos dimos.

CARLOS.—*(Igual que antes.)* Claro que sí.

PEPE.—¡Qué estado atlético!

LAURITA.—¿Y la cadera izquierda un poquito salida?

PEPE.—Y pobre... será zurda.

LAURITA.—*(Sacudiendo a Roberto.)* ¡Eh, eh!

ROBERTO.—*(Saliendo de su abstracción.)* ¿Qué hay, querida? ¿Qué pasa?

LAURITA.—Que donde caigas otra vez en trance, te despierto de un sopapo.

CARLOS.—*(Solemne.)* ¡Tengo que cruzar el Ecuador!

MARÍA.—*(Algo fastidiada.)* ¿Qué les parece si mientras tanto cambia la foto?

CARLOS.—Mi estimada María, yo no tengo la culpa de que su marido ame a la prójima como a sí mismo.

ROBERTO.—*(Suspirando.)* ¡Y qué prójima!

PEPE.—*(A Roberto.)* Ché, se te va a desteñir la corbata con tanta baba...

LAURITA.—¿Por qué no la terminan? Están haciendo lo posible por amargar a María.

CARLOS.—De ningún modo. Estamos haciendo lo posible por enfrentarla a la verdad.

MARÍA.—Carlos, cambie de foto, por favor.

CARLOS.—En seguida. No faltaba más. ¿Sabe si la que viene ahora es tan pornográfica como ésta?

GLADYS.—¡Carlos! *(Carlos hace el cambio.)*

LAURITA.—¿Y esto?

MARÍA.—Es una cueva existencialista.

GLADYS.—¿Con qué se come?

MARÍA.—Dice Juan en la carta que son unos tipos rarísimos. Los hombres visten con bucitos rompevientos y se peinan como Lolí. Las mujeres andan en motocicleta y escupen como Marlon Brando.

ROBERTO.—Ah, pero entonces yo conozco una pila de existencialistas en Montevideo.

GLADYS.—¡No seas asqueroso!

LAURITA.—A mí me gustaría visitar París nada más que para ir a tomar un completo a una de esas cuevas socialistas.

CARLOS.—Existencialistas.

LAURITA.—Bueno, ¿y qué? Total...

GLADYS.—Yo no. Si fuera a París, yo sé lo que haría.

ROBERTO.—¡Mirá la mosquita muerta!

PEPE.—Y... algún día se le tenía que despertar el monstruo.

GLADYS.—Vos callate. ¿Qué sabés? Es un antojo que tengo desde chica.

LAURITA.—Ah, no. Ahora tenés que decirlo. Ya me despertaste la curiosidad y si no lo decís se me indigesta el té con leche. Alergia, ¿sabés?

GLADYS.—¡Igual que mamá! Sólo que a ella le vienen arcadas.

LAURITA.—Entonces no es alergia. Es el hígado. Clavado. Decile que tome carqueja.

CARLOS.—*(A Gladys.)* Ché... ¿vas a revelar el secreto o cambio la foto?

GLADYS.—Es un deseo que tengo desde que era así. *(Pone la mano a medio metro del suelo.)*

LAURITA.—Ay, decilo. *(Todos le insisten a Gladys, inclusive el Autor.)*

GLADYS.—*(En tono solemne.)* ¡Ver la tumba del soldado desconocido! *(Risas.)*

LAURITA.—¡Vos sabés que yo también!

GLADYS.—¿Verdad que debe ser emocionante?

LAURITA.—Yo me sacaría una foto recostada al soldado.

CARLOS.—Bueeeeno... ¡cambio! *(Nuevo cambio en el proyector.)*

PEPE.—Uy, qué gentío.

ROBERTO.—¿Y esto?

PEPE.—¿Quiénes son? ¿Aspirantes a chapas de taxímetros?

LAURITA.—Se ve que allá hay poco sitio. En cualquier lado.

GLADYS.—Con razón vienen las guerras después.

CARLOS.—Dígame, María, ¿qué dice Juan sobre esta foto? Porque así como está no es muy elocuente.

MARÍA.—Les voy a leer. *(Saca un papel del bolsillo y lee.)* "La foto Nº 4 es de Londres, cuando fui a ver cómo pasaba la Reina. Claro, la Reina no se ve. La flecha señala dónde estoy .yo. Durante una fracción de segundo conseguí ver al chofer de la Reina en un espacio comprendido entre el casco de un policía y la oreja de una gorda, que en ese momento se inclinó hacia un costado para resoplar mejor."

Se apagan las luces de la escena. Sube el telón. Son retirados los muebles y el proyector. Salen los actores.

EL AUTOR.—Muy correcto. Relativamente gracioso. Claro, no iba a fotografiar nada comprometedor. Todos hubiéramos hecho lo mismo... Nunca conviene documentar los desvíos personales. Que el tiempo los absorba y los disuelva. No es que yo sepa que Juan la haya corrido en Europa. Aunque no se necesita ser muy mal pensado para imaginar que sí, que la ha corrido. Piensen en ustedes mismos, en lo que harían solitos en Europa, o en Oceanía o en Afganistán, en cualquier lado, en fin, pero solitos, en un clima propicio, sin ningún vecino con el que cruzarse en la Plaza Independencia, sin ninguna amiga de la señora que los vea bien acompañados a la salida de una confitería, o en un auto estacionado en el Parque de los Aliados, a la hora del Angelus, o subiendo furtivamente a un taxi con rumbo esotérico. Eh, ¿qué les parece? *(Pausa.)* Juan hizo bien. No es que yo le tenga simpatía. Más bien no lo puedo tragar. Pero en esto, por lo menos, trato de comprenderlo. Comprendo asimismo que para María el problema sea más importante, más vital. No se olviden ustedes de que ella trabaja. Ahora ha ascendido. Ya no es más Auxiliar 5ª. Ahora es Auxiliar 3ª. *(Llamando hacia adentro.)* ¡Telón de oficina!

Aparece a derecha el mismo telón del primer cuadro. María está ahora también escribiendo a máquina, pero con mucho menos ímpetu que entonces.

EL PARLANTE.—¡Rrrrrrrrrr!
MARÍA.—*(Apretando el botón.)* ¿Sí?
EL PARLANTE.—*(Vos aguda.)* Ig ig ig ig ig ig.
MARÍA.—Imposible.
EL PARLANTE.—Ig ig ig. Ig ig ig ig ig.
MARÍA.—¡Ahora no puedo!
EL PARLANTE.—Ig ig ig ig ig ig.
MARÍA.—Le digo que no. El lunes, en todo caso.

Entra por la derecha un compañero de oficina, le da a María una palmada en la nalga y se va corriendo. Ella dice: "¡Ay!", pero sigue escribiendo con aire meditativo. En seguida entra por la izquierda otro compañero de oficina, mira por sobre el

hombro lo que ella escribe, dice: "Siempre escri-
biéndole al marido, ¡qué asco!", y se va por la dere-
cha. Luego entra Laurita. María deja de escribir.

LAURITA.— Ché, me dijo González que la vieja está furiosa.

MARÍA.—¿Sí?

LAURITA.—Dice que no le quisiste hacer el memorándum.

MARÍA.—Ya le expliqué que se lo hago el lunes.

LAURITA.—¿No te parece demasiado?

MARÍA.—Tenía que escribir a Juan.

LAURITA.—Mirá qué bien... ¿Y si la vieja te suspende?

MARÍA.—Que no jorobe mucho... Si insiste, no tendré más remedio que recordarle cierto regalito que le hicieron en efectivo cuando la última compra de máquinas de escribir.

GLADYS.—Mirá, eso lo saben todos. Yo creo que hasta el Dire.

MARÍA.—Pero nadie lo dice.

LAURITA.—¿Y vos tendrías valor?

MARÍA.—Yo no. Pero ella tampoco. En cuanto se lo sugiera, vas a ver cómo se calma. Mirá, la cola de paja siempre lo arregla todo.

LAURITA.—*(Después de una pausa.)* Ah, me dijo Carlos que lo llamaras.

MARÍA.—Pero si me había olvidado. Debe ser que él también ha recibido carta de Juan.

Se apagan las luces, sube el telón, los actores sa-
len, son retirados parlante, silla y mesita.

EL AUTOR.—Les puedo asegurar que no es por eso. Hay que considerar que Juan concede demasiadas ventajas con su ausencia y, además, que Carlos no es un especialista en escrúpulos.

Se ilumina débilmente la escena. En el centro mismo hay cuatro butacas de cine, ubicadas en diagonal y con frente hacia la izquierda. Dos de las butacas están ocupadas por una pareja. Aparecen María y Carlos precedidos por el acomodador, que trae una linterna. Con ella ilumina las dos butacas y ubica a la pareja. Carlos le da propina a cambio de un programa. Durante esta escena el Autor no estará iluminado especialmente y un haz de luz pasará por sobre las cabezas de los espectadores cinematográficos con destino a una presunta pantalla. Luces intermitentes tocarán a María y Carlos como si fuesen reflejos de la pantalla.

Voz del Noticiero.—Grandes inundaciones en el estado de Connecticut. Tremendas masas de agua arrasan con puentes, carreteras y poblaciones. Los informes oficiales estiman que las pérdidas han de ascender a quince millones de dólares.

Carlos.—Alegres, ¿verdad? Siempre encuentran algo agradable para fotografiar.

María.—Pero fíjese, fíjese, qué horrible.

Voz del Noticiero.—Un nuevo tipo de bombardero-transporte, capaz de cargar ochenta bombas de alto poder, recibe su bautismo en Tennessee y queda listo para la lucha de la democracia contra la expansión de los rojos.

María.—¿Le parece que habrá peligro de guerra?

Carlos.—No. Esto es calistenia que hace el ejército para mantenerse en buen estado atlético.

María.—Usted puede hacer bromas. Pero yo tengo a Juan en Europa.

Voz del Noticiero.—Un nuevo satélite ruso ha sido colocado en su órbita, con lo cual el *score* ha pasado a ser de 4 a 4. La nueva lunita soviética pesa alrededor de 17 toneladas y en su interior tienen cabida un salón de fumar, dos dormitorios, living-comedor, sala de ping-pong y un amplio mapa de los Estados Unidos. Aquí vemos a los líderes semiopositores Bienenkov, Kolotov y Purgachev, afortunados sucesores de la perra proletaria Laika, ascendiendo al notable aparato, camino de la gloria y la desintegración.

CARLOS.—¿Por qué no se olvida un poquito de Juan?

MARÍA.—No puedo y no quiero.

CARLOS.—No quiere, eso sí.

VOZ DEL NOTICIERO.—Vean ustedes ahora las nuevas creaciones que nos ofrece la moda neoyorquina para el otoño. Este tapado liviano, de cuello desmontable, puede transformarse fácilmente en un vestido para la *soirée*. El cinturón de botones dorados se adapta agradablemente al costado derecho de la pollera, mientras que el cuello se elimina como tal y con un simple broche pasa a ser un vistoso adorno tipo charretera para el hombro izquierdo.

CARLOS.—Dígame, María, usted me cree un cretino, ¿verdad?

MARÍA.—Un cretino, propiamente dicho, no. Pero creo que es un poco desleal para Juan.

CARLOS.—¿Por qué? ¿Porque usted me gusta?

MARÍA.—No. Porque "dice" que le gusto.

CARLOS.—¿Y no es cierto?

MARÍA.—Puede ser. Pero yo sólo le gusto porque soy de Juan, porque soy ajena, y así resulta cómodo hacerme la corte.

CARLOS.—Mire, francamente, no veo la comodidad. ¿Le parece muy agradable estar siempre a su lado, escuchando los diversos modos que tiene usted de extrañar a Juan, de recordar a Juan, de querer a Juan?

MARÍA.—Nadie lo obliga.

CARLOS.—Yo me obligo. Me gusta oírla, aunque se pase hablando de Juan. Me gusta cómo se le arruga la frente y se le forma el hoyito del mentón y se le ponen los ojos melancólicos, y —fíjese hasta dónde llega mi admiración— me gusta cuando se pone pensativa y se aprieta la nariz con el meñique.

Voz del Noticiero.—Aquí tenemos un cachorro de *fox-terrier* muy particular, cuyo dueño es Tim Hersey, granjero de Ohio. El cachorro se llama Rummy y tiene su cama especial, con almohada portátil y frazada eléctrica. En este diminuto ropero que aquí vemos, construido, como todo el mobiliario perruno, por el propio Tim Hersey, Rummy guarda sus tapados de invierno y sus varios collares con campanillas. En la espaciosa habitación de Rummy hay mesa, banquetas, ascensor para huesos, televisión. Verdaderamente no puede decirse que Rummy pase una vida de perro.

Carlos.—Usted no me cree. Sólo se le ocurre que quiero hacerle una mala jugada a Juan.

María.—¿Y no es así?

Carlos.—Es que yo no la quiero para hoy y mañana. No se asuste. Pero yo la quiero para siempre, ¿sabe?

María.—¿Por qué dice tantas barbaridades juntas? Ni usted mismo cree en ellas.

Carlos.—Está apegada a Juan y nadie la aparta, ¿eh? Sin embargo, él no tuvo demasiados escrúpulos en dejarla sola.

María.—Porque yo se lo pedí.

Carlos.—Si me lo hubiera pedido a mí, yo no la dejaba.

María.—Ahora lo dice, porque no me ha conseguido. Pero después de tres años, también me dejaría, sin mayor intranquilidad de conciencia.

Carlos.—¿Como Juan?

María.—Sí, como Juan.

Carlos.—¿Y usted se lo perdona?

María.—Naturalmente. ¿Qué esperaba?

Carlos.—No la entiendo.

María.—Ya lo sé.

Contemporáneamente con el diálogo, la otra espectadora le propina una sonora bofetada a su compañero; luego se pone de pie y se retira. El acomodador se acerca e ilumina con su linterna la mejilla damnificada.

Voz del Noticiero.—Y ahora trasladémonos al trópico. *(Música de "Mi bandera".)* En Montevideo, capital del Uruguay, famosa por sus papagayos, sus gauchos y su colegiado, es celebrado con pompa y alborozo el primer centenario de los andamios del Palacio Municipal. Vemos cómo desfilan en correcta formación, por la avenida 18 de Julio, dos millones de empleados públicos. Esta gente del trópico hace las cosas en grande.

Carlos.—¿No se enoja si le tomo una mano?

María.—No *(Le da la mano.)* ¿Por qué me iba a enojar?

Carlos.—En este cine estábamos Juan y yo el día en que la conocimos a la salida.

María.—Por favor, Carlos, no vuelva otra vez con esa historia de la moneda.

Carlos.—Es que me obsesiona. No puedo conformarme pensando que...

María.—Que pudo haber salido sol en vez de número y que ahora fuese yo su mujer y Juan me estuviera arrastrando el ala...

Carlos.—Usted trata de quitarle trascendencia, pero no se olvide cuánto dependió de la suerte...

María.—Claro que sí. ¿Y por qué no la acata?

Carlos.—Y si usted quiere que acate al destino, ¿por qué permite que tenga su mano en la mía?

María.—*(Compungida.)* Porque cuando venía al cine con Juan, él me tomaba la mano, y yo ahora me acuerdo de eso, y lo necesito, ¿me entiende? *(Pausa.)* Perdóneme, Carlos.

Carlos.—*(Resignado.)* Claro que la perdono. Claro que entiendo. *(Pausa.)* De modo que esta mano

107

que usted tiene tan firmemente asida y que hasta hace un instante yo pensaba que era mía... en realidad no es mía... sino de Juan...

MARÍA.—Eso mismo. La mano de Juan. ¿Ve qué fácil?

CARLOS.—(*Desalentado.*) Facilísimo.

Se apagan todas las luces de la escena. Carlos y María, y también el otro espectador, salen. Las butacas son retiradas. Luego es iluminado el Autor solamente.

EL AUTOR.—(*Suspira.*) Lo compadezco al pobre muchacho. Pero aún no estoy convencido de su sinceridad. Quiero aclararles que Carlos no deriva, como los demás personajes, de un tipo verdadero. No. Carlos no. A él lo he imaginado totalmente y es, en cierto modo, mi preferido. *Tuve* que creerlo, porque alguien tenía que oponerse a ese pelma de Juan. Pero es evidente que no me ha salido del todo bien. Ya lo han visto, ha sido incapaz de conquistar a la muchacha. Claro que ella tiene su carácter y, como la mayor parte de las mujeres, su buena dosis de tozudez. Díganme ustedes si no era conmovedor verlo allí, poco menos que suplicando, con la mano de ella en su mano, invocando su célebre monedita al aire. Yo mismo, debo confesarlo, había empezado a convencerme. Pero ella... nada. Ustedes la vieron. Piensa en su Juan, mientras que Juan... Bueno, algún día tenía que regresar y, naturalmente, regresó... (*Llamando hacia adentro.*) ¡Telón de puerto!

Baja un telón que tiene pintados el Cerro de Montevideo, grúas, algunos barcos. Suena una sirena, hay voces y ruidos de puerto.

EL AUTOR.—La apertura de esta escena tiene cierta influencia del cine ruso.

Aparecen por la izquierda dos obreros arrastrando entre ambos un bulto de ridícula pequeñez. En el comienzo de esta entrada, se escucha "Los Barqueros del Volga". Cuando llegan al centro de la escena, suena un silbato y ambos abandonan automáticamente su tarea, al tiempo que también cesa todo ruido portuario.

EL AUTOR.—*(A los obreros.)* Y... ¿qué pasa?
OBREROS.—*(A dúo.)* ¡Paro general!

Inmediatamente uno de ellos toma cómodamente el bulto bajo el brazo, y ambos se van ágilmente por donde vinieron, no sin antes decirle un animoso "chau" al Autor.

EL AUTOR.—Chau. *(Pausa.)* En cambio, lo que viene ahora tiene cierta influencia del cine norteamericano.

Se escucha una estruendosa música de film, de esa que se usa en los pasajes de máxima tensión sentimental. Por la izquierda aparece corriendo María y por la derecha, también corriendo y cargado de valijas, Juan. En el medio de la escena, que ya ha sido iluminada, se echan uno en brazos del otro y así permanecen largamente abrazados. Al cabo de unos instantes, al Autor se le escapa una tosecita de impaciencia.

MARÍA.—¡Querido!
JUAN.—¡Querida!
MARÍA.—Estás más gordo...
JUAN.—Estás más linda...
MARÍA.—Y más tostado...
JUAN.—Y más chiquita...
MARÍA.—¿Y ese traje?

JUAN.—¿Y esa blusa?

MARÍA.—¿Cómo te ha ido?

JUAN.—Bien... ¿y a vos?

MARÍA.—Y... me pasé extrañándote.

JUAN.—Yo estuve enfermo.

MARÍA.—¿Dónde, pichón?

JUAN.—En Madrid, pichona.

MARÍA.—Pobrecito.

JUAN.—Completamente solo. Con cuarenta grados.

MARÍA.—¿Y por qué no me lo escribiste?

JUAN.—No quise preocuparte.

MARÍA.—¿Y después?

JUAN.—Después, todo bien. Y a Carlos, ¿lo has visto?

MARÍA.—Sí, a menudo.

JUAN.—¿Ha estado amable?

MARÍA.—Muy amable.

JUAN.—Me alegro.

MARÍA.—¿Y Rijo?

JUAN.—Nos enemistamos.

MARÍA.—¿Cómo? ¿Te peleaste con Rijo?

JUAN.—Sí, nos separamos en Italia. No andábamos de acuerdo. En nada.

MARÍA.—A mí nunca me gustó.

JUAN.—Ya sé. En muchas cosas tenías razón.

MARÍA.—¿De veras?

JUAN.—Es un egoísta. En cualquier cosa no ve nada más que la superficie, lo que no amenaza con preocuparle.

MARÍA.—¿Y a vos no te preocupaba algo?

JUAN.—(*Después de una pausa.*) Sí, María, vengo muy desalentado. Preferiría no haber ido.

MARÍA.—Pero, ¿por qué?

JUAN.—Rijo decía siempre: "Allá hay siglos." Era casi su único argumento. Y, bueno, es cierto. Sólo que no me gusta la gente que tiene siglos.

MARÍA.—Pero, ¿qué te pasó?

JUAN.—No podrías entenderlo. Ellos te miran,

sonríen, se encogen de hombros. Eso es lo más horrible: cómo se encogen de hombros...

María.—¿Y ahora?

Juan.—Ahora... estoy de vuelta... de muchas cosas. Sé, por ejemplo, que no debí dejarte sola... Allá, en medio de tanto artificio, de tanta indiferencia, de tanta gente, yo pensaba en tu sencillez, en tu rostro simplemente. Y era saludable. *(Pausa.)* ¿Por qué me mirás?

María.—No sé. Me asusta un poco. Has cambiado, eso es evidente. Por ahora, es lo único cierto. Y todavía no sé para qué sirve.

La escena queda a oscuras. Sube el telón y salen los actores.

El Autor.—Yo también lo noté distinto. Tiene una cosa cansada en la mirada. Cansada... y cansadora. No sé por qué, pero me parece que esto no va a marchar. Por otra parte, se lo merece. Sería muy cómodo largarlo todo, pasarse un año por ejemplo en las islas Hawai, tocando el ukelele, y después volver con ojos de ternero degollado, a que le hagan mimitos. No. No puede ser. *(Pausa.)* ¿Quieren ver cómo no puede ser?

Baja el telón familiar. Se hallan presentes María, Carlos, Gladys, Roberto, Laurita, Pepe, sentados unos, otros de pie, casi todos tomando whisky. Evidentemente festejan el regreso de Juan, pero éste se halla apartado, en una mesita del rincón, dedicado a un solitario. Durante toda la escena, Juan tendrá un aire abstraído y ajeno, respondiendo sólo con monosílabos o gruñidos a las preguntas que se le hagan, pero nunca parecerá agresivo sino ensimismado.

Gladys.—*(A María.)* Y... ¿qué piensa hacer?

111

MARÍA.—¿Quién?

GLADYS.—Juan.

MARÍA.—Y... supongo que... volverá al empleo.

LAURITA.—¿Suponés?

MARÍA.—Sí... En realidad, todavía no hemos hablado de eso.

ROBERTO.—*(Riendo.)* Claro... había otros temas. ¿Eh, Juan?

JUAN.—*(Sin interrumpir el solitario.)* Hum...

GLADYS.—*(A Roberto.)* No seas indiscreto.

PEPE.—Ché, Juan, ¿es cierto que las catalanas son macanudas? A mí me contó el Quinque. El Quinque Menéndez, que estudia para rematador, ya le falta poco. Resulta que todos los de la clase rifaron algo, creo que una vitrola, y con eso hicieron una jira a Europa. Estuvieron como ocho meses estudiando remates. Bueno, y él me contó que las catalanas no tienen la experiencia turística de las de Sevilla, las de París o las de Venecia. No tienen lo que se dice... erudición... Pero, en cambio... improvisan fenómeno. *(Risas.)*

MARÍA.—*(Entre ingenua y distraída.)* ¿Qué es lo que improvisan?

LAURITA.—Ché, ¡no pongas el ventilador en la llaga. *(Pausa. Después, dirigiéndose también a María.)* ¿Y qué te trajo?

MARÍA.—Esta mantilla. *(La muestra.)*

LAURITA.—¡Qué divina!

GLADYS.—*(A María.)* A ver, ponétela.

MARÍA.—No. Ahora no.

LAURITA.—No seas idiota. Ponétela.

María se echa la mantilla sobre la cabeza.

GLADYS.—Ah... te queda amorosa.

ROBERTO.—*(A Carlos.)* ¿Qué me contás de esta figurita?

CARLOS.—No me gusta.

María.—Se agradece.

Carlos.—No me gusta porque así se ve menos de usted. Y a mí me gusta más usted que cualquier mantilla.

Pepe.—¡Oooole!

Gladys.—*(A Carlos, pero señalando a Juan, que sigue inconmovible.)* A ver si se te va la mano... Mirá que ahora está el dueño y señor...

Laurita.—*(A Carlos.)* A vos se te había hecho el campo orégano...

María.—*(Fastidiada.)* ¿Cómo hacen para decir tantas pavadas juntas?

Roberto.—No se enoje, María. Son bromas de las chicas...

Carlos.—*(Riendo, pero a la vez tratando de provocar a Juan.)* Además... si no se preocupa Juan, que sería el principal damnificado...

Roberto.—Y... Juan... ¿qué decís a esto?

Juan.—Nada.

Roberto.—Ché... da la impresión de que Europa te hubiera enfriado la sangre.

María.—*(Sintiéndose molesta.)* Ah, miren, estas cositas son para ustedes... *(Va entregando a cada uno el obsequio de Juan.)*

Roberto.—Gracias, viejo... Justamente me hacía falta un llavero.

Gladys.—¡Qué preciosa! Sos un tesoro, Juancito...

Laurita.—¿Cómo se te ocurrió traerme esta monada? *(A Roberto.)* Aprendé, egoísta. *(A María.)* Los únicos regalos que me hace éste, son cosas que le pueden servir a él: vasos de whisky, ceniceros... Sólo falta que me regale calzoncillos...

Carlos.—Gracias, viejo. Es un buen libro.

Pepe.—Ché, Juan, ¿cómo adivinaste que mi sobrino me había comido la corbata?

Juan.—Hum...

Roberto.—*(A Juan.)* Bueno... contá algo... *(Juan permanece callado y continúa con su solitario.)*

GLADYS.—¡Qué feliz! Debe ser un sueño poder viajar...

ROBERTO.—Un sueño bastante caro, ché...

GLADYS.—Andá, no seas miserable. Si te dan a elegir, ¿vos qué preferís? ¿Una convertible o un viaje a Europa?

ROBERTO.—Yo... la convertible.

GLADYS.—Pero se necesita ser tarado... ¿Vos sabés lo que debe ser ir a Italia? Hay cada obra de arte...

CARLOS.—*(Haciéndose el importante.)* Eso sí. Están los Leonardo, los Botticcelli, los Miguel Ángel.

GLADYS.—¡Tanto gusto! Pero yo me refería los Rossano Brassi, los Amadeo Nazzari, los Marcello Mastroianni...

PEPE.—¡Qué país bárbaro, Italia! El Quinque siempre fue muy original en el vestir, y me contaba que en la Plaza de San Marcos, en Venecia, él andaba siempre de rancho de paja, y una vez se le acercó medio cachador uno de esos venecianos, creo que les dicen los *dux*, y le preguntó si llevaba ese sombrero por principios. Mirá ¡a quién! ¡Al Quinque lo van dejar callado! Le contestó que no, que no era por principios, que era ¡por las palomitas!

MARÍA.—A Juan no le gustaron los italianos.

ROBERTO.—Me imagino. *(Haciéndose el gracioso.)* ¿Y las italianas?

LAURITA.—¡No seas imbécil! *(A María.)* Seguí nomás...

MARÍA.—Juan dice que han perdido sinceridad, que se están mandando siempre la parte...

PEPE.—Pucha... entonces aquí en la Cámara de Diputados son todos italianos...

LAURITA.—Sin embargo, los italianos en las películas son tan naturales... ¿Te acordás de Gino Cervi en *Cuatro pasos en las nubes*?

GLADYS.—Ahí sí estaba regio... pero después engordó mucho.

MARÍA.—Dice Juan que ahora se esfuerzan demasiado en parecer naturales...

CARLOS.—¿Y quién no?

MARÍA.—Juan dice que...

CARLOS.—(*Interrumpiéndola.*) Pero, ¿cuándo lo
dice?

MARÍA.—(*Bajando la vista.*) Cuando no está cansado.

CARLOS.—Y ahora... ¿está cansado?

LAURITA.—(*A Carlos.*) ¿No ves que sí?

CARLOS.—Ah...

LAURITA.—(*Poniéndose de pie.*) Mejor los dejamos
tranquilos. Ya habrá tiempo de que nos cuente sus
andanzas.

Todos se aprontan para retirarse.

MARÍA.—(*Incómoda.*) Pero no... No se vayan todavía... (*Mirando a Juan, como pidiendo ayuda,
pero él no dice nada.*)

ROBERTO.—Nosotros sólo queríamos saludarlos...
En todo caso, podemos combinar una reunioncita
en casa para el domingo que viene... (*A Juan.*)
¿Qué te parece?

JUAN.—Bueno...

*Aprovechando que Juan ha hablado, todos se le
acercan para saludarlo, evidentemente ansiosos por
irse de una vez. Juan deja por un momento el solitario, se pone de pie y les va dando la mano a
medida que lo saludan.*

LAURITA.—*Bai*, Juancito, y gracias otra vez por el
regalito.

GLADYS.—Adiós, Juan.

PEPE.—(*A Juan.*) Ché, ¿por qué no te callás un
poco? Al final, ya aturdís...

ROBERTO.—Bueno... ya sabés... los espero el domingo...

CARLOS.—*Chau*, viejo... y que descanses.

Los visitantes salen por la derecha, acompañados por María. Juan se vuelve a sentar y sigue con el solitario. Se oyen voces, saludos y el ruido de una puerta al cerrarse. Al cabo de unos instantes vuelve a entrar María. Por un momento contemplando desconcertada a Juan, que ni la mira. Después saca de un cajoncito un mazo de barajas y ella también empieza a hacer un solitario, pero ubicada lo más lejos posible de Juan. Después de unos segundos se apagan las luces de la escena.

EL AUTOR.—La otra solución era que ella entrase y lo empezase a agobiar con reproches. Pero preferí el recurso de este último silencio que, como ustedes habrán observado, es bastante eficaz y expresa admirablemente la separación a que han preferido condenarse. Además, no sé si se habrán dado cuenta de las enormes dificultades que acarrea llevar a la escena una separación de esta índole, que es, más que nada, psicológica. Porque en realidad no pasa nada, nada acontece para marcar el deslinde. Simplemente, él ha vuelto de Europa y ella enfrenta esa experiencia tan deseada. Pero todo ha cambiado: en el carácter de Juan, en la ilusión de María, pero sobre todo en las finanzas de Juan y María. Yo calculo que ese viaje a Europa lo van a estar pagando hasta el año 1978. Cuando la Caja Nacional se instala en una vida, es consecuente como una suegra. Pero Juan y María son lo que nosotros los escritores llamamos ingenuos, y ustedes, o sea el vulgo, llaman "tarados". Justamente porque son ingenuos, no se dan cuenta de que es la estrechez económica la que socava su felicidad, la que arruina sus digestiones y, por ende, su psiquis. De ahí

116

también que se inclinen violentamente a la amargura, a las urticarias, a la melancolía. Lo malo es que se creen desmesuradamente importantes, como si la humanidad hubiera decretado un paro general, nada más que para asistir a su tremendo drama.

Se encienden las luces de la escena, que es igual a la anterior. En el sofá está María, sentada, con las manos juntas y apretadas entre las rodillas. Juan está de pie y mientras habla da algunos pasos nerviosos en cualquier sentido. Ambos vestirán alguna prenda que no corresponda a la escena anterior, para mostrar que no se trata de una continuación.

JUAN.—Pero ¿hablás en serio?

MARÍA.—Completamente en serio.

JUAN.—No entiendo. Te juro que cada vez entiendo menos.

MARÍA.—Pero, querido, no es tan complicado. Pasa simplemente que cuando te fuiste eras alguien que yo conocía, que yo quería, que yo echaba de menos... Pero ahora no sos el mismo.

JUAN.—No puedo serlo.

MARÍA.—Ya lo sé. No te estoy acusando de nada.

JUAN.—Uno ve las cosas, simplemente. No lo puedo evitar. Se pierde ingenuidad, eso es todo. Y no me parece ningún delito.

MARÍA.—Claro que no. Gladys y Laurita te encuentran ahora mucho más interesante... ya lo ves.

JUAN.—No te burles.

Tose, carraspea. Entonces el Autor se levanta y le ofrece pastillas. Juan acepta una. El Autor también le ofrece a María, pero ella lo rechaza fastidiada. El Autor se retira a su mesita.

MARÍA.—Por otra parte, creo que sé dónde reside el secreto de tu cambio. Vos mismo lo dijiste en el

117

puerto... Ahora estás de vuelta... de muchas cosas...

JUAN.—Y es cierto. Estoy de vuelta.

MARÍA.—Bueno... y probablemente es eso lo que me aleja... Antes eras un tipo liviano, divertido, ágil... No puedo acostumbrarme a verte ahora así... es como estar casada con otro. *(Pausa.)* ¿Sabés lo que pasa? Siempre me gustaron los hombres que van hacia algo... acertados o no... pero que van hacia algo... no los que están de vuelta.

JUAN.—*(Después de un silencio.)* Entonces... ¿eso es todo?

MARÍA.—Sí, es todo.

JUAN.—¿Y no habría modo de...?

MARÍA.—No.

JUAN.—Pensar que allá cavilé tanto...

MARÍA.—No te creas el único... Yo también cavilaba aquí.

JUAN.—*(Después de una pausa.)* ¿Podré verte... alguna vez?

MARÍA.—Mejor que no.

JUAN.—*(Sin acercarse a ella.)* Adiós, María.

MARÍA.—Adiós, Juan.

Después de unos momentos de vacilación, sale por la derecha. María queda inmóvil, en tanto que —sin que se apaguen las luces— habla nuevamente

EL AUTOR.—*(Conmovido, pasándose discretamente el pañuelo por los ojos.)* ¡Adiós los dos!... Pobres muchachos... Me da una lástima... Porque yo también tengo *(golpeándose con la mano izquierda el lado derecho del pecho, pero rectificándose de inmediato y golpeándose entonces el lado izquierdo con la mano derecha),* también tengo mi corazoncito. Mamá siempre me decía: "Este chico es un sensible." Y este chico era yo. Yo he llorado algunas veces en mi vida, pero siempre han sido lágrimas de hombre. Me acuerdo que lloré, por ejemplo, la noche en que Paz le atajó aquel penal a Schiaffino... Pero no era de emoción, no, no, era de bronca, porque yo soy "manya"... ¡y a mucha honra! Pero antes, muchos años antes, había llorado cuando me bocharon en un examen de historia, sólo porque dije "Carlomango". Y también lloré (ay, cómo lloré esa vez) el 18 de julio de 1851, a las 8:30 de la mañana, cuando concurrí puntualmente a la oficina sin acordarme de que era feriado. *(Pausa.)* Por eso, porque siempre fui un sensible, es que puedo comprender a estos pobres muchachos. *(Suspiro.)* Ah, pero la vida no puede detenerse, y yo, como autor, *tengo* que encontrar una solución para María.

Entra Carlos muy agitado y María recupera de a poco sus movimientos.

CARLOS.—¡María! ¿Es cierto?

MARÍA.—*(Saliendo de pronto de su ensimismamiento.)* ¿Qué?

CARLOS.—Juan me lo dijo, me he cruzado con él.

MARÍA.—¿Qué le dijo Juan?

CARLOS.—Que ustedes se separan, que él ya no vuelve.

MARÍA.—Es cierto.

CARLOS.—Entonces... ¿puedo pensar que usted... ha decidido... *(sonriendo)* mejor dicho, que has decidido... en fin... que tú y yo...?

MARÍA.—Oh, he decidido tantas cosas en estos últimos días.

CARLOS.—María... ¿puedo?

MARÍA.—¿Qué, Carlos?

CARLOS.—¿Puedo pensar que la moneda se ha dado vuelta y ha salido sol?

MARÍA.—*(Como despertando.)* ¿Quiere que le sea franca?

CARLOS.—Absolutamente. *(Sonriendo.)* No pido otra cosa.

MARÍA.—*(Poniéndose de pie.)* La próxima vez que haga la menor alusión a esa estúpida historia *(gritando, ya un poco histérica)* le tiro a la cabeza con lo primero que encuentre a mano. ¿Me entiende? *(Pausa.)* Ahora, ¡váyase!

CARLOS.—*(Estupefacto y temeroso.)* Sí, María.

Sin saludar siquiera, sale por donde entró. No bien desaparece, María, aflojada la tensión, esconde la cabeza entre las manos, y, aunque no llora, es evidente que se siente bastante desgraciada. Esta vez la escena sigue iluminada, pero igual comienza a hablar

EL AUTOR.—¡Qué cosa! No resultó. Yo no sé qué habrá fallado... *(Pausa.)* ¿No les da pena? *(Señalando a María.)* Veinticinco años... la flor de la edad. *(Pausa, durante la cual observa a María, estudiándola.)* Bueno, ustedes perdonen, pero creo que ha llegado el momento de improvisar. *(Se acerca en puntas de pie a María y, luego, desde una distancia prudencial, la llama.)* María... psst... ¡María! *(Ella no contesta.)* Psst... ¡María!... Perdóneme, pero... *(María se incorpora de a poco y aunque no mira al Autor, es evidente que lo está escuchando.)* Yo creo que usted tiene razón... toda la razón del mundo... un tipo así no sirve... Nunca me gustó ese Juan... y ahora mucho menos... *(Pausa. María va mostrando algún interés.)* El mismo Carlos... yo no sé qué opina usted al respecto... pero resulta demasiado pegajoso... y eso no es muy varonil, ¿verdad?... Pero no se desanime, hay muchos que la quieren bien... Sin ir más lejos, yo mismo... Está mal que lo diga, pero yo no soy un pesado como Carlos ni un nómade como Juan... Soy exactamente un sedentario: su tipo, si no me equivoco.

A mí denme mucho hogar, y mate y tostadas y el cine los sábados de noche... (*María se pone de pie en dos o tres etapas, como una autómata, y viene más lentamente aún hacia el Autor.*) Yo no estoy de vuelta de nada, siempre estoy de ida. Usted dirá: ¿de ida hacia qué?... No crea... yo también me lo pregunto, pero no importa. Lo esencial es que estoy de ida, y que a usted le gustan los hombres que van hacia algo. Son sus propias palabras. (*El Autor la toma suavemente de un brazo y va avanzando con ella hacia la izquierda.*) ¡Tenemos tantas cosas en común! Nos olvidaremos de Juan y de Carlos... Yo también le prometo olvidar ciertos nombres comprometedores... Y haremos vida de hogar, de estufa, de sopa caliente, de escoba de quince. Cuando esté aburrida, yo le leeré algún capítulo de "La Ilíada", mientras usted me teje una tricota azul, con botoncitos... (*Al oír esto, María sale del éxtasis y mira al Autor, sorprendida, como si sólo ahora se enterase verdaderamente de su presencia.*) María, querida, otras noches usted zurcirá mis calcetines mientras yo escribo mi "Nausicaa" y de vez en cuando yo le leeré alguna escenita y usted me dará su consejo. Por favor, fíjese esto en su linda cabecita: que yo soy un sedentario, como a usted le gusta: que no estoy de vuelta de nada ni de nadie, ni siquiera de la crítica... De modo que tengo la esperanza de que usted y yo, hoy o mañana, o ahora mismo, cuando usted quiera...

María se suelta al fin, con un gesto espantado, y sale corriendo mientras grita.

MARÍA.—¡Juan! ¡Juan! ¡Querido! ¡Yo también estoy de vuelta! (*Sale por la derecha.*)

EL AUTOR.—(*Ha quedado anonadado.*) *Lentamente se repone, advierte de nuevo la presencia del público, y aunque trata de recomponer un poco su figura y su aspecto, es evidente que está desencajado y que habla con indisimulado despecho.)* Ya lo vieron ustedes. ¡No sirve! ¡Una reverenda porquería! Es lo que siempre he sostenido. El personaje nacional no tiene coherencia. Primero quiere una cosa, después otra, ¡nunca se pone de acuerdo consigo mismo! Yo intervine en la escena... simplemente... para provocar una reacción, para que esa chica se pusiera de manifiesto, pero, sobre todo, para que ustedes se convencieran de una vez por todas de que lo montevideano no es teatral... de que para hacer grandes obras son necesarios grandes temas... y nuestros temas son chiquitos... como para soneto... *(Pausa.)* Créanme que lamento de veras que ustedes se hayan molestado, que hayan venido con la esperanza de que al fin alguien hubiera fallado el gran tema para el teatro nacional. Pero ya vieron. Un fiasco. Corriditas para aquí. Corriditas para allá. Cambios de telones, ruidos raros, noticiarios. No. Así no se hace teatro. El teatro es otra cosa, más digna, más rígida, más monumental, digamos. Cuando un personaje de Sófocles, de Shakespeare o de Calderón, dice una cosa, la seguirá sosteniendo mientras viva, y no se contradirá a los cinco minutos como esa guaranguita que ustedes vieron, como esa guaranguita que jamás de los jamases se llevará bien con nadie. *(En tanto que el Autor pronuncia estas palabras, por detrás de él atraviesan la escena Juan y María, muy juntitos, haciéndose arrumacos.)* De modo que les pido disculpas; mi intención era buena. Creí sinceramente que había hallado el tema. Y como tengo que reivindicarme ante ustedes, sólo les pido una cosa. Vengan a ver mi "Nausicaa". Éste sí es un personaje. Fiel a sí mismo. Además uno trabaja sobre seguro y a medias con Homero, que no es un principiante. Hay que retocar, naturalmente, mejorar algunos detalles, adaptarlos a la mentalidad contemporánea. Pero, de todos modos, la anécdota está hecha… y eso… no pueden ustedes imaginar qué tranquilidad significa… Además, los críticos pueden formular objeciones al ritmo, al diálogo, al tratamiento de los personajes, pero jamás al argumento… porque éste… es de Homero. ¿Se dan cuenta? *(Pausa.)* Y Ahora, si me lo permiten, para que no se vayan con esta mala impresión, voy a adelantarles algún detalle de mi "Nausicaa". *(No bien el Autor empieza a contar su "Nausicaa", aparecen por detrás suyo, Juan, María y Carlos, que hacen desesperadas señas hacia adentro para que bajen el telón.)* Resulta que Nausicaa es la hija de Alcinoo, rey de los feacios. Fue la primera en acoger a Ulises, gracias a los buenos oficios de Atenea, la cual, apareciéndosele en sueños… *(El telón comienza a bajar, pero el Autor impide que baje del todo. El telón sube de nuevo, y el Autor sigue agitadamente su explicación.)* Todo cuanto Ulises le cuenta a Alcinoo acerca de sus desgracias, ocupará un largo monólogo, sólo interrumpido de vez en cuando por el coro. *(Se oye un coro de zarzuela.)* Como innovación, el coro estará en los palcos… *(El telón cae otra vez, pero el Autor nuevamente impide que llegue hasta abajo, y, a pesar de la desesperación de los tres actores, sigue hablando.)* Además, en la aparición de Atenea, pienso utilizar una actriz con zancos, a fin de dar cierta grandiosidad a la diosa, ya que nunca me ha agradado que los dioses aparezcan en la escena con la misma estatura que los héroes. Es posible que esto…

A esta altura, Juan y Carlos ya han levantado en vilo al Autor y se lo llevan para adentro, sin hacer caso de sus gritos y pataleos. Sólo entonces cae definitivamente el

TELÓN

EGON WOLFF

[1926]

*Chileno. Después de estudiar Humanidades se
dedicó al estudio de la ingeniería química en la
Universidad Católica de Santiago. Obtuvo ahí
el título de ingeniero químico. Su vocación literaria se hizo patente desde la infancia. A los 16
años escribió una novela,* El ocaso, *y posteriormente algunos ensayos sociológicos y políticos re-
copilados en el volumen titulado* Ariosto furioso.

*Perteneciente a una familia burguesa de ori-
gen alemán, Wolff se decidió por el teatro en 1956,
cuando impulsado por su esposa escribió* Mansión de lechuzas, *que obtuvo una mención de
honor en el concurso de obras teatrales convocado por el Teatro de la Universidad de Chile. Esta
obra fue estrenada con éxito en 1957. A partir de
ese año se sucedieron los estrenos: en 1958 pre-
sentó* Discípulos del miedo, *en 1959* Parejas de
trapo, *obra que mereció el primer premio del Concurso Teatral Anual de la Universidad. En 1960
estrenó* Niñamadre, *en 1962* Esas 49 estrellas, *año
en que terminó de escribir también* Los invasores, *que se incluye en este volumen. Wolff dis-
frutó de una beca en los Estados Unidos en donde estrenó, con un grupo de universitarios,* Niñamadre, *que alcanzó un éxito considerable.*

*La obra de este joven autor se singulariza por
su sabiduría teatral, que se pone de manifiesto
en la construcción y desenvolvimiento de todos*

sus temas. Los invasores *es quizás su obra más importante, la de mayor hondura poética y humana y también la de más altos alcances críticos respecto del mundo contemporáneo.* El excepcional talento del dramaturgo se hace evidente al elegir ciertos momentos mágicos, como apoyo para la exposición dramática, cuyo desenvolvimiento cierra un círculo perfecto, y por la sabiduría con que el crecimiento dramático va acrecentando, también, la atención del espectador. Esta obra ha sido escrita en lenguaje suelto y llano. El diálogo nos muestra a las claras la influencia de las lenguas extranjeras en el habla de Chile, a la vez que los modismos criollos de procedencia española.

Los invasores

OBRA EN DOS ACTOS,
EL PRIMERO DIVIDIDO EN DOS CUADROS

PERSONAJES

PIETÁ — *chanty*
MEYER — *rich*
CHINA — *masses* — *comunism*
TOLETOLE
MARCELA
BOBBY
ALÍ BABÁ — *thief*
EL COJO

ACTO PRIMERO

CUADRO I

Escenario: Un living de alta burguesía. Cualquiera, son todos iguales. Lo importante es que nada de lo que ahí se ve, sea barato.

A la izquierda un porche a mayor nivel, con la puerta de entrada de la calle. Al fondo, la escala de subida al segundo piso. A la derecha, una puerta que da a la cocina y una ventana que mira al parque.

Cuando se alza el telón está en penumbra. Es de noche. Después de un rato, ruido de voces en el exterior, llaves en la cerradura, y luego, una mano que prende las luces.

Entran Lucas Meyer y Pietá, su mujer. Visten de etiqueta, con sobria elegancia.

En cuanto se prenden las luces, Pietá se lanza al medio de la habitación. Abre los brazos. Gira sobre sí misma.

PIETÁ.—*(Radiante.)* ¡Oh, Lucas, es maravilloso... es maravilloso! *(Gira.)* ¡La vida es un sueño... un sueño! *(Se lleva las manos a las sienes y mira hacia el cielo.)* ¡Ven! *(Meyer se acerca a ella. Y la abraza por detrás; ella, sin mirarlo, siempre con los ojos en el cielo.)* Alguna vez, ¿algún... "ruido" entre nosotros?... Uno de esos ruidos terribles, sordos... como entre los otros? *(Meyer niega mudo.)* ¿Sólo pequeños ruidos? *(Meyer afirma. Pietá gira y lo besa con fuerza.)* ¿Por qué?... ¿Porque somos ricos?...

PIETÁ.—Puedo...

PIETÁ.—Ricos... ricos... ricos... ricos... ricos... ¿Qué significa?... ¡Ricos! *(Ambos ríen.)* ¿Qué significa?

MEYER.—Felicidad...

PIETÁ.—Sí... Libres como pájaros... Doce horas para llenarse la piel de sol... Y, en la noche, perfumes... Pero, ¿es sólido todo eso?

MEYER.—¿Sólido? ¿Y por qué no?

PIETÁ.—No sé... Me asusta... Cuando todo sale bien, me asusto.

MEYER.—He gozado la noche, mirándote... Irradias. *(La besa.)*

PIETÁ.—Sí, soy hermosa... Me siento hermosa... Eres tú, Lucas... Todo lo que pones a mi alrededor, me embellece.

MEYER.—*(Oprime su talle.)* El talle fino... *(Toca sus caderas.)* *(Besa su cuello.)* Eres mujer, Pietá... Mujer, con mayúscula... Mi Mujer... Me haces ol-

127

vidar que envejezco. Eso no está bien; es contra-
natura.

Pietá.—*(Con sensual coquetería.)* ¿Me lo repro-
chas?

Meyer.—Sabes que no, pero... son cincuenta
años, mujer.

Pietá.—*(Toca la punta de su nariz con su dedo
enguantado.)* Durante el día en tu fábrica, cuando
le dictas a tu secretaria y te pones grave, tal vez,
pero de noche, eres eterno... Soy yo quien te lo
aseguro... *(Lo chasconea levemente.)* Veintidós
años casada contigo, Lucas, y no me has aburrido... ¡Gracias!

Meyer.—Te compraría el mundo, si eso te entre-
tuviera...

Pietá.—Lo sé... y eso me asusta un poco.

Meyer.—¿Te asusta?

Pietá.—*(Alejándose un poco de él.)* Susto o temor, no sé. En todo este aire de cosas resueltas
con que me rodeas, esa sombra de tu... invulnera-
bilidad...

Meyer.—Invulnerable... ¿yo?

Pietá.—Nunca una duda, nunca un fracaso... Pones tus ojos en algo y vas y te lo consigues. Simplemente te lo consigues. Nunca has dejado de hacerlo... Tal vez hasta me conseguiste a mí, de
esa manera.

Meyer.—*(La abraza.)* Oh, vamos...

Pietá.—Es verdad... Te temo... Para qué lo voy
a negar; o temo por ti, no sé... Cuando nos casamos tuve que preocuparme del porvenir como cualquier mujer; partimos con tan poco... Pero muy
pronto, poco a poco, cada inversión, la justa, cada
disposición, la precisa y al fin, esta mansión. "La
mansión de los Meyer", y tu posición de ahora, in-
violable...

Meyer.—No todo me ha resultado tan fácil, como
suena dicho por ti.

PIETÁ.—¿Y por qué tengo, entonces, esa sensación de... vértigo, eh? ¿de peligroso desequilibrio?... Creo en la Justicia divina... Sí, sí, tal vez sea una supersticiosa, una primitiva, pero no todo les puede resultar siempre bien a los mismos.

MEYER.—*(Riendo.)* Les llegó el turno a los otros, ¿eh?

PIETÁ.—No te rías.

MEYE.R—¿No es ése el pánico del día? ¿También llegó a ti la cháchara idiota?

PIETÁ.—No es eso...

MEYER.—¿Por qué mencionas todo esto, entonces? Nunca hablamos de estas cosas.

PIETÁ.—No sé... Tal vez, la gente de esta noche. Al verlos a todos tan... desfachatados. ¡Insolentes, sí!... *(Como recolectando recuerdos.)* De repente, pensé que era el fin. Risas que celebraban el fin. Una perfección corrupta. *(Se vuelve hacia él.)* Tengo miedo, Lucas.

MEYER.—¿Miedo?... Pero, ¿de qué?

PIETÁ.—No sé... Miedo, simplemente. Un miedo animal. Esta noche donde los Andreani, rodeada como estaba de toda esa gente, sentí de pronto un escalofrío. Una sensación de vacío, como si me hundiera en un lago helado... en un panorama de niebla y chillidos de pájaros.

MEYER.—¡Absurdo!

PIETÁ.—Sí, absurdo, pero, ¿qué es ese miedo? Existe. Es como un presagio.

MEYER.—*(Cortante, de pronto.)* No sé de qué estás hablando... Deben ser tus insomnios.

PIETÁ.—*(Alarmada.)* No sufro de insomnios, Lucas.

MEYER.—¡Niebla y chillidos de pájaros! ¿Cómo puedo interpretar yo tamaña tontería?...

PIETÁ.—Tú sabes. ¿Has sentido lo mismo?... ¿Qué es?

MEYER.—Te digo que no sé de qué estás hablando.

PIETÁ.—Sí, sí sabes... Esta noche estabas inso-

129

lente, lo mismo que ellos... la misma rudeza...
la misma risa dolorosa... ¿Qué va a pasar, Lucas?

MEYER.—*(Lentamente, midiendo las palabras.)*
Ayer en la tarde estuvieron unas Monjas de la Caridad en mi oficina y les hice un cheque por una
suma desmesurada; por poco hipoteco la fábrica a
su favor... He estado pensando mucho sobre eso,
desde ayer... ¿Qué me impulsó a ello?... Lo curioso es que ni siquiera abogaron mucho por mi
ayuda... Simplemente se colaron en mi oficina
como salidas del muro y se plantaron ante mí con
las manos extendidas, y yo les hice el cheque...
como si estuviera previsto que no me iba a negar.
Después se retiraron haciendo pequeñas reverencias y sonriendo irónicamente, casi con mofa...
como si toda la escena hubiera estado prevista.

PIETÁ.—¿Fue miedo lo que sentiste?

MEYER.—No... Lo hice simplemente, como si fuera lo natural. En el fondo, sentí que si no lo hubiera hecho, esas monjas se habrían puesto a llorar
por mí...

PIETÁ.—¿Llorar por ti?

MEYER.—Sí. Creo que quise evitarles ese trance... penoso. Extraño...

PIETÁ.—Paralización... Como lo que le sucedió a
Bobby el otro día; el día helado y húmedo de la
semana pasada, ¿recuerdas? *(Lucas asiente.)* Ese
día le quemaron su chamarra de cuero a Bobby en
el patio de la Universidad.

MEYER.—¿Quemaron?... ¿Su chamarra de cuero?

PIETÁ.—Sí, no te lo quise contar, entonces, para
evitarte molestias. Sucedió cuando los muchachos
salieron de clases por la tarde y pasaron por el guardarropía a recoger sus abrigos... No había abrigos
en ese guardarropía...

MEYER.—¿Qué habían hecho con ellos?

PIETÁ.—Gran Jefe Blanco, el viejo portero albino,
del que hacen burla los muchachos, porque con

130

el frío del invierno se le hinchan las articulaciones de los dedos y gime de dolor tras su puerta, había hecho una pira en el patio con los abrigos y se calentaba las manos sobre la lumbre...

MEYER.—*(Ultrajado.)* ¡Pero, eso no es posible! ¿Qué hacían las autoridades de esa Universidad para impedir ese atropello?

PIETÁ.—Nada. Estaban todos, el Rector y el Consejo, mirando el espectáculo desde las galerías... Algunos hasta aplaudían...

MEYER.—Imposible.

PIETÁ.—Así fue...

MEYER.—¿Dónde vamos a parar? ¿Si no paramos esas insolencias? ¿Por qué no echaron a patadas a ese depravado?

PIETÁ.—Por la misma razón que hiciste tu cheque.

MEYER.—¡Pero si es idiota! ¿Dónde vamos a parar, repito? Echarlos a patadas... ¡Es lo que voy a hacer con esas monjas, si se vuelven a colar en mi oficina!...

PIETÁ.—Fue absolutamente de mal gusto de parte de la Renée, salir a bailar con el *garçón*, hoy durante la fiesta, ¿no te parece? Se veía que lo hacía con repugnancia... Su condición de dueña de casa no la obligaba a ello, ¿no crees?

MEYER.—La gente ha perdido sus nervios... Ha habido tanto palabreo, últimamente, de la plebe alborotada, que todos hemos perdido un poco el juicio... El mundo está perfectamente bien en sus casillas.

PIETÁ.—Sí... Flota un espanto fácil, como el de los culpables. No somos culpables de nada, ¿no es cierto?

MEYER.—Ya lo creo que no.

PIETÁ.—Tu fábrica... esta casa, no las hemos robado, ¿no es verdad?

MEYER.—Todo ganado honestamente, en libre competencia.

PIETÁ.—¿Qué, entonces?

MEYER.—Te digo que es estúpido... Nadie puede perturbar el orden establecido, porque todos están interesados en mantenerlo... Es el premio de los más capaces.

PIETÁ.—Por otra parte, Lucas... nuestros hijos. Al verlos, ¿a quién le cabrían dudas de que son hijos perfectos de una vida perfecta, no crees?

MEYER.—Evidentemente. Marcela crece como una bella mujer... Bobby, un poco loco de ideas, pero... está bien... No más amenazas, entonces, eh...

PIETÁ.—Pobre niño... Me ha prometido ayudarme en mi jardín... Odia podar las rosas, el pobre. ¿Has visto cómo cubren ya mi glorieta?

MEYER.—(*Besa sus manos.*) Sí... Tus manos milagrosas.

PIETÁ.—Es un hermoso jardín... Estoy orgullosa.

MEYER.—Y yo de ti. (*La besa.*) Vamos, es tarde. Mañana es un día de mucho trabajo...

Se encaminan hacia la escalera, abrazados.

PIETÁ.—(*Deteniéndolo al pie de la escalera.*) Dime... ¿Tú viste también esa gente extraña que andaba por las calles, mientras veníamos a casa?

MEYER.—¿Gente extraña?

PIETÁ.—Sí... Como sombras, moviéndose a saltos entre los arbustos.

MEYER.—Ah, ¿quieres decir los harapientos de los basurales del otro lado del río?

PIETÁ.—¿Eran ellos?

MEYER.—Esos cruzan periódicamente para venir a hurgar en nuestros tarros de basura... La policía ha sido incapaz de evitar que crucen a esta parte, de noche...

PIETÁ.—Podría jurar que vi a dos de ellos trepando al balcón de los Andreani, como ladrones en la noche.

MEYER.—*(Algo impaciente al fin.)* ¡Oh, vamos Pietá! Esa gente es inofensiva; ninguno se atrevería a cruzar una verja y menos a trepar a un balcón. ¿Para qué crees que les dejamos nuestros tarros en las aceras?... Mientras tengan donde hozar, estarán tranquilos. ¿Vamos?

PIETÁ.—Esta noche me dejarás dormir contigo, ¿quieres?

MEYER.—¡Oh, vamos! Creo que exageras un poco. Si alguno de esos infelices se atreviera a entrar en esta casa, Nerón daría buena cuenta de él, con sus dientes afilados...

PIETÁ.—Sí, pero... me dejarás dormir contigo, ¿no es verdad? *(Se cobija en él, mientras desaparecen ascendiendo escalera arriba.)*

De pasada Meyer apaga las luces y la habitación queda a oscuras, sólo una débil luz ilumina la ventana que da al jardín. Después de un rato se proyectan unas sombras a través de ella y luego una mano manipulea torpemente la ventana, por fuera. Un golpe y cae un vidrio quebrado. La mano abre el picaporte y por la ventana cae China dentro de la habitación.

Viste harapos. Forra sus pies con arpillera y de sombrero luce un colero sucio, con un clavel en la cinta desteñida. Contradice sus andrajos, un cuello blanco y tieso, inmaculadamente limpio. Desde el suelo observa la habitación con detenimiento. Arriba se oyen pasos.

VOZ DE MEYER.—¿Qué hay? ¿Quién anda?...¿Quién anda ahí? *(Se prende la luz y asoma Meyer en lo alto de la escala. Desciende cautelosamente. Ve a China y corre hacia la consola de la cual saca un revólver que apunta sobre el intruso.)* ¿Y usted?... ¿Qué hace aquí? ¿Qué hace dentro de mi casa?

CHINA.—(*Lastimero.*) Un pan... Un pedazo de pan...

MEYER.—¿Qué?

CHINA.—Un pedazo de pan, ¡por amor de Dios!

MEYER.—¿Qué te pasa? ¿Estás loco? ¡Entrar en mi casa, rompiendo las ventanas! ¡Fuera de esta casa!... ¡Fuera de esta casa, inmediatamente! (*Ante la impasividad del otro.*) ¡Fuera te digo!... ¿No me oyes?... ¿O quieres que llame a la policía? (*Pausa penosa.*) ¿Qué te pasa, hombre? ¿Eres sordo?...

CHINA.—Un pedazo de pan...

MEYER.—Te descerrajo un tiro, si no sales de inmediato. (*Apunta.*)

CHINA.—Era inevitable...

MEYER.—¿Qué dices?

CHINA.—Que era inevitable que dijera "te descerrajo un tiro", y que tuviera uno de ésos (*indica el revólver*) escondido en alguna parte por ahí... Se lo dije al Mariscal...

MEYER.—¡Te doy diez segundos! Cuento... Uno... Dos... Tres...

CHINA.—¿Todo por un pedazo de pan?

MEYER.—Cuatro... Cinco...

CHINA.—Una bala de eso cuesta más que el pan que le pido. El Mariscal discutió que era seguro que tendría "eso" (*el revólver*) en casa, pero que sería práctico... y lógico. Aunque fuera tan sólo pan duro; no me quejo.

MEYER.—Está bien; te doy el pan, pero te vas de inmediato, por donde entraste, ¿entiendes? (*Sale hacia la cocina y vuelve con un pan que lanza al otro.*) Y ahora, ¡fuera!

CHINA.—¿Ve?... El Mariscal tenía razón. (*Sonriendo candorosamente.*) Total... un harapiento. Nadie cambia un harapiento por una conciencia culpable. (*Masca el pan.*) La culpa de todo la tiene su empleada. No había más que papeles sucios y restos de sardina en el tarro... No como sardinas; me producen urticaria. *(Lanza un eructo fuerte.)*

MEYER.—Seis... Siete... Ocho...

CHINA.—Es inútil; no se exponga al ridículo...

MEYER.—¿Qué es lo que es inútil?

CHINA.—Que pretenda contar hasta diez...

MEYER.—¿Por qué?

CHINA.—*(Sonriendo ampliamente.)* Todos sabemos que sabe contar hasta diez y más de eso...

MEYER.—*(Rugiendo.)* ¡Nueve!

CHINA.—¡No siga!... No va a disparar!... Es mejor que no siga... Evitemos la vergüenza...

MEYER.—¡Diez! *(El revólver tirita en su mano apuntando a China; no dispara.)*

CHINA.—¿Ve?... Es una lástima... Ahora nos será más difícil entendernos... Ahora usted ya me odia... *(Con fingida desazón.)* Yo sabía que no dispararía. En cuanto dijo "te descerrajaré un tiro", lo supe. Los que saben matar no le ponen nombre al acto. Simplemente aprietan el gatillo, y alguien muere. Uno le pone nombre a las cosas para ganar tiempo. *(Saborea el pan:)*

MEYER.—*(Algo perplejo.)* ¿Quién es usted?

CHINA.—Sí, eso es lo que se hace acto seguido: averiguar el nombre. Parece que con saber el nombre de nuestros enemigos se nos hace más fácil dar en el blanco... Me llaman "China", y usted es Lucas Meyer el industrial... *(Se acomoda en el suelo.)* Y ahora que hemos cumplido con esta primera formalidad, puede irse a la cama, si quiere... Comprendo que es suficiente para usted para ser el primer encuentro. Que Dios acompañe a usted y a su bella esposa, en su sueño... Buenas noches.

MEYER.—*(Ultrajado.)* ¿Qué se ha imaginado?... Salga de esta casa de inmediato! ¿Me oye? *(China duerme impasible.)* ¿Me oye?... ¡Fuera de mi casa! *(Con ira impotente.)* ¡Fuera, digo! *(Pausa.)* Está bien; puede dormir aquí esta noche, pero mañana, al alba, antes que nadie mueva un dedo en esta casa, usted sale por el mismo lugar que se coló, ¿entiende? ¡Que no lo encuentre dentro de la casa! *(Se dirigió hacia la escala.)*

CHINA.—*(Sin levantar la cabeza.)* Ya le decía yo al Mariscal que Ud. era un buen hombre... Un hombre que da trabajo a tanta gente en su fábrica no puede ser otra cosa que un buen hombre... ¿Cómo iba a permitir que un harapiento muriera de frío, durmiendo bajo el rocío helado... ¡Gracias, buen hombre! *(Meyer va a apagar las luces cuando se oyen pasos arriba.)*

VOZ DE PIETÁ.—Lucas, ¿por qué te demoras tanto? ¿Qué pasa?

MEYER.—¡Nada, mujer!... ¡Un gato que entró por la ventana! ¡Ya lo eché a la calle!

CHINA.—*(Ante los gestos de Meyer, que lo conminan a hablar más bajo.)* ¡Eso fue inteligente!... ¡Muy inteligente! ¡Nadie habría sabido encontrar salida más honorable a la situación!... ¡Estupendo!

VOZ DE PIETÁ.—¿Qué pasa, Lucas?

MEYER.—Voy, mujer, voy. *(Sube y apaga la luz.)*

La escena sigue un rato a oscuras. Luego se ve otra mano que asoma por fuera, en medio del haz de luz. Palpa el cerrojo. Tamborilea contra los vidrios.

VOZ DE TOLETOLE.—¡China! ¡Abre, China! *(China muge.)* China, sé bueno! ¡Hace frío! *(Sigue tamborileando los vidrios, débil e intermitentemente.)* ¡Ay, ay! ¡Chinita!

CHINA.—*(Levantándose, al fin, trabajosamente. Abre la ventana. Gruñe.)* Te dije que no entraras hasta mañana...

TOLETOLE.—*(Sólo su cara asoma afuera; plañidera.)* Hace frío afuera, China.

CHINA.—Con dos de repente, se va a asustar...

136

TOLETOLE.—(*Tirita.*) ¡Ay! ¡Ay!... ¡Por Diosito!

CHINA.—Está bien, entra... ¡Rápido!

TOLETOLE.—(*Entrando torpemente.*) Dos no caben en la casucha del perro. (*Casi llorando.*) Alí-Babá se coló primero... Traté de meterme, pero me patió la cara. ¡China! ¡Mira!

CHINA.—¡Ssht! ¡Cállate! ¿Quieres que nos oiga, estúpida?... No quiero que se nos asuste... Con uno bastaba para la primera noche. Tiéndete ahí (*indica*) y calla la boca.

Toletole se acurruca donde le indican. Es joven. Fue rubia y hermosa. Viste harapos. Luce una rosa encarnada de raso en el pelo desgreñado. Se cubre con un enorme vestón de hombre deshilachado. Los bolsillos abolsados están llenos de cosas. Se hace un atado animal junto a China.

TOLETOLE.—(*Después de permanecer un rato yerta y como expectativa, respirando ruidosamente y tiritando.*) ¿Cómo lo tomó, China?

CHINA.—Duerme...

TOLETOLE.—(*Después de un rato.*) ¿Sacó revólver y te amenazó con la autoridad, China?

CHINA.—Mmh... Es práctico; mostró misericordia...

TOLETOLE.—El primer día es fácil; vamos a ver mañana, ¿no es cierto?

CHINA.—¡Cierra la jeta! ¡Duerme!

TOLETOLE.—(*Tras pausa.*) ¿Cómo es la casa?... ¿Bonita? Está tan oscuro; no se ve nada. (*Al no recibir respuesta.*) Tengo salame... ¿quieres? (*Saca de un bolsillo un trozo de salame, junto a dos girasoles de paño atados a tallos de alambre, unas herramientas nuevas de carpintería, escofina, etc., unas matracas multicolores y un calendario doblado en cuatro que representa un desnudo de mujer. Amontona todo cuidadosamente junto a sí. El desnudo*

137

lo cuelga sobre un cuadro del muro. Mientras observa cada objeto con interés infantil.) Para cuando te instales... te arranches... Flores para mi pieza... Una mona desnuda para Alí Babá... Se la quise dar en la casucha del perro, pero me patió la cara. *(Toma las matracas.)* Y esto, para los críos, si alguna vez quieres que te los dé... *(Hace girar las matracas, que suenan con gran algazara.)*

CHINA.—*(Incorporándose de un salto; se las arrebata.)* ¿Qué estás haciendo, estúpida? ¿No te dije que no hicieras ruido? ¡Ahora se va a asustar!... *(Mira las matracas.)* ¿Y esto? ¿De dónde las sacaste?

TOLETOLE.—*(Aterrada.)* De los Almacenes Generales de Plaza Victoria.

CHINA.—Saqueo... ¿No te dije que no saquearas?

TOLETOLE.—Estaba abierto, China... Habían arrancado las puertas. Todos se metían...

CHINA.—¡Imbéciles!

TOLETOLE.—Yo no quise, pero me arrastraron dentro... Y entonces, era llegar y agarrar... Trenes eléctricos, China... Así, un montón... Y batas... Batas de todos colores... Y muñecas, ¡así de grandes! Me amarré las manos, pero no pude, China, agarré.

CHINA.—Ahora tendrán ellos la última palabra...

TOLETOLE.—Pero todo el mundo estaba feliz; eso también es bueno. Había gente en todas partes... sentados en los mesones... resbalando por las escaleras... Riendo y riendo, con la boca así de grande. ¿Sabes lo que hizo el Tísico? Salió a la calle, bailando abrazado de un maniquí desnudo. Todo el mundo le hizo rueda, mientras bailaba, mordiéndole los pechos de palo. *(Ríe.)*

CHINA.—*(Se ablanda; sonríe.)* Lo malo es que ahora serán ellos los ultrajados... Saqueo, dirán, e invocarán la legitimidad del orden. *(Como para sí, sabiendo que ella no entiende.)* Quisiera que al final todo se hubiera hecho como envuelto en sábanas blancas... limpio como el corazón de uno de nuestros muertos, pero... tal vez no es justo.

Se oyen pasos en la escalera. Es Meyer, que se ha puesto bata. Se prende la luz.

MEYER.—*(Perplejo.)* Y esto... ¿qué significa? *(En sordina.)* ¿Quién es esta mujer?

CHINA.—*(Imitándole, también en sordina.)* Toletole... *(A Toletole.)* Saluda al señor. *(Toletole se alza y saluda, como una niñita educada, con una genuflexión hasta el suelo; asustada.)*

MEYER.—¿No pensará que además deberé soportar esto?

Toletole comienza a vagar por la habitación, mirando arrobada los objetos. Los toca con la punta de los dedos y lanza pequeñas exclamaciones de estupor y encanto.

CHINA.—*(En sordina.)* Claro que no. ¿Por qué iba usted a tener que soportarlo? Es demasiado.

MEYER.—¿Entonces?

CHINA.—Se lo advertí a ella, pero dijo que tenía frío afuera... así que, si usted lo desea, la echamos afuera, con o sin frío, ¿eh?

MEYER.—Bueno, es decir...

CHINA.—*(Confidencialmente.)* Así, confidencialmente, le aseguro que no tiene nada puesto debajo del vestido, la sinvergüenza. Nada. Sólo la mitad de un traje de baño que se "levantó" por ahí. *(Más confidencial aún.)* Eso le pone la carne azul, sobre todo en noches heladas como ésta. No es muy estimulante, pero, ¿qué quiere usted?... Uno tiene que conformarse con lo que le toca, ¿no le parece?...

MEYER.—*(Sin saber qué decir.)* Así me parece...

CHINA.—*(Chanceándose.)* A veces uno llega a creer

139

que está acostado con un cadáver. *(Se ríe.)* ¿La echamos fuera?

MEYER.—Usted sabe muy bien que no puedo hacerlo...

CHINA.—¿Por qué no? Después de todo, ésta es su casa, caballero...

MEYER.—Y después ustedes pueden decir que somos unos desalmados, ¿eh? No le daré ese gusto. Usted se queda con ella esta noche, y de madrugada, salen por ahí, ¿entiende?

CHINA.—Ya lo decía yo, en cuanto vi lo limpios que tenía los vidrios de las ventanas: usted es un caballero. Sólo un caballero se preocupa de tenerlos tan limpios... Sin embargo, usted no debería pensar así.

MEYER.—¿Cómo? ¿Qué?

CHINA.—También existimos los agradecidos... los que sabemos lo que cuesta amasar todo esto. *(Muestra la casa.)* Es una bendición que, de vez en cuando, derramen algo sobre nosotros... los irresponsables.

MEYER.—*(Extrañado.)* Usted, en verdad, ¿piensa así?

CHINA.—*(Se levanta; pone un puño cerrado sobre su pecho.)* Mi palabra de honor, si eso vale algo para usted.

MEYER.—¡Pssh! ¡Mi mujer duerme arriba!

En ese momento, Toletole deja caer una porcelana que ha estado admirando; se quiebra con estruendo.

CHINA.—¡Mira, estúpida, lo que has hecho! ¿Cómo se lo vamos a pagar ahora?

MEYER.—¡Pssh!... No es nada... Es sólo una de tantas...

CHINA.—Babosa...

TOLETOLE.—Pero, China... ¿para qué te enojas?

Tenemos tantas más... *(Muestra la porcelana rota.)* De todos modos, ésa no me gustaba tanto... *(Meyer mira, estupefacto, a China.)* ¿No me dijiste que todo esto sería mío? ¿Desde ahora?

MEYER.—¿De qué está hablando esa niña?

CHINA.—¡Baila, Toletole, baila! ¡Paguemos la hospitalidad del caballero! *(Resuena una música danzarina, de ritmo rápido, tocada en un solo instrumento de viento, a cuyo compás Toletole comienza a ejecutar una danza desabrida y triste; deja caer los brazos, con la mirada fija en algún punto lejano. Sólo los pies se mueven.)* ¡Es nuestro número!... lo efectuábamos, por ahí, en las plazas... por unas monedas. ¡Bonito, eh!... *(Casual.)* ¿No tiene algún vinito en casa? *(Meyer hace ademán de moverse.)* No, no se moleste... ¿Por dónde? *(Meyer indica, sale hacia la cocina.)* Con permiso...

Meyer, de pie, paralizado, observa el ritual miserable de Toletole, que sigue bailando.

MEYER.—*(Después de un rato, sin poder contenerse ya, enervado.)* ¡Basta! ¡Basta ya!

Toletole se detiene bruscamente y llora en silencio, en el momento en que China regresa, cargando una fuente con medio pollo, y dos botellas de vino bajo los brazos.

CHINA.—Por favor... *(Indica las botellas que Meyer toma, ya que China no puede hacerlo, y las pone sobre la mesa.)* Oí que no le gustó el número al caballero. *(Va sobre Toletole.)* ¡Babosa! ¡Manera de agradecer la hospitalidad! *(A Meyer.)* Debe perdonarla... perdió todo donaire después de la neumonía del año pasado... ¡Imagine locura igual! Estar dos horas en el canal helado, todo por agarrar una coliflor que pasaba flotando... La sacamos, azul, de las mismas barbas de la alcantarilla... No es un espectáculo muy atractivo, es cierto. Le ruego perdonarla. *(A Toletole, que acude presurosa.)* ¡Ven a servirte! *(A Meyer.)* Usted nos acompaña, supongo.

MEYER.—No, gracias... Los acompañaré desde aquí. *(Se sienta en uno de los sofás; se prende un cigarrillo.)*

CHINA.—Naturalmente... *(Acariciando el pelo a Toletole, que masca el pollo con voracidad.)* Antes era rubia... hermosa. ¡Maldita coliflor!... *(Mostrando la comida.)* Usted perdonará, ¿no es cierto? No pensaba hacer esto, pero dada su hospitalidad tan natural...

MEYER.—Usted ya se sirvió.

CHINA.—Es verdad... Urbanidad; eso es algo que suele irse con los harapos. *(Con la boca llena.)* Lo mismo que la paciencia. *(Pausa.)* No le molesta nuestra... pestilencia, ¿no es verdad? *(Ante un gesto de protesta de Meyer.)* No, no... No disimule... Nosotros entendemos... El tufo de esto *(tironea sus mangas)* es horrible. ¿Sabe lo que es bueno para contrarrestarlo?

MEYER.—No.

CHINA.—*(Sonriendo, con la cara llena.)* El humo del cigarrillo. *(Indica el cigarrillo de Meyer.)* Yo creí que usted sabía. El Mariscal dice que es la razón de los perfumes: espantar el olor de la miseria; sin duda, es un exagerado.

MEYER.—Ese... Mariscal... ¿Es uno de ustedes?

CHINA.—¿Uno del otro lado del río, quiere decir? *(Meyer asiente.)* Sí; es un extravagante. Por él, les cortaría el pescuezo a todos los ricos.

TOLETOLE.—Es un mal hombre... un mal hombre...

CHINA.—Calla y come. *(A Meyer.)* Lo dice porque le asusta su ferocidad. Cuando habla de los ricos, se pone morado... ¿Ha visto el color de las beterragas?

MEYER.—¿Beterragas?

CHINA.—Ese color. Es un nihilista. Cree que con los ricos no hay caso. Sufren una especie de fiebre incurable... y contagiosa. Hay que gasificarlos, dice... ¡Extravagante!... No sabe que la riqueza es una especie de... martirio.

MEYER.—De cierto modo...

CHINA.—No sea modesto... De todos modos; absolutamente de todos. Vamos, dígale aquí a Toletole con qué esfuerzo montó todo esto... *(Ante un gesto evasivo de Meyer.)* Vamos, no sea delicado... Cuéntele... Y tú *(a Toletole)* aguza el oído. Es algo que vale la pena oír...

MEYER.—Bueno... Trabajé.

CHINA.—*(A Toletole, acercando su cara a la de ella.)* ¿Oíste?... Trabajó, dice, ¿ves?... ¿Qué más?

MEYER.—Evité despilfarros...

CHINA.—*(Blande la pechuga de pollo.)* Sacrificios... Privaciones... Eso es lo que el Mariscal no se quiere meter en su cabeza dura, ¿ves?... *(Bebe vino, se va entusiasmando.)* ¿Y?

MEYER.—Ahorré...

CHINA.—*(Grita.)* ¿Ves?... ¡Ahorró, dice! ¿Oíste? *(Con excitada ferocidad.)* ¡Cada centavo... Cada maldito centavo lo ahorró con santa paciencia! ¡Cada maldito centavo que pasaba por sus manos o las manos de sus empleados, lo ponía a salvo! No había centavo que pasara por su vecindad, que no le pusiera sus manos encima... En cambio nosotros: botar y botar... ¡Siga, por favor, siga!

MEYER.—*(Entusiasmándose, a su vez, ante la euforia admirativa del otro.)* Bueno... no creía que esto pudiera verse por ese ángulo, pero... tiene razón, ¿sabe? Hay mérito en ello...

CHINA.—*(Come con cada vez mayor rabia.)* ¿Mérito?... ¡Virtud, caballero, virtud! ¿Hasta cuándo vamos a estar con eso de que la codicia es un pecado?... Es lo que opinamos nosotros, los frustrados... los que por exceso de humanidad o muchos escrúpulos, terminamos filosofando ante una lata vacía de sardinas... ¡Son ustedes los que obran con justicia!

TOLETOLE.—*(Bostezando.)* China, ¿no sería hora ya de subir? Tengo sueño...

MEYER.—¿Subir?

CHINA.—*(Golpea con la palma de la mano la frente de Toletole.)* Se le ha metido la idea de que su señora esposa tal vez consentiría en cederle un lugarcito en su cama. De tanto desearlo, se le ha vuelto obsesión. ¡Pobrecita! *(La acaricia.)* ¡Vamos, estúpida, come! *(A Meyer.)* Siga, por favor...

MEYER.—Bueno... no crea que es oro todo lo que brilla. También esto de la riqueza tiene su lado ingrato...

CHINA.—*(Rompe un huevo duro y se lo come.)* ¿Cómo, así?

MEYER.—Se está en continuo conflicto con ciertas nociones románticas que persisten...

CHINA.—¿Tales como?

MEYER.—Gente que lo acusa a uno de quitarle lo que es de ellos... De darles menos de lo que esperaban... Pequeñas obreras feas con gestos de odio... Hombrecitos que no dan la cara... Manos pedigüeñas... Marañas de incriminaciones que roban el sabor de lo ganado...

CHINA.—Comprendo...

MEYER.—Y después... la eterna preocupación por conservar lo adquirido... Es como estar sentado... sobre un cedazo, ¿comprende?

CHINA.—¿En que los demás caen por los hoyitos y sólo usted queda sobre la malla?

MEYER.—Hablo del dinero...

CHINA.—Ah, ¿y el dinero?

MEYER.—Es arena. Se escurre por los bolsillos

como arena. Con el gobierno, los impuestos, las instituciones de caridad, picoteando las manos... Hay que poseerlo para conocer esa angustia...

China.—¿Te das cuenta, Toletole, lo difícil que es? Y después hay gente que aspira a ser rica...

Meyer.—A usted, que parece tener comprensión, le contaré un caso para que aprecie...

China.—Cuente... cuente...

Meyer.—Hace años tuve un socio; instalamos una industria. Él puso el capital; yo, administraría. El día que inauguramos, ardió todo. Un desastre. ¿Sabe lo que hizo el tipo?

China.—*(Con la mayor naturalidad.)* Se colgó de una viga de acero del galpón quemado, con una liga elástica azul estampada de flores de lis blancas.

Meyer.—¿Cómo lo sabe?

China.—Porque es inevitable que un tipo que ve arder su fábrica el día de la inauguración, cuando ha puesto en ello su vida y su esperanza tendrá que colgarse con una liga de flores de lis blancas, de una viga o algo semejante...

Meyer.—Y dejando al socio cargando con las más absurdas incriminaciones...

China.—Que usted ocasionó la muerte para quedarse con el molido.

Meyer.—¡Eso no es verdad!... ¡Eso nunca fue verdad!

China.—Que usted torciera las cosas de tal manera que el seguro de la fábrica quedara a su nombre.

Meyer.—¡Eso no es verdad!

China.—O que la mujer y los tres niños —dos hombres y una niña— vivieron, de ahí en adelante, en un infierno de necesidades y miserias.

Meyer.—¿Cómo podía saberlo?... *(Ha estado retrocediendo.)* ¿Quién es usted? ¿Cómo sabe esto?

China.—*(Con intensidad.)* Porque son el género de imputaciones que se hacen a los tipos que, de la noche a la mañana, después de la muerte de un amigo, aparecen dueños de la empresa... ¡Papanatas de ayer, con tragaderas de pirata y un alma podrida!

MEYER.—¿Quién es usted?

CHINA.—Un hombre que merodea...

MEYER.—(*Aterrado.*) ¡El hermano que juró vengarse!

CHINA.—(*Con frío en la voz por primera vez.*) Usted se equivoca... Usted ve lo que no hay... Me llaman "China"; uno de entre miles. Entre nosotros no hay sentimientos de venganza; sólo una gran calma en acecho...

MEYER.—Mirelis... ¿Qué es lo que deseas de mí?

CHINA.—(*Cambiando súbitamente a la voz anterior, pedigüeña.*) Un techo para protegernos del frío, patroncito, y un poco de pan...

MEYER.—¡No bromees conmigo, Mirelis!... ¡Fuera!... ¡No le ofrezco mi techo a un asesino!

CHINA.—Paciencia, patroncito, paciencia...

MEYER.—¡Fuera, he dicho!... ¡Fuera, o te saco fuera!

Va a dirigirse a la consola en que guarda el revólver, cuando, con gran estrépito, se abre la puerta de calle y entra Marcela, la hija de Meyer. Es una hermosa muchacha de un poco más de veinte años, resoluta y firme. Hay en ella un gesto insolente y algo que le hace distinta del resto de su familia. Viste un elegante traje de noche.

MARCELA.—(*Entra arrastrando el abrigo de piel que alguien ha arrancado de sus hombros.*) Papá, ¿qué pasa?... ¡La calle está llena de harapientos! ¡Hay dos hombres tendidos, aquí, en el mismo zaguán de la casa! ¡Uno trató de arrancarme el abrigo a la pasada!

TOLETOLE.—Alí-Babá...

MARCELA.—Han colgado a Nerón de un pilar de la verja... ¿Qué pasa, papá?

MEYER.—*(Mirando a China.)* Una visita que hace tiempo había dejado de esperar...

MARCELA.—Pero, papá, han colgado a Nerón... ¿Qué es esto?... *(Pausa; percibiendo la amenaza.)* Papá, llama a la policía... Llama a la policía, papá, ¿qué te pasa? *(Ante la actitud yerta de Meyer, va resuelta sobre el teléfono; marca.)* ¿Aló? ¿Cuartel de Policía? Hablo de la casa de Lucas Meyer... Insurgentes 241... Se han entrado unos vagabundos a la casa y no hay forma de sacarlos... ¿Alo?... ¿Por qué silba?... ¿Por qué silba, policía?... Aló, ¿qué pasa? ¿Quién habla?

TOLETOLE.—"El Manigua"... Le dejaron media lengua en una pelea; ahora sólo sabe silbar...

Marcela deja caer el fono y mira, atónita, al grupo. Por el fono, que cuelga, se oye un silbido insistente.

MEYER.—*(Tras breve pausa.)* Ven, niña... Vamos a dormir... Es tarde.

MARCELA.—Pero, papá... ¿qué haces? ¡Echa fuera a esta gente!... ¡Haz que salga de la casa!

MEYER.—Vamos, niña, no grites... No despiertes a tu madre... Te explicaré... *(La toma de los hombros y la lleva hacia arriba.)*

CHINA.—*(Una vez solos.)* Se asustaron, ¿ves?... Es lo que me temía. Hay que tener toda clase de consideraciones con ellos; viven al borde mismo del susto... *(Va a buscar una alfombra, con la que cubre a Toletole y a sí mismo.)* De todos modos, hay que reconocerlo; nos ofreció su casa con bastante dignidad... Ven, vamos a dormir un poco... *(Toletole apaga la luz y se tiende a su lado.)* Mañana va a ser un poco más duro.

TELÓN

*La mañana siguiente. La misma habitación. Al
lado de la alfombra doblada, se ven platos con restos de comida y botellas vacías. Para un rato y baja
Lucas Meyer, en bata; baja cautelosamente y se
aproxima a la ventana. Mira afuera. Afuera resue-
nan ahora risas y gritos. Lejos, un clamoreo de voces
y guitarreo. Está en eso, cuando baja Pietá, en ne-
gligé.*

PIETÁ.—*(Bajando la escalera.)* Lucas, ¿qué pa-
sa?... ¿Quiénes son esa gente que están en el jar-
dín? Me levanto y lo primero que veo por la ventana
es esa gentuza... ¿Qué hacen aquí?
MEYER.—*(Se acerca a ella; toma sus manos.)*
Calma, mujer... Por favor, tienes que tener calma.
PIETÁ.—¿Calma? ¿Tú los dejaste entrar?
MEYER.—Mujer, te explicaré, pero cálmate...
PIETÁ.—*(Va hacia la ventana y mira al jardín.)*
¡Mira, mi glorieta! ¡Mira cómo rompen mi glorie-
ta!... ¡Y mis flores!... ¡Bailan sobre mis anémo-
nas! *(Se vuelve, espantada.)* ¿Qué hace esa gente
en nuestro jardín?
MEYER.—Ven, deja explicarte... *(La lleva hacia
un sillón.)*
PIETÁ.—¡Échalos afuera, Lucas!... ¿Qué estás es-
perando?
MEYER.—No puedo, mujer...
PIETÁ.—¿No puedes?... Qué...
MEYER.—Tendrás que ser muy valiente, mujer...
Escucha...
PIETÁ.—¿Quién es esa gente, Lucas?
MEYER.—Los invasores, Pietá. *(Pausa.)* Los hombres que tiran abrigos a la fogata... Que mandan
monjas a meterse por los muros... Nos han hecho
zancadillas con sus bastones de ciego. Nos han me-
tido a tirones flores en las solapas...

PIETÁ.—Lucas, ¿qué te pasa? ¿Te has vuelto loco?

MEYER.—Llegaron finalmente, Pietá... Ya golpearon nuestra puerta. (*Afuera aumenta el canto con tamboreo.*) No he dormido una pestañada, esperando que a la mañana todo esto no sería más que un sueño horrible; pero los ruidos aumentaron durante la noche. (*Mira a Pietá.*) Cruzaron el río, al fin... Ya no los podemos parar.

PIETÁ.—Pero, ¿y la policía? ¿Qué hacen?

MEYER.—El Manigua está sentado en la silla del Prefecto... Lo han cubierto todo, como un ejército de termitas... Dejamos que su número creciera demasiado... demasiado.

PIETÁ.—¿Y qué vamos a hacer? ¿Nos vamos a entregar, así?

MEYER.—No sé aún. ¡No puedo pensar! Todo ha sido demasiado aturdidor... (*De súbito.*) ¡La fábrica!... Deben haber dejado intacto ese sector... Está lejos del río; para llegar a él, hay que cruzar toda la ciudad. (*Corre hacia el teléfono; marca.*) ¿Aló, Camilo? El patrón... ¿Cómo está todo allá?... ¿No ha pasado nada?... (*Suspiro de alivio.*) Por nada, nada... Escucha, Camilo, pon candado doble en los portones, ¿entiendes?... ¡Doble! Y no abras a nadie hasta que yo llegue, ¿entiendes?... ¿Cómo dices?... ¿Los obreros?... ¡A los obreros ábreles, idiota, esos tienen que trabajar! ¿Qué quieres hacer con mi fábrica? (*Cuelga.*) Camilo no ha visto nada, eso quiere decir que no es más que pillaje... No hay que ofrecer resistencia, ¿entiendes? Por ningún motivo; ¡ninguna resistencia!

PIETÁ.—Pero, ¿y la casa... mis cosas?

MEYER.—No importa la casa, mujer... Esto pasará... Sólo vienen a saciar sus estómagos hambrientos; démosles lo que quieren y se irán.

PIETÁ.—¿Con Marcela, tu hija, y esos brutos en la casa?

MEYER.—La niña no sale de su pieza, por ningún

motivo... No existe, simplemente... Dios gracias, Bobby aloja afuera... No hay problema por ese lado...

Marcela baja la escalera. Viste bata de levantarse.

MARCELA.—¿Qué quieres decir con eso, que no salga de mi pieza, papá? ¿No creerás que les tengo miedo a esos animales?

PIETÁ.—¡Marcela, vuelve a tu pieza, de inmediato!

MARCELA.—No seas ridícula, mamá. Ésta no es la Edad Media. *(A Meyer.)* ¿Qué te pasa, papá? ¿Tienes miedo?... Está bien, son saqueadores, ¿y qué? Algún día tenían que venir, más aún si nosotros nos arrinconamos como conejos asustados... *(Se vuelve hacia la puerta que da al jardín.)*

PIETÁ.—Marcela, ¿qué haces?

MARCELA.—Voy a arreglar esto...

Toma un látigo, que cuelga decorando un rincón de la habitación.

MEYER.—¡Deja eso!

MARCELA.—*(Desde la puerta del jardín.)* En tu fábrica no te he visto mandar. ¿Será que esos, allá, tienen que obedecerte? *(Sale; se oye su voz afuera.)* ¡A ver, ustedes, mugrientos! ¿Qué hacen en esta casa? ¡Fuera! *(El tamboreo se acalla; cae un silencio amenazador.)* ¡Fuera, he dicho!... A juntar esas tiras inmundas y a la calle!

VOZ DE CHINA.—¡Quieto, Alí Babá!

MARCELA.—¿No me oyen?... ¡Voy a usar este látigo!

VOZ DE CHINA.—No haga eso, señorita... ¡Quieto, Alí Babá!

Se oye un látigo afuera y un gemido. Luego, un grito asustado de Marcela y un clamoreo de voces.

150

Voz de China.—¡Dejen, imbéciles, dejen! ¡Suéltala, Alí Babá! ¡Suéltala!

Meyer, que había permanecido en la habitación, corre fuera. Pietá llora y se tapa la cara. Afuera ceden los gritos y vuelve a caer el silencio. Regresa Meyer con Marcela en sus brazos. Sangra de la cara. Tras ellos entra China y, luego, Alí Babá, un muchachote huesudo, desgarbado. También sangra de la mejilla. Pietá corre a recibir a Marcela, que solloza.

Pietá.—¡Brutos!... ¡Brutos! ¿Qué le han hecho a mi niña? *(Se la lleva escalera arriba.)*

Meyer.—*(En cuanto desaparecen, tembloroso, pálido.)* Está bien, Mirelis, te entiendo... Quieres vengarte... ¿Qué debo hacer?

China.—*(Mirando el látigo en sus manos; duro.)* Nuestra piel se ha puesto muy sensible al toque de esa clase de... juguetes. *(Lo quiebra en pedazos.)* Ella no debió usarlo... .

Meyer.—Te he preguntado... ¿qué debo hacer?

China.—Conservar un poco de modales y tener prudencia, caballero... Ya verá que, a la postre, todo será mucho más simple de lo que parece ahora... *(Tira los restos del látigo.)* Esto sólo entorpece el entendimiento...

Meyer.—Ustedes han invadido mi casa...

China.—Sí, la situación es insólita, pero usted debe usar la cabeza... Siempre da lugar a tener que usarla... Ni más ni menos, como usted la ha usado para desembarazarse de competidores...

Meyer.—Los negocios son juego limpio... Esto es saqueo.

China.—Nombres, ¿ve usted?... Lo mismo que "te descerrajo un tiro". Negocios, saqueo... nombres... ¿Quién establece la diferencia?

151

MEYER.—No quiero argumentar con ustedes... Te he preguntado...

CHINA.—*(A Alí Babá, que, después de vagar por la habitación, revolviendo los objetos, se ha acercado a la escalera y pretende subir por ella.)* Por ahí no, Alí Babá. Nadie sube por ahí. Ése es el recinto privado de los caballeros. *(Alí Babá sale al jardín.)* Dígale a su hija que en el futuro evite otra de esas provocaciones. Ese muchacho no sabe controlar su genio.

MEYER.—¡Bestia!

CHINA.—Yo no usaría ese término. Es un torpe calificativo para definir a un muchacho que no conoce otro techo que el cuerpo de otros niños, ni otro calor que el aliento de su perro...

MEYER.—Eso no evita que si esa bestia trata de tocar a Marcela, lo acribille a balazos...

CHINA.—*(Sentándose cansadamente; ríe.)* Usted me hace reír... "Acribillo a balazos"... Es incurable... ¿Cuántas de esas palabras caben en una cabeza como la suya?... ¿Qué harían ustedes, si no tuvieran los nombres, para darle armado a todo esto? *(Muestra la casa.)* Usted tiene el caso de lo que acaba de suceder entre ese muchacho y su hija... Usted lo llama "crimen" y con eso ya la cosa tiene nombre y usted tiene de dónde agarrarse... ¿Ha pensado alguna vez que el crimen es una consecuencia, y que sin causa no tiene nombre?

MEYER.—No me interesan tus retruécanos, Mirelis... Quiero que me digas...

CHINA.—Causa y consecuencia... Todo lo que hay aquí es consecuencia. *(Muestra la pieza.)* Estos muebles hermosos... la comodidad... la hermosa piel blanca de su hija... Las causas están ahí, afuera, haciendo ruidos... Parece que ha llegado el día de las causas... ¿Entiende lo que eso quiere decir?... No piense más en su honor, no se perturbe... Eso es sólo una consecuencia más... Las causas de hoy día, ya no conducen a eso...

Meyer.—Manda a tu gente salir de mi casa, Mirelis... ¿Qué debo darte?

China.—Paciencia...

Meyer.—No permitiré que un atado de desalmados destruya lo que he juntado con trabajo y esfuerzo... Además, esto es un asunto que debemos arreglar tú y yo, ¿no es así?... *(Se oye un estruendo afuera. Meyer corre a mirar por la ventana.)* ¿Qué están haciendo con mis árboles?

China.—Las noches van a ser largas y heladas; cortan ramas para calentarse el cuerpo...

Meyer.—Pero, diles que no sigan...

China.—Entre nosotros nadie da órdenes...

Meyer.—*(Va a sacar un fajo de billetes que oculta tras los libros de la biblioteca.)* Tengo sólo estos cien mil en casa... Hablando de causas, ésta es la mejor de todas... ¡Toma y fuera!

Afuera cae otro árbol.

China.—*(Toma los billetes.)* Cien mil, dice, ¿eh?

Meyer.—¡Sí... y despejen!... Eso les hará entender...

China.—*(Ladinamente, con súbita codicia.)* Usted cree... que sus vecinos, ¿nos darán otro tanto?

Meyer.—Supongo. *(Cae otro árbol.)* Dí a tu gente que no siga destruyendo mi propiedad...

China.—Bonita suma; cien mil, ¿eh?... *(Lo sopesa.)* Tiempo hace que no estaba tan cerca de tanto molido... ¿Cuántos son?... Quiero decir: ¿Qué significan cien miel?... ¿Puedo comprarme, por ejemplo, un camión cargado de... coliflores, con cien mil?

Meyer.—Naturalmente... dos y medio camiones, más o menos.

China.—*(Sonriendo.)* ¡Admirable! Usted tiene

una máquina en la cabeza! ¿Cómo puede calcular tan rápido?

MEYER.—Práctica...

CHINA.—Dos y medio, ¿eh? *(Grita.)* ¡Toletole! *(Entra Toletole.)* Aquí hay algo que vale la pena ver... ¿Sabes lo que este caballero tiene en la cabeza?

TOLETOLE.—¿Qué, China?

CHINA.—Una máquina calculadora... Deberías ver cómo tira números... Hace los cálculos más increíbles en menos tiempo que tú te pillas una pulga... *(A Meyer.)* Por favor, caballero, ¿por qué no hace una demostración, quiere?

MEYER.—No estoy para bromas, Mirelis...

CHINA.—*(Alcanza los billetes a Toletole.)* El caballero nos ha dado esto... Pregúntales cuánto se puede comprar con esto... son cien mil... él te lo dirá... Pregúntale cuántas coliflores te puedes comprar... Vamos... ¡Vamos, pregunta!...

TOLETOLE.—*(Confundida.)* ¿Coliflores?

CHINA.—Sí, coliflores... que tanto te gustan... *(Toletole hace un gesto desolado a Meyer.)* ¡Dos y medio camiones llenos, mujer! *(Acentúa la importancia de la revelación.)*

TOLETOLE.—*(No puede creerlo.)* Dos y medio...

CHINA.—Dos y medio, ni más ni menos... Si él lo dice, debe estar bien, porque él no se equivoca. ¿Qué me dices, ¿eh? ¿Qué me dices de comprarte dos y medio camiones llenos de coliflores y tirarlos al canal, eh? Para ver cómo se los lleva la corriente. *(Toletole da un brinco de alegría, aumentando su ferocidad feliz.)* Todo el inmundo canal cubierto de coliflores, ¿eh? *(Ambos ríen.)* Dando tumbos corriente abajo... saltando los puentes, los tajamares... Atascándose en las alcantarillas como cráneos cortados, ¿eh? *(Salta hacia la ventana.)* ¡Eh, ustedes! ¡Acérquense! ¡El señor Meyer, aquí presente, ha sido tan generoso de regalarnos *cien mil pesos*!

154

(Los sacude.) ¿Quiere alguno preguntarle lo que se puede comprar con esto?... ¡Es un técnico estupendo en la materia! *(Rugido afuera.)* ¡A ver, tú, Cojo! ¿Qué te gustaría comprar con esto?... ¡Habla!

Voz DEL COJO.—¡Una pierna de verdad!

Risas afuera.

CHINA.—¡El señor te va a decir si te puedes comprar una pierna con cien miel! *(Se vuelve hacia Meyer.)* ¿Puede?

MEYER.—No voy a responder esa broma de mal gusto.

CHINA.—*(Grita afuera.)* ¡El señor Meyer dice que no! *(Desilusión afuera.)* Le robó un momento de alegría al pobre hombre... Perdió su pierna de una gangrena que pescó en las minas de sal... Los patrones alegaron que no podían financiar un policlínico... Fueron ellos mismos que lo convirtieron en cesante consuetudinario. Fue de mal gusto preguntarle eso, es cierto... *(Grita.)* ¡A ver, tú, Dulzura! ¿Qué te gustaría comprarte?

Voz DE DULZURA.—*(Ronca, aguardentosa.)* ¡Botones! ¡Un saco lleno de botones de nácar!

Risas.

CHINA.—*(A Meyer.)* ¿Cuántos se puede comprar con esta cantidad? *(Muestra los billetes.)*

MEYER.—¡Me niego a seguir esta chanza idiota!

CHINA.—Vamos, déle el gusto al pobre... Nunca ha tenido un botón en sus tiras... ¿Se imagina la alegría? Vamos... *(Grita.)* Espera, Dulzura, su cerebro está comenzando a funcionar... ¡Luego te dirá!

MEYER.—*(De mala gana.)* A treinta pesos el bo-

155

tón, son... tres mil trescientos treinta y tres, coma, treinta y tres botones...

CHINA.—¡Notable! *(Grita.)* ¿Oíste, Dulzura? ¡Tres mil trescientos treinta y tres botones! *(Gritos de alegría afuera.)* ¡Aquí tienes, toma! *(Tira algunos billetes.)* ¡Compra! *(Hurras afuera.)* ¡Y tú, Roosevelt! *(Se vuelve.)* ¡Tiene la obsesión de que se parece al Presidente! *(Grita.)* ¿Qué deseas?

VOZ DE ROOSEVELT.—¡Paz! *(Abucheo; silencio.)*

CHINA.—*(Tira billetes.)* ¡Compra lo que te haga falta! ¡Toma!

OTRAS VOCES.—*(Envalentonadas.)* ¡Para mí, una camionada de mujeres! *(Alaridos.)* ¡Para mí, una jaula de canarios! *(Abucheo; China sigue tirando billetes y ríe feliz, en festín de jocosidad.)* ¡Un salchichón!... ¡Un salchichón de un metro de largo! ¡Dos metros! ¡Cien metros!... ¡Un kilómetro!

CHINA.—*(Se vuelve hacia Meyer.)* ¿Ve? ¿Ve lo fácil que es hacerlos felices?

VOCES.—¡...Un salchichón que dé la vuelta al mundo!... ¡Dos vueltas! ¡Cien vueltas! ¡Un salchichón que llegue a la luna! *(Cada nueva ocurrencia va acompañada de nuevas risas; todo termina en un estruendo infernal.)*

CHINA.—*(A Meyer, que finalmente también ha caído contagiado con la infantil alegría de las ocurrencias.)* ¿No tiene unos pocos más de estos... papelitos? *(Muestra los últimos billetes.)*

MEYER.—Pero... usted se los lleva lejos de mi casa...

CHINA.—Eso depende de cuánto logre... entusiasmarlos, ¿comprende?

MEYER.—*(Aliviado.)* Sabía que a la larga llegaríamos a entendernos. ¡Espere! *(Corre hacia la escalera. Grita.)* ¡Pietá!... ¡Pietá! *(Asoma Pietá.)* ¡Mujer, junta la plata que haya en casa y tráemela! *(Ante un gesto de duda de Pietá.)* ¡Tráemela, te digo! *(Desaparece Pietá.)* Ustedes están haciendo

156

todo esto sólo para... asustar a la burguesía indiferente, ¿no es verdad?

CHINA.—Un poco, sí...

MEYER.—Y en unos cuantos días de... desahogo, de expansión... se van, ¿eh? Ese es el plan, ¿eh?

CHINA.—De algunos, sí...

MEYER.—(*Amistoso.*) Lo sabía. Y no puedo culparlos, ¿sabe? Hasta les encuentro su poco de razón, si me pregunta mi opinión. No es vida esa del otro lado del río... Siempre se lo estoy diciendo a mis amigos... "Hay que hacer algo por esa gente." (*China asiente.*) Pero usted sabe... el egoísmo...

CHINA.—Cómo no...

MEYER.—(*Más amistoso aún.*) "Los barrigones", como les dicen ustedes. (*Ríe.*)

CHINA.—Les damos otros nombres...

MEYER.—Sí, sí sé...

CHINA.—Hijos de puta, los llamamos, y otros nombres...

MEYER.—Sí, son un atado de piojosos, si me pregunta mi opinión... Le meten a uno la mano en el bolsillo, si se descuida...

CHINA.—Sí, lamentable...

MEYER.—¿Qué?

CHINA.—Que tenga que alternar con ellos, si piensa así. Tremendo sacrificio. Siempre le estoy diciendo a Toletole: "estos ricos llevan su cruz"...

MEYER.—¡Me lo dice a mí! Pero yo, al menos, tengo mi conciencia tranquila... Jamás me he dejado arrastrar a ninguno de sus negocios sucios, y no creo que me ha faltado ocasión. (*Afuera cae otro árbol.*) ¡Pero, diga a esa gente que no bote mis árboles!

CHINA.—(*Va a la ventana.*) ¡Dejen eso!... El señor Meyer está rasguñando todo el molido que tiene en casa para que dejemos en paz su propiedad... ¡De modo que se acabó!

Murmullos de desaprobación.

MEYER.—¡Eso es tener poder! Un silbido suyo y... *(Hace sonar sus dedos.)* Eso mueve al mundo... los líderes. Toda la sociopolítica y los buscapleitos que hurgan los libros de Historia están equivocados. Cristo se dejó clavar en vano. El hombre no ama a su prójimo; eso es pasto para las ovejas, lo que siempre importa a la postre es: talento... agallas... materia gris. ¿No cree?

CHINA.—Si mira hacia atrás, sí, pero la Historia también es futuro...

MEYER.—¿Lo dice por este negocio de cruzar el río?... Eso siempre ha sucedido y volverá a suceder. Son convulsiones del cuerpo social que en nada afectan la imperturbable salud del mundo. *(Baja Pietá.)* ¡A ver, a ver, pasa! *(Le arrebata el dinero de las manos.)* ¡Aquí tiene! *(Se lo pasa a China.)* Y esta vez no lo reparta todo, ¿eh?... *(Saca una tarjeta.)* Y si alguna vez usted necesita algo, aquí está donde puede encontrarlo... Mi dirección... Sin que ellos tengan por qué saberlo... ¿nnh?

CHINA.—Se lo agradecerán...

MEYER.—Deje, no quiero sentimentalismos. Vaya y diga a esa buena gente que apaguen esas fogatas y levanten esa glorieta, ¿quiere?... Que arreglen un poco el desorden que han dejado, ¿eh? *(Lo empuja, casi, hacia la puerta del jardín.)* Y dígales que Lucas Meyer será siempre su amigo... De ahora en adelante me ocuparé personalmente de ustedes...

CHINA.—Usted es un alma generosa. Lo supe del momento que vi el porte de su hielera, caballero... *(Sale.)*

PIETÁ.—Y esto... ¿qué es? ¿Qué tratos son éstos... con esa gente?

MEYER.—¿Por qué?

PIETÁ.—¡Esos monstruos! ¿Cómo puedes hablar siquiera con ellos?

Meyer.—¿Qué? ¿Esos infelices?... Vamos, mujer, no exageres... Esos pobres diablos; son completamente inofensivos.

Pietá.—Lucas, tu hija... ¿No viste cómo le dejaron la cara?

Meyer.—Ella golpeó primero.

Pietá.—*(Grita casi.)* ¡La pobre está arriba, en cama, con ataque histérico! ¡Se quiere matar! ¡Está arruinada con esa cicatriz!

Meyer.—Ella golpeó primero. *(Acentúa las palabras.)* Esos tiempos han pasado, Pietá... La piel de esa gente se ha vuelto sensible a esa clase de... juguetes. Tienen privilegios, ahora, que debemos respetar. *(Ante la perplejidad de Pietá.)* Además, desde un punto de vista cristiano... merecen nuestros cuidados, ¿no te parece?

Pietá.—Lucas, TÚ TIENES MIEDO.

Meyer.—¿Miedo, yo?

Pietá.—Cualquier cosa, menos eso, ¿entiendes? De ti, cualquier cosa, menos eso... Si nos dejas solos...

Meyer.—Pero, mujer, ¿qué te pasa? ¿No oíste los gritos de alegría de esos inocentes, porque les repartía unos míseros pesos? Creo que deberíamos ir de vez en cuando al otro lado del río... Podría resultar educativo.

Pietá.—No puedes ser tú quien habla así...

Meyer.—¿Dónde vamos con ese pesimismo, mujer?... Un poco más de buena fe... *(Con ironía.)* ¿No perteneces tú a una docena de instituciones de caridad? ¿Qué caridad les enseñan en esas instituciones?

Pietá.—*(Sin poder contenerse ya, grita.)* ¡Lucas, esos monstruos destruirán tu casa!

Meyer.—¡Tonterías! Ésta no es más que una... incursión inocente, producto de su curiosidad infantil... Ya verás cómo vuelven a sus cuevas; les di una razón incuestionable...

En ese momento se oye un ruido en la puerta de calle. Es Bobby, el hijo. Trae valija y raqueta de tennis. Tenida de sport. Es un muchacho fuerte, franco, saludable.

PIETÁ.—*(Abalanzándose sobre él, lo abraza y besa con angustiado frenesí.)* ¡Niño, mi niño! *(Palpa su cara.)* ¿Nada?... ¿No te han hecho nada?

BOBBY.—*(Semi zafándose.)* Pero, mamá... ¿Qué te pasa?

PIETÁ.—¿Estás bien?...

BOBBY.—Claro que sí, mamá... ¿Por qué?... *(Mirando a Meyer.)* ¿Qué le pasa?

PIETÁ.—Ha pasado algo espantoso, hijo...

MEYER.—No le oigas a tu madre; va a exagerarlo todo.

PIETÁ.—*(Grita.)* ¡Tú, mejor te callas! *(A Bobby.)* Algo espantoso, hijo... Anoche ha caído una horda de vándalos sobre nuestra casa... Una horda de forajidos que abusan de tu hermana... destruyen mi jardín...

MEYER.—Vamos, mujer, contrólate...

PIETÁ.—Una manada de harapientos de la peor clase, Bobby... Crápulas del bajo mundo... ¡Bestias!

BOBBY.—*(A Meyer.)* ¿De qué está hablando? *(Con naturalidad.)* ¿De los del otro lado del río?

PIETÁ.—Sí, ésos, Bobby... Están ahí en el jardín. *(Indica.)* Y tu padre no hace nada.

BOBBY.—Esos no son crápulas. Son los pobres de *tu* ciudad.

PIETÁ.—Bobby, éste no es el momento para tus ideas disparatadas.

BOBBY.—*(Grita.)* ¡Entonces no los llames crápulas, mamá! *(Pietá enmudece, abismada, con brillo en los ojos.)* Los vi llegar, anoche. Caminando... Casi flotando, en grupos de marcha compacta, cruzando potreros, saltando alambradas. Cientos de ellos. Miles. *(A Meyer.)* Cantaban mientras venían cruzando las carreteras, papá. ¡Un enorme hormigueo de alegría! ¡Hombres! ¡Mujeres! ¡Niños! *(Abraza a Meyer.)* ¡Al fin, papá! ¡Al fin! ¡Nadie podía detener esto!

PIETÁ.—Ni siquiera el honor de tu familia...

BOBBY.—*(Sin oírla.)* ¿No te decía que esto no había manera de impedirlo, papá?... Siglos de abuso borrados de una plumada... ¿Creías, en verdad, que iban a poder soportar mucho tiempo más el régimen de explotación en que vivían?

PIETÁ.—*(Temblando.)* No creas que tú mismo vivías tan al margen de ese régimen, Bobby...

BOBBY.—*(Mirando su raqueta de tenis.)* Sí, estas cosas... Restos de una cultura de ostentación que terminó... Ayer sentí vergüenza por esto... Estábamos jugando en casa de Julián y, de pronto, esa gente comenzó a meterse al parque...

PIETÁ.—*(A Meyer, espantada.)* Lucas, también a la casa de los van Duron... El hombre con más influencias de la ciudad... ¿Aún sigues llamando a esto un juego inocente?

BOBBY.—Al rato rodeaban la cancha y seguían el juego con gritos de aprobación... Corrían tras las pelotas, tropezando con sus harapos, y las devolvían con los ojos radiantes... Como niños que tratan de ser útiles. *(Sincero.)* Era tierno y terrible, papá... Ha llegado el momento de reparar el daño hecho...

PIETÁ.—Ese momento también se volverá realidad para ti. Te quitarán tu ropa fina, tu comida de todos los días.

MEYER.—Mujer, vamos...

PIETÁ.—Te llevarán a vivir en barracones, abrazado de sacos con piojos. ¡Comerás de pailas grasientas! ¡Te volverán un bruto! *(Se ha ido alterando.)* No te crié para eso... no para eso. *(Cae sobre sí misma y llora; Meyer acude a ella.)*

161

BOBBY.—*(Angustiado.)* No entiendo... Ella no entiende...

MEYER.—Vamos, mujer... No dejemos que este asunto nos tome los nervios... Conservemos la calma...

PIETÁ.—Pero cómo puedo yo, cuando nuestro propio hijo...

MEYER.—En este momento, lo importante es mantener la unidad de la familia.

BOBBY.—Ella sólo ve el lado personal del asunto.

MEYER.—¡Y tú, te callas!... Le has faltado el respeto a tu madre. *(Calmándose; es el hombre que ha recuperado el mando de su casa; patronal; torpe.)* Esta gente sólo quiere... divertirse, Bobby; distraerse un rato... Una vez saciado su instinto, se irán... *(Retórico casi.)* Son ellos los primeros en sentirse mal en este ambiente... Tendrán ansias de volver a la promiscuidad... Todo pasará, como todo pasa alguna vez... Anda a estudiar... Y, tú, Pietá, sube a tu pieza y descansa... Voy a mi trabajo. *(Descuelga su abrigo de la perchera.)*

En ese momento se oye afuera un estruendo. Es un muro que cae.
Todos van hacia la ventana.

PIETÁ.—*(Demudada.)* ¡El muro! ¡Echan abajo el muro de los Andreani! Mira cómo entra más gente por el boquete. *(Se vuelve hacia Meyer.)* ¿Qué significa esto, Lucas? ¡Oh, Dios mío, qué quiere decir esto?

Afuera se oyen gritos de saludo, vivas y risas.

MEYER.—*(Pálido.)* Cientos... Miles...

BOBBY.—*(Exaltado.)* El ocaso de la propiedad privada.

Se mueve como iluminado hacia la puerta del jardín.

Pietá.—*(Reteniéndolo.)* ¿Dónde vas, Bobby?

Bobby.—*(La mira, no la ve.)* A decirles lo que siento...

Pietá.—Tú te quedas...

Meyer.—*(Se adelanta, ansioso.)* No, déjalo... Anda, hijo, anda... Tú sabes hablar el idioma de esta gente; te comprenderán. Anda y diles que Lucas Meyer es su amigo... Que no les deseo ningún mal... Diles eso, con la convicción que tu posees, hijo.

Pietá.—*(Espantada.)* ¡Lucas!

Meyer.—Y que respeten a tu madre, Bobby. Diles eso, también. *(Sale Bobby.)*

Meyer.—Somos viejos, Pietá, nos hemos quedado atrás... Estos niños nos dan lección.

Pietá.—*(Segura ahora.)* Tienes miedo.

Meyer.—Ya me decía yo que esas monjas no eran irreales... El mundo cambia y hemos estado demasiado preocupados de nosotros mismos. Ahora el piso tiembla a mis pies. *(Afuera se oye la voz de Bobby que arenga a la multitud con frases de bienvenida.)* Escucha a ese muchacho... Escucha cómo está a la altura de los tiempos. *(Gritos de aclamación afuera.)* Escucha. *(Se encoge, de pronto.)* Sin embargo, yo tendré que pagar más que los otros. *(Cae sentado.)*

Pietá.—*(Aún no entiende.)* ¿Qué significa esto, Lucas? Ayer, nada más, estábamos tan bien... Todo parecía tan normal.

Meyer.—*(Admirativo.)* Escucha... ¡Escúchalo!

Sigue oyéndose la voz de Bobby. Llegan retazos de frases, que lentamente van perdiendo hilación y lógica... Al final surgen como voces de mando. Secas, cortantes, rotundas, como ladridos. Las acla-

163

maciones que siguen las palabras, también van perdiendo su cualidad cálida y se tornan ladridos.

Voz DE BOBBY.—Estudiantes con conciencia de clase. *(Aclamaciones.)* Bienvenidos a esta casa. *(Aclamaciones.)* Dictadura del proletariado... *(Aclamaciones.)* Igualdad, libertad y fraternidad... *(Gritos.)* Fraternidad, libertad e igualdad... *(Gritos más secos.)* Iguales en igualdad... *(Gritos.)* Igualdad en iguales... *(Gritos.)* Igualización... igualizando... igualicemos... alicemos... licemos... emos... os... sss... ss... s... (Y de pronto cae el silencio. Un largo silencio. Y luego, nuevamente, la voz ahora incierta de Bobby.)* ...¿Qué... No están de acuerdo conmigo?... ¿No sienten lo mismo?... ¿Desconfían de mí?... *(Luego, alterado.)* ¿Qué hacen?... ¡no, déjenme!... ¡Suéltenme!... ¡Papá!... ¡Papacito!... ¡Socorro!

MEYER.—*(Que ha saltado hasta la puerta del jardín.)* ¿Qué están haciendo con el muchacho?... ¡Suéltenlo!... ¡Tú, depravado, diles que suelten a mi hijo!

Aparece China, junto a Meyer.

MEYER.—¡Maldito!... ¡Dígales que dejen tranquilo a mi hijo!

CHINA.—¿Cuántas ligas azules estampadas con flores de lis blancas, se pueden comprar con cien mil pesos, señor Meyer?

Saca unas ligas y se las muestra. Afuera se cierne, ahora, el silencio. Entra Toletole. Luce una corona hecha de flores.

MEYER.—*(En medio del mayor silencio.)* Hice eso en juego limpio, Mirelis. Tu hermano no era inocente... No puedes castigar a mi familia por eso...

164

(Va y le toma de la solapa.) Te lo doy todo... Todo, ¿entiendes?... pero déjame en paz.

China.—Ya no hay nada que se pueda pagar.

Meyer.—Mi fábrica, todo, ¿entiendes?... ¡Lo que me pidas!

China.—¡Llame!

Meyer.—Sí, llamaré... Daré instrucciones que te entreguen lo que se te ocurra... Todo es tuyo. *(Marca el fono.)* Aló, Camilo, aló... ¿Qué? ¡Hable más fuerte!... Más fuerte, le digo... ¿Quién habla?... Aló, ¿quién habla?... ¡Más fuerte, no le entiendo!

Toletole.—El Benito Juárez...

Meyer.—*(Se vuelve espantado hacia China.)* ¡Oh, Dios mío, ten piedad de mi familia. *(Deja caer el fono, a través del cual sigue surgiendo una voz.)*

China.—*(Con fraseo lento y sin expresión, del que las palabras se van desgranando implacables.)* El Benito Juárez habla despacio porque le tiene horror a la violencia... Es un mestizo alto, casi gigantesco, de facciones toscas y pelo negro, que a pesar de su exterior brutal, tiene el alma de un niño... Puede estrangular a un perro con dos dedos, o quebrarle el espinazo a un ternero con sólo doblar su antebrazo, pero entre nosotros es conocido porque cuida párvulos, cuando sus madres tienen que salir a trabajar... En sus grandes brazos, los niños se duermen como en una cuna... Mientras hace así, canta canciones... Suavemente, delicadamente, se pone a entonar canciones... Canciones tontas... Canciones ilusas... Canciones que hablan de la bondad entre los hombres... Canciones que todos se acercan a oír en silencio, porque la esperanza es un alimento necesario de los hambrientos... Nadie puede cantar así, con esa suavidad y esa ternura, si no tiene frío en los pies y barro entre los dedos... el cielo estrellado como testigo. *(Saca de su bolsillo, una cantidad de palomitas de*

papel que han sido hechas con los billetes de Me-
yer.) Aquí están sus cien mil, caballero. *(Caen al*
suelo.) No falta ninguno...

MEYER.—Mirelis... ¿qué va a pasar con nosotros?

CHINA.—No sé, todo sucederá a su debido tiempo.
Ya le dije; tenga paciencia.

MEYER.—Pero ustedes deben tener un plan...
¿Cuál es ese plan que tienen?

CHINA.—Nuestro plan en el futuro... Lo impro-
visaremos.

PIETÁ.—¿Y Bobby? ¿Qué harán con él?

CHINA.—Es un buen muchacho... Será un buen
compañero.

En ese momento entra Bobby del jardín. Impul-
sado por varias manos que lo empujan dentro de
la habitación. Le han amarrado, fuertemente atado
con cuerdas, un cartel, que oprime su pecho y que
dice, garabateado con letras inciertas: "Palabras"
un instante trastabilla por la habitación, y luego cae
en el medio de ella.

TELÓN

ACTO SEGUNDO

Madrugada. Cuatro días después. La habitación
está ahora desmantelada. Hay orden. Afuera se
oyen voces y ruidos de martillero. Bobby, de tosco
overall hecho de lona vieja, rompe sistemáticamen-
te uno de los muebles de estilo, que aún están en
la habitación. De pronto se oye arriba un grito. Es
Marcela que baja despavorida, corriendo escalera
abajo. Luce sorbe el rostro una emplástica.

Marcela.—(*Se abraza a él.*) ¡Oh, Bobby! ¡Socorro!

Bobby.—(*Indiferente.*) ¿Qué te pasa ahora?

Marcela.—¡Los hombres, Bobby!... ¡Los espectros!

Bobby.—¿Qué hombres? ¿Qué espectros?

Marcela.—¡Están en mi pieza!

Bobby.—¿Quién?

Marcela.—¡Las caras... Las mismas caras que ayer se asomaron por la ventana! Ahora, se metieron a mi pieza, por el muro, Bobby... y se pusieron a bailar... Bailaron alrededor de mi cama... un baile espantoso... rodando los ojos... sonando la lengua como espantapájaros del infierno... ¡Bobby, ayúdame, no te separes más de mí!

Bobby.—Trabaja; haz algo y te dejarán tranquila... Encerrada todo el día en tu pieza, tu cabeza se llena de fantasmas. (*Sigue hachando.*) Afronta los hechos.

Marcela.—(*Se derrumba.*) No puedo... todo esto es demasiado espantoso.

Bobby.—Tienes que poder... No habrá otro mundo en el futuro.

Marcela.—Estoy como paralizada. Nadie me había dicho que esto pudiera suceder. Se hablaba, es cierto, pero era tan increíble que nadie perdía un minuto en pensar en ello. Bobby, no podemos hacer nada. Arrasarán con nosotros...

Bobby.—No es como tú crees. (*Mueve la cabeza.*)

Marcela.—¿Qué no ves cómo trabajan como hormigas rabiosas?

Bobby.—Sí, precisamente... Como hormigas rabiosas para recuperar el tiempo perdido... Únete a ellos, entonces... Aún es tiempo; eres joven... (*Marcela niega con la cabeza.*) Marcela, ¿no sientes, no te es claro ahora, que hemos estado como... enterrados vivos? ¿Que ahora se están abriendo nuestras tumbas?

MARCELA.—Tengo miedo.

BOBBY.—¿Que la vida está volviendo?

MARCELA.—*(Comienza a monologar.)* ¡No estamos con ellos!... No puedo...

BOBBY.—*(Se pone a trabajar intensamente.)* El tiempo es corto para expiar la injusticia que hemos cometido.

MARCELA.—Nos resienten... lo presiento...

BOBBY.—Me han ordenado llevar esta leña para calentar el desayuno de la gente...

MARCELA.—Bobby, ¿qué nos va a pasar? *(Lo mira.)*

BOBBY.—*(Saliendo hacia el jardín con un atado de leña.)* Hoy llegarán las máquinas y cien hombres, para levantar el ladrillar... "Que no falte el desayuno para el escuadrón", me ordenaron...

MARCELA.—*(Tratando de seguirlo.)* ¡Bobby! ¿Qué es esto? ¿Qué significa? ¿Qué hago, Bobby?

BOBBY.—*(Se detiene.)* Trabaja... *(Sale.)*

En el momento en que sale Bobby. Por los muros se deslizan y reptan tres extrañas figuras. Son Toletole, Alí Babá y el cojo, que se han adornado con ramas secas y tiznado la cara que, al compás de la música incidental, bailan un ritual distorsionado y grotesco, cerrando círculo alrededor de Marcela.

MARCELA.—¿Qué... qué quieren? ¿Quiénes son ustedes?

TOLETOLE.—¡Espectros del hambre!

MARCELA.—¡Déjenme! No les he hecho nada...

TODOS.—Nada... nada... nada... nada...

MARCELA.—¿Qué es lo que quieren?

TOLETOLE.—¡Darle unos regalos!

EL COJO.—¡Para que no se asuste!

ALÍ BABÁ.—¡Para que el susto no le salga por el susto!

Ríen.

168

Se detiene, bruscamente.

TOLETOLE.—Para que comprenda nuestra buena voluntad.

EL COJO.—*(Sacando un esqueleto seco de perro del saco que carga sobre sus espaldas, se lo presenta serio.)* ¿Has visto alguna vez un perro muerto en un charco de barro a la luz de la luna? *(Lo sacude ante ella.)*

TOLETOLE.—*(Saca un estropajo amarillo, que es un viejo vestido ajado de mujer pobre. Y se lo pone sobre la falda.)* ¿O una mariposa amarilla aleteando en una botella de cerveza?

ALÍ BABÁ.—*(Saca una pata de palo quebrada.)* ¿O un puño de esclavo revolviendo una torta de crema?

EL COJO.—¡Mi pata!... ¡Mi, linda patita! ¡Devuélveme mi pata!

Corre tras Alí Babá, y tras ellos, Toletole. Los tres saltan y ríen. Aprovechando el aparente descuido de los otros. Marcela se desliza hacia las escaleras, pero antes que llegue a ella, la vuelven a rodear.

TODOS.—¿Qué no le gustan nuestros regalos a la linda princesa?

MARCELA.—Por el amor de Dios, déjenme...

TODOS.—¿No le gustan?

MARCELA.—Por favor... *(Gime.)*

ALÍ BABÁ.—*(Decepcionado.)* No le gustan.

EL COJO.—*(Triste.)* Malo... Malo...

TOLETOLE.—Raro... habiendo tostado al sol su cuerpo, toda la vida.

MARCELA.—Por favor...

ALÍ BABÁ.—*(Poniéndo ante su cara su manaza extendida.)* Tengo una mano de cinco dedos... Con cada uno de estos dedos podría tatuarte... Sacar toda la cerveza que tienes en tu blanco cuerpo...

Marcela lanza un grito y corre escalera arriba. No se lo impiden.

TOLETOLE.—*(Triste.)* Se asustó. Es una lástima, pero se asustó...

EL COJO.—Tal vez fue demasiado; no debimos llegar a tanto... Se nos pudo haber quebrado...

ALÍ BABÁ.—Sus caras de pánico se caen a pedazos... Es como ver trizarse un vidrio... Podría asustarlos tanto, que todo el suelo crujiera de vidrios rotos...

TOLETOLE.—Esto no le va a gustar al China...

ALÍ BABÁ.—*(Grita.)* ¡A la mierda tu China!

EL COJO.—Nos estamos cansando de esperar... que entiendan. Otros se nos unen sin tanta espera.

ALÍ BABÁ.—Sí; quisiera quebrar, al fin, algunos pescuezos...

TOLETOLE.—De todos modos, no le va a gustar al China. Dice que si debía haber violencia, que viniera de ellos... "Si la violencia viniera de nosotros —dice— no bastarían siglos para lavar tanta sangre."

ALÍ BABÁ.—De modo que... esperar, ¿eh? ¿Eso es lo que quiere?

TOLETOLE.—Sí, eso... "Aún no han comprendido —dice—, debemos tener paciencia."

EL COJO.—Total, mientras nos divertimos... Cuanto más rápido camina Meyer en su pieza, más divertido es... Parece que cada vez que pasa frente a la ventana va más agachado. ¡Pobre!... No tiene sentido del humor.

En ese momento entra China, portando unas maderas.

CHINA.—¿Y ustedes cómo entraron?

TOLETOLE.—Por el muro, China...

CHINA.—Para divertirse un rato, ¿eh?

Alí Babá.—(*Desafiante.*) No, para asustarlos...

El cojo.—Sí, para hacer saltar un poco la liebre...
¡Y cómo salta! (*Imita.*) ¡Oooh!... ¡Uuuh!... ¡Déjenme! ¡No les he hecho nada!... ¡No les he hecho nada!... (*Ríen.*)

China.—Bueno, ese juego se acabó ahora... Hay mucho que hacer, afuera.

Alí Babá.—¿Sí? ¿Qué hay por hacer, China? ¿Lustrar los zapatos a Meyer? ¿Calentarle la camisa?

El cojo.—Hace cuatro días que esperamos y nada le pasa.

China.—Nada le pasará que tú puedas ver... Hay que esperar...

Alí Babá.—¿Hasta que todos se te camuflen? El hijo ya anda entre nosotros, como uno de los nuestros... Esconde su pescuezo bajo el cuello de un overall...

China.—(*Lo mira por primera vez.*) Para ti, Alí Babá, todo parece ser cuestión de pescuezos, ¿eh?

Alí Babá.—Todos tienen uno y todos se cortan...

El cojo.—Ayer, cuando volvía del Gran Almacén de buscar el estofado, vi a algunos de ellos, clavados con chuzos a las puertas de sus casas... "Por resistirse", decían unos carteles que les colgaban del cuello... En el canal hay otros, atados a las aspas de la turbina... Hace cuatro días que dan vueltas, entregando luz a la ciudad...

Alí Babá.—No hociconees más, Cojo... Se te caerán los dientes, pero él no entenderá... Es de los pacíficos...

China.—Una venganza trae otra... A la cabeza que corta el hacha, le crece un nuevo cuerpo...

Alí Babá.—(*Hace un gesto despectivo con la mano.*) ¡Ah! ¡Vamos, Cojo!... Yo me voy de esta casa... Me voy a trabajar con los otros... (*Se aleja hacia la puerta del jardín.*)

China.—Mira, chiquillo, yo he hecho esto igual que tú... Tanto como tú, me he alzado, sin pala-

171

bras, porque también pienso que las ideas se han agotado... Creo tanto como ustedes en eso, pero... yo no quiero muertes... ¡Para ellos quiero *vida*!... ¿Comprendes?... Una vida lenta, larga y lúcida... Tan larga y lúcida como la han llevado hasta ahora, pero a la inversa... ¡Con todo el horror de la certeza de no poder saquear más! *(Se calma.)* Reclamo a Meyer para eso...

ALÍ BABÁ.—Esas son tus ideas. Para mí los cambios que valen se tocan o se quiebran...

CHINA.—No puedo retenerlos aquí...

ALÍ BABÁ.—Se te irá entre los dedos... Espera y verás cómo se te va...

CHINA.—*(Se acerca a él.)* No se me irá, no temas... Está todo previsto... Aún hay soberbia en él...... Aún tiene muchas cosas que alegar... Muchas actitudes que adoptar... Muchas revelaciones que recibir... Yo sabré cuándo sea el momento...

ALÍ BABÁ.—Y eso... ¿cuándo será?

CHINA.—Por lo mismo que es doloroso, será muy simple... Más simple de lo que él se imagina, en verdad. Ahora sólo ve terror en lo que pasa y levanta muros de resistencia... Esperemos que venga la calma para que descubra la buena fe. Y ahora, déjenme solo...

Sólo Toletole queda. Los otros salen.

TOLETOLE.—Están reclutando mujeres para ir a arar las colinas, pero yo quiero quedarme aquí contigo.

CHINA.—Anda... Todos tenemos que servir a nuestra manera.

TOLETOLE.—Pero yo quiero quedarme aquí contigo, China.

CHINA.—Quédate, entonces.

TOLETOLE.—Pero parece que tú no me necesitaras.

CHINA.—Te necesito.

TOLETOLE.—Me quedo, entonces. En las plazas están enseñando a leer a los que no saben. ¿Aprendo
a leer, China?

CHINA.—Aprende.

TOLETOLE.—¿Crees que podré?

CHINA.—Todos podemos.

TOLETOLE.—¿Puedo llevar estos libros?

CHINA.—Llévalos.

Toletole va a buscar los libros.

TOLETOLE.—Te los leeré algún día. Todos. *(Sale.)*

*China trabaja con sus maderos. Después de un
rato, entra Bobby.*

BOBBY.—Las fogatas están prendidas... ¿Qué hago
ahora?

CHINA.—*(Sin mirarlo.)* Todo lo que hay de metal
en la casa debe ser mandado a la fundición...
Necesitamos herramientas de trabajo. Mañana no
quiero ver un objeto de metal en esta casa...

BOBBY.—Bien... *(Comienza a recoger objetos de
metal.)*

CHINA.—*(Después de un rato.)* También el servicio de plata... y los candelabros de oro.

BOBBY.—¿El oro?

CHINA.—¿No es un metal el oro? *(Bobby saca los
candelabros de una consola.)* Consigue también las
joyas de tu madre...

BOBBY.—¿Las joyas?

CHINA.—Sí, las joyas...

BOBBY.—Si eso ya no tendrá valor en el futuro...
¿qué importa dejarle, al menos, ese gusto?

CHINA.—¿Crees que tu madre tendrá algún placer en conservar lo que en el futuro no serán más
que piedras de color? ¿O tú piensas que no son eso,
las joyas... piedras de color?

BOBBY.—Ella no piensa así...

CHINA.—Haz que comprenda, entonces.

BOBBY.—*(Va hacia la escalera; se detiene.)* Estoy feliz de poder trabajar por ustedes... Estoy aprendiendo.

CHINA.—Nadie trabaja para nadie ahora, hijo... Trabajas para ti mismo, porque tú mismo somos todos...

BOBBY.—Sí... *(Va a subir.)*

CHINA.—El problema que tienes es que quieres a tu madre y no te gusta verla sufrir, ¿eh?

BOBBY.—Creo que se puede evitar el sufrimiento...

CHINA.—Es tarde para eso, ahora...

BOBBY.—De lo que ustedes han hecho, yo deduzco que el amor está comenzando...

CHINA.—Entonces piensa que cada partícula de esas joyas fue hecha con el dolor de un negro o de un malayo, que ahora cobran su premio a través de nosotros... Ese es el amor que comienza... Piensa en eso y te será fácil endurecerte... *(Bobby asciende la escalera.)* Y dile a la cabeza hueca de tu hermana que tiene veinticuatro horas para integrarse a nuestro movimiento. No hemos hecho esto para alimentar taimados... Están enrolando mujeres para arar las colinas...

Bobby desaparece. Luego se oyen voces arriba.

VOZ DE PIETÁ.—¿Bobby, qué haces? ¿Qué estás haciendo, niño?

VOZ DE BOBBY.—Déjame, mamá... ¡tengo que hacerlo!

PIETÁ.—¡Pero no mis joyas!... ¿Por qué mis joyas?

BOBBY.—¡Deja mamá... por favor!

PIETÁ.—¡Bobby! *(Viene bajando tras él la escalera.)* ¡Bobby, dame! ¿Qué estás haciendo? ¿Qué estás haciendo con nosotros? (Bobby ha llegado fren-

174

te a China con las joyas, que pone ante su cara.)
¡Usted!... *(Va sobre China y golpea su pecho con
los puños.)* ¡Bandido!... ¡Criminal!... ¡Bandido!
*(Golpea a China, que permanece inmóvil, mirando
un punto ante sí.)* ...¡Criminal!... *(Su voz se va
debilitando.)* Bandido... Bandido... *(Cae finalmente a sus pies.)* Bandido... Bandido...

*Meyer, que ha seguido a Pietá, asoma al pie de
la escalera.*

CHINA.—*(Después de una pausa; afectado sinceramente por la escena.)* Sí, señora... es cruel, y difícil. *(Pietá solloza.)* La riqueza se mete en uno con
raíces muy profundas... Llega a ser una segunda
naturaleza, que deforma toda la realidad... Pero
guardo fuerzas; aún queda un largo camino que recorrer... Mañana entregará a su hijo sus tapados
y pieles; hay gente que los necesita. Sólo se quedará con lo necesario. La próxima semana usted
tendrá que estar trabajando en algo.
PIETÁ.—*(Lo mira hacia arriba.)* ¿Qué le hemos
hecho a ustedes para que nos traten así?... ustedes
vivían sus vidas; nosotros las nuestras. Nunca les
hemos deseado ningún mal... *(China mira a Meyer.)*
MEYER.—Bobby, lleva arriba a tu madre.
PIETÁ.—*(Resistiendo a que Bobby la lleve.)* Diles,
Lucas, diles que nosotros hacíamos labor social...
Diles que siempre hemos estado preocupados de los
pobres... *(A Bobby.)* Anda y haz venir a las em-
pleadas, hijo; que ellas den testimonio por nosotros... Ellas dirán que en esta casa han sido trata-
das con la mayor consideración... *(Bobby titubea.)*
Anda, hijo, ¿qué esperas?
BOBBY.—*(Con ansiedad y dolor.)* Ya no hay más
empleados en esta casa, mamá...
PIETÁ.—¿Qué no hay más? ¿Cómo es eso? ¿Dónde
están?

MEYER.—Lleva arriba a tu madre, Bobby.

BOBBY.—Se fueron, mamá.

PIETÁ.—¿Se fueron?... ¿Dónde?

BOBBY.—(Ahogado.) No volverán más, mamá...

PIETÁ.—¿La Sara? ¿No volver más? ¡Imposible! Ha estado al servicio de esta casa desde que yo era niña.

BOBBY.—Se fue con las otras a trabajar a las colinas.

PIETÁ.—¡A la Sara han debido arrastrarla a eso!... ¡No se iría así no más!

BOBBY.—(Casi gritando ahora.) Las vi cómo se iban ayer por la tarde, mamá... cantando por la calle, del brazo de otras mujeres... ¡Por favor, sube a tu pieza! ¡No compliques más las cosas!

PIETÁ.—(Pausa, anonadada.) ¿Qué es esto, Lucas? Nunca me dijo una palabra... Nunca una queja. ¿Cómo pudo disimular tanto su rencor? (Se deja llevar ahora; ya desde la escalera, a China.) Siempre habíamos creído que habría pobres y ricos, señor... Siempre creíamos que ustedes se conformaban con eso. (Medio se desprende del brazo de Bobby.) Y después de todo, ¿no eran ustedes los culpables de su condición? ¿No eran ustedes los culpables? ¿No eran ustedes? (Se deja llevar por Bobby escalera arriba.)

MEYER.—(Una vez solos con China.) Bien, Mirelis... (Se planta frente a él.) Esto se acabó. ¿Qué es lo que quieres? Dilo de una vez. ¡Mi cabeza! Por mi ventana he visto cómo se trabaja en el vecindario. De aquí al Puente Mayor, no queda una casa en pie. Solo tú y tu atado de harapientos haraganes aún en mi jardín. ..amenazando a mi hija... robando a mi mujer... ¿Qué es lo que esperas?

CHINA.—Espero...

MEYER.—¿Esperas qué?

CHINA.—Que llegue el momento...

MEYER.—¿El momento para qué? ¿Para que pase

qué? Puedo aguantar mucho, más de lo que tú crees... Arrasarán toda la ciudad, pero yo podré seguir aquí, firme como un roble. He demostrado firmeza antes y podré volver a hacerlo. ¿O esperabas acaso que caería a tus pies, iluso? Suelto y fofo como un pañuelo? ¿Es eso lo que esperabas? *(China sigue impasible en su labor.)* Lo fraguaste todo para que este atado de piojosos te hicieran este motín para poder venir a meterte a mi casa y hacerme gatear lloriqueando a tus pies, ¿eh?... ¿Era ése el plan?... *(Se acerca más a él.)* ¿Por qué no fuiste a mi fábrica en todos estos años? Pudiste venir y meterme un tiro... ¿Por qué no lo hiciste? Al principio, en verdad, te estuve esperando... *(Casi cara a cara ahora.)* Porque meter una bala, no produce... placer, ¿eh? ¡Canalla! ¿Quieres que ellos te hagan el trabajo sucio...? ¿eh?... ¡Contéstame! ¿Es lo que tenías en mente?... ¿Es eso lo que reinaba en tu sucia cabeza? *(Le toca la sien con su índice; China sigue impertérrito; se aleja bruscamente de él; se pasea.)* ...Firme como un roble, así es como voy a resistirte... Arrasarán la ciudad pero yo estaré aquí... esperando. No podrán contra mí; la vida me ha endurecido... *(Gira hacia China.)* Soy Lucas Meyer, ¿entiendes lo que eso quiere decir? Eso quiere decir que he debido tomar decisiones, tremendas decisiones que me han endurecido... llegué a tener 200 hombres a mi cargo, ¿entiendes lo que eso quiere decir? 200 hombres con sus familias y sus vidas. ¡Todo aquí, en esta mano! Los he tomado y cambiado de un lugar a otro. Los he subido y bajado a mi antojo. Les he dado salario y ellos han comido. *(Se acerca a él de nuevo.)* Y les he dado... felicidad. La clase de felicidad que nunca has podido dar a nadie. Una vez tomé a los 200 con sus críos y paquetes y los trasladé a la playa... Todos juntos en un atado... Debiste ver sus caras, cómo sonreían, mientras la prole retozaba al sol

177

y las viejas se llenaban los pulmones de brisa marina... *(Cara a cara.)* Ésa es mi creación: ¡hacer vidas!... La tuya ¿cuál ha sido, patán, eh?... ¿Rascarte los piojos?... ¿Rumiar destrucciones?... ¿Cuántos niños andan por ahí, porque TÚ les diste ocasión a sus padres a tenerlos y alimentarlos? ¿Cuántas madres han alumbrado en paz, porque TÚ tranquilizaste su temor con un salario? ¿Cuántos veteranos descansan sus huesos porque TÚ les diste derecho de aspirar a un descanso?... ¿eh?... ¿Cuántos?... ¡Contéstame!... ¡Háblame, canalla! *¡Háblame!* *(Pausa. Se va a sentar; ante sí.)* ¿Que me gustan los pesos? Claro que me gustan... ¿A quién no?... Tú, en mi caso habrías hecho lo mismo, Mirelis... Si toda la sociedad en que vives premia el fruto de tu codicia, ¿por qué iba a ser yo de otra manera?... Comenzar sin nada ha sido siempre mi proeza más espectacular. *(Sonríe, casi desvalido.)* Hace seis meses festejamos los 25 años de mi fábrica y mis empleados vienen y me regalan una placa... ¿Sabes lo que decía en esa placa?... "1937. Capital: mil pesos y una esperanza. 1962. Capital: trescientos millones y una realización... Gracias, señor Meyer". Al final se acercaron dos obreras con un ramo de flores y una de ellas me dio un beso en la mejilla... ¿Quién iba a dudar de una sociedad en que todo el mundo vivía contento?... Eh, Mirelis, ¿quién iba a dudar, eh?... ¿Qué significa todo esto que ustedes están haciendo, eh?... ¿Una venganza?... ¿Una sucia venganza de los frustrados?... ¿Hay alguna razón para todo esto?... Contéstame... ¡Contéstame, miserable!... ¡Háblame! *¡Háblame, reptil!*... ¿Qué te pasa, hijo de puta, te tragaste la lengua? *(Pausa en voz baja, angustiado.)* ¿Qué quiere decir todo esto, Mirelis? Por favor, dime... ¿Qué hacen en mi casa?

CHINA.—Esperamos...

MEYER.—¿Esperan qué, por amor de Dios?

China.—Que llegue el momento.

Meyer.—*(Se levanta espantado.)* ¡Estás hablando en círculos! Hablas por hablar. Ni siquiera escuchas.

China.—No, no escucho, en verdad.

Meyer.—¿Qué pretendes, entonces?... ¡Soy Lucas Meyer! Soy un hombre que creó una industria. Merezco al menos que se me explique. *(Va y le arrebata la herramienta que tiene en la mano y la dispara lejos.)* ¡Habla!

China.—Hable usted. A usted le toca, ahora... Yo escucharé.

Meyer.—*(Retrocede.)* ¿Están decididos, entonces, ¿eh? ¿Van derecho a su meta?

China.—Derecho como una línea... Ahora, las palabras son inútiles, porque sabemos todas las respuestas y todas las justificaciones. Pero hable, caballero... hace miles de años que oímos el sonido de esas palabras. Nunca dejan de ejercer una extraña fascinación a nuestros oídos. Hable usted, hasta que se canse. Yo estaré aquí oyendo.

Meyer.—*(Después de retroceder, sin despegar la vista de China.)* ¿Y si te doy los nombres? ¿Todos los nombres, Mirelis? De los más apetecidos por ustedes... Los conozco a todos. ¡Todos han estado aquí, en esta casa! ¿Te gustaría?

China.—¿Qué ganaría usted con eso?

Meyer.—Deja tranquila mi familia, Mirelis... *(Ansioso.)* El nombre de todos los implicados... los arreglos torcidos...

China.—¿Haría usted eso? ¿Realmente?

Meyer.—Pregunta, Mirelis...

China.—*(Rápido.)* ¿Quién ideó el acaparamiento de harina el año pasado?

Meyer.—Bonelli, el industrial molinero, en unión con Cordobés, el curtidor. La guardaron en las bodegas de los hermanos Schwartz.

CHINA.—Increíble la memoria suya... Debe odiarlos mucho para tener tan a flor de piel el recuerdo de sus crímenes. (*Súbitamente.*) ¿Quién fraguó el aumento artificial del precio de los antibióticos, durante el invierno de este año?

MEYER.—Hoffman, el farmacéutico, en contubernio con un grupo de médicos.

CHINA.—Espere, necesito testigos para esta confesión. (*Se acerca a la ventana, grita.*) ...¡LAS PREGUNTAS!... (*Murmullos de aprobación, afuera.*) ...Ya está listo para las preguntas... (*Gritos de alegría.*) Uno por uno... No se aglomeren... ¡A ver tú, Desolación, comienza tú!

VOZ.—(*Aguardentosa.*) ¿Quién dictó las leyes de la educación que enseñan al consejo a correr menos que la metralla?

MEYER.—(*Mira a China con estupor.*) No entiendo...

CHINA.—Dice que no entiende... Quiere preguntas concretas...

VOZ DE MUJER.—¿Quién alzó el precio de la leche a tal punto que, el año pasado, mi hijo se me cayera seco de los pezones?

MEYER.—(*De inmediato.*) Caldas, el hacendado, con el voto de los demócratas.

Gritos de algazara infantil. ¡Viva el señor Meyer! Y otros.

CHINA.—¿Ven? Eso es lo que quiere... Preguntas concretas...

VOZ DE VIEJO.—¿Quién botó la basura frente a la casa del pobre?

MEYER.—(*Piensa.*) No recuerdo su nombre...

CHINA.—¿No oyeron? ¿No se dan cuenta que se siente perdido ante esa clase de preguntas?... Es un hombre sincero, directamente... ¡Pregunten sincero!

Voz de hombre.—¿Quién nos acusa de ser flojos?

Meyer.—Todos... Todo el mundo, un poco...

China.—No, eso no... Cosas que pueda responder... Pregunten ¿quién roba los dientes del pobre, por ejemplo?

Voz.—*(Chillido sin dientes.)* ¡Sí, mis dientes! ¿Quién robó mis dientes?

Meyer.—*(Desesperándose.)* Concreto...

Voz de mujer.—¿Quién nos acusa de ser feos?

Voz de viejo.—¿Quién nos acusa de ser borrachos?

Meyer.—Esas preguntas... no puedo responderlas... ¡Quiero dar nombres! ¡Sé los nombres!

Voz de niño.—¿Quién nos acusa de ser ladrones?

Meyer.—*(Fuera de sí por los gritos que se han ido poniendo cada vez más insistentes.)* ¡Todos!... ¡Todo el mundo, un poco!... ¿Qué no hay acaso ladrones entre ustedes?

China.—Cuidado, señor Meyer, podrían no entender eso...

Meyer.—¿Pero es que yo no entiendo esas preguntas... Después de todo, ustedes vivían al otro lado del río... ¿por qué me iba a tener que fastidiar con estas cosas?

Bruscamente se interrumpe. Afuera, todo ruido. Cae un profundo silencio y de pronto, lentamente y muy suavemente, unos niños comienzan a recitar. Como contando un cuento sin asunto. A medida que cunden las palabras, las voces se van magnificando, hasta que todo el ámbito resuena de ellas.

Niño 1º.—Porque no hay nada como el miedo para matar las pulgas.

Niño 2º.—Porque un patito feo se come a un patito bonito.

Niño 3º.—Porque es mejor no saber leer para comer almendras.

Niño 4º.—Porque no hay nada como esperar, para que a uno se lo lleve el viento.

Meyer.—Quién... ¿quiénes son esos niños?

Niñita.—Juanito, ¿te cuento el cuento de todos los árboles.

Niñito.—Cuenta...

Niñita.—Todos los árboles tenían tanto miedo de las hormigas, que cuando las vieron venir, se quedaron parados... tiesecitos, esperando que les caminaran encima...

Meyer.—¿Quiénes son esos niños, Mirelis?

China.—Dos niños que nacieron de los hongos de una ruca... Hasta los cinco años jugaban con cucarachas y garrapatas. Después descubrieron que con las tripas frescas de perro, se pueden hacer globos de inflar... Hoy tienen una extraña fantasía.

Niñito.—¿Ves aquellos pájaros negros en la torre del campanario, Juanita?...

Niñita.—Sí...

Niñito.—¿Vamos a matarlos a campanazos?

Niñita.—Vamos...

Otros niños.—Vamos... vamos...

Junto a estas voces comienzan a resonar campanas, cada vez más fuertes. Al final, ensordecedoras. Súbitamente callan las campanas. Pietá baja la escalera y pasa frente a Meyer. Saliendo.

Pietá.—Es inútil, Lucas... Ya nada se puede hacer. Habrá entre ellos un lugar para nosotros...

Pietá se mueve hacia la puerta como impulsada por una fuerza que la arrastra a pesar de ella. Sale.

Marcela.—*(Baja y pasa también frente a Meyer.)* Ven con nosotras, papá... Nadie te lo impide... *(Sale.)*

182

BOBBY.—*(Baja la escalera.)* ¿Por qué no vas, papá? Es verdad. Nadie te lo impide...

MEYER.—¡Todo, hijo... Todo me lo impide. *(Se alza.)* No hay tal pueblo hambriento y con sed de justicia. Es sólo un pretexto de ese China, que los incita contra *mí*...

BOBBY.—No, papá. Ve lo que está pasando... Por favor, mira lo que sucede a tu alrededor. *(Lo toma de los brazos.)* Es tu última ocasión... Después de eso, tendrás que desaparecer en la soledad... Para los que no entiendan, sólo queda en el futuro... soledad... No la muerte que tú temes. ..Soledad y amargura...

MEYER.—¿Bobby, tú verdaderamente crees en eso?

BOBBY.—Sí, papá... creo.

MEYER.—*(Toma su cara.)* Entonces hijo, mete esto en tu cabeza... La codicia es el motor que mueve el mundo... Nunca ¿entiendes? Nunca desaparecerá entre los hombres... *(Se aleja de él.)* Ahora veo lo que está pasando: estamos en manos de niños locos... Harán cenizas de la tierra... *(Bobby se mueve hacia la puerta.)* ¿Y ahora tú también te vas?...

BOBBY.—Sí, papá. Soy joven. Quiero olvidar y aprender.

Sale. Meyer gira por la pieza.

MEYER.—Oh, Mirelis, ¿dónde estás?... ¿Dónde estás, Mirelis?... ¿Qué cosa horrible están haciendo ustedes de la vida? *(Aparece China permaneciendo en la sombra.)* ¿Tú también te haces la ilusión de estar creando algo? Esa sucia recua de hombres feos, esa manada de mujeres tristes que andan por ahí, arrastrando sus críos... ¿crees que tolerarán mucho tiempo la vida fea que ustedes les están haciendo? Sal a ver el cortejo maloliente, Mirelis... La hermosa ciudad convertida en cantera...

Los grandes museos en Cocinas de Pueblo, las catedrales en barracas... ¿Dudas que un día se alzarán contra los responsables de tanta fealdad y entonces la tierra se volverá polvo?

Está ahí. Casi con los brazos abiertos, ante China, que permanece siempre en la oscuridad. Cuando comienza una música furtiva y danzarina. Como de pasos precipitados en el momento que surgen dos monjas, que caminan una junto a la otra, y van a situarse ante Meyer, con las manos extendidas en actitud suplicante.

MEYER.—¿Qué es lo que quieren? ¿Quiénes son ustedes?

MONJA 1.—Soy Carmen, la pequeña obrera fea.

MONJA 2.—Soy María, la pequeña obrera fea.

MEYER.—Sí. Siempre con las greñas en la cara sucia. Las desahucié a las dos.

AMBAS.—(*En coro, alejándose.*) No había lugar para mujeres feas en la fábrica. No había lugar. (*Salen.*)

En los muros aparecen proyecciones, que representan ojos que miran... rostros de ancianos... manos cruzadas... manos suplicantes... pies en zapatos rotos... platos de magra comida... etc. De otra parte surge el Cojo, de obrero viejo. Cruza cojeando el escenario.

MEYER.—(*Lo sigue, señalándolo con el dedo.*) Y tú, Miguel Santana, el viejo tornero... ¿Qué haces aquí, Santana? ¿No moriste un día sobre tu torno?

EL COJO.—(*Sigue renqueando; refunfuña. Ante sí; pasa sin mirarlo.*) Sí... Nadie torneaba válvulas como yo. Quería descansar, pero nadie torneaba las malditas válvulas como yo. Ésa fue mi perdición. Entonces, un día mordí el acero... Malditas válvulas...

Sale. Aparece Toletole, de viuda.

TOLETOLE.—*(Gira por la habitación, mirando los muros.)* Aquí, en este mismo lugar, estaba mi casa... La casa que me dejó mi marido... *(Los toca.)* Los muebles... las balaustradas... Un día tuve que vender... Tuve urgencia de vender y encontré a un hombre que me la compró por una bagatela...

MEYER.—Sí, una bagatela... En verdad, era una ganga...

TOLETOLE.—*(Mira fijo a Meyer al salir.)* Mi marido quería mucho esta casa...

Sale. Proyecciones.

MEYER.—Oh, Mirelis, detén el cortejo. ¿No me has hecho ya bastante? ¿Quieres que confiese? Sí, maté a tu hermano. Pero no toda la culpa es mía. Tu hermano llegó a mí con los ojos bien abiertos. Lo vencí de igual a igual; lo mismo pudo él liquidarme a mí.

Súbitamente se interrumpen la música y las proyecciones. Se detiene toda acción. Luego surge Alí Babá, de joven obrero. Cruza el escenario, con fuertes zancadas, y se va a plantar frente a Meyer.

ALÍ BABÁ.—*(Serio.)* Soy el obrero joven que un día voló de su fábrica cuando desapareció una lima del taller mecánico... Yo no robé esa lima, pero usted me expulsó igual. Usted sabía que yo no la había robado, pero había que encontrar un culpable.

MEYER.—Un culpable, sí.

ALÍ BABÁ.—Eso fue el 26 de julio de 1948 y yo crucé su cara con una bofetada. Nunca nadie había alzado una mano contra usted en su fábrica. Mi ficha era la 12374 y mi nombre es... *Esteban Mirelis.*

Sale.

MEYER.—Sí... Te llamabas Esteban Mirelis, recuerdo. *(Gira hacia China.)* ¡Perro! Quieres confundirme nuevamente, ¿eh? Volverme loco... Esteban Mirelis se llamaba el hombre que murió hace treinta años colgado de una viga... Lo sé porque yo mismo le prendí fuego... Se colgó con una liga estampada de flores de lis blancas, hasta que dejaron de humear los restos...

China sale de la sombra.

CHINA.—Curioso el daño que usted se hace a sí mismo. ¿Quemar fábricas? ¿Robar dinero? ¿Colgar a un hombre? ¡Qué imaginación la suya! Usted nunca llegaría a esos extremos, señor Meyer. Son menores los crímenes. Sólo las consecuencias son mayores.

MEYER.—Y si ese muchacho no es Esteban Mirelis, ¿quién eres tú, entonces?

CHINA.—Me llaman "China", ya le dije. Soy un hombre que merodea. Me he sentado en cada piedra del camino. Cada puente solitario me ha servido de techo. He mirado el rostro de millones de vagabundos, y he visto el dolor, cara a cara. *(Va hacia la ventana.)* Hay mucha tristeza en el mundo, señor Meyer... pero hoy día, la estamos venciendo... *(Indica afuera)* Ese muchacho, Esteban Mirelis, trabaja ahora como tractorista en el ladrillar; le queda tiempo para pensar en la ofensa. La viuda teje en las grandes Tejedurías de lana; ha encontrado un nuevo oficio, y Toletole canta ahí, en lo alto de las colinas, siguiendo su arado. Todo el mun-

186

do trabaja afuera; es una lástima, en verdad, señor Meyer, que usted no entienda... *(Gira hacia él; con calma.)* El pueblo no se ha alzado contra usted; esa obsesión le viene de creer que su vida tiene alguna importancia... ¿Es tan difícil pensar que eso, ahí afuera, es sólo una cruzada de buena fe? ¿Un juego ingenuo de la justicia? ¡Venga! Lo invito a mirar la realidad. Es un espectáculo que recrea el espíritu. *(Meyer está clavado al suelo.)* Venga, únase a nosotros. Venga. Sígame.

MEYER.—¡No te creo, perro! Me has quitado mi casa, mi familia... Me has humillado ante todos. ¡No creo en esa mansedumbre tuya! ¡Sólo estás aquí por un deseo de venganza!

CHINA.—Es una lástima... En verdad, es una lástima.

MEYER.—¡Dime que yo maté a Mirelis y que ésa es la razón de que estés aquí!

CHINA.—Tremenda imaginación la suya, señor Meyer...

MEYER.—¡Dime!... ¡Yo maté a Mirelis!... ¡Dime!

CHINA.—*(Desde la puerta.)* Son menores los crímenes...

MEYER.—¡Dime, perro!... ¡Yo maté a Mirelis!... ¡Yo lo maté!...

Sale China.
Súbitamente se apagan todas las luces y se enciende suave, lentamente, un canto general.

CORO.—Adán y Eva tuvieron a Caín y Abel...
　　　　Caín engendró a Irad y de Irad se multiplicaron hasta Matusael...
　　　　Matusael engendró a Henoc y de Henoc adelante, la raza humana comenzó a rebalsar...
　　　　Y cuando Noé engendró a Sem, Cam y Jafet, la raza humana ya era masa...

Porque los hijos de Jafet fueron Gomer,
Magog y Madai...
Y Javen y Tubal...
Y Mosoc y Tiras y Asanes...
Y Rifat y Elisa y Tarsis...
Y Gus y Fut y Mesraím...
Y cada uno de ellos tuvieron miles de hijos, y la tierra se pobló de rostros...
Tuvieron millones de hijos cada uno, y la tierra se pobló de miserias...

Silencio total, y, de pronto, muy desvalido.

NIÑITA.—Juanito, ¿te cuento el cuento de todos los árboles?
NIÑITO.—Cuenta...
NIÑITA.—Todos los árboles tenían tanto miedo de las hormigas...

Surge la voz de Meyer, desde arriba.

MEYER.—*(Arriba.)* ¡Basta... Basta!... ¡Yo lo maté!... ¡Yo lo maté!
PIETÁ.—*(Arriba.)* Lucas, ¿qué te pasa?
MEYER.—¿Qué... qué pasa?... ¡Yo lo maté, mujer! ¡Rompen toda la casa!... Están en todas partes...
PIETÁ.—¿Quiénes, Lucas?... Despierta, hombre... Descansa... Has tenido una pesadilla...
MEYER.—*(Se oye movimiento arriba.)* ¿Una pesadilla? ¡Oh!... Los niños, ¿dónde están?...
PIETÁ.—En sus piezas, durmiendo, hombre... ¿Dónde vas?
MEYER.—*(Se abre una puerta.)* Bobby, ¿estás ahí, niño?
BOBBY.—¿Qué pasa, papá?
MEYER.—Oh, Dios!... *(Se abre otra puerta.)* ¿Marcela?

188

MARCELA.—¿Papá?

MEYER.—¡Oh!

PIETÁ.—¿Qué cosa terrible soñaste, hombre? Ven, vuelve a tu cama... ¿Dónde vas, Lucas?...

Meyer baja la escalera. Enciende la luz y mira con cautela por todos lados. Va hacia la ventana y la abre. Mira afuera. Pietá lo sigue. También vienen Marcela y Bobby, poniéndose una bata.

MEYER.—Oh, hijos... vengan... *(Los abraza.)* Llenaban toda la casa, hijos. Estaban en todas partes, rompiendo todo, llevándose todo... ¡Oh, Dios mío! Te ibas a las colinas, mujer. Tú también, hija.

MARCELA.—*(Ríe.)* ¿A las colinas, papá? ¿A hacer qué? ¡Qué ridículo!

MEYER.—A arar... A arar, hija... Y tú, mujer, me dejabas...

PIETÁ.—¿Yo, dejarte?... *(Ríe. Todos ríen.)* ¡Qué tonterías, Lucas!

MEYER.—*(Riendo.)* Sí, Pietá, me dejabas.

PIETÁ.—¿Quién era esa gente que se llevaba todo, Lucas?

MEYER.—Nadie... Nada, mujer. Sueños, nada más. Ya pasó todo.

PIETÁ.—Sí, ya pasó todo. Ven a acostarte.

MEYER.—Sí... *(La sigue hacia la escalera.)* Sin embargo... todo seguía una lógica tan precisa, un plan tan bien trazado... Como si un caso que sucediera...

PIETÁ.—¿Sucediera qué?...

MEYER.—Creo que una vez tuvimos a un obrero de apellido Mirelis en la fábrica... Sí, se llamaba Mirelis... Esteban Mirelis, ahora lo recuerdo... Voló porque se robó una lima... Tal vez procedimos con ligereza en ese asunto.

MARCELA.—¿Y quién era Esteban Mirelis en tu pesadilla, papá?

MEYER.—¡Oh, no importa, hija! Un pirata griego... Un salvaje que merodea los mares, con su pata de palo y sus mástiles cargados de buitres... *(La abraza.)* Lo importante es que nada ha pasado y estamos todos juntos otra vez. *(Toma del brazo a Bobby.)* Imagínate, hijo, que en el sueño de tu padre, Gran Jefe Blanco, el portero albino de tu Universidad, quemaba tu chamarra de cuero en una gran pira de fuego en medio del patio y todo el mundo miraba, sin hacer nada... Cosas que sueña tu padre... *(Lo chasconea.)* Vamos...

BOBBY.—*(Se detiene.)* Papá...

MEYER.—¿Sí, hijo?...

BOBBY.—Eso sucedió ayer... Eso fue cierto...

MEYER.—¿Qué, hijo?...

BOBBY.—Gran Jefe Blanco... Ayer... Cuando salíamos de clases... Estaba en el patio de la Universidad, calentándose las manos artríticas sobre una pira hecha de la ropa de mis compañeros... Estaba parado, en medio del patio, mirando arriba, a los pasillos, sin que nadie se atreviera a moverse, papá. Su mirada era tan desafiante que nadie se movió... Rector, profesores, nadie. ¿Fue eso lo que soñaste?... ¿Fue eso lo que soñaste, papá? Eso fue cierto. ¿Fue eso? ¿Fue eso, papá?

Los cuatro están ahí, en medio de la habitación, mirándose, cuando, al fondo, en la ventana que da al jardín, cae un vidrio con gran estruendo y una mano penetra, abriendo el picaporte.

TELÓN

SEBASTIÁN SALAZAR BONDY

[1924]

Peruano. Nació en Lima. Desde muy joven ejerció el periodismo. Becado por el gobierno francés, fue a Francia, donde cursó algunas materias en el Consevatorio Nacional. De vuelta en su país fundó el Club del Teatro de Lima, que ha ejercido una función renovadora en el teatro peruano. En 1947, su primera obra, Amor, gran laberinto, *obtuvo el Gran Premio de Teatro, que volvió a merecer en 1951 su segunda obra,* Rodil. *Salazar Bondy es autor, además, de las siguientes obras dramáticas:* Algo quiere morir, Como vienen se van, Todo queda en casa, No hay isla feliz. *Esta última es un drama de fuerte e intenso desenvolvimiento, que muestra los procesos de frustración con que el estatismo feudal del Perú aniquila a muchos de sus pobladores. El teatro breve de este autor incluye las siguientes obras:* Los novios, El de la valija, En el cielo no hay petróleo *y* Un cierto tic-tac.

La obra dramática de Salazar Bondy muestra un doble acento; algunas obras de marcada intención irónica, como su teatro breve, nos muestran las máscaras de los "esperpentos", a la manera de Valle Inclán, pero asimilados a la picaresca peruana. En sus obras de mayor dimensión, manifiesta sus profundas dotes de observador, su penetración en las complejidades psicológicas y su dominio del diálogo, que se desliza aprovechando las formas depuradas del lenguaje popular, sin caer nunca en lo pintoresco, sino descubriendo de nuevo la poesía oculta en ciertas formas verbales gastadas en el uso diario y que él sabe hacer vivir con renovado acento de hallazgo inesperado.

El fabricante de deudas *fue escrita en 1962. En ella muestra una fábula en que los personajes salen de la comedia para explicarla y para hacer ellos mismos la crítica del mundo que habitan. Técnica brechtiana, pero trasplantada al humor recatado de los mestizos de América, que con eficacia teatral logra sacudir al espectador con recursos irónicos, enfrentándolo a la vaciedad de cietas normas de vida de nuestro tiempo.*

El fabricante de deudas

SÁTIRA EN DOS ACTOS

El fabricante de deudas se inspira en
Le Faiseur de Honoré de Balzac. Ha
aprovechado de esa fuente los rasgos
que emparientan al embustero especu-
lador de la Bolsa parisiense del siglo xix y el pícaro financista, si puede
así llamársele, de la burguesía criolla
de nuestros días.

El autor reconoce en estas líneas
cuánto debe a la creación del genio
francés, y lo escribe aquí en su ho-
menaje.

PERSONAJES

JACINTO, *mayordomo mulato. Edad mediana. Sim-
pático y locuaz.*

CASH, *casero. 60 años. Es un zorro, pero hay otros
más zorros que él.*

LUCIANO OBEDOT, *el falso rico. 50 años. Tiene muchas
virtudes, pero muchos más defectos.*

GODOFREDA, *cocinera negra. Vieja.*

JOBITA, *sirvienta mestiza. Joven.*

SOCORRO OBEDOT, *esposa de Luciano. 45 años, según
confiesa.*

SAGARRA, *acreedor. Edad mediana. Una hiena. Viste
de oscuro y lleva portafolio.*

AHUMADA, *acreedor. Edad mediana. Un lince. Viste de claro y lleva portafolio.*

SANTIZO, *acreedor. Edad mediana. Un cordero. Viste
sin color y lleva portafolio.*

193

Francisco Obeso, *amigo de Luciano Obedot. 50 años.*

Pitusa Obedot, *hija de Luciano Obedot. 20 años. Ni bella ni fea.*

Ángel Castro, *estudiante. 22 años. Tanta inteligencia como cabello.*

Torrecillas, *compañero del Marqués de Rondavieja. 35 años. Español.*

Marqués de Rondavieja, *cazador de fortunas. 35 años. Español.*

Dos Cargadores.

La acción transcurre en Lima, en nuestra época.

ACTO PRIMERO

Sala de la gran residencia que ocupan Luciano Obedot y su familia. Los muebles son de estilo y entre ellos no falta alguno verdaderamente antiguo. Un gusto burgués europeo ha elegido cortinas, alfombras, cuadros, adornos, todo ostentoso pero de calidad. Una lámpara de muchas luces pende del centro del cielorraso, mas hay otras de pie o mesa en diversos sitios de la estancia. Al fondo se abre un arco que separa la sala de un "hall", por el cual se va a la puerta de calle, que queda invisible. A la derecha hay una puerta vidriera que conduce al comedor y, en segundo término, otra hacia las habitaciones interiores y los altos. A la izquierda se ve una ventana.

Al levantarse el telón el lugar se halla vacío. Es media mañana. Suena el timbre de calle. Jacinto, el mayordomo, yendo de derecha a izquierda, acude a abrir. A los pocos segundos, arrollándolo, se precipita al interior David Cash.

CASH.—*(Vociferante.)* ¡Dile al señor que quiero hablarle! ¡Que esta vez no admito ninguna excusa! ¡Que voy a acudir a la justicia!

JACINTO.—*(Sereno y ceremonioso.)* Tenga el señor la bondad de tomar asiento.

CASH.—*(Irritado.)* ¡Déjate de protocolos! Avísale a tu patrón que estoy aquí.

JACINTO.—En seguida, señor. Con su permiso. *(Sale.)*

CASH.—*(Al público.)* Disculpen esta entrada en escena, señoras y señores, pero no podía haber sido de otro modo. ¿Ven ustedes todo esto? *(Alude a la casa.)* Es la sala de un hermoso chalet de dos plantas, rodeado por un jardín digno de un maharajá... En total tiene... *(Cuenta.)* ¡Siete habitaciones, sin contar las de servicio! Una residencia como para embajada o colegio inglés. ¿Y cuánto cobro por el arrendamiento de semejante palacete? Una miseria. Tres mil soles mensuales. Una ley demagógica me impide subir la merced conductiva de esta mansión... *(Se cerciora que nadie en la escena lo escucha. Confidencial.)* El inquilino, desde hace seis años, es don Luciano Obedot. Me debe tres meses de arrendamiento, pero estoy decidido a desalojarlo aunque sea un señorón. Sin pizca de remordimiento, lo pondré de patitas en la calle.

OBEDOT.—*(Que ingresa sigiloso.)* Lo he oído todo, mi querido Cash. ¿Será usted capaz de hacerle esa canallada a uno de sus semejantes?

CASH.—*(Reaccionando vivamente.)* ¡Alto! ¡Usted no es mi semejante! Usted vive en un mar de deudas, yo no tengo acreedores; usted es el inquilino remiso de esta casa, yo el propietario; usted es un Obedot que aparece en las páginas sociales de los diarios, yo apenas un Cash a quien de nada le ha valido invertir sus pocos ahorros en bienes raíces. ¡No somos, pues, semejantes!

OBEDOT.—*(Con tono de advertencia.)* ¿Propugna

195

usted la lucha de clases? ¿La gran batalla entre los deudores y los acreedores?

Cash.—¡No me envuelva con sus palabras! *(Se cubre los oídos con las manos.)* No escucharé ni uno solo de los hábiles argumentos que le permiten vivir como un príncipe sin pagarle nada a nadie.

Obedot.—*(Levantando la voz para hacerse oír.)* ¡Le pagaré, le pagaré..., pero evitemos la violencia!

Cash.—*(Huyendo.)* ¡No oigo nada! ¡Soy todo ojos! ¡Muéstreme el dinero y se quedará usted aquí y en paz!

Obedot.—*(Persiguiendo a su interlocutor.)* ¡Usted es testigo presencial y de excepción de mis desgracias! ¡No puede comportarse como un extraño!

Cash.—*(Arrinconado.)* ¡No escucho nada!

Obedot.—*(Obligándolo a dejar los oídos libres.)* ¡Atiéndame! ¡No sea inhumano!

Cash.—*(Vencido y suplicante.)* No me cuente otro cuento más, se lo ruego. Ya no hay quien crea sus historias.

Obedot.—Le pido que espere. Que espere un poco. Hay algo que vendrá a salvarme y salvarlo a usted muy pronto.

Cash.—¿Y quién me espera a mí? El gobierno cobra puntualmente los impuestos y al gobierno no le puedo decir que el señor Obedot me pagará pronto porque hay algo que vendrá a salvarlo... *(Recuperando sus bríos.)* ¡Debo actuar con rigor! ¡O me paga usted ahora mismo los tres meses de arrendamiento que me debe, o lo hago desalojar esta misma tarde!

Obedot.—*(Sereno.)* Calma, por favor. Debe usted saber en qué consiste ese algo que nos salvará. Es su derecho. *(Pausa.)* ¿Leyó usted que mi hija está a punto de comprometerse? Déjeme consumar ese maravilloso matrimonio.

Cash.—Mi mujer, que lee las columnas de sociales, me ha hablado de un pretendiente aristócrata o no sé qué... Del dicho al hecho, mi querido señor, hay mucho trecho. Y, además, ¿quién garantiza que la nobleza de una persona está acompañada de fortuna?

OBEDOT.—En este caso nadie osa ponerlo en duda. Luis de Narváez y Sotacaballo, Marqués de Rondavieja, es propietario de media Andalucía. Ganaderías de casta, olivares, cortijos, un banco segoviano y casas de renta en Madrid y Barcelona... Nada menos.

CASH.—(*Incrédulo.*) ¿Es verdad todo eso? ¿Está comprobado? (*Pausa.*) ¿Y si es tan rico por qué se ha venido al Perú? Francamente, no me lo explico.

OBEDOT.—(*Dueño de la situación.*) La última temporada de toros se hizo con reses bravas de su divisa oro y morado. Le gustó el país, conoció a mi hija Pitusa y decidió establecerse entre nosotros. Los típicos caprichos del millonario y un buen flechazo de Cupido hicieron el milagro. Iniciará aquí un negocio de vinos generosos, con capitales propios y capitales norteamericanos, y montará una cadena de churrerías al estilo madrileño.

CASH.—(*Que ha permanecido atento, de pronto se pone en pie.*) Todo está muy bien y ojalá no sean puras fantasías, pero vine a cobrar y no me iré con los bolsillos vacíos.

OBEDOT.—¡Pero no sea intolerante, amigo mío! Le pregunto, con toda sinceridad, ¿no existe un modo razonable de que yo obtenga un plazo, un último plazo, para cumplir con usted?

CASH.—(*Se pasea por la habitación, en silencio. Luego de una pausa, habla.*) Creo que hay uno. ¡El único!

OBEDOT.—Dígalo.

CASH.—Fírmeme una letra a treinta días vista, por 12 mil soles, los tres meses vencidos y el que corre. Yo me encargaré de descontarla.

OBEDOT.—*(Desencantado.)* ¿Qué alivio le ofrece usted a este condenado a muerte? ¿Acaso el indulto? ¡No, qué va! Como extraordinario favor, como prueba de gran magnanimidad, le propone la horca en vez de la guillotina. Una muerte sin sangre, nada más.

CASH.—*(Tajante.)* ¡Sin letra, no hay clemencia!

OBEDOT.—*(Melodramático.)* Así es la justicia humana. La deuda para ella es peor que el asesinato. En la mayoría de los casos, el asesinato se castiga procurando al delincuente alojamiento, alimento regular y reposo. Es decir, la cárcel. La deuda, por el contrario, lanza al pobre deudor a la intemperie y al hambre.

CASH.—¡No haga frases, por favor! Le haré una pequeña concesión más. La letra será a sesenta días... ¡Más los intereses, se entiende!

OBEDOT.—Un poquito más de piedad aún, amigo Cash... *(Pausa.)* ¿A noventa días?

CASH.—¡No! ¡No! ¡Es mucho plazo noventa días!

OBEDOT.—Justamente el que necesito.

Aparece Jacinto.

CASH.—¡Bueno! ¡Acabemos de una vez! ¡A sesenta días!

OBEDOT.—*(En voz baja.)* ¡Por favor, ni una palabra ante los domésticos! Iremos a su oficina. Ahí firmaré la letra.

CASH.—Vamos. *(Se dirigen a la puerta.)* A sesenta días... ¿De acuerdo?

OBEDOT.—¡A noventa!

CASH.—*(Saliendo.)* ¡Más los intereses!

OBEDOT.—Menos altos, por supuesto... *(Salen discutiendo.)*

Jacinto los ve salir. Se encoge de hombros y, en seguida, se pone a pasar su plumero por los muebles.

JACINTO.—(*Suspendiendo su labor y dirigiéndose al público.*) Don Luciano Obedot, amigos míos, es buen navegante en el tempestuoso océano de la acreencia. Aunque esta vez puede naufragar... Y como me adeuda un año de sueldo creo que, respetuosamente, ha llegado la hora de reclamárselos. Ese Cash tiene todo el aspecto de una tormenta capaz de arrojarnos a todos por la borda, lo cual es hasta para un mayordomo impago una humillación excesiva. (*Pausa.*) Con la venia de ustedes. (*Sigue pasando el plumero.*)

JOBITA.—(*Que ingresa acompañada de Godofreda.*) Oye, oye, ¿en esta casa qué día hay paga?

GODOFREDA.—Ya le he dicho que aquí Dios tarda, y a veces mucho, pero no olvida.

JACINTO.—(*A Jobita.*) La pura verdad, muchacha. He servido en muchas casas de familia con escudo en el anillo, de generales en retiro pero muy condecorados, de ministros poderosos aunque impopulares, etcétera, es decir, he estado entre lo mejorcito de Lima, pero nunca vi gente tan original como los Obedot. ¿De dónde sale la comida? ¿Quién pagó el automóvil? ¿Por qué no se produce el desahucio? Nadie lo sabe. Dejas de cobrar durante mucho tiempo, pero de pronto te cae una propina suculenta, o cobras y durante meses y meses no recibes un centavo extra.

GODOFREDA.—¡Peor les va a los cobradores!

JACINTO.—¡Oh, esos! ¡Las veces que he tenido que comunicarles un viaje del señor, no obstante que el señor roncaba a pierna suelta el cóctel de la noche anterior, y las veces que les he hecho saber, con cara larga, la grave dolencia que postraba a la señora, pese a que la señora jugaba canasta en la casa de la esquina! Aquí he aprendido a ser artista, ésa es la verdad.

GODOFREDA.—No entiendo el oficio de cobrador.

JACINTO.—¡Raza extraña la de los cobradores! Los

hay amables, los hay confidentes, los hay soborna-
dores, los hay impetuosos. En fin, de todo, pero
casi nunca cobran.

GODOFREDA.—Los veo venir, gritar, discutir, escuchar, esperar, y al final irse de la casa con las manos
vacías.

JACINTO.—¡Pero todos son ricos y tacaños, te lo
advierto.

GODOFREDA.—Sin embargo, ellos le prestan dinero
al señor, y el señor no se los devuelve.

JOBITA.—*(Con convicción.)* ¡Eso se llama robo,
pues!

JACINTO.—*(Con un respingo.)* ¡Esa palabra no se
pronuncia en una casa decente! Pedir prestado y
no pagar, no es robar. Eso es, como dice el señor,
operar con el crédito. Si meto la mano en tu bolsillo y saco plata, sin que tú lo notes, cometo un
robo. Pero si yo te pido de buenos modos cien soles,
y tú me los das, y luego no te puedo pagar, y me
concedes un plazo, y tampoco cumplo, y tú me los
reclamas, y yo me escondo... En fin, lo que hace
nuestro patrón, eso es tener intereses financieros
en común. ¿Comprendes?

JOBITA.—No comprendo. Mi platita es mi platita.
El que me la quita, me la roba.

GODOFREDA.—La verdad es que yo tampoco lo comprendo. Los señores me deben mi sueldo y algunos
gastos del mercado y la bodega. Los vendedores
ya no quieren darme nada al fiado. Estamos en
quiebra, como dijo ayer el lechero. ¿Qué se gana
con deber?

JOBITA.—Yo ya le he pedido dos veces mi dinero
a la señora. Ayer nomás me respondió: "¿Pero qué
necesidad tienes tú de plata, hijita?"

GODOFREDA.—Así es siempre.

JOBITA.—¿Y qué podemos hacer?

JACINTO.—Si nos vamos, no cobramos. Seremos
de los que tocan la puerta.

GODOFREDA.—No conviene plantar la casa. Pero hay que pensar en algo.

JOBITA.—Por el resto, estoy contenta aquí. Estoy aprendiendo mucho.

JACINTO.—Estas casas son para nosotros como universidades.

GODOFREDA.—¿Y qué aprendes? ¿A comer poco?

JOBITA.—(Confidencial.) Leo las cartas de la niña Pitusa, me echo sus perfumes, me lavo con su jabón francés y escucho las dulces conversaciones que tiene con su enamorado, ese joven melenudo que viene a verla todas las tardes y con quien seguramente se casará.

JACINTO.—(Como quien sabe más.) ¡Que habrá boda pronto, ni qué dudarlo! Anteayer la señora pidió a las tiendas trajes, sombreros, joyas y otras cosas más para la señorita, y yo sé por qué. Claro que los comerciantes se negaron a entregar tanta mercancía sin cheque a la vista, porque han escarmentado, pero yo sé que ese pedido anuncia boda.

JOBITA.—Se quieren tanto que merecen una buena fiesta matrimonial.

JACINTO.—¡Ah, pero la boda no será con ese pobre estudiante sin oficio ni beneficio! (Misterioso.) ¡Hay otro candidato! ¡Un candidato gracias al cual cobraremos!

JOBITA.—(En tono de protesta.) ¡Qué injusticia! La niña y el joven melenudo se adoran. Desde tempranito está él dando vueltas a la casa. En cuanto la señora sale, entra. Se sienta con la niña en el jardín. Yo, escondida, los miro y los oigo. ¡Las cositas que se dicen, agarrados de la mano, parecen de película!

GODOFREDA.—(Curiosa.) ¿Cositas como qué?

JOBITA.—¡Cositas, pues! (Saca del bolsillo un papel arrugado.) Aquí tengo una carta que se le cayó a la niña el otro día. La guardo para enseñársela a Eustaquio, para que lea y aprenda.

GODOFREDA.—*(Interesada.)* ¡Léela! ¡Léela!

JOBITA.—*(Desdobla cuidadosamente el papel.)* ¡Es linda! *(Leyendo.)* "Pichona mía..."

GODOFREDA.—¡Oh! ¡La llama "pichona"!

JOBITA.—"Ángel mío: Te amo. ¿Puedes amarme tú tanto como yo a ti, si soy pobre y sólo tengo, para ofrecerte, amor?"

GODOFREDA.—*(Entusiasta.)* ¡Qué bello!

JOBITA.—"Ayer, mientras te besaba, he leído en tus... En tus..." *(Pausa.)* ¡No entiendo qué ha escrito aquí!

JACINTO.—Veamos... *(Leyendo por sobre el hombro de Jobita.)* "¡En tus cálidos labios!..."

JOBITA.—¡Ah, sí! "He leído en tus cálidos labios que tu cuerpo se quemaba en el fuego de mi pasión y que tu corazón era mío, mío, mío."

GODOFREDA.—*(Con admiración.)* ¡Cómo escribe ese pedacito de hombre! En cambio, el camionero que vino a hacer la mudanza de la casa de al lado, en enero, me mandó un papel con unos garabatos que son como un puñetazo en la cara... "Zamba —me decía—, ¿quieres venir a mi cuarto esta noche para..." *(Se detiene, púdica.)* ¡Mejor me callo!

JOBITA.—¿Y fuiste?

GODOFREDA.—Claro que fui. Terminó la cosa con capazos. Era casado y tenía ocho hijos en escalera.

JOBITA.—¡Me muero!

JACINTO.—*(Decidido.)* Bueno, ya han dicho bastantes tonterías.

GODOFREDA.—¡Qué bestia eres! El amor no es una tontería.

JACINTO.—Ese amor de la señorita Pitusa, sí. Se quedará en puros papelitos. Ayer, para que lo sepan, vino un señor muy elegante, acompañado de otro señor más elegante todavía. Los dos pasaron al despacho de don Luciano. Lo oí todo. Uno pidió la mano de la niña.

202

JOBITA.—¿Y el señor la concedió?

JACINTO.—¡La concedió, y muy bien hecho! ¡Se trata de un millonario y, además, Marqués. Como quien dice, el hombre que todos en este hogar necesitamos.

GODOFREDA.—¡Ojalá se haga el matrimonio, San Antonio de Padua!

JOBITA.—¿Y si es millonario, por qué se casa con la señorita Pitusa que no tiene nada?

JACINTO.—(*Con aire de sabiduría.*) ¿Quién, aparte de nosotros y los acreedores, sabe que la familia Obedot está en la ruina? Nadie. Tampoco, por supuesto, el Marqués. Ése es el negocio. Y yo les aseguro que después de la boda cobramos.

GODOFREDA.—¡Cobramos!

JOBITA.—¿Cobramos? Entonces, ¡bienvenido aquí el Marqués!

Los tres cantan y danzan la "Polka de bienvenida al Marqués".

CORO

> ¡Bienvenido aquí, Marqués,
> si después
> logras que el dinero sobre
> y que, al fin, cada cual cobre!
> ¡Bienvenido aquí, Marqués!

GODOFREDA

> No olvides que hay marquesados
> que son de hambre,
> muchos escudos dorados
> y en el plato escaso el fiambre.

CORO

> ¡Bienvenido aquí, Marqués, etc.!

JOBITA

Mientras con crédito venga
su nobleza,
algún modo habrá que obtenga
su ilustre nombre riqueza.

CORO

¡Bienvenido aquí, Marqués, etc.!

JACINTO

No ha pasado el virreinato,
lo sostengo,
el cholo sigue barato
y es muy caro el de abolengo.

CORO

¡Bienvenido aquí, Marqués, etc.!

De pronto se interrumpen

GODOFREDA.—*(Alarmada.)* ¡Cuidado! Me parece que viene alguien.

Quedan rígidos, en fila.

SOCORRO.—*(Ingresando.)* ¿Han visto al señor?
JACINTO.—Hace un instante salió con el señor Cash.
SOCORRO.—¿Con Cash, el casero?
JACINTO.—Sí, señora. Con el casero. *(Socorro hace un gesto de fastidio.)*
JOBITA.—Señora, no hay cera para los pisos.
SOCORRO.—*(Disgustada.)* ¡Oh, Dios!
GODOFREDA.—En el mercado se niegan a venderme si no pago lo que se debe.
SOCORRO.—¡Qué desdicha! ¡Qué desdicha!
JACINTO.—El chofer ha pedido para gasolina.
SOCORRO.—*(Como en un amago de desmayo.)* ¡Oh!

¡Oh! *(Se repone.)* No puedo ocultarles mis angustias, hijos. Yo que desciendo del General Pinzón, el famoso General Diógenes Pinzón, que fue Vice-Presidente de la República, me veo en la difícil situación de sufrir estas tristes penurias económicas, pasajeras, por supuesto, pero muy dolorosas para una persona de mi clase y categoría. ¿Lo comprenden?

JACINTO.—Naturalmente, señora.

SOCORRO.—Gracias, hijos. Ustedes que, según supongo, están orgullosos de servir a una nieta del General Pinzón, que contribuyó con su influencia a la liberación de los esclavos, serán discretos, ¿no es así?

JACINTO, GODOFREDA, JOBITA.—¡Por supuesto, señora!

SOCORRO.—El caso es que las cosas van a cambiar pronto.

JACINTO, GODOFREDA, JOBITA.—¡Sí, señora!

SOCORRO.—Y la lealtad les será generosamente recompensada...

JACINTO, GODOFREDA, JOBITA.—¡Gracias, señora!

SOCORRO.—*(Ya entusiasmada.)* La señorita Pitusa contraerá enlace con un partido rico y, para colmo de bendiciones, ¡extranjero!

JACINTO, GODOFREDA, JOBITA.—¡Congratulaciones, señora!

SOCORRO.—*(Maternal.)* En fin, hijos, puesto que ustedes son lo que son gracias al democrático espíritu de mi abuelo, el General Pinzón, espero que sepan callar los rigores del momento y esperar la abundancia futura.

Entra, apresurado, Obedot.

OBEDOT.—¡Jacinto! ¡Llama por teléfono, de mi parte, al señor Obeso y ruégale que venga, de inmediato, a verme por un asunto extremadamente delicado! ¡Pon mucho énfasis en eso de "extremadamente delicado"! *(Pausa.)* ¡Corre! *(Cuando Jacinto va a hacerlo.)* ¡Oye! ¡No olvides el whisky y el champán francés! *(Jacinto lo interroga con la mirada y con la actitud.)* ¡Arréglate como puedas! ¡Corre!

JACINTO.—Haré lo que esté en mis manos hacer... *(Sale.)*

OBEDOT.—*(A Jobita.)* Tú, anda inmediatamente con el chofer a las mismas tiendas a las que llevó a la señora anteayer y diles a los vendedores que te entreguen inmediatamente el pedido. Las cuentas serán pagadas en la casa, al contado, a la sola presentación de las facturas.

JOBITA.—Sí, señor. *(Va a salir. Se detiene.)* ¿Y si se niegan?

OBEDOT.—Insiste, insiste. Que venga contigo un empleado para pagarle aquí mismo en dinero contante y sonante.

JOBITA.—Sí, señor. *(Vuelve a detenerse.)* ¿Y la gasolina para el auto?

OBEDOT.—*(Irritado.)* ¡Que la pague el chofer! ¡No le han de faltar unos soles en el bolsillo!

JOBITA.—Bien, señor... *(Sale amedrentada.)*

OBEDOT.—*(Entusiasta.)* ¡Y tú, Godofreda, hoy tienes que hacer milagros con las ollas! Se sentará a nuestra mesa esta noche el Marqués de Rondavieja. Estarán también el distinguido señor don Bernardo Torrecillas, y el señor y la señora Obeso. Siete en total.

GODOFREDA.—*(Tímida.)* Pero, señor...

OBEDOT.—¡Vuela! ¡No hay tiempo que perder!

GODOFREDA.—Pero el verdulero, el carnicero, nadie quiere...

OBEDOT.—*(Intimidante.)* ¿Nadie quiere qué?

GODOFERDA.—Nadie quiere vendernos al crédito ni siquiera una lechuguita.

OBEDOT.—*(Seguro.)* Eso no es problema. Acude

a los competidores de esos malos comerciantes. En el país reina el libre comercio.

GODOFREDA.—Pero, ¿cómo les pagaré, señor?

OBEDOT.—Abre cuentas en sus almacenes... *(Ante un gesto escéptico de la mujer.)* Inspírales confianza, que eso franquea las puertas del crédito.

GODOFREDA.—*(Vacilante.)* Lo intentaré, señor. *(Va hacia la puerta. Antes de salir.)* ¡No puedo pagarles con mi plata, lo lamento!

OBEDOT.—*(Va como un rayo hacia ella.)* Godofreda, Godofreda, en el régimen liberal el crédito es toda la riqueza. Si los pequeños comerciantes de este barrio desconocen tan simple y sabio principio económico, practicado aún por nuestro Supremo Gobierno en sus complejas finanzas, es que son unos ignorantes. *(Pausa.)* O, tal vez, unos pérfidos comunistas. *(Pausa.)* Y si tú los encubres, también serás sospechosa de comunismo.

GODOFREDA.—*(Alarmada.)* Yo no, señor... *(Se persigna.)* Ellos quizá, pero yo jamás.

OBEDOT.—*(Con tono tranquilo.)* Además, si a la postre los proveedores resultan enemigos del orden público y te exigen dinero, dales sin temor del tuyo. Te haré ganar buenos intereses. Diez soles semanales por cada cien de inversión. ¿Te parece bien? Es mucho mejor interés que el de la Caja de Ahorros, ¿no es cierto?

GODOFREDA.—*(Cayendo en la trampa.)* ¿La Caja de Ahorros? ¡Bah, una miseria, señor!

OBEDOT.—*(Triunfal.)* ¿Y cómo es posible, mujer, que sirviendo en mi casa, trabajando en el hogar de un hábil financista, entregues tu dinero a manos agiotistas e inescrupulosos? ¡En adelante, yo seré tu Caja de Ahorros! ¡10 % semanal de intereses!

GODOFREDA.—*(Ganada por la codicia.)* ¿Es cierto eso, don Luciano?

OBEDOT.—En este asunto no soy tu empleador. Soy tu socio.

GODOFREDA.—*(Contenta.)* ¡Oh, gracias, señor! ¡Hoy comerá usted manjares celestiales! *(Sale corriendo.)*

OBEDOT.—*(A Socorro, que ha presenciado la escena interesada, pero silenciosa.)* ¡Querida, esta buena mujer tiene inactivos, en el arca de esa sórdida Caja de Ahorros, especie de pantano del dinero circulante, por lo menos diez mil soles! Es necesario desecar esa ciénaga. Con tan inesperado desagüe irrigaremos por un tiempo nuestro presupuesto en lo que a vituallas atañe.

SOCORRO.—*(Con alarma.)* ¡Luciano! ¡Luciano!

OBEDOT.—¿Qué te pasa?

SOCORRO.—No olvides nuestra dignidad. No olvides que soy nieta...

OBEDOT.—*(La interrumpe.)* ...de un Vicepresidente de la República. ¡No lo olvido nunca! *(Amenazador.)* Menos todavía cuando descubro que a mis espaldas le haces confidencias a la servidumbre.

SOCORRO.—¿Yo? ¿Confidencias?

OBEDOT.—Así es como esa gente pierde el respeto debido a sus superiores en condición y fortuna. Tu abuelo contribuyó a que se acaben los esclavos; ¡vaya y pase, aunque fue una majadería! Pero no los incites tú, con tus sentimentalismos, a la subversión...

SOCORRO.—¡Pero, querido, trataba de que cooperaran con nosotros a salir del atolladero en que nos encontramos!

OBEDOT.—¡Del atolladero me encargo yo! Tú vete, ataviada con lo mejor de tu ropero y adornada con tus mejores galas, a los lugares más concurridos de Lima. Cuanto más elegante y despreocupada aparezcas, menos creerá la gente en nuestra ruina. Pensará, por el contrario, que los terrenos a la orilla del mar que estoy vendiendo son míos y además muy valiosos. *(Pausa. Sincero.)* Para tu personal e íntima información, te confesaré que son un desastre. Hay rayas en la arena y, a menos de un kilómetro, están instalando una fábrica de harina de anchoveta que pronto habrá en el aire un tufo a muerto que no lo soportará ni el alcalde. *(Pausa.)* Pero estate tranquila, Socorro, que colocaré esos lotes como si fueran de subsuelo petrolífero.

SOCORRO.—¿Tranquila? ¿Cómo puedo estar yo tranquila si tú, debido a tantos problemas, te ves obligado a actuar al margen de la moral? Eso me da miedo. Es peligroso.

OBEDOT.—No comprendes, querida, nuestra época y nuestro país. Ahora y aquí, sólo cuenta el provecho material. Hasta la aureola de los santos está amparada por un seguro en dólares. Todo es conveniencia. Por ejemplo, cuando los norteamericanos nos envían leche en polvo y aceite es porque tienen excedentes de estos productos, y si los lanzan a su mercado bajan los precios, se arruinan los productores, quiebran los intermediarios, se tambalea el gobierno y la nación entera entra en "crack". No es por gracia que se deshacen de su leche y su aceite. *(Pausa.)* De otra parte, un sabio no gana en medio siglo de quemarse las pestañas lo que cualquier banco reparte en utilidades de un año entre sus accionistas. Cuenta el dinero, nada más. Ese es el cuadro de este mundo. *(Se dirige al público.)* ¿No es así, señoras y señores? *(Toma de la mano a su mujer y la adelanta a primer término.)* ¡Díganle, por favor, que de nada vale ser nieta del General Diógenes Pinzón en la edad en que los únicos títulos que merecen respeto son los de la propiedad!

SOCORRO.—¡Luciano, los señores van a pensar que no eres una persona decente!

OBEDOT.—*(Riendo a carcajadas.)* ¡Ellos saben que por el mero hecho de estar endeudado hasta la coronilla hay muchas personas que viven pendientes de mí, de mis pasos, de mi salud, de mis negocios! ¡Soy, en consecuencia, decente!

209

SOCORRO.—(*Resistiéndose.*) ¡No te entiendo! ¡Tampoco el público!

OBEDOT.—La deuda es prueba de mi existencia. ¡Existo! ¡Y existo, no gracias a que el autor me puso en este teatro, sino porque palpito, peso, sueño y estoy aquí y en la calle, me tropiezo con los transeúntes, almuerzo en los restaurantes caros y baratos, figuro en el Libro de Oro y hasta, tal vez, me hallo ahora mismo sentado en la platea! ¡A ver! ¡Sería curioso! ¡Voy a buscarme! (*Hace visera con las dos manos y mira a la sala.*) ¡A ver! ¡A ver!

En ese momento, tonante, entra Sagarra en escena.

SAGARRA.—(*A voz en cuello.*) ¡Al fin lo pesco, Obedot! ¡Esta vez no se me escapa.

SOCORRO.—¡Dios mío!

OBEDOT.—(*Que se ha dado vuelta hacia el escenario en cuanto sonó la voz del acreedor.*) ¡Eh! (*Con los brazos abiertos avanza hacia él.*) ¡Soy yo el que se felicita de recibirlo, estimado Sagarra!

SAGARRA.—(*Apartándolo.*) ¡Es inconcebible que para dar con usted tenga uno que deslizarse como un ladrón por la puerta de calle entreabierta, cuando no está a la vista ese cancerbero con chaleco a rayas que tiene usted por mayordomo.

OBEDOT.—(*Calmo.*) Ese acto no constituye abuso alguno tratándose de amigos. ¡Bienvenido!

SAGARRA.—(*Fuerte.*) ¡Vengo a cobrar!

OBEDOT.—(*Sereno.*) Voy a pagar.

SAGARRA.—(*Desconcertado.*) ¿Va a pagar?

SOCORRO.—(*En tono de reproche.*) ¡Luciano!

OBEDOT.—(*A su mujer.*) Querida, te ruego que me dejes arreglar a solas mis asuntos con el señor.

SAGARRA.—(*Que ha advertido, de pronto, que no ha saludado a la señora Obedot.*) ¡Oh, señora, dis-

pénseme! No la había visto. Entré tan excitado...
Mis respetos, señora.

Socorro.—Está usted disculpado, señor.

Sagarra.—Muy amable. Gracias.

Socorro.—Con permiso. *(Sale.)*

Obedot.—Tome usted asiento cómodamente, mi
estimado amigo.

Sagarra.—*(Lo obedece. Con alivio.)* Dijo usted
pagar... Eso me quita un peso de encima.

Obedot.—Dije pagar, sí, y lo reitero. Ahora veamos cómo y cuándo.

Sagarra.—*(Sobresaltado.)* En dinero efectivo y al
instante. De otra manera, le embargo los muebles.

Obedot.—Usted es hombre de negocios, Sagarra,
y sabe que el dinero es apenas un símbolo. Un
símbolo de bienes.

Sagarra.—¡Lo sé, claro! El que me debe dinero,
me debe bienes. Usted...

Obedot.—*(Interrumpiéndolo.)* ¿Ha oído hablar de
las playas del Cangrejal?

Sagarra.—No, no. ¿Por dónde quedan?

Obedot.—Más allá de Ancón. Una caleta en donde
próximamente habrá un maravilloso paraíso bal-
neario.

Sagarra.—*(Desconfiado.)* Bien... ¿Y?

Obedot.—Un milagro, querido amigo. Son tierras
que mi esposa heredó de su abuelo, el General Diógenes Pinzón.

Sagarra.—No veo qué tiene que ver eso con...

Obedot.—*(Rápido.)* ¡Un momento! ¡No he concluido aún! *(Pausa.)* Esas playas van a ser urba-
nizadas. Una gran empresa, de la que forma parte
el Banco Propulsor, las ha adquirido. Por razones
sentimentales conservamos en nuestro poder treinta lotes de los mejores en la zona. Fue en esos
30 mil metros cuadrados donde el General Pinzón
apostó sus tropas durante la revolución del 55 o
del 65, no estoy muy bien en historia.

211

Sagarra.—Bueno, ¿y qué?

Obedot.—Los 30 mil metros cuadrados del Cangrejal, que pertenecen a mi familia, serán, si usted los acepta, suyos. El dinero es símbolo de bienes. No tengo ningún dinero, pago con bienes.

Sagarra.—*(Desorientado.)* Pero esto es muy inesperado. Debo pensarlo...

Obedot.—Reflexione usted todo el tiempo que quiera. *(Saca un legajo de papeles del bolsillo.)* Aquí están los títulos. *(Los extiende.)* ¡Son suyos!

Sagarra.—*(Toma los papeles.)* ¡Pero nada sé del precio, de la situación, de las posibilidades de esas playas!

Obedot.—*(Mientras el otro revisa nerviosamente los papeles.)* Junto con esos títulos hallará usted un prospecto a todo color sobre la futura urbanización. ¡Ése! ¡Ese azul, justamente! Léalo. 300 soles metro cuadrado, con agua, desagüe, luz eléctrica, pista asfaltada, sol todo el año... Y, además, mar propicio para la práctica de tabla hawaiana, *ski* acuático, pesca mayor y caza submarina.

Sagarra.—*(Mirando y remirando los papeles.)* Hay que estudiarlo. No puede uno decidirse así porque sí.

Obedot.—Por cierto que no. Tómese usted el tiempo que le haga falta. Uno, dos, tres meses. Llévese los papeles y examínelos con calma. Luego conversaremos.

Sagarra.—Si usted me da tiempo... *(Guarda los papeles en el portafolio.)* Lo pensaré. *(Se pone en pie.)*

Obedot.—*(También en pie.)* ¿Se va tan pronto?

Sagarra.—Sí, tengo mucho que hacer aún. Ya hablaremos de esto.

Obedot.—Déjeme que, por lo menos, le dé una noticia que acabará por tranquilizarlo completamente.

Sagarra.—¿Acerca de qué?

OBEDOT.—De mi deuda con usted. *(Confidencial.)* Mi hija se casa.

SAGARRA.—Lo felicito.

OBEDOT.—Con un millonario.

SAGARRA.—Más felicitaciones.

OBEDOT.—Y marqués español.

SAGARRA.—¡Qué suerte! ¡Qué suerte!

OBEDOT.—Como lo oye.

SAGARRA.—¡Formidable! *(Pausa.)* Bueno, me marcho. Mi querido Obedot, encantado de haberlo visto.

OBEDOT.—Lo acompaño hasta la puerta. *(Van juntos.)* Hasta la vista, señor Sagarra.

SAGARRA.—¡Hasta la vista!

SOCORRO.—*(Ingresando.)* ¡Luciano, todo ha sido una descomunal mentira! ¡He estado escuchando!

OBEDOT.—¿Descomunal mentira? No tanto. Los 30 mil metros cuadrados del Cangrejal con que pretendo saldar la cuenta con Sagarra son los disponibles para obsequiar a cierto público con el fin de iniciar espontáneamente, ¿entiendes? la urbanización proyectada. Si Sagarra los toma como cancelación de la acreencia, habré salido de uno de los más feroces cobradores que me asedia. Si no los toma, hemos ganado un plazo de por lo menos un mes antes de la ejecución. La meta es el matrimonio de Pitusa...

SOCORRO.—¿Justifica ella tales medios?

OBEDOT.—¡Claro que sí! Sobre todo si la hija de que se trata es, como la nuestra, tímida, romántica, fuera de serie. ¡Si todavía no me explico qué cosa de su persona ha atraído al Marqués de Rondavieja!

SOCORRO.—Pitusa tiene su encanto. Tiene sentimientos delicados, es culta...

OBEDOT.—¡Sentimientos de novela rosa! ¡Cultura de revista de actualidades, con grandes artículos sobre los amores de una princesa griega con un campeón de base-ball! *(Pausa.)* Espero que consi-

dere el matrimonio como una transacción económica.

Socorro.—(*Escandalizada.*) ¡Qué idea, Luciano!
¿Te casaste conmigo como hombre de negocios o
como enamorado?

Obedot.—(*Yendo al encuentro de su mujer y besándola.*) ¡Como un Romeo que desposa a su Julie-
ta! (*Pausa.*) Ahora llama a Pitusa, que debo hablarle. Es preciso que comprenda la finalidad de la
cena de esta noche y de que se convenza de que
tiene que tomar en serio al Marqués.

Socorro sale en busca de su hija.

Obedot.—(*Que se adelanta al público.*) Me casé
creyendo que el famoso general había dejado una
herencia fabulosa, como para permitirme dar un
salto hacia la fortuna inquebrantable. (*Recalcando
las palabras.*) ¡Ni un centavo! ¡Así como lo oyen;
ni un centavo partido por la mitad! (*Pausa.*) Parece
que a mi suegro le sucedió lo mismo, y que antes
a su suegro le ocurrió otro tanto, y así hasta el
demonio sabe qué generación de desprevenidos. Una
cadena fatal de errores, de la cual yo soy el último
eslabón. Es cierto que el distinguido prócer ganó
mucho oro en sus patrióticas campañas, pero lo
derritió luego en la crapulosa vida privada que,
al margen de la cosa pública, llevó irresponsable
y alegremente. Los historiadores le han dedicado
muy bonitas páginas, una calle ostenta su nombre
y apellido, en algunos museos están sus medallas,
su catre de campaña y una heroica camiseta que-
mada por la pólvora. De sus peripecias de galán
derrochador no se dice en ninguna parte nada, pero
fue en ellas donde tiró la casa por la ventana. (*Pausa.*) En fin, esa carta me falló hace tiempo, cuando
yo era un crédulo soñador, pero la que juego ahora
con el Marqués está marcada. Esta vez, gracias a

mi talento, una persona de esta familia va a acertar en la ruleta del matrimonio.

Entran Socorro y Pitusa.

SOCORRO.—Ya le he dicho que se ha presentado un partido que no conviene desdeñar.

OBEDOT.—Así es, hijita. Te vas a casar. Eso, en los días negros que corren, es algo que testimonia la existencia de Dios.

PITUSA.—*(Con voz dulce.)* Entonces, ¿ya te habló el joven Castro?

OBEDOT.—¿El joven Castro? ¿Quién es? ¿Castro qué?

PITUSA.—Ángel Castro, papá. Una vez fui con él a una fiesta. ¿Recuerdas?

OBEDOT.—¿Un tipejo paliducho?

PITUSA.—¡Un muchacho delicado, papá!

OBEDOT.—¿Y por qué habría de hablarme el joven Castro?

PITUSA.—Para pedirte mi mano, papá. Queremos casarnos.

SOCORRO.—¿Qué? ¿Estás enamorada de él?

PITUSA.—Sí, mamá.

OBEDOT.—¿Y él de ti?

PITUSA.—Sí, papá.

Obedot mira a Socorro, Socorro a Obedot, totalmente desconcertados ambos.

OBEDOT.—*(Sin saber qué hacer ni qué decir.)* ¿Y qué pruebas tienes de que ese individuo te quiere?

PITUSA.—*(Con naturalidad.)* Me siento amada.

OBEDOT.—*(Exasperado.)* ¡Qué pruebas, pregunto! ¡Qué pruebas!

PITUSA.—Quiere casarse conmigo.

Pausa. Hay desorientación entre los padres.

Socorro.—*(Con ternura.)* ¿Y cuándo te ha dicho que quiere casarse contigo?

Pitusa.—Todas las tardes.

Socorro.—¿Todas las tardes? ¿Te ves con él todas las tardes? ¿Dónde?

Pitusa.—En el jardín. Ahí nos reunimos diariamente.

Obedot.—*(Conteniendo la cólera.)* ¿Y por qué no nos lo has dicho antes?

Pitusa.—Nunca ustedes me lo preguntaron.

Obedot.—*(Estallando.)* ¡Pero quién es él! ¡Cuál es su familia! ¡Con qué cuenta para casarse!

Pitusa.—*(Natural.)* Se llama Ángel Castro. Estudia en la Universidad. Es huérfano.

Obedot.—*(Desesperado ya.)* ¡Huérfano! ¡Estudiante! ¡Castro! ¡Nada! *(Al público.)* Ahí tienen ustedes una muestra de lo que son estos absurdos tiempos. Un jovenzuelo que no tiene dónde caerse muerto y que debería pasarse los días y las noches con la cabeza metida en los libros, que no ha salido prácticamente del cascarón, ya quiere casarse... *(A su hija.)* ¡Pitusa!

Pitusa.—Sí, papá.

Obedot.—*(Tratando de exponer un razonamiento convincente.)* Escúchame, criaturita. Bueno, te casas con el tal Ángel. *(Pitusa sonríe complacida.)* ¡Tú no tienes un real! ¡Él tampoco! Al día siguiente de la boda, ¿qué comen? ¿Lo han pensado?

Pitusa.—Sí, papá.

Socorro.—*(Emocionada.)* ¡Oh, mi hijita está enamorada!

Obedot.—*(Grita.)* ¿Qué comen?, pregunto.

Pitusa.—Lo que haya. Un pan, una papa, un vaso de agua. ¡Y nos querremos más!

Obedot.—¡Eso es pura fantasía!

Pitusa.—Hemos decidido alquilar un pequeño departamento en las afueras. Yo seré su sirvienta y él mi sirviente. Cocinaremos juntos, lavaremos los platos juntos, pasearemos juntos, leeremos juntos. Enseñaré inglés en mis horas libres. Él, cuando sus estudios se lo permitan, hará trabajos de mecanografía. El amor nos ayudará a vencer todos los obstáculos.

OBEDOT.—¿Pero ese insensato alimenta alguna ambición en la vida?

PITUSA.—Es inteligente y voluntad no le falta. Llegará a ser por lo menos embajador.

OBEDOT.—Mira, hija. En estos tiempos, embajador es cualquiera. No se necesita mucho ingenio para llegar a serlo. *(Pausa.)* ¿Qué estudia tu galán?

PITUSA.—*(Muy orgullosa.)* Antropología.

OBEDOT.—*(En el colmo de la perplejidad.)* ¿Antropología? ¿Y para qué sirve eso?

PITUSA.—El mundo futuro necesitará de los antropólogos.

OBEDOT.—Y mientras esperamos que venga de no sé dónde ese mundo futuro, ¿cómo se las arreglarán ustedes dos?

PITUSA.—Todo lo solucionará nuestro cariño, nuestra unión. A él le sacrificamos, por eso, todo.

SOCORRO.—*(Con intención.)* ¿Todo? ¿Inclusive tu padre y tu madre?

PITUSA.—¡Oh, no! Quise decir que... *(Vacila.)*

OBEDOT.—¿Tu angelito conoce la situación económica por la que atravesamos?

PITUSA.—*(En son de protesta.)* Nunca hemos hablado de dinero.

OBEDOT.—*(Insidioso.)* ¿Te cree rica, entonces?

PITUSA.—*(Cándida.)* Me sabe buena.

OBEDOT.—*(Triunfal.)* ¡Ahora comprendo!

SOCORRO.—*(A Pitusa.)* ¿No te parece?...

OBEDOT.—*(Deteniéndola.)* Nada, nada. Escucha, hijita, le vas a decir a ese niño que venga a hablar conmigo esta tarde. ¿Puedes citarlo?

PITUSA.—*(Alegre.)* ¡Claro, papacito!

OBEDOT.—A las cinco lo espero. *(Didáctico.)* Atiéndeme bien ahora. Hace unos días, en la fiesta de las hermanas Corominas, conociste a un distinguido joven español, el Marqués de Rondavieja.

PITUSA.—¡Oh, sí! Un pesado que me molestó toda la noche.

OBEDOT.—*(En tono de reproche.)* ¡Un caballero que te hizo la corte!

SOCORRO.—Un señor en toda la extensión de la palabra, hija.

OBEDOT.—Ese señor en toda la extensión de la palabra, como dice tu mamá, vendrá esta noche a cenar con nosotros, pues está interesado en ti. Tu madre y yo vemos con muy buenos ojos a este pretendiente. *(Pausa.)* No serás, hija mía, la señora de Castro. Serás la Marquesa de Rondavieja. No irás a parar tampoco, ya que tus padres velan por tu dicha, a un modesto departamentito de suburbio. Vivirás en un barrio residencial. No cocinarás, ni lavarás, ni enseñarás inglés. Viajarás, tendrás joyas, serás una reina... ¿Has entendido?

PITUSA.—*(Un ademán de rebeldía.)* ¡Papá, quiero la felicidad aunque sea en la pobreza!

OBEDOT.—Oye la voz de la experiencia, hija. *(Pausa. Convincente.)* No estarás obligada a pasar por el dolor de renunciar al joven Castro. El te abandonará, te lo aseguro.

PITUSA.—¡No lo conoces, papá! Ángel no cede ante nada.

Suena el timbre de la calle.

SOCORRO.—Llaman a la puerta... ¡Y no hay servidumbre que abra!

OBEDOT.—¡Que no se abra, entonces!

Suena el timbre insistentemente.

SOCORRO.—Siguen llamando. ¿Quién será?

OBEDOT.—¡Es el típico toque de un cobrador!

Más timbre.

SOCORRO.—¡Insisten! Iré yo.

OBEDOT.—No. *(A su hija.)* Anda tú, pequeña, y dile que he salido de viaje. Tal vez haya entre esos chacales alguno que preste fe a la palabra de una adolescente enamorada.

PITUSA.—Sí, papá. *(Sale.)*

SOCORRO.—*(A su marido.)* ¿No te ha conmovido la fuerza de su pasión?

OBEDOT.—¡Más me ha conmovido, te lo juro, la codicia de ese simplón que cree haber encontrado en nosotros una veta de oro! ¡Buen chasco se va a llevar el muy infeliz!

Vuelve Pitusa.

PITUSA.—Papá, es el señor Ahumada.

OBEDOT.—*(Tomándose la cabeza entre las manos.)* ¡El peor, el más usurero y canalla de todos!

PITUSA.—Dice que viene a proponerte un buen negocio.

OBEDOT.—¡Que te fíes de la palabra falaz de un estudiante verboso es explicable, hija, pero ¿cómo puedes creer que un acreedor dice la verdad cuando trata de cazar a su víctima? *(A las dos mujeres.)* Déjenme con él. Me las arreglaré como pueda. *(Salen Socorro y Pitusa.)*

OBEDOT.—*(Luego de ir, con aire resignado, hasta la puerta y volver con Ahumada a la sala.)* Pase usted, Ahumada. Pase. Está usted en su casa...

AHUMADA.—*(Efusivamente.)* ¡Mi querido amigo, lo congratulo muy efusivamente!

OBEDOT.—¿Por qué? ¿Se puede saber?

AHUMADA.—Ya sabe toda la ciudad su inmensa suerte. Su hija, su bella hija, se casa con un opulento industrial extranjero. ¡No me ocultará usted tan buena nueva!

OBEDOT.—(*Modesto.*) No, no se la oculto. Así es.

AHUMADA.—(*Abrazándolo.*) Un yerno rico es algo que el destino no concede fácilmente a las pobres criaturas humanas. Los negocios no le fueron propicios, Obedot, pero en cambio ha ganado usted un hijo millonario. Hay un equilibrio inmanente en el universo, como decimos los rosacruces.

OBEDOT.—El Marqués de Rondavieja trae, más que dinero, cosa fugaz, amor, amor y amor. ¿Su actitud hacia mí ahora, querido Ahumada, no demuestra que son los efectos los que han comenzado a reinar a mi alrededor? Es decir, en una palabra, la paz.

AHUMADA.—La paz de su conciencia, señor Obedot. Es muy valioso. Y podemos suscribir, en este mismo momento, un pacto de amistad.

OBEDOT.—¿Un pacto? Explíquese.

AHUMADA.—Vine, primero, a felicitarlo. Aprovecho para proponerle una transacción.

OBEDOT.—Diga usted.

AHUMADA.—(*Abriendo su portafolio.*) Tengo aquí 65 mil soles en 13 letras escalonadas, correctamente aceptadas por un señor de apellido Lobo. Pues bien, se las endoso a usted como si sólo montaran a 30 mil. Usted consolida la deuda de ese señor, y la deuda suya hacia mí, que asciende a 20 mil, la salda aceptándome usted otra letra por 50 mil redondos. De tal modo, usted recibirá, en amortizaciones del señor Lobo, 65 mil soles y recuperará su dinero con creces, en tanto yo, descontando el documento que usted me firma en el banco, obtengo una suma que aproximadamente vale por ambas acreencias. Mato dos pájaros de un tiro, que es lo que me interesa. ¿Acepta?

OBEDOT.—(*Sin entender la operación.*) Con calma, Ahumada. Déjeme razonar. Yo le debo a usted 20 mil. El señor... ¿Cómo se llama?

AHUMADA.—Lobo.

OBEDOT.—El señor Lobo le debe a usted 65 mil...

Ahumada.—Correcto.

Obedot.—Son, pues, en total, 85 mil soles. *(Ahumada asiente.)* Yo le firmo a usted una letra por 50 mil y cobro los 65 mil de su acreedor.

Ahumada.—Eso es.

Obedot.—*(Haciéndose un enredo con los cálculos mentales.)* 85 mil... 50 mil... menos los intereses... 2 mil, digamos...

Ahumada.—Es muy claro.

Obedot.—Déjeme un momento... *(Sigue calculando.)* Son 13 escalonadas... *(A Ahumada.)* ¿A qué plazo?

Ahumada.—A 60 días.

Obedot.—¿La mía?

Ahumada.—¡La suya, claro!

Obedot.—Dos meses...

Ahumada.—*(Con picardía.)* Y dentro de dos meses, el yerno... *(Hace ademán de pagar.)*

Obedot.—*(Repentinamente.)* ¡Acepto! ¿Dónde están las letras de...? ¿Cómo se llama?

Ahumada.—*(Extendiéndole los papeles.)* De Lobo. *(Busca en su cartera.)* Aquí está la suya. *(La entrega.)*

Obedot.—*(Tras examinar los documentos.)* Bien. Firmo. *(Firma.)*

Ahumada.—*(Toma los papeles.)* ¡Y yo endoso! *(Firma.)* ¡Un gran negocio!

Obedot.—Sí, un gran negocio, pero para usted.

Ahumada.—¡No! ¡Para usted! *(Se pone de pie.)* Hemos firmado la paz.

Obedot.—¿No desea tomar un aperitivo?

Ahumada.—No, gracias. Debo ir al banco. *(Preparándose para salir.)* ¡Y mis felicitaciones, nuevamente!

Obedot.—Muchas gracias. Hasta pronto.

Ahumada.—Hasta pronto, don Luciano. *(Sale.)*

Obedot.—*(Queda pensativo. Avanza al público.)* Ustedes son testigos de que no soy yo quien teje

la tramposa telaraña. Está puesta aquí, inocentemente, y ellos vienen a ella y se enredan. Los dos
meses de mi letra pasarán y la letra seguirá siendo
letra, y la deuda, deuda, y Ahumada, Ahumada y
Obedot, Obedot... En cambio, las obligaciones del
señor Zorro, Tigre, Lobo, o como sea, serán satis-
fechas puntualmente a mi favor, porque para eso
tengo mis palancas. Ustedes son testigos. ¿No es
acaso el mundo el que nos hace como somos?

Entra Jacinto.

Jacinto.—Con el permiso del señor.

Obedot.—¿Hablaste con el señor Obeso?

Jacinto.—Sí, señor. Dijo que vendría en seguida.
Precisamente tenía que visitar al señor Cash. Luego,
de ahí vendrá acá.

Obedot.—¿El whisky y el vino?

Jacinto.—Ya están en la bodega.

Obedot.—Perfecto. Ahora te voy a encomendar
otra misión.

Jacinto.—Siempre a sus órdenes, señor.

Obedot.—Impide que el señor Obeso vea al señor
Cash.

Jacinto.—Nada más fácil. Le pediré al mayordomo del señor Cash, que es mi compadre espiritual, que diga al señor Obeso que su patrón no
está en casa.

Obedot.—¡Muy bien, Jacinto! ¡Acabarás siendo
mi secretario!

Jacinto.—Para mí eso sería un altísimo honor,
pero desgraciadamente apenas sé escribir.

Obedot.—No es inconveniente. Conozco secreta-
rios de ministerio que apenas son capaces de firmar.

Jacinto.—¿Cómo puede ser eso posible? ¿Cuáles
son sus tareas, entonces?

Obedot.—Las mismas que las de un mayordomo,

aunque menos útiles. Bueno, vete a cumplir con
tu deber.

*Jacinto sale en el preciso momento en que entran
Godofreda y Jobita.*

OBEDOT.—¿Habrá o no habrá banquete?

GODOFREDA.—¡Y de relamerse los dedos!

OBEDOT.—¡Anda, pues, a multiplicar los peces y
los panes!

GODOFREDA.—*(Saliendo.)* Sí, señor.

OBEDOT.—*(A Jobita.)* ¿Todo arreglado?

JOBITA.—Sí, señorcito. Vendrán a cobrar dentro
de una hora.

OBEDOT.—*(Mirando su reloj.)* ¡Cobrarán!

JOBITA.—¿Algo más?

OBEDOT.—Nada por ahora.

JOBITA.—Permisito... *(Sale.)*

OBEDOT.—*(Para sí, satisfecho.)* ¡Tener a esta gente
de la parte de uno es mejor que ser amigo de toda
la banca de Wall Street!

JACINTO.—*(Que regresa excitado.)* ¡Mientras ha-
blábamos con mi compadre, el mayordomo del señor Cash, se me ha colado un acreedor! ¿Qué
hago?

SANTIZO.—*(Tras de aquél.)* Señor Obedot, por
favor. *(Al borde del llanto.)* Hace una semana que
toco su puerta, y siempre he fracasado. ¡Me han en-
gañado mil veces!

OBEDOT.—*(Tranquilo.)* Anda a lo tuyo, Jacinto.
(Jacinto sale. A Santizo.) Mi buen Santizo, el hombre es por naturaleza infeliz. Usted me persigue
a mí, yo persigo a otro, ése otro persigue a un cuarto, así hasta el infinito. Cada uno, a su vez rehuye
a quien lo persigue. Pero un día se produce el encuentro. Henos aquí frente a frente.

SANTIZO.—*(Sollozante.)* Estoy en la ruina... ¡Todo
lo tengo empeñado!

OBEDOT.—Igual que yo.

SANTIZO.—Mi situación es muchísimo peor. Usted posee por lo menos todo esto... Yo no. Le suplico que me pague una pequeña parte de lo que me adeuda. *(Patético.)* ¡Hay hambre en mi hogar!

OBEDOT.—Desconfíe de las apariencias. Nada de lo que usted ve aquí es mío, y de un momento a otro sus legítimos propietarios se lo llevarán todo.

SANTIZO.—¡Pero es posible! Usted que parece tan dueño...

OBEDOT.—Mis acreedores son poderosos. Las fuerzas vivas del comercio y la industria en pleno.

SANTIZO.—¡No puede ser! ¡Usted es la única esperanza que me queda!

OBEDOT.—Aliente usted esa esperanza... *(Pausa.)* Por ahora le daré una migaja de los residuos que me quedan. *(Saca una chequera y comienza a llenar un cheque.)* Tengo en el banco 500 soles. Le daré la mitad. ¿Está bien?

SANTIZO.—Bienvenido sea lo que Dios quiera, señor Obedot. *(Pausa.)* Si yo tuviera un empleo...

OBEDOT.—*(Firma el cheque y lo entrega a Santizo.)* Si yo le pudiera colocar en un puesto público, con una remuneración decorosa y ciertas gollerías, ¿daría usted por cancelada la deuda?

SANTIZO.—Creo que sí. Mi situación no es como para andarse con intolerancias.

OBEDOT.—Cuente con el puesto. Hablaré con una prima mía que tiene sus cosas con el Ministro de Hacienda. La próxima semana estará usted incluido en el Presupuesto de la Nación.

SANTIZO.—Mi familia lo bendecirá.

OBEDOT.—Pero de todo esto, ni una palabra.

SANTIZO.—¡Como una tumba! *(Pausa. Casi en secreto.)* Procure que el puesto sea en la Aduana, es mi fuerte.

OBEDOT.—Vaya tranquilo, amigo. Llámeme el lunes. *(Lo empuja hacia la salida.)*

Santizo.—El lunes vendré por aquí. Hasta el lunes. *(Sale.)*

Obedot.—¿Cómo hace este hombre para sacarme dinero? No hay duda de que todavía tengo un buen corazón..., aunque mis cheques carezcan de fondos.

Obeso.—*(Ingresando.)* Bien, Luciano, aquí estoy. ¿Qué quieres?

Obedot.—*(Alegre.)* Así me gusta, Pancho. ¡Al grano!

Obeso.—¿Dinero?

Obedot.—¿Qué otra cosa puede ser?

Obeso.—*(Cortante.)* Imposible. Todo en la vida tiene un límite.

Obedot.—Todo no. La desdicha puede ser infinita.

Obeso.—*(Secándose la transpiración.)* Si yo fuera millonario asumiría el íntegro de tus deudas y te daría una oportunidad de comenzar de nuevo. Pero no lo soy y además creo que no tienes compostura. Empeñas tu palabra y no pagas. Ha llegado, pues, la hora de tu caída. De tu caída en el abismo del protesto, que es la fosa común de los tramposos.

Obedot.—No, Pancho, nada de moral entre nosotros. ¡Necesito dinero! Y no para mí, sino para mi hija. Está a punto de comprometerse, y si no pago los gastos que demanda el compromiso no habrá boda. Y si no hay boda, la ruina. Debo tener quince días riqueza, y por una sola vez, puesto que no tengo sino una hija.

Obeso.—¿Para qué esa riqueza ficticia?

Obedot.—El pretendiente debe creernos millonarios. Debo ofrecer una fiesta, comprar un ajuar elegante, contratar una iglesia para ceremonia de primera clase, etc. Según mis cálculos, me hacen falta 80 mil soles.

Obeso.—¿Pero quién tiene 80 mil soles para prestar de la noche a la mañana? ¡Quítate de la cabeza que yo puedo girar con semejante cifra!

OBEDOT.—No me interesa mi persona, Pancho. Me interesan las dos pobres mujeres que de mí dependen. *(Melodramático.)* Desearía verlas libres de toda inquietud económica, siempre felices. Yo puedo desterrarme, ser un paria en el extranjero, morir lejos, pero ellas... *(Se seca unas lágrimas que apuntan en sus ojos.)* He fracasado, es cierto, pero mi fracaso es más negro ahora que conozco la indiferencia de mi mejor amigo.

OBESO.—*(Desesperado.)* ¡80 mil soles son demasiado dinero!

OBEDOT.—*(Rápido.)* ¡Y también muy poco! He hecho compras e imprudentemente he prometido pagar dentro de un rato las facturas. He invitado a comer al pretendiente y a su administrador, y debo hasta la sal de ese banquete. ¿Qué hago? Es indispensable que el Marqués de Rondavieja nos crea ricos, al menos hasta el instante en que el cura lo haya convertido en esposo de Pitusa. ¿Comprendes por qué 80 mil soles son unas cuantas monedas en este trance?

OBESO.—*(Casi gritando.)* ¡Pero no los tengo! ¡No los tengo!

OBEDOT.—*(Cayendo abatido en un sillón.)* En ese caso, estoy perdido.

OBESO.—¿Te consta que el futuro yerno es millonario?

OBEDOT.—Para eso tengo un olfato de sabueso, pero tú lo verás. Vendrás a comer esta noche con nosotros y juzgarás tú mismo.

OBESO.—¿Y si falla el matrimonio?

OBEDOT.—¡Sólo puede fallar si no tengo los 80 mil soles!

OBESO.—*(Rehuyendo el compromiso.)* ¡Es lamentable, pero yo no te los puedo dar! *(Hace ademán de retirarse.)*

OBEDOT.—*(Tras él.)* Haz un esfuerzo. En nombre

de nuestros recuerdos de juventud, en nombre de nuestra vieja amistad. ¿Has olvidado ya aquellos bellos tiempos?

Obeso.—¡No los he olvidado, qué va! Más de una vez te saqué de apuros.

Obedot.—¡Pero te pagué! Te dejé a Catalina... *(Pausa.)* ¡Oh, si Catalina viera lo que haces te reprocharía tu conducta!

Obeso.—*(Sentimental de pronto.)* ¡Ah, si viviera Catalina! ¡Todo sería tan diferente! *(Pausa.)* Ante todo, no estaría casado con Imelda y sus perritos falderos.

Obedot.—¡Aún posees sentimientos, Pancho! ¡Me darás el dinero que necesito!

Obeso.—*(Recuperándose.)* ¡No lo tengo! ¡No lo tengo!

Obedot.—Bueno. *(Iracundo.)* ¡Me saltaré la tapa de los sesos! *(Va hacia un mueble y de ahí extrae una pistola.)*

Obeso.—*(Alarmado.)* ¡Qué haces, insensato! *(Intenta quitarle el arma.)*

Obedot.—*(Forcejeando.)* ¡Déjame! ¡Déjame morir!

Obeso.—¡Suelta!

Ingresan Socorro y Pitusa.

Socorro.—¡Luciano!

Pitusa.—¡Papacito!

Obedot.—*(Desarmado por Obeso.)* ¿Ves? Ellas acuden como dos querubines. *(Tomando a las dos mujeres de la mano.)* Francisco Obeso, ¿vas a ensañarte con una familia en desgracia?

Obeso.—*(Que retenía la pistola en la mano, arrojándola lejos.)* ¿Yo? ¡Qué ocurrencia!

Obedot.—*(Aprovechando ladinamente la ocasión.)* Estos dos seres angélicos me dan la fuerza necesaria para arrodillarme ante ti y rogarte que me brindes el favor que hasta este momento me has negado. *(Se arrodilla.)*

PITUSA.—*(Hincándose al lado de su padre.)* ¡Papá, yo imploraré contigo!

OBESO.—*(Embarazado.)* ¡No! ¡Por favor! *(Ayuda a la muchacha a ponerse de pie.)*

SOCORRO.—*(Dramática.)* ¡Pancho, no rechace así a su viejo amigo!

OBESO.—*(A Socorro.)* ¿Pero sabe usted qué me pide?

SOCORRO.—No, pero...

OBESO.—¡Quiere que le preste 80 mil soles para casar a la niña!

PITUSA.—*(Digna.)* ¿Qué? ¡No! ¡No! ¡Olvide que me he arrodillado, señor Obeso! No quiero un matrimonio cuyo precio es la humillación de mi padre.

OBEDOT.—*(Abrazando a su hija.)* ¡Eres una santa!

SOCORRO.—*(Besándola.)* ¡Criatura de mis entrañas! *(Los tres lloran.)*

OBESO.—*(Explotando.)* ¡Voy a mandarte ese dinero! ¡Te mandaré un cheque más tarde. *(Yéndose.)* ¡Malditos sean mis sentimientos!

OBEDOT.—¡Pancho! ¡Necesito una parte en efectivo, ahora mismo!

OBESO.—*(Se detiene antes del mutis.)* ¿Qué?

OBEDOT.—¡Necesito algo en efectivo inmediatamente!

OBESO.—*(Sacando su cartera.)* ¡Toma cinco mil! *(Arroja los billetes.)*

OBEDOT.—*(Reteniéndolo.)* Hasta luego, Pancho. Recuerda que te he invitado a cenar esta noche con nosotros.

SOCORRO.—Y a la señora Obeso, por supuesto. Desde que no voy a la Liga Protectora de los Subalimentados no la veo. ¡Tan distinguida y fina como es!

OBESO.—*(Entre dientes.)* ¡Mil gracias! Hasta luego. *(Sale furioso.)*

OBEDOT.—¡Hurra! ¡Hurra! ¡Hurra! *(Besa a su mujer y a su hija, y danza contento.)* ¡Un éxito increíble haber roto el inexpugnable corazón de ese hombre! *(Recoge los billetes diseminados por el suelo.)* ¡Aquí está hecho pedazos!

JACINTO.—*(Entrando.)* Señor, han llegado estas facturas.

OBEDOT.—*(Las toma y las revisa.)* Bien.

SOCORRO.—*(A su hija.)* Vamos, Pitusa. Tienes que probarte el vestido lila, ése que tiene el descote en flecha, como el de la Princesa Margarita... *(Salen las dos mujeres hablando.)*

OBEDOT.—*(A Jacinto.)* Paga con esto. *(Le da dinero.)*

JACINTO.—*(Cuenta.)* ¡Hay cien soles de más, señor!

OBEDOT.—*(Con gesto de gran desprendimiento.)* ¡Quédate con ellos!

JACINTO.—*(Dando de saltos, sale.)* ¡Gracias, señor!

Obedot, solo, toma un cigarro habano, lo enciende, echa una bocanada al aire y entona el "Vals de la notoriedad por las deudas".

> Porque deudas tengo,
> pagarés pesados,
> cobros, vencimientos,
> endosos impagos,
> porque el tiempo pasa
> en mi calendario
> desglosando a plazos
> únicas de cambio,
> mi precio es muy alto
> en este mercado.
>
> En este mercado
> de falsos millones

229

por sus acreencias
valen los señores,
y cheques sin fondo,
letras y protestos,
son los pergaminos
de los nuevos nobles,
pues no existe el oro
sino entre los pobres.

Detrás de él, mientras canta, se cierra el

TELÓN

ACTO SEGUNDO

Al concluir la canción, el telón vuelve a abrirse. Obedot pasa al escenario —el mismo del acto anterior, a las cinco de la tarde—, toma un diario, lo despliega y, después de sentarse confortablemente, comienza a leerlo.

OBEDOT.—(*Leyendo los titulares.*) "El Gobierno obtiene amplio empréstito exterior." ¡Muy bien! ¡Muy bien! No haría yo otra cosa si estuviera en el poder... "Se consideran muy elevadas las tasas de crédito bancario." ¡Exacto! Es imposible operar con intereses tan subidos, tan inhumanos, ¡caramba! "Estados Unidos reforzará economía de pueblos polinesios." Todo el mundo vive pidiendo dinero y es muy natural que así sea. ¡En el planeta hay muy poca plata y demasiada gente! "El sol será fuerte en los próximos meses." (*Sobresaltado.*) ¿Qué? ¿El sol? (*Lee ávidamente. Tranquilizado.*) ¡Oh! Se trata del clima...

JACINTO.—(*Ingresando.*) Disculpe el señor que lo

230

interrumpa. El señor Castro está en la puerta. Dice que usted lo ha citado.

Obedot.—(*Distraído.*) ¿Castro? ¿Castro? Debe tratarse de un error.

Jacinto.—Disculpe nuevamente el señor, pero no es ningún error. Es el jovencito que pretende a la señorita Pitusa. Ella está con él.

Obedot.—¡Ah, sí! ¡El galán! ¡Que pase!

Sale Jacinto.
Entra, a los pocos instantes, Castro. Más atrás viene Pitusa.

Castro.—(*Muy decidido, tendiéndole la mano a Obedot.*) Encantado de conocerlo y saludarlo, señor Obedot.

Obedot.—(*Frío y cortés.*) Mucho gusto. Asiento, por favor. (*Señala una silla.*)

Pitusa.—¿Puedo quedarme, papá?

Obedot.—Prefiero hablar a solas con el caballero. Será una conversación de hombre a hombre. (*Mira significativamente a Castro. Este asiente con la cabeza.*)

Pitusa.—(*Un poco defraudada.*) Con permiso, entonces. (*Echa una melancólica mirada a Castro y le destina una dulce sonrisa.*) Hasta luego. (*Él corresponde la sonrisa. Pitusa sale.*)

Hay una pausa embarazosa entre los dos hombres.

Obedot.—(*Repentinamente.*) ¡Así que ama usted a mi hija!

Castro.—(*Seguro.*) Sí, señor.

Obedot.—¡Ajá! (*Se acomoda en el sillón.*) Por lo menos, ha sabido usted hacérselo creer ciegamente a ella.

Castro.—(*Se pone de pie.*) Sus palabras, señor, implican una duda que hiere mi dignidad. Si provi-

231

nieran de la boca de otra persona me ofenderían gravemente. Amo a Pitusa. Soy un estudiante huérfano y pobre. Pitusa es mi familia, mi riqueza, mi fuerza. *(Pausa.)* En suma, ella es todo para mí.

OBEDOT.—*(Cambiando de táctica.)* Siéntese tranquilo, amigo. No se exalte. *(El muchacho se sienta con aire victorioso.)* A mis años, como usted podrá comprender, se tienen ideas muy prosaicas acerca del amor y el matrimonio. Son ideas, que, como es natural, los jóvenes rechazan airados. No soy un padre cegado por sus afectos y no se me oculta, ni lo oculto a los demás, que Pitusa no es una belleza de concurso y que, en consecuencia, carece de los atractivos capaces de encender esas pasiones que los literatos encuadernan.

CASTRO.—*(Rápido.)* Lamento decirle que se equivoca.

OBEDOT.—*(Sorprendido.)* ¿Me equivoco? ¿En qué?

CASTRO.—La Pitusa que usted conoce, padre y todo como es de ella, es aparente. La auténtica es la que transfigura el amor. El amor embellece a Pitusa hasta convertirla en un ser sobrenatural. Yo conozco bien a esta criatura porque, sin falsas modestias, ella es mi obra.

OBEDOT.—*(Desconcertado.)* ¡Vaya! No ignoro, joven, que las cualidades morales de una persona pueden mejorar su realidad, pero se trata de un espejismo que pasa pronto.

CASTRO.—¡He ahí un error típicamente burgués!

OBEDOT.—¿Qué dijo? ¿Burgués? Eso pertenece a la terminología subversiva.

CASTRO.—Subversiva, no. Socialista. Soy socialista.

OBEDOT.—*(En pie y salido de sí.)* ¡Huérfano, pobre... y socialista! ¡Es el colmo!

CASTRO.—*(Sereno.)* No sé por qué esas tres circunstancias son el colmo. En principio...

OBEDOT.—*(Procurando calmarse.)* Aceptemos todo, inclusive su socialismo. *(Pausa.)* Usted, pues, ama a Pitusa, y este amor la transforma. Puedo comprender todo esto...

Castro.—Me felicito, señor. Así nos entenderemos mejor.

Obedot.—Pero seguramente no ignora usted que la vida exige ciertas condiciones materiales previas si se aspira a vivir con éxito. Un sueldo mínimo, una profesión, un... un... un... En fin, una seguridad básica fundamental.

Castro.—Los que no rinden culto a la comodidad física pueden vencer las dificultades con menos de lo mínimo.

Obedot.—(Irónico.) ¡Y morir como héroes, sí, no lo dudo, pero de hambre! ¡De hambre, caballerito! ¡De hambre!

Castro.—¡Lucho porque no haya más hambre!

Obedot.—(Desarmado por las convicciones del muchacho.) ¡Oh! ¡Oh! (Pausa. Decidido.) Voy a confiarle, jovencito, un secreto del cual depende el honor de la familia a la cual con tanto inexplicable denuedo quiere usted ingresar. ¡Estoy en la ruina! En este instante, aquí donde usted me ve, me hallo abrumado por las deudas y sin ningún ingreso real y ninguna esperanza de obtenerlo de inmediato. Pitusa, a decir verdad, estaría mejor en el departamentito que usted le ofrece al modo de romántico nido que en el hogar paterno. La pobre no lleva dote y no heredará sino papeletas de pignoración, avisos de letras vencidas y documentos de crédito desacreditado... (Espera ansioso la reacción de Castro.)

Castro.—(Tras una pausa.) ¿Y?

Obedot.—(Exaltado.) ¿Cómo "y"? ¡Le parece a usted poco lo que le he dicho? ¿Quiebra, deuda, embargos, fracaso total, esto es la familia Obedot, y le parece poco? ¡Eso es también Pitusa!

Castro.—Señor Obedot, soy joven y tengo aspiraciones, y aunque esté mal que lo diga, mi inteligencia es apreciable. Llegaré donde me propongo. Y tendré la dicha de dar a Pitusa no sólo el amor sino todo lo que haga falta para que viva con decoro.

OBEDOT.—(*Muy sorprendido.*) ¿Quiere decir que lo que acabo de contarle no ha afectado en nada sus sentimientos y sus propósitos de consumarlos en la boda?

CASTRO.—En nada. Bástele a usted saber, señor, que mi corazón no está movido por ninguna clase de interés.

OBEDOT.—(*Se muestra preocupado. Observa a Castro. Se aproxima a él.*) Tal vez usted no me cree, tal vez piensa que lo engaño... ¡Pero no! (*Pausa.*) La única solución para esta crisis económica es un buen partido matrimonial para Pitusa... ¡Necesitamos que se case con un millonario! (*Castro se encoge de hombros.*) ¿Tampoco le convence esta confesión? (*Parece ocurrírsele una idea.*) ¡Ah! ¡Se convencerá usted! Espere un momento... Espéreme... (*Sale como una estampida en dirección al interior de la casa.*)

CASTRO.—(*Lo ve salir. Ríe. Se adelanta y habla al público.*) Ustedes lo conocen mejor que yo. Un tornillito del gran engranaje de la inmensa maquinaria. En cuanto está levemente gastado, ya no sirve para nada. El sistema lo quiere reemplazar y él se resiste. (*Pausa.*) Sin dinero estos bichos no valen nada. Si les faltara la sangre el problema no revestiría gravedad. Ahí están las transfusiones. Si se les deslizara el piso debajo de los pies, se volverían patinadores, vivirían colgados en jaulas del techo, adquirirían alas. ¡Pero el dinero no puede faltar! ¡Que se acabe la sangre, el aire, las instituciones, los dioses, pero no el dinero! Y el recurso que se pone en juego para conseguirlo no siempre es lícito: exprimir el sudor ajeno, cambiar de principios de la noche a la mañana, casar a la hija con el primer peatón si éste tiene la bolsa repleta. (*Ríe*

234

a carcajadas.) Pero don Luciano Obedot está lúcido. No contaba con que en la escena iba a entrar el amor, o sea, la libertad. He entrado yo, señoras y señores, Ángel Castro, un Don Nadie, con el amor y la libertad. El muy zorro piensa que cederé terreno ante su sucio drama financiero. Y le voy a seguir la corriente. Voy a fingir que en verdad he venido por la dote y que al no haberla muestro mi negra entraña... *(Ríe)* ¡Le voy a tender una buena trampa a este Don Alguien! ¿Cuento con la complicidad de ustedes? ¿Sí? Gracias... Ya verán en qué para el juego. *(Indica silencio a los espectadores y vuelve a su silla. Regresa Obedot.)*

Obedot.—*(Que viene con un legajo de papeles.)* He aquí los papeles de la familia que indican nuestra secreta ruina en cifras de color rojo. ¡Léalos! *(Se los da.)*

Castro.—*(Los examina pacientemente durante un rato.)* ¡Un desastre!

Obedot.—Un desastre. *(Señalando los documentos.)* Allí están los protestos. Ahí el embargo de los muebles, que afortunadamente he logrado postergar. Mire los sobregiros. Esas son las papeletas de empeño... Todo está ahí en orden, en estricto orden porque, a ejemplo de nuestro gobierno, aunque las cuentas son deficitarias están en rigurosa clasificación.

Castro.—*(Que sigue mirando los papeles.)* Quiere decir que usted no ha cancelado nada en 10 años...

Obedot.—He cubierto un agujero con lo que extraía abriendo otro, generalmente más grande que el anterior. A la postre, he cavado mi tumba como los trapenses, pensando que, puesto que he de morir, debo continuar cavando. Usted, irresponsablemente, aspira a yacer en ésa y por eso se lo muestro.

Castro.—*(En plena simulación.)* Esto es algo más que una quiebra... ¡Una explosión!

Obedot.—Exactamente. Una explosión nuclear de

235

esas que matan al estallar y continúan matando después y siempre. *(Pausa.)* ¿Se da usted cuenta de mi honestidad?

Castro.—¿De su honestidad?

Obedot.—Mi honestidad, sí. Creo que el matrimonio de usted con mi hija es la boda del hambre con las ganas de comer. Para que se percate de la magnitud de la locura que cometerían ambos al unirse le he dado acceso a mis intimidades económicas, a mi alma.

Castro.—Efectivamente, sería una locura.

Obedot.—La realidad desnuda, sin adornos, está ahí. Ésa no puede ser transfigurada por el amor. Es una fea realidad.

Castro.—¡Una horrible realidad! Creo que no debo insistir en mis pretensiones.

Obedot.—*(Aliviado y victorioso.)* Amigo mío, tiene usted un gran porvenir. Sabe usted simular estupendamente.

Castro.—*(Alarmado.)* ¿Simular?

Obedot.—Ha simulado usted muy bien el amor. Casi llega a convencerme, se lo aseguro. En la política, en las finanzas, en la vida social, en todo, la simulación es la llave de las mil puertas. *(Pausa.)* Tendrá usted que decirle a Pitusa, luego de honda meditación, ha decidido que no es el matrimonio un acto que se pueda cometer sin una larga prueba previa. Ya encontrará las palabras adecuadas, pues elocuencia le sobra.

Castro.—¿Debo decírselo ahora mismo?

Obedot.—Ahora mismo. La haré venir. Usted hablará con ella a solas. Luego, un alejamiento sin brusquedad, poco a poco. Así terminará sin violencias esta historia de dulces frases y verdades amargas. Espérela aquí. *(Sale.)*

Castro.—*(Avanzando hacia el público.)* ¡Mordió el anzuelo el tiburón!

Pitusa.—*(Entrando.)* ¡Ángel!

Castro.—*(Hacia ella.)* ¡Amor mío! ¡Ven! *(Ella avanza.)* ¿Distingues a muchas personas reunidas ahí? *(Señala la sala de platea. Ella aguza la vista.)* Son todas amigas nuestras. Partidarios de nuestro amor.

Pitusa.—¿Tantos?

Castro.—¡Y miles de miles más! *(Tierno.)* Son testigos de mi lealtad a ti. Tu padre me acaba de confesar que está en la bancarrota. Me ha dicho también, aunque parezca increíble, que necesita un yerno millonario. Yo no sirvo a sus planes. Entonces, he fingido ceder a su presión, más simplemente para que el tinglado que está levantando se derrumbe estrepitosamente. ¡No me dejo vencer tan fácilmente! *(Pausa.)* ¿Sabes el marido que te destina?

Pitusa.—Sí. El Marqués de Rondavieja. Hoy cenará aquí.

Castro.—Yo me encargaré de ese tipo. Necesito esconderme aquí, en tu casa, hasta que llegue el invitado. Debo también hacer unas llamadas telefónicas y comunicarme con una serie de personas cuyos nombres he leído en el legajo de la quiebra y he grabado en mi memoria con letras de fuego: Cash, Sagarra, Ahumada, Santizo. Sí, Cash, Sagarra, Ahumada, Santizo. ¿Hay un lugar seguro en tu casa desde donde pueda telefonearles?

Pitusa.—Sí, desde mi dormitorio. Tengo un anexo.

Castro.—Ahí me ocultaré. ¿Lo permites?

Pitusa.—*(Coqueta.)* Creo que sí.

Castro.—Perfecto. Ahora bésame...

Pitusa.—*(Púdica.)* ¿Aquí?

Castro.—Aquí.

Pitusa.—*(Por los espectadores.)* ¿Y los señores?

Castro.—Como si no existieran. Ahí, a ese lado, según dicen, está la cuarta pared.

Pitusa.—Me da vergüenza, Ángel.

CASTRO.—*(Se aproxima a ella, la estrecha, la besa apasionadamente.)* ¡Pajarita!

PITUSA.—¡Pajarito!

CASTRO.—¡No hay fuerza contra el amor!

PITUSA.—¡No hay! ¡No hay!

Inician ambos la canción "El amor contra el viento y la marea."

Si alguien quiere que tu persona sea
la pieza de una ciega maquinaria,
no olvides que hay un arma milenaria:
el amor contra el viento y la marea.

Si en vez de humano encuentras quien te crea
un guarismo que suma o multiplica,
recuerda que al vivir sólo lo explica
el amor contra el viento y la marea.

Si de la realidad que es bella o fea
te dice con simpleza algún simplista,
todo es bello —contesta— en tanto exista
el amor contra el viento y la marea.
Si el mal es en el mundo el que campea,
según juzgan patricios y gerentes,
tan sólo es porque ignoran muchas gentes
el amor contra el viento y la marea.

Cuando concluyen, se disponen a salir.

CASTRO.—¡Vamos!

PITUSA.—¡Vamos!

CASTRO.—*(Deteniéndose.)* ¡Un besito antes del mutis!

PITUSA.—Si quieres...

Se besan y salen.

Socorro.—*(Que entra luciendo un elegante traje de noche. Atrás de ella viene Jobita con un gran ramo de flores diversas.)* Colocaremos las rosas aquí. *(Elige un florero y pone en él las rosas.)* Muy bien. *(Mira en torno.)* Ahí las magnolias. *(Toma las magnolias y, tras de colocarlas en otro florero, las arregla.)* Estos gladiolos allá. *(Va con ellos a un tercer recipiente y ahí los acomoda.)* Perfecto... *(Pausa.)* Ahora anda donde la niña Pitusa y dile que se vista. Dentro de un rato estarán acá los invitados y, salvo yo, que soy previsora, nadie está en la casa presentable.

Jobita.—Enseguida, señora. *(Sale.)*

Suena el timbre, aparece, con saco blanco de smoking, *Jacinto.*

Socorro.—¡Ahí están! ¡Dios mío!

Jacinto.—¿Abro, señora?

Socorro.—Sí, Jacinto. Haga pasar a los señores y dígales que en unos minutos estaremos con ellos... Seguramente Luciano no ha comenzado a cambiarse. *(Sale Socorro.)*

Jacinto va a abrir. Un segundo después reaparece con el Marqués de Rondavieja y su amigo Torrecillas.

Jacinto.—Los caballeros tendrán la amabilidad de esperar aquí unos instantes. El señor, la señora y la señorita Obedot vendrán enseguida. Con permiso. *(Sale.)*

Torrecillas.—*(Cuando está seguro de que Jacinto se ha alejado.)* ¡Hete en tus posesiones! *(Se sienta.)* ¡Adiós miserias! ¡Adiós tristezas! ¡Adiós angustias de fin de mes! *(Pausa.)* ¡Y adiós también alegrías disipadas de la juventud!

Marqués.—*(Nervioso.)* ¡Déjate de tonterías! Me siento como una pieza en subasta. Y tu voz me suena como la de un impertinente martillero. Ahorra palabras que todavía no está delante el postor.

TORRECILLAS.—¡Y qué postor! Una rama procede en línea directa del general Pinzón, caudillo de la joven república y, como es usual, dueño de vidas y haciendas. La otra viene de los aquilinos Obedot, hombres de negocios, grandes dilapidadores, consumados sibaritas, flor y nata del liberalismo. Por último, el tierno fruto de tan ilustre árbol, la leve Pitusa, que si bien no es un bocado de Cardenal tampoco es una lechuza. Un cheque con la cifra en blanco, girado, Dios mediante, a tu nombre.

MARQUÉS.—Espero que todos tus informes sean correctos y que al pasar por el aro nupcial encuentre al otro lado la gran vida.

TORRECILLAS.—Las fuentes son fidedignas, ciertas como que me llamo Jerónimo. Claro que siempre, como en todo juego de azar, se corre uno un riesgo. ¿Quién sabe qué es, en el fondo, un perfumado caballero limeño? Nadie. Tranquilízate, sin embargo. Lo esencial en estos trances es mantenerse consciente, listo para reaccionar de acuerdo a lo que más conviene.

MARQUÉS.—(Paseándose intranquilo.) Lo que me tiene desequilibrado es la doble personalidad. El endeudado ganapán, para unos, y el riquísimo Marqués, para otros. Debo casar al aristócrata para salvar de la cárcel al pillo. En resumidas cuentas, cambio una reja por otra... (Pausa.) ¡Y estoy harto! El sastre no me permite pasar por su vereda, mi automóvil cambia de color cada semana para evitar el decomiso, no se cómo vive y respira mi caballo en el hipódromo, entro y salgo del club como un intruso para burlar al tesorero. ¡Esto no es vivir! Y cuando termine con este infierno, mis desdichas no cesarán. Un buen mozo, adorado por las mujeres, afortunado en la ruleta, con sólo veinticinco años, no se casa por amor con una rica heredera que es medio tonta. Lo que se va a decir por ahí de mí...

TORRECILLAS.—¡Vaya! Tonta no es. Tiene su gracia.

MARQUÉS.—No ponderes el producto, Jerónimo, como si aún fueras agente viajero. Aparte de la gracia, ¿cuánto crees que tiene?

TORRECILLAS.—Un cálculo moderado, castigadas las cifras con las mermas inflacionarias, la baja del algodón en el mercado internacional y los pocos impuestos que es imposible rehuir, cinco milloncejos. ¿Has notado cómo viste la señora Obedot? ¿Has considerado las joyas que luce? ¿Has observado cómo apuesta en el bingo mensual de la "Sociedad Amigas Domınicales del Pobre"?

MARQUÉS.—Eso no es nada. Yo mismo me visto elegantemente, llevo un anillo de oro macizo en la mano izquierda, tengo un alfiler de corbata de platino con una perla como un garbanzo, apuesto en el hipódromo, y tal y tal, y si me pones boca abajo y me sacudes no cae de los bolsillos ni una perra gorda.

TORRECILLA.—Mira, entonces, a tu alrededor. ¿Es ésta o no la casa de un rico?

MARQUÉS.—*(Mira.)* Hum, no está mal. Pero no me fío de las apariencias.

TORRECILLAS.—Preocúpate, más bien, de cómo responderás al interrogatorio de tu futuro suegro, cuya pupila de lince ve debajo de la mar.

MARQUÉS.—*(Suficiente.)* ¡Oh! ¡Tantas veces he ensayado la mentira! Poseo un marquesado del siglo XVII, saneado tanto de bastardías cuanto de plebeyeces republicanas, una hacienda de diez mil fanegadas en Andalucía, un cortijo en Granada con olivares como para parar un tren, una ganadería en Málaga que no hay miuras que la igualen, cinco edificios de renta en Barcelona y Madrid, y el 80 % de las acciones de la fábrica de conservas de angulas y percebes "La Pinturera Bilbaína" En cifras redondas, veinte millones de pesetas...

TORRECILLAS.—¡Y olé! *(Se pone en pie.)* Te casas y hay que destruir aquella inmensa fortuna de un porrazo.., ¿Qué dirás? *(Señala al público.)* Ahí están los espectadores. Nárrales la triste historia.

MARQUÉS.—*(Al público.)* Un día, mis queridos amigos, llega un cablegrama de España, que a una orden mía pondrá mi amigo Curro Doncel. ¡Horror! Mi tío Lorenzo, apoderado de mis bienes, ha tomado mi dinero para derrocharlo con una francesa de Place Pigalle. Luego, otro cablegrama. ¡Más horror todavía! Mi tío Lorenzo liquida mis tierras, mis edificios, mis acciones. Último capítulo, el más negro: Mi tío, abandonado por la mujerzuela, se descerraja un tiro en la sien. Él al hoyo, y el desdichado sobrino, cuya fortuna cuidaba, sin blanca.

TORRECILLAS.—*(Interviniendo.)* ¡Pero allí no para todo! *(Al público.)* El suegro de este desdichado, don Luciano Obedot, ante la desesperación del yerno, acude en su auxilio. "Mi casa es tu casa —le dice dándole refugio en sus paternos brazos—, mi dinero tu dinero, mi felicidad tu felicidad." Entonces el Marqués *(se inclina éste)* comienza a usar la chequera de su padre político, y la alegría retorna a su alma desolada. ¡Un plan perfecto, concebido por este seguro servidor, Jerónimo Torrecillas, natural de Mansilla de los Corrales, en Ubeda la Vieja, más allá de la Puebla del Limonar, junto al pozo y entre los chopos que Azorín hiciera inmortales, y ejecutado por mi amigo Desiderio Lobo, natural del mismo lugar, pero un poco más lejos, junto a la ermita de San Cristobalón. *(El Marqués se inclina.)* Ahora, con el permiso de ustedes, continúa la acción de la comedia.

Va hacia el escenario y se sienta, lo sigue el Marqués.

MARQUÉS.—*(A su amigo.)* Amparado por la doble nacionalidad, ingresó enseguida a la política peruana. La democracia de este país tiene una característica singular: los aristócratas le producen un agudo complejo de inferioridad. Comienzo, pues, con una ventaja.

TORRECILLAS.—*(Con gesto de disgusto.)* No me convence. La política no es un campo seguro. El mundo da muchas vueltas.

MARQUÉS.—Sí, da muchas vueltas, pero los vivos siguen arriba.

TORRECILLAS.—¿Te lanzarás, insensato, como postulante a una diputación?

MARQUÉS.—Ése no es el camino. Primero haré periodismo.

TORRECILLAS.—¡Pero si tú nunca has escrito una línea!

MARQUÉS.—¿Y eso qué importa, pelmazo? Existen los periodistas que escriben y los que no escriben. Los primeros son los redactores, los articulistas, los peones, en fin. Una especie de carne de cañón. Los segundos son los propietarios de la publicación. Son los mariscales que ganan las batallas. Con un diario haces circular tu nombre. La gente, los lectores, los que oyen hablar de ti, te comienzan al poco tiempo, a tomar un serio. De ahí a un ministerio hay un paso. Ese paso lo das el día en que desde el Presidente de la República hasta los jefes de sección quieran leer en tu periódico matinales loas a sus personas.

TORRECILLAS.—Todo eso, por supuesto, no deja de ser cierto, pero...

MARQUÉS.—¿Pero qué? En la política no hace falta tener talento y buenas intenciones. Hay que inspirar miedo.

TORRECILLAS.—Si no supiera que apenas has asistido a la escuela primaria, juraría que has seguido un curso universitario.

Marqués.—Lo he seguido, Jerónimo. ¿Sabés dónde? En la crápula en la que he vivido... Pero eso se acabó. Al día siguiente de mi boda con la señorita Obedot, seré un hombre grave y con principios, aunque en el fondo me ría y no crea en nada de lo que digo ¡Y triunfaré!

Torrecillas.—En la política, resumiendo lo que has dicho, no hace falta saber nada especial.

Marqués.—Exacto. Nada especial. Ante cualquier problema, pronunciar solemnemente una frase sonora, y enseguida callar.

Marqués.—(Engolando la voz, muy tieso y con la mano en alto.) Mis convicciones cristianas no me permiten admitir ninguna solución reñida con la moral.

Torrecillas.—(Entusiasmado.) ¡Es una frase preciosa!

Entra Ángel Castro. El Marqués y Torrecillas lo miran sorprendidos.

Castro.—Señores...

Marqués.—Señor...

Torrecillas.—Ejem...

Castro.—Ustedes, caballeros, no me conocen. Yo tampoco a ustedes. Ante todo, pues, me presentaré. Mi nombre es Ángel Castro.

Marqués.—(Le tiende la mano.) Soy el Marqués de Rondavieja.

Torrecillas.—Y yo Jerónimo Torrecillas. (También le extiende la mano.)

Marqués.—¿Es usted amigo de la familia Obedot? ¿Pariente quizá?

Castro.—Algo menos que amigo y algo más que pariente.

Torrecillas.—Muy interesante.

Castro.—Claro que sí. Muy interesante. ¿Saben por qué?

MARQUÉS.—(*Desconcertado.*) No, en absoluto.

CASTRO.—Porque si uno de ustedes pretende la mano de Pitusa, va a ser muerto.

TORRECILLAS.—¿De qué se trata?

MARQUÉS.—Explíquese...

CASTRO.—Poseo algo de que ese pretendiente carece totalmente.

MARQUÉS.—¿Qué? ¡Dígalo!

CASTRO.—(*Tranquilo.*) El amor de Pitusa.

MARQUÉS.—¿Usted cuenta con el amor de Pitusa Obedot? ¡Vamos, joven, despierte!

TORRECILLAS.—¿Qué hace usted aquí?

CASTRO.—Defiendo lo que es mío.

TORRECILLAS.—¿Tiene usted el consentimiento del señor Obedot para estar aquí, en su casa?

MARQUÉS.—(*A Torrecillas.*) ¡Debe ser un intruso! ¡O un despechado!

CASTRO.—Tengo el cariño de Pitusa, que es toda espíritu y con la cual se quiere traficar como con una mercancía. Pero la vil operación no se realizará, porque quien ofrece más en este remate soy yo. ¡Ofrezco el amor! (*Pausa.*) ¡Retírense, caballeros, porque la prenda es mía!

MARQUÉS.—¡Se habrá visto insolencia igual! ¡Jerónimo, hagamos algo contra este individuo!

TORRECILLAS.—¡Lárguese, antes de que pida ayuda a la servidumbre!

CASTRO.—Ya me voy. Tengo algo más que decirles y no hay mucho tiempo disponible (*mira al interior*).

MARQUÉS.—¡No escuchamos nada!

TORRECILLAS.—¡Diga pronto lo que tenga que decir!

CASTRO.—(*En secreto casi.*) ¡Don Luciano Obedot está en la ruina total! ¡Todo lo que tiene son deudas, nada más! Esta casa está construida sobre cimientos de pagarés y con paredes de vencimientos, con techos de pignoración, con muebles de protestos, con luz de desalojos, y en ella se comen sopas de fianzas, guisos hipotecarios, postres a plazos.

245

Nada de lo que ven durará. Dentro de poco, quizá mañana, tal vez ahora mismo, se llevarán íntegramente los lujos y las ostentaciones que aquí relumbran. *(Pausa.)* Lo único libre en esta mansión es Pitusa, y ya tiene dueño... ¡Yo! *(Se inclina ceremonioso.)* Hasta la vista, excelencias. *(Sale.)*

MARQUÉS.—*(Que ha permanecido boquiabierto.)* ¿Oíste? ¿Será cierto?

TORRECILLAS.—*(Inseguro.)* Son infundios...

MARQUÉS.—Hay que considerar esas informaciones.

TORRECILLAS.—¡Pueden ser patrañas para sacarte del camino!

MARQUÉS.—¿Y si no lo son? ¿Y si caigo en una trampa?

TORRECILLAS.—No puede ser... reflexionemos...

MARQUÉS.—*(Decidido.)* No hay tiempo. ¡Me voy!

TORRECILLAS.—*(Lo coge a tiempo.)* ¡No! ¡Ahí vienen! *(Los dos quedan paralizados.)*

OBEDOT.—*(Que entra seguido por su esposa y su hija.)* ¡Mi señor Marqués! *(Le extiende cordialmente la mano.)* Señor Torrecillas... *(Va hacia éste.)*

MARQUÉS Y TORRECILLAS.—*(Dando la mano a Socorro y Pitusa.)* ¡Oh, qué placer! ¡A sus pies!

OBEDOT.—*(Alegre.)* Siéntense, siéntense... *(Todos obedecen.)* ¿Y? ¿Bien? *(Silencio embarazoso.)* Los días están muy bonitos, ¿no es cierto?

MARQUÉS.—*(Nervioso.)* Sí, sí.

TORRECILLAS.—Frescos, sobre todo.

OBEDOT.—Ni cálidos ni fríos. Clima ideal. *(Torrecillas estornuda. Pausa larga.)* Ideal, sí. *(A su mujer.)* ¿Por qué no ordenas que nos sirvan un coctel y algunas cositas para picar?

SOCORRO.—*(Inmediatamente se pone de pie.)* En seguida. *(Sale.)*

OBEDOT.—¿Fueron ustedes el domingo al hipódromo?

TORRECILLAS.—Sí, fuimos.

OBEDOT.—¿Con suerte?

Marqués.—Más o menos.

Obedot.—¡Con suerte, entonces! *(Sonrisas forzadas.)* ¡Cuando se dice "más o menos" es que se ha ganado!

Vuelve Socorro. Tras ella viene Jacinto con una bandeja con copitas de coctel y otra con bocaditos.

Socorro.—Es un coctel nuevo. Vamos a ver cómo salió...

Obedot.—Veremos, veremos...

Jacinto sirve a todos. Al llegar a Pitusa interroga con la vista a Socorro.

Socorro.—Para ti, hijita, hay un refresco de fruta. Eres muy joven para...

Obedot.—*(Aprovechando la circunstancia.)* En efecto, Pitusa no es una de esas jovencitas modernas que beben como cosacos y que en el humo de las reuniones sociales ahogan toda su feminidad. *(Silencio en los otros.)* Bueno, ahora hagamos salud. ¡Salud por...! ¡Salud por...! *(Decidido.)* ¡Salud por la Madre Patria!

Torrecillas.—Salud.

Marqués.—Salud.

Socorro.—¡Chin Chin!

Obedot.—Salud y pesetas.

Marqués.—*(Al oír la palabra "pesetas" se atraganta y salpica la bebida.)* ¡Oh, perdón! Discúlpeme. *(Se levanta y trata de limpiarse con un pañuelo.)* ¡Qué torpe soy!

Torrecillas.—¡La emoción! *(A Obedot.)* Usted comprende.

Obedot.—*(Guiñando el ojo.)* ¡Oh, claro! ¡Es explicable!

Todos ayudan al Marqués a limpiarse.

MARQUÉS.—Gracias, gracias. Menos mal que no fue nada grave.

OBEDOT.—¡Olvidemos lo ocurrido y digamos nuevamente salud!

TODOS.—¡Salud! ¡Salud!

Suena el tiembre de calle. Jacinto se dirige a abrir.

OBEDOT.—Han de ser mi viejo amigo Obeso y su señora, quienes nos acompañarán esta noche. *(Vuelve Jacinto y habla al oído a Obedot.)* ¡Qué impertinencia! ¡Dile que tengo invitados en casa! *(Sale Jacinto.)* Disculpen la interrupción. Un impertinente que cree que uno está dispuesto a hacer negocios a cualquier hora. *(Pausa.)* ¿Otro coctelito?

TORRECILLAS.—No, gracias. Somos muy sobrios. Es preferible... *(Ha entrado Jacinto una vez más y ha vuelto a hablar al oído a Obedot.)*

OBEDOT.—¿Qué? ¿Dice lo mismo? ¿Está loco? *(A sus invitados.)* Mil perdones, queridos amigos, pero se ha presentado un asunto engorroso. Mi señora y mi hija les mostrarán el jardín interior de la casa, donde ambas cultivan las rosas más bellas del mundo. *(A Socorro.)* ¿Quieres acompañar a los señores a admirar tu rosal?

SOCORRO.—Tendré mucho gusto. Alimento mis rosas con vitaminas. Con vitaminas alemanas, por supuesto, y son grandes como no conozco iguales.

MARQUÉS.—*(En pie. Desconcertado.)* Encantado, señora.

SOCORRO.—Usted también, señor Torrecillas.

OBEDOT.—Vayan, vayan... *(Está inquieto.)* En unos minutos los alcanzo. *(A su hija.)* Vé, hijita. Sé sociable.

SOCORRO.—*(Indicándoles el camino al Marqués y su amigo.)* Por acá.

MARQUÉS.—Gracias. *(Mientras sale le hace un gesto interrogativo a su compañero.)*

TORRECILLAS.—*(Que responde al Marqués con ademán que expresa que no comprende.)* Me encantan las rosas. Son mis flores predilectas.

MARQUÉS.—*(A Pitusa, mientras hacen mutis.)* ¿Y usted, señorita, se interesa por la floricultura? *(Salen conversando.)*

OBEDOT.—*(En cuanto han salido, irritado. A Jacinto.)* ¡Haz pasar a esos monstruos! ¿Cómo se les ha ocurrido venir a esta hora?

JACINTO.—Dicen que usted los ha citado. *(Sale a buscar a los recién venidos.)*

OBEDOT.—¿Yo? ¡Ni que estuviera loco!

Entran Ahumada y Santizo. Jacinto sale al interior.

AHUMADA.—¡Así es mejor, señor Obedot! ¡La verdad ante todo! Si no puede usted pagar, lo ejecuto. Y quedamos en paz. Le devuelvo su palabra. Prefiero la verdad.

OBEDOT.—¿De qué diablos habla usted?

AHUMADA.—*(Que ha sacado un papel de su bolsillo.)* ¡Tome su letra! Devuélvame las que yo le di, las del señor Lobo, y asunto concluido!

SANTIZO.—*(Sollozante.)* Y yo le devuelvo su cheque. *(Lo extrae del portafolio que lleva.)* Y lo del puesto en la Aduana que quede en nada. *(Pausa.)* ¡Prefiero cobrar en dinero contante!

OBEDOT.—*(Desesperado.)* ¿Conspiran contra mí? ¿A qué se refieren?

SAGARRA.—*(Ingresando.)* ¡En buena hora le entró a usted el arrepentimiento, Obedot! ¡Me estaba usted estafando! ¡Pero agradezcamos que el cielo lo haya iluminado! Le devuelvo sus títulos de las playas del Cangrejal, arenales muertos y malolientes, y espero mi plata o lo que efectivamente la equivalga!

Obedot.—¿Me quieren explicar a qué obedece esta agresión en masa?

Santizo.—¿Va a dar marcha atrás ahora? He recibido una llamada telefónica de su parte por la cual usted me hacía saber que prefería pagarme la deuda a cualquier otro arreglo. Me dijeron que viniera a su casa, a esta hora.

Sagarra.—Una llamada semejante he recibido yo. Una persona me dijo que hablaba de parte de usted para advertirme que las playas del Cangrejal eran una estafa. Añadió esa persona que me pagaría usted esta misma noche, en su casa.

Ahumada.—Así es. Una voz agradable, de timbre fino y expresión cortés. A mí también me pidió que viniera a verlo para deshacer el trato convenido antes y cancelar la acreencia.

Obedot.—¡Han sido ustedes víctimas de una cruel broma, amigos! En este momento está, ahí en el jardín, el pretendiente de la mano de mi hija, Marqués y millonario, mi salvación y la de todos ustedes... ¿Cómo puedo yo haberlos traído precisamente, cuando estoy bordando la tela con que enjugaré para siempre mis lágrimas? Alguien, un enemigo acérrimo, ha urdido esta treta para perderme y perderlos a ustedes. ¡No puede ser de otro modo!

Los acreedores se miran entre sí incrédulos, sorprendidos, desengañados.

Cash.—(*Entra como un rayo.*) ¡De acuerdo! ¡No me pague usted el arriendo! ¡Tome su letra! (*La saca y se la da.*) ¡Déjeme la casa mañana mismo! ¡Cortemos por lo sano! ¡Pero múdese! ¡Múdese!

Ahumada.—(*Codicioso.*) ¡Si se muda, yo me hago pago con los muebles!

SAGARRA.—(*Violento.*) ¡Los muebles son para mí!
¡Usted agárrase el automóvil!

SANTIZO.—(*Suplicante.*) ¡El auto para mí, por
favor!

SAGARRA.—(*A Santizo.*) ¡En la casa debe haber
otras cosas! ¡Heladera, televisor, radio, qué se yo!
¡Son suyas!

CASH.—(*Alentándolos.*) ¡Pónganse de acuerdo y
procedan! ¡Necesito la casa vacía mañana!

Los cuatro discuten ruidosa y acaloradamente.

OBEDOT.—(*Reaccionando.*) ¡Silencio! (*Se hace el
silencio.*) Les repito que han sido vilmente engaña-
dos. ¿Por quién? No lo sé. La verdad es ésta. ¡No
le he pedido a nadie que los llame por teléfono!

CASH.—¿Cómo?

AHUMADA.—Eso no puede ser.

SANTIZO.—(*Al cielo.*) ¡Mis penas no tienen fin!

SAGARRA.—¿Y qué hacemos?

OBEDOT.—Alguien ha tomado mi nombre para hun-
dir mis proyectos de dicha. Ya les he dicho que
en el jardín está el novio de mi hija, el acaudalado
Marqués de Rondavieja. ¿Es lógico que yo haya
convocado a mis acreedores, para entregarme a ellos
derrotado, cuando está a punto de culminar el más
espléndido negocio de mi vida? ¡Qué ingenuos son
ustedes! Cash, le pagaré el alquiler devengado y un
año adelantado, y a usted Ahumada la larga deuda
que nos une, y a usted Santizo, los pocos miles que
le pertenecieron, pero tienen que colaborar conmigo. Verán ustedes al pretendiente y juzgarán por
sí mismos el éxito de mi laborioso trabajo de recu-
peración económica.

SAGARRA.—(*Con aire de vencido.*) ¡Qué remedio
queda!

SANTIZO.—¿Qué ganaré con ver al galán? (*Se des-
ploma en un sillón.*)

OBEDOT.—Los presentaré con mis socios en la Uranium Minning Company, empresa recién fundada y a punto de explotar el rico metal, cuyo precio el oro envidia, y luego de departir con el Marqués, se irán a sus casas a aguardar mi victoria. ¿De acuerdo?

AHUMADA.—¡Más mentiras! *(Mira a los demás.)* ¡Qué otra cosa se puede hacer!

CASH.—De acuerdo...

OBEDOT.—Voy por él... *(Antes del mutis.)* Tomaremos una copita todos juntos. Luego, amigos míos, les ruego desfilar hacia la puerta. No tengo tanta comida como para ofrecerles un lugar en mi mesa durante esta velada. Algún día, no muy lejano, espero tener el gusto... *(Sale.)*

SAGARRA.—Vaya con el hombre.

AHUMADA.—Duro oficio el de acreedor.

CASH.—Pero no nos dejaremos vencer.

SANTIZO.—Yo estoy vencido. Él siempre gana.

AHUMADA.—¡Ánimo! ¡Ánimo!

SAGARRA.—¡Claro! ¡Arriba los espíritus!

CASH.—¡Voluntad y tesón!

Los cuatro entonan, entonces, la "Marcha de los acreedores triunfales".

En las montañas,
en las montañas desoladas damos caza
a los deudores,
que por huir el Monte Everest escalan.

En lo profundo,
en lo profundo de los mares atrapamos
a los deudores,
que como peces se deslizan de las manos.

En plena selva,
en plena selva sin poblados ni caminos

a los deudores
como a serpientes huidizas perseguimos.

En cualquier sitio,
en cualquier sitio innominado o conocido
a los deudores
muertos o vivos les cobraremos los recibos.

En el instante en que concluyen de cantar, aparecen en escena Obedot, el Marqués y Torrecillas. Cuando el segundo advierte el grupo de Cash, Ahumada, Sagarra y Santizo, se detiene paralizado. Intenta huir. Ante la imposibilidad de hacerlo, se oculta la cara, se cubre con Torrecillas, trata de pasar desapercibido.

OBEDOT.—*(Con satisfacción.)* Bueno, los presentaré. El Marqués de Rondavieja y el señor Torrecillas. Mis amigos y socios, Cash, Ahumada, Santizo y Sagarra, notables financistas.

AHUMADA.—*(Adelantándose hacia el Marqués y Torrecillas.)* ¿El Marqués? ¿Cuál de los dos es el Marqués?

OBEDOT.—*(Señalándolo.)* El señor es el Marqués.

MARQUÉS.—*(Tratando de escapar, pues Ahumada va hacia él.)* Soy yo, pero...

AHUMADA.—¿Éste?

MARQUÉS.—Bueno, quizá... Tal vez hay un error...

AHUMADA.—*(Vociferando y persiguiendo por toda la estancia al Marqués.)* ¡Ladrón! ¡Tramposo! ¡Sinvergüenza!

OBEDOT.—¡Ahumada, qué expresiones son ésas!

AHUMADA.—*(Que ha pescado al Marqués por el cuello.)* ¡Las que este pillo se merece! *(Torrecillas huye en ese momento.)*

OBEDOT.—¿Cómo dice usted?

AHUMADA.—Su Marqués, señor Obedot, no es otro que un tal Desiderio Lobo, que le debe a todo el mundo. ¡A todo el mundo, incluido usted, pues es el obligado por las letras que esta mañana le he endosado!

MARQUÉS.—*(Al que Ahumada no suelta.)* ¡Sácame de este lío, Jerónimo! *(Lo busca.)* ¡Ah, canalla! ¡Ya escapó!

OBEDOT.—¡Conque no era Marqués ni cosa parecida!

MARQUÉS.—*(A Obedot.)* ¡Tan Marqués como usted millonario! *(A Ahumada.)* ¡Suélteme, que me está estropeando el único traje elegante que me queda! *(Ahumada no lo suelta.)*

SAGARRA.—*(A Obedot.)* ¿Y ahora? ¿Cómo hacemos con las deudas?

OBEDOT.—*(Sentándose en una silla.)* ¡Hagan ustedes lo que quieran!

SAGARRA.—Entonces, ¡me llevo los muebles! *(Carga una silla.)*

AHUMADA.—*(Deja libre al Marqués, quien aprovecha para escapar como estampida.)* ¡El automóvil es mío! *(A Obedot.)* ¡Vengan las llaves! *(Obedot se las extiende. Ahumada sale.)*

SANTIZO.—¿Y yo?

CASH.—Cargue con lo que pueda. Vaya adentro y levántese la heladera, el televisor, la plancha eléctrica. ¡Corra!

SANTIZO.—*(Yendo al interior.)* ¡Sí! ¡Sí! *(Sale.)*

CASH.—*(A Sagarra, que ha ido y venido cargando muebles.)* Desocúpeme pronto la casa. Tengo un comprador.

SAGARRA.—Mandaré un par de cargadores. No podré con todo. *(Sale, después de quitarle a Obedot la silla en que estaba sentado.)* Perdón. *(Sale.)*

OBEDOT.—*(Que resignado se sienta en el suelo.)* Es más cómodo...

CASH.—Mañana a mediodía no debe quedar ni siquiera un papel suyo en la casa, por favor. *(Sale.)*

SANTIZO.—*(Que cruza del interior hacia la puerta,*

cargando un televisor, una aspiradora de polvo y una plancha eléctrica.) Buenas noches, señor Obedot. *(Sale.)*

JACINTO.—*(Entra. Luego de mirar de arriba a abajo el estado en que ha quedado la sala.)* Señor.

OBEDOT.—¿Qué cosa, Jacinto?

JACINTO.—El señor Obeso acaba de avisar que no vendrá a cenar esta noche porque su señora se siente indispuesta.

OBEDOT.—*(Con naturalidad.)* Quita dos cubiertos de la mesa.

JACINTO.—Imposible, señor.

OBEDOT.—¿Por qué?

JACINTO.—Godofreda ha tomado, como pago de sus emolumentos y otras cuentas, la vajilla.

OBEDOT.—*(Resignado.)* ¡Ah!

JACINTO.—Si el señor está de buen ánimo, le pido autorización para darle otra mala noticia.

OBEDOT.—Díla, Jacinto.

JACINTO.—Jobita ha abandonado el trabajo. Previamente se ha apoderado, como cancelación de sus sueldos atrasados, de una parte del tocador de la señorita Pitusa.

OBEDOT.—¿Por valor de cuánto?

JACINTO.—Por valor de 800 soles, ni un centavo más, ni uno menos. Me consta.

OBEDOT.—Está bien. ¿Algo más?

JACINTO.—Sí, señor.

OBEDOT.—Dilo pronto.

JACINTO.—Aunque lamento lo ocurrido, no puedo dejar de velar por mis intereses. Se me adeuda un año de retribuciones salariales. Quisiera facilitarle al señor la operación de saldar esa deuda proponiéndole hacérmela efectiva en especies.

OBEDOT.—¿Qué quieres?

JACINTO.—El traje gris de gabardina inglesa, los zapatos amarillos y el sombrero de Panamá con cinta azul y plumitas.

OBEDOT.—Son tuyos.

JACINTO.—Gracias, señor. Le extenderé el recibo respectivo. Buenas noches.

OBEDOT.—Buenas noches.

Sale Jacinto. Obedot, sentado en el suelo, queda meditando. Por el fondo ingresa Castro.

CASTRO.—Estimado señor Obedot... *(Obedot levanta la cabeza, lo mira indiferente y se encoge de hombros.)* Así son los bienes materiales. Y así, de poca cosa, son los hombres que como el Marqués, viven pendientes de ellos. El dios dinero es falso y cruel. Se devora a sus adoradores. Y como su vientre no tiene fondo, nunca deja de engullir y engullir víctimas. Sólo quienes lo consideramos como una alucinación de locos estamos libres de su poder voraz.

OBEDOT.—*(Amargo.)* Mire joven, no estoy para discursos ni filosofías. Aquí donde usted me ve, en el vórtice del desastre, estoy pensando cómo volver a la superficie del crédito. A la prosperidad, en una palabra. Tengo en la mano el cabo de una soga salvadora... Déjeme pensar tranquilo.

CASTRO.—Gustosamente lo dejaría en su sueño, señor, si mañana no fuera usted a ser mi padre político.

OBEDOT.—¿Qué?

CASTRO.—Lo que oye usted, señor. Mañana Pitusa y yo nos casamos.

OBEDOT.—Lo felicito. Ha ganado usted la partida.

CASTRO.—Ha ganado el amor.

OBEDOT.—Sáqueme de una duda. ¿Fue usted quien dio cita a mis acreedores esta noche?

CASTRO.—Sí, yo fui, pero queda establecido que merezco su gratitud. El famoso Marqués jugaba con las mismas cartas marcadas con que usted pensaba ganarle. Y a la postre el negocio, de haberse hecho, hubiera sido peor que el desastre de ahora.

OBEDOT.—*(Reflexiona.)* Es cierto. *(Lo mira.)* Es usted hábil y audaz... *(De un salto se pone de pie.)* ¡Cásese con Pitusa!

CASTRO.—*(Casi sin creerlo.)* ¿Me da usted su consentimiento?

OBEDOT.—Plenamente.

CASTRO.—Su palabra de honor.

OBEDOT.—Mi palabra de honor. *(Se estrechan las diestras.)*

PITUSA.—*(Entra seguida de su madre.)* ¡Gracias, papacito! *(Va hacia Castro y lo toma de la mano.)*

SOCORRO.—*(Abrazando a Obedot.)* ¡Querido, olvidemos toda esta historia!

OBEDOT.—¿Olvidarla? Va a ser difícil. La historia no se olvida. ¿Te olvidas del General Pinzón tú?

SOCORRO.—¡Eso es otra cosa! ¿Vas a continuar en los negocios?

OBEDOT.—El dinero me ha intoxicado. Imposible volver a la pureza inicial.

Ingresan dos cargadores que sin mediar palabra levantan, hasta la caída del telón, todo lo que queda en la sala y aun los muebles de las habitaciones contiguas.

SOCORRO.—Busca un puesto público. Un buen sueldo, y viviremos tranquilos.

OBEDOT.—¿Yo burócrata? ¡Nunca!

PITUSA.—Papá, viviremos los cuatro en un departamentito.

OBEDOT.—*(Enérgico.)* ¡Nada de departamentitos conmigo! Mis ambiciones son demasiado anchas para que quepan en cuatro estrechas paredes.

CASTRO.—Yo lo ayudaré, señor Obedot. Iniciará usted una nueva vida.

OBEDOT.—*(Serio.)* Yo amo mi vida tal cual es, tal

como ha sido siempre. ¿Creen ustedes que me han de convencer de que con el amor, la antropología y el socialismo puedo hallar la felicidad? No, no. Yo estoy hecho de infelicidad. Estoy hecho por la angustia de los plazos que se vencen, por las moratorias que no son eternas, por los presupuestos que se encogen hasta que me ahogan. Así fue para mí, desde la cuna, la vida. Y tú, Socorro, lo mismo. ¿Las partidas de canasta, las recepciones de sociedad, las juntas de caridad, el besamanos maledicente, para quién están hechos si no para los grandes anfibios del préstamo y la cancelación?... (*Pausa.*) Claro que el hecho de que haya un individuo de mi clase con un pie en la mendicidad prueba que la armonía del mundo se ha roto. ¡Qué le vamos a hacer! Lo que sé es que ellos (*señala a los jóvenes que hablan amorosamente en un rincón*) podrán vivir de la poesía, el deliquio, la esperanza, y del pan y la cebolla del amor. Nosotros no. Tenemos que disfrazarnos para participar del festín cuyas migajas vamos a disputarnos a dentelladas de lobos con piel de oveja. ¿Comprendes?

PITUSA.—(*A Castro.*) Vamos al jardín. Veremos por última vez nuestro rincón.

CASTRO.—Nuestro refugio... Vamos. (*Salen tomados de la mano.*)

OBEDOT.—(*A su mujer.*) Antes de que se lleven el escritorio, saca de ahí una carpeta amarilla.

SOCORRO.—¿La que está en el segundo cajón?

OBEDOT.—Ésa. (*Socorro sale.*) Hay que encontrar la salida, y la encontraré. (*Se pasea, pensativo, de un extremo a otro. Vuelve Socorro. Le entrega la carpeta.*) Ésta es. (*Examina los documentos que contiene.*) Al banco le debo 128 325 soles con 21 centavos. No tengo con qué pagarlos. En consecuencia, el banco los pierde. Y como no hay banco, por poderoso que sea, que esté dispuesto a perder una suma tan alta, mañana visitaré al gerente para solicitarle que me facilite un negocio de 300 mil soles, de tal manera que salde la deuda y gane para mí el resto.

Socorro.—¿Te harán caso, Luciano?

Obedot.—¡Claro que sí! ¡Yo soy fabricante y ellos lo saben!

Socorro.—¿Tú, fabricante?

Obedot.—¡Fabricante de deudas!

Socorro.—*(Al público.)* ¡No tiene remedio! *(A Obedot.)* ¡Voy a ver dónde andan los muchachos! *(Sale.)*

Obedot.—¡Fabricante de deudas! Es decir, fabricante de dinero y de riqueza. *(Avanza hacia el público.)* No lo duden ustedes. El día en que fue inventada la moneda no se hizo otra cosa que emprender la más grande y universal estafa. Tan grande y tan universal, que para defenderla hubo que crear junto con la banca las cosas más insólitas: el Estado, la policía, los Tribunales de Justicia, los periódicos, la filosofía, todo lo que en el mundo reluce. Yo, Luciano Obedot, no soy sino un humilde miembro de la numerosa pandilla que continúa y perfecciona esa estafa histórica. Y tal vez, señoras y señores, ustedes son mis cómplices. Callemos discretamente la participación en el delito, que cometemos como autores, encubridores, reducidores o enlaces; guardemos el terrible secreto entre nosotros y trabajemos con serenidad y cautela, porque un día de éstos un literato cualquiera, un vanidoso autor teatral, por ejemplo, es capaz de sostener que por nuestra conducta merecemos la cárcel y hasta el paredón. *(Hace un signo de silencio.)* Silencio. Que no nos oigan. Buenas noches tengan ustedes.

Mientras Obedot canta "El vals de la notoriedad por las deudas", cierra suavemente el

TELÓN

ENRIQUE BUENAVENTURA

[1925]

Colombiano. Nació en Cali. Estudió en esa ciudad el bachillerato, y luego, sin decidir el objeto de su estudio, se trasladó a Bogotá. Atraído por la arquitectura quiso encauzar su atención en esa carrera pero, como él mismo lo manifiesta, las matemáticas le impidieron continuar. Se afirmó, en cambio, su vocación por la pintura y la escultura, lo cual habría de conducirle a una visión plástica del teatro. Ingresó en una compañía de teatro ambulante e intentó el espectáculo de circo. Se trasladó a Caracas, en donde ejerció el periodismo. Posteriormente, con deseos de conocer América, se trasladó a la isla de la Trinidad donde alternó el oficio de marinero con el de periodista. Viajó por el Brasil y se estableció en Recife, en donde trabajó como profesor de literatura, actor y director en el "Teatro do Estudente". En Río de Janeiro, Buenos Aires y Santiago de Chile, ejerció los oficios de cocinero y pintor de paredes, dibujante de letras, actor y director de escena. Su vida errabunda halló asiento cuando en 1955 se fundó el teatro de Cali, cuya escuela dirigió él a partir de ese momento. Con su grupo teatral ganó varios pemios en Bogotá y, a raíz de esos éxitos, fue invitado al Teatro de las Naciones, en París, donde representó en 1960 al Teatro Colombiano con su obra "En la diestra de Dios Padre". Buenaventura obtuvo posteriormente, en París, el Premio Internacional de Teatro otorgado por el Instituto Internacional de Teatro de la Unesco con su obra La tragedia del Rey Cristophe. *Escribió recientemente* Un Réquiem por el Padre Las Casas. *Ha publicado poemas y cuentos en revistas literarias de su país.*

En la diestra de Dios Padre, *publicada en este volumen, lleva el subtítulo de "mojiganga". Está inspirada por un cuento folklórico de origen europeo, del cual hay varias versiones en la América española y que fue recogido, en los finales del siglo pasado, en Colombia, por Tomás Carrasquilla. Será fácil para el lector advertir en esta obra un tono popular dominante; una certera ironía para ilustrar un tema cercano al auto sacramental, puesto en medida y términos humorísticos, atrayentes, con un sentido inequívoco de la magia del espectáculo teatral popular.*

En la diestra de Dios Padre

MOJIGANGA EN DOS ACTOS

PERSONAJES

ABANDERADO
PERALTA
JESÚS
DIABLO
SAN PEDRO
LA MUERTE
PERALTONA
LEPROSO
TULLIDO
VIEJO LIMOSNERO
CIEGO
MARUCHENGA
MUJER DEL MÉDICO
SEPULTURERO
VIEJA BEATA
SOBRINA
MUJER DEL VIEJO RICO
MARIDO DE LA MUJER VIEJA Y FEA
MOZA
MENDIGO 1º
MENDIGO 2º
MENDIGO 3º
MENDIGA

*Una casa de campesinos. Sobre ella el cielo repre-
sentado por una gran nube con una puerta; abajo,
a un lado, la boca del infierno.*

PRÓLOGO

Entra el abanderado o payaso de las mojigangas, bailando al son de la típica música de estas representaciones populares y planta su bandera en el proscenio.

ABANDERADO:

Pido permiso, señores,
para aquí representar
esta vieja mojiganga
de gentes de mi lugar.
Que prosiga la comparsa
para poderles mostrar
"En la diestra de Dios Padre"
que es mojiganga ejemplar.

Entran los otros personajes bailando al son de una música que ejecutan ellos mismos y se ponen en semicírculo. Cada uno, a medida que va hablando, avanza a proscenio.

PERALTA:

Atención nobles señores
y las damas del decoro,
que esta vez voy a contaros
un cacho que no es de toro.

Yo me llamo *(dice su nombre de actor)* y en esta mojiganga hago el papel de Peralta.

JESÚS:

Por ser la primera vez
que yo en esta casa canto,
gloria al Padre, gloria al Hijo,
gloria al Espíritu Santo.

Yo me llamo *(dice su nombre de actor)* y en esta mojiganga hago el papel de Jesús de Nazareno.

DIABLO:

> Si es mentira,
> pan y harina.
> Si es verdad,
> harina y pan...
> Oídos del mundo oí
> el cuento que contarán.

Yo me llamo *(dice su nombre de actor)* y en esta mojiganga hago el papel del Diablo.

SAN PEDRO:

> El saber es entender
> y el entender es saber,
> dicen los viejos ancianos.
> Oigan bien para aprender,
> para que cuando se ofrezca
> cuenten como yo conté.

Yo me llamo *(dice su nombre de actor)* y en esta mojiganga hago el papel de San Pedro.

LA MUERTE:

> Todo el mundo se serena
> cuando me pongo a cantar,
> porque donde canto yo,
> silencio... y mandar callar.

Yo me llamo *(dice su nombre de actor)* y en esta mojiganga hago el papel de la muerte.

Los personajes que tengan máscara se la quitarán para presentarse.

ABANDERADO.—Ya han visto ustedes a los más principales. Súbanse Cristico y San Pedro a su pajarera del cielo y métase al enemigo malo por los socavones y cuevas de sus dominios. Colóquense los mendigos en los corredores y aposentos y prepárense todos pa representar sus máscaras y personajes, que esto ya mismito se empieza.

Sale el abanderado y se da comienzo a la mojiganga.

ACTO PRIMERO

PERALTONA.—No sé pa qué barro y limpio este asilo de apestosos. Por fuerza tiene que estar sucio. ¿Onde se ha visto que un hombre no cuide ni esto de su casa y de su persona? Él lava a los llaguientos, asiste a los enfermos, entierra a los muertos, se quita el pan de la boca y los trapitos del cuerpo pa dárselos a los pobres. ¿Pero quién se preocupa por él, o por mí? Aquí estamos en la pura inopia y la casa rebosada de limosneros.

LEPROSO.—Agua, una tutumadita de agua.

PERALTONA.—¿Agua?, que te la traiga el tullido y déjame tranquila que un día de éstos me va a llevar el patas por...

LEPROSO.—Agua.

PERALTONA.—Ya voy, ya voy, ni que estuviera cruzando el desierto... *(Sale. Sigue hablando entre cajas.)* ¿Qué te ganas vos, Peralta, con trabajar como un macho si todo lo que conseguís lo botás jartando y vistiendo a tanto perezoso y holgazán?

PERALTA.—*(Entra con un costal y un azadón al hombro.)* Calle la boca, hermanita, no diga disparates.

TULLIDO.—No hemos desayunado, don Peraltica.

LEPROSO.—Tamos con un aguadulce que nos dieron ayer.

VIEJO LIMOSNERO.—Ta la despensa en las puras tablas, don Peraltica.

PERALTA.—Aquí traigo los últimos choclos del maizal. Ahorita mismo les doy un algo con este maíz. Hemos estao de malas con esta cosecha.

VIEJO LIMOSNERO.—Y hoy no recogí nadita en el pueblo, ya no hay caridá. A los ricachones se les golpea el codo y abren los dedos del pie.

LEPROSO.—Y la Marialarga, la más rica del pueblo, dicen que mueve la cabeza pa no gastar el abanico.

PERALTA.—Ustedes saben que no me gustan las murmuraciones.

PERALTONA.—(Al leproso.) Tomá el agua, entelerido. (A Peralta.) Y vos casáte, casáte hombre, pa que tengás hijos a quien mantener.

PERALTA.—Yo no necesito de mujer, ni de hijos, ni de nadie, porque tengo mi prójimo a quien servir. Mi familia son los prójimos. (Sale con su maíz.)

PERALTONA.—¡Tus prójimos! Será por tanto que te lo agradecen. ¡Será por tanto que te han dao! Ahí tas más hilachento y más infeliz que los limosneros que socorrés. Bien podías comprarte una muda o comprármela a yo, que harto la necesitamos o tan siquiera traer comida alguna vez pa que llenáramos, ya que pasamos tantas hambres. Pero vos no te afanás por lo tuyo, tenés sangre de gusano.

VIEJO LIMOSNERO.—Vieja respondona.

LEPROSO.—Vieja lambona.

TULLIDO.—Vieja culebrona.

PERALTONA.—¿Qué están diciendo? A callar todos. Pa mover la lengua no están enfermos ni desmayaos.

PERALTA.—(Saliendo.) Espérense un tantico que ya el fogoncito está ardiendo. Y vos dejá la cantaleta que se te oye hasta el solar.

JESÚS.—(Sale con San Pedro a la puerta de la nube.) Mirá, Pedro, esa que está allá abajo, en el camino real, es la casa de Peralta. Bajemos y pongamos en práctica lo que hemos concertao. (Bajan.)

Poco a poco se ilumina toda la casa y se oye una música, un como bambuco celestial.

PERALTONA.—¿Qué es esto que siento?

TULLIDO.—También yo siento una cosa muy rara por dentro...

PERALTONA.—¿Y este olor, de dónde sale este olor de flores de naranjo, de albahaca y de romero de Castilla? Parece del incencio y del sahumerio de alhucema que le echan a la ropita de los niños.

CIEGO.—¡Ave María Purísima!

JESÚS Y SAN PEDRO.—*(Al unísono.)* Sin pecado concebida.

PERALTONA.—Peralta, Peraltica, dos pelegrinos han llegao. *(Sale.)* Peralta, vení a ver esos pelegrinos...

PERALTA.—*(Saliendo.)* ¿Qué pelegrinos?

PERALTONA.—¿No sentís nada?

PERALTA.—Hay algo raro... No he sentido este olor ni en el monte ni en las jardineras, ni en el Santo Templo de Dios...

PERALTONA.—¿No serán, Peraltica, esos pelegrinos que han llegao?

PERALTA.—¡Los pelegrinos! ¿Han esperao mucho sus mercedes?

SAN PEDRO.—Vamos de viaje y no tenemos onde pasar la noche.

PERALTA.—Pues yo con todo mi corazón les doy posada, pero lo van a pasar muy mal, porque en esta casa no hay ni un grano de sal, ni una tabla de cacao con qué hacerles una comidita. Pero prosigan pa adentro, que la buena voluntad es lo que vale... hija, date una asomadita por la despensa, desculcá por la cocina, a ver si encontrás alguito que darle a estos señores.

PERALTONA.—Al instante, hermanito. No hay como servir al prójimo.

PERALTA.—Perdonarán sus mercedes la incomodidá.

SAN PEDRO.—El Señor y yo estamos acostumbraos.

267

Peralta.—Si no es indiscreción...

San Pedro.—Sí es indiscreción, Peralta.

Peralta.—¿Y cómo sabe vusté que es indiscreción si yo no dije nada?

Jesús.—Ibas a preguntar cuál es la relación que hay entre nosotros dos. Eso lo sabrás a su tiempo.

Peralta.—Está bien.

Peraltona.—*(Dentro.)* ¡Peralta, Dios mío, Peralta!

Peralta.—¿Qué pasa mujer? ¡Es más escandalosa! ¿Pero de qué se ríen sus mercedes?

San Pedro.—No te preocupés, que es una cosa acá entre nos.

Peraltona.—*(Entrando.)* Peralta, hermanito, a que no adivinás lo que he visto.

Peralta.—¿Qué has visto? ¿La Patasola o el hojarasquín del monte?

Peraltona.—Qué Patasola ni qué ocho cuartos. He visto, con estos ojos que se ha de comer la tierra, la despensa llena.

Peralta.—Estás loca.

Peraltona.—¿Loca? Es que no sólo vi, sino que toqué y comí. Del palo largo cuelgan los tasajos de solomo y de falda, de tocino y de empella. *(El viejo limosnero y el ciego salen tan rápidamente como pueden.)* Las longanizas y los chorizos se gulunguean y se enroscan que ni culebras. En la escusa hay por docenas de quesitos y bolas de mantequilla... ¿No me crees? Yo lo he visto y tocao y olido y saboriao...

Viejo limosnero.—*(Entrando.)* Allá están las tutumadas de cacao molido con jamaica, y las hojaldras y las carisecas. Los zurrones rebosan de frijol cargamanto.

Tullido.—Por el amor de Dios llévenme, llévenme, quiero regalarme los ojos y el buche con todo eso... *(El viejo limosnero y el leproso lo llevan.)*

Leproso.—Vamos, vamos, hace mucho rato que no veo ni la sombra de un chorizo.

CIEGO.—(*Entrando.*) ¿Qué es lo que' tocao? Dios me ampare... He tocao montones de terrosas papas, alterones de suaves tomates, nidadas de tibios güevos y un bongo de arepas de arroz tan esponjudas y bien asaditas que no parecen hechas por cocinera de este mundo... y se me ha envolvido en el dedo un dulce, que es la mismita azúcar.

PERALTA.—Alabao sea Dios. Por fin hay algo que darle a los prójimos. Servile a los señores y dale de comer a todo el mundo. Yo voy a llenar unos canastos pa llevarle algo a los vecinos. (*Sale.*)

PERALTONA.—Espérenme ahí sus mercedes; vuelvo de prestico. (*Sale.*)

JESÚS.—Poné las onzas allí, Pedro, y vámonos, que esto está saliendo a pedir de boca.

SAN PEDRO.—Y a mí la boca se me ha hecho agua con todo eso. Qué tánto afán. Espérese que hace mucho que no pruebo un chocolatito con bizcocho...

JESÚS.—Dejáte de eso ahora; hagamos todo como lo habíamos concertao. (*Van saliendo.*)

SAN PEDRO.—Tanto concierto y venido a ver que... con lo bueno que ha de estar... espumoso...

JESÚS.—No rezongués, Pedro, y seguime. Desde ese descansito podremos observar lo que pasa.

San Pedro sale rezongando.

VIEJO LIMOSNERO.—(*Trayendo al tullido, con la ayuda del leproso.*) Aquí hay gato encerrao.

LEPROSO.—¿Tas pensando que con gato encerrao iba a haber tanta longaniza y tanto chorizo?

VIEJO LIMOSNERO.—¿Cómo se iba a llenar una despensa así, mientras una ñata se persina?

TULLIDO.—Comé y no te priocupés de eso.

CIEGO.—(*Entrando.*) Hijuepucha que está tierno este quesito; se deshace en la boca.

PERALTA.—(*Entrando con un canasto lleno de víveres.*) ¿Eh? ¿Y los pelegrinos ónde es que están?

269

VIEJO LIMOSNERO.—Si han ido...

LEPROSO.—Cuando nosotros salimos ya no estaban.

TULLIDO.—Gente bien rara esos pelegrinos.

PERALTA.—*(A la Peraltona que entra con comida.)* ¿Y los pelegrinos?

PERALTONA.—¿No están allí? Aquí les traía un bocadito pa que fueran pasando mientras les preparaba algo.

PERALTA.—¡Se han ido! ¡Caramba que el pobre jiede! Qué afán tenían...

PERALTA.—Pero... esto se les ha quedao. *(Encuentra la bolsa de monedas.)*

PERALTONA.—Fijáte a ver qué es... Si es algo de valía.

PERALTA.—¡Dios! Son onzas del rey... ¡Miles de onzas del rey!

PERALTONA.—¡Se las vas a devolver todas! ¿No las habrán dejao de intento?

LEPROSO.—¿Onzas del rey?

VIEJO LIMOSNERO.—Son las mesmitas onzas del rey.

TULLIDO.—¿Onzas del rey? ¿Onzas del rey? *(Corre completamente curado.)* ¡Amuestren esas onzas del rey! Pe... Peralta... qué... ¿qué es esto? ¿Soy yo? Peralta, Peraltica... ¿soy yo? ¡Soy yo mesmo! ¡Camino! ¡Las zancas me han güelto a caminar!

CIEGO.—¡Onzas del rey, puritas onzas del rey... y cómo brillan...!

LEPROSO.—¿Las estás viendo brillar?

CIEGO.—Sí, las veo. ¿Las veo? ¿Veo? ¡Sí, sí, veo... veo!

TULLIDO.—Leproso, tas güeno y sano... Dame la mano. ¿Ves, ves? Tas güeno y sano. *(Lo ha obligado a tocarse la cara.)* Ya no tenés la podriciña...

LEPROSO.—No, no la siento; ¿y... las manos?

TULLIDO.—Mirá, tan limpias.

CIEGO.—Ansina era el mundo, don Peralta... Quién iba a creer...

LEPROSO.—¡Un espejo, necesito verme en un espejo! *(Sale, grita dentro.)* ¡Toy güeno y sano! *(Entra de nuevo.)* ¡En un tris golví a nacer! ¡Golví a nacer con esta cara nuevita! Mi cara, mi cara, ya me había olvidado de mi cara. Tengo ojos y hasta narices y boca como todos los cristianos... ¡Esto lo ha de ver todo el mundo! *(Sale.)*

Ciego.—Y yo quiero ver a todo el mundo.

Tullido.—¡Que me vean correr, que me vean saltar!

Viejo limosnero.—¿Y yo, yo tendré qué seguir con mi vejez a cuestas, pidiendo limosna? Esas onzas no serán pa mí...

Peralta.—¡Las onzas! Ya mi había olvidao. Voy a alcanzarlos pa entregárselas.

Peraltoña.—¿Todas? ¿No me dejás ni unita pa comprarme algo?

Viejo limosnero.—¡Carajo con el tal Peralta! *(Sale.)*

Peralta.—¡Hola, señores, bajen que les trae cuenta!

Peraltona.—¡Barajo con el tal Peralta; no dejar ni un chimbo! ¡Tanta honradez es ya vicio! *(Sale.)*

Peralta.—*(A Jesús y San Pedro.)* Bueno, señores, aquí está su plata. Cuenten y verán que no les falta ni un medio.

Jesús.—Volvamos pa tu casa, que tengo que hablarte despacio y aquí está haciendo mucha resolana.

Peralta.—¿Y quién los mandó a irse...?

Jesús.—Sentáte, Peralta y oíme...

Peralta.—¿Por qué no se sienta vusté primero?

Jesús.—Sentáte, que tengo que revelarte unas cosas importantes. Sentáte allá vos, Pedro, y dejáte de ser novelero. Prestáme atención, Peralta: Nosotros no somos tales pelegrinos, no lo creás. Este es Pedro, mi discípulo, y yo soy Jesús de Nazareno. No hemos venido a la tierra más que a probarte, y en verdad, te digo, Peralta, que te lucistes en la prueba. *(En este momento la Peraltona se asoma y*

271

oye.) Otro, que no fuera tan cristiano como vos, se guarda las onzas y se había quedao muy orondo. Los dineros, Peralta, son tuyos. Podés repartirlos a como vos te dé la gana. Y voy a darte de encima las cinco cosas que querás pedir, conque, pedí por esa boca.

PERALTONA.—Ay, señores míos, yo también he ayudao a la caridá, yo he sacrificao mi vida por acompañar a Peralta en sus buenas obras. Denme algo a mí sus mercedes.

JESÚS.—Tomá lo que querás, buena mujer...

PERALTONA.—Dios se los pague. Dios se los pague. Dios se los pague y les dé el cielo... *(Saliendo.)* ¡Dios se lo pague a sus mercedes!

PERALTA.—Perdónela, Su Divina Majestá.

JESÚS.—Se lo merece la pobre, ha sufrido mucho. Ella es distinta de vos y cada cual sufre según el humor que tenga. Hacé, Peralta, tus peticiones.

SAN PEDRO.—Fijáte bien en lo que vas a decir, no vas a salir con una buena bobada.

PERALTA.—En eso estoy pensando, su Mercé.

SAN PEDRO.—Es que si pedís cosa mala, va y el Maestro te la concede, y una vez concedida, te amolaste, porque la palabra del Maestro no puede faltar.

PERALTA.—Déjeme pensar bien la cosa, su Mercé. Bueno, Su Divina Majestad, lo primero que le pido es que yo gane al juego siempre que me dé la gana.

JESÚS.—Concedido.

PERALTA.—Lo segundo...

SAN PEDRO.—Fijáte que es cosa delicada y de mucha enjundia...

PERALTA.—Cavilosiando estoy la cosa, su Mercé. Lo segundo... es que cuando me vaya a morir me mande la muerte por delante y no a la traición.

SAN PEDRO.—¿Y eso qué contiene? ¿Ónde se te ocurren esas cosas?

PERALTA.—Déjeme, su Mercé, que yo sé lo que pido.

JESÚS.—Concedido.

PERALTA.—Lo tercero...

SAN PEDRO.—Fijáte bien. Tercero. Te quedan tres cosas, no despilfarrés así la Gracia Divina.

PERALTA.—No me interrumpa, su mercé, que se me cierra la mollera y no puedo pensar. Lo tercero...

SAN PEDRO.—Pedir cosa de juego y luego ese bolate con la muerte... Es que es hasta falta de respeto...

JESÚS.—Tate callao, Pedro, y dejá de manotiar. Él puede pedir lo que quiera.

SAN PEDRO.—También es verdá. No sé pa qué me meto yo, pero es que no puedo soportar...

PERALTA.—Lo tercero es que yo pueda detener al que quiera en el puesto que yo le señale y por el tiempo que a yo me parezca.

SAN PEDRO.—¿Qué? ¿Qué es lo que ha pedido este atembao?

JESÚS.—Tené paciencia, hombre. Rara es tu petición, amigo Peralta, pero sea lo que vos querás.

SAN PEDRO.—¡Virgen del Agarradero! ¡Pedí el cielo, hombre, pedí el cielo, no sias bestia!

JESÚS.—Concedido.

PERALTA.—Lo cuarto...

SAN PEDRO.—El cielo, te digo, y quedás asegurao.

PERALTA.—Lo cuarto...

SAN PEDRO.—Te quedan dos: el cielo pa vos y el cielo pa tu hermana, no sigás inventando cosas...

PERALTA.—Lo cuarto... Pero antes, Su Divina Majestá, le quiero preguntar una cosa, y vusté me dispense, su Divina Majestá, por si fuere mal preguntao... Pero eso sí, me ha de dar una contesta bien clara y bien patente.

SAN PEDRO.—¡Loco de amarrar! Va a salir con un disparate gordo!... ¡Padre mío, ilumínalo!

PERALTA.—Yo quería saber si el Patas es el que manda en el alma de los condenados, go es vusté, go es el Padre Eterno.

JESÚS.—Yo, y mi Padre, y el Espíritu Santo, juntos y por separao, mandamos en todas partes, pero al diablo le hemos largao el mando del infierno, él es el amo de sus condenaos y manda en sus almas, como mandás vos en esas zonas que te he dao.

PERALTA.—Pues bueno, su Divina Majestá, si ansina es, voy a hacerle el cuarto pido...

SAN PEDRO.—Permítame su Divina Majestá que me retire y me vaya. Yo no aguanto más las bobadas de éste.

JESÚS.—Sentáte, Pedro.

PERALTA.—Yo quiero que su Divina Majestá me conceda la gracia de que el Patas no me haga trampa en el juego.

JESÚS.—Concedido.

PERALTA.—Y ultimadamente...

SAN PEDRO.—¡Que se pierda! ¡Que se vaya al diablo, a mí qué me importa!

PERALTA.—Y ultimadamente...

SAN PEDRO.—Y ultimadamente te condenás.

PERALTA.—Pido que su Divina Majestá me dé la virtú de achiquitarme a como a yo me dé la gana, hasta volverme tan chirringo como una hormiga.

JESÚS.—(*Riendo a más no poder.*) Hombre, Peralta, otro como vos no nace y si nace no se cría. Todos me piden grandor, y vos, con ser un recorte de hombre, me pedís pequeñez. Pues, bueno.

SAN PEDRO.—¿Pero no ve que este hombre está loco?

PERALTA.—Pues no me arrepiento de lo pedido. Lo dicho, dicho.

SAN PEDRO.—¡Animal! ¡Lo que es al cielo no entrás!

JESÚS.—Concedido.

Van saliendo.

SAN PEDRO.—A mí no me güelva a convidar a estas vagabunderías...

JESÚS.—Él sabrá lo que ha pedido, que no tiene pelo de tonto y se las sabe todas.

SAN PEDRO.—Puede que se pase de vivaracho y le salga el tiro por la culata... *(Sigue rezongando mientras suben al cielo.)*

PERALTA.—¡Cómo será la angurria que se le va a abrir a tanto logrero y a todos esos tahures del pueblo cuando vean esta montonera de onzas! Ahí va llegar todo el ladronicio y todos los perdidos. Pero eso sí, no les voy a dejar ni un chimbo. Ahí van a ver cómo se cumple lo que pedí: Que yo gane al juego siempre que me dé la gana... Horita verán quién es Peralta. *(Sale.)*

PERALTONA.—*(Muy engalanada y empingorotada.)* ¡Maruchenga! ¡Maruchenga!

MARUCHENGA.—*(Llena de cajas y de cachivaches.)* Ya voy, señorita. Es que no veo por onde camino.

PERALTONA.—Ahora me vas a decir que sos miope. Ya no se encuentran buenas serviciales en este pueblo. Aay, ay, que jedentina; traé los frascos de perjume pa rociar puaquí que está jediendo. *(Maruchenga pone las cajas en el suelo.)* ¿Pero animala, cómo ponés todo en el suelo? ¡Un suelo infestao de cuanto llaguiento y leproso hay! Y aquí no vuelven a entrar esos pordioseros. A ver, pasáme el pañolón de tripilla. ¿Qué tal éste pa ir a visitar a la reina? A ver, componéme el esponje atrás, que se me ha torcido. ¡Maruchenga!

MARUCHENGA.—¡Señorita!

PERALTONA.—El esponje, víbora, enderezáme el esponje. *(Con el espejo.)* ¿No estoy más muchachita y más preciosa? Hasta novio puede que levante. Sacáme la sombrilla, que voy a ensayar mi nuevo caminao. Sacáme la crisneja... Ya no se puede poner uno nada. Mañana me estarán imitando este follao todas estas ñapangas asomadas.

TULLIDO.—*(Entrando.)* Señorita Peraltona... ¿Qué ha pasao, señorita?

PERALTONA.—¿Cómo se te hace? Y ahora no me voy a rozar sino con señoras de media y zapato. Y vustedes no se güelvan a aposentar aquí. Que Peralta haga su caridá onde pueda...

TULLIDO.—¿Y vusté no sabe por ondi anda?

PERALTONA.—¿Quién?

TULLIDO.—Don Peraltica.

PERALTONA.—Yo que voy a saber ondi anda, con lo idiático que es.

TULLIDO.—Pues está en el pueblo. Ha puesto monte en el garito.

PERALTONA.—¿Con que se está jugando las onzas? Lo van a pelar.

TULLIDO.—¿A pelar?, les está dando capote a todos. No les está dejando ni un chimbo partido por la mitá. Y eso que han llegao allí los jugadores más fregaos, los caimanes más terribles y los más caudillazos. Le hacen trampa, le cambian la baraja, la señalan con l'uña, le cambian de juego. Ora juegan dao, ora monte-dao, bis-bis, cachimona, ruleta, a ver si con el cambio de juego lo tumban, pero nada. Se cae a raticos pa seguir más violento.

PERALTONA.—Y seguro que no se ha comprao ni una muda.

TULLIDO.—Nada. Allí sigue con su misma ruanita pastusa, con sus mismos calzones fundillirrotos. ¡Igualito...!

CIEGO.—(Entrando.) ¡Lo que he visto! ¡Lo que he visto...! y lo que veo...

PERALTONA.—¿Te has dedicado a ver, no? ¿Qué fue lo que viste?

CIEGO.—Pues a Peralta pelando a todos los caimanes y tahures. Y ellos echando pestes y reniegos. Pero mano que echan, mano que pierden...

PERALTONA.—Eso ya lo sabemos. Pero yo de nada me suplo...

CIEGO.—Y eso no es nada... El que echa los ases

y el recadero del rey que arrima. Que el rey lo mandaba llamar.

PERALTONA.—Ahí me la tiene. ¡Por agalludo!

CIEGO.—Espérese, señorita, y verá. ¡Vamos pa onde el rey!, dijo Peralta, sin darle susto ni vaguido, sino con su sangre de gusano, serenito, serenito.

PERALTONA.—Semejante atembao.

CIEGO.—Yo me hice el ciego y me jui detrás. Qué jiestononón había en el palacio.

PERALTONA.—Y él llegó con su ruana y su... ¡Ese hombre no tiene cura!

CIEGO.—Ahí fue entrando bien tranquilazo. Yo me asomo por una ventana y cuando veo...

PERALTONA.—Dejá las musarañas y relatá parejo.

CIEGO.—Cuando veo que lo invitaban a la mesa del rey.

PERALTONA.—¡A la mesa del rey!

CIEGO.—Y lo sentaron entre el rey y la reina.

PERALTONA.—¡Entre el rey y la reina!

CIEGO.—El rey y la reina taban tomando chocolate con bizcochuelos y quesito fresco y su sacarrial majestá le dio de beber en su propia copa de oro.

PERALTONA.—¡Qué me decís!

CIEGO.—Y le echaron un brinde con unas palabras tan bonitas que aquello parecía lo mismo que si juera con el Obispo Gómez Plata.

PERALTONA.—¡Maruchenga!

MARUCHENGA.—¡Señorita!

PERALTONA.—Caminá, vamos al palacio del rey. ¿Si el langaruto de mi hermano, con la pata al suelo y ruana bebió en la copa del rey, ónde voy a beber yo? El mismo rey se volverá vino y me lo beberé de un sorbo. *(Sale, grita afuera.)* ¡Maruchenga!

MARUCHENGA.—Ahí, voy, señorita. *(Sale.)*

TULLIDO.—A ésta la trastornaron las onzas del rey.

CIEGO.—Caramba, nunca pensé abrir los ojos pa ver tanta cosa. ¿Sabés lo que dicen en el pueblo? Que Peralta está apañiagua con el diablo.

TULLIDO.—¿Y nosotros, nos haberemos curao por obra del diablo?

CIEGO.—Tamos curaos, eso es lo importante. Pero las onzas... a mí se me pone que esas onzas...

TULLIDO.—¿Serán también onzas del diablo?

CIEGO.—¿Y qué? Son onzas, vengan de donde vengan, y yo las que mi ha dao las voy amontonando a ver si salgo de la pobrecía... Pero a mí se me pone que toda esa caridá...

TULLIDO.—Figuráte, ganarle a semejantes tahures. No les dejaba un desquite...

CIEGO.—Pa mí que es ayudao.

TULLIDO.—Me dijeron que ofende a Dios en secreto con pecaos muy horribles. ¿Sabés lo que me dijo una viuda medio brujona ella? Que ha volao con él por los tejaos.

CIEGO.—¿La Camila?

TULLIDO.—La mesma.

CIEGO.—Ésa ha volao con muchos, compadre. Tiene la escoba gastada de tanto vuelo.

PERALTA.—(*Entrando.*) ¿Qué tal, hombres, cómo se sienten?

TULLIDO.—Don Peraltica, vusté puaquí...

CIEGO.—Tábamos diciendo...

PERALTA.—(*Dándoles onzas.*) Tomen, vayan a comprar mudas y denle a los prójimos...

TULLIDO.—Bendito sea, don Peraltica, bendito sea...

CIEGO.—Vusté es un santo, don Peraltica.

TULLIDO.—Dios se lo pague y le dé el cielo.

PERALTA.—Déjense de boberías y vayan a repartirles a la gente.

CIEGO.—Sí, sí, a toda la gente, don Peraltica...

TULLIDO.—Dios se lo pague... Dios le dé el cielo. (*Salen.*)

PERALTA.—(*Haciendo montones de monedas.*) Esto es pa comprar un caserón y acomodar a todos los que han venido de lejos a buscar su limosna. Caramba que hay necesitaos en el mundo. Hasta de Jamaica y de Jerusalén han venido. Esto es pa los plañidores bullosos y avistrajos raros... Que aprovechen las onzas del Señor y la plata de los tahures... *(Se oye un silbido de viento y una música destemplada.)* Uyyyyy... Hace frío... *(Aparece la muerte.)*

Muerte.—Vengo por vos.

Peralta.—¿Por mí? Y no hay otros pu allí...

Muerte.—Es tu turno y agradecé que te aviso, pensando que sos hombre güeno y caritativo.

Peralta.—Hombre, se ti agradece, pero haceme el favor completo y dame un placito pa confesarme y hacer el testamento. Mirá toda la plata que tengo; hay que dejarla bien repartida.

Muerte.—Con tal que no te demores mucho, porque ando de afán.

Peralta.—Date por ai una güeltecita, mientras yo me arreglo; 'go, si te parece, entretenete allá afuera viendo el pueblo que tiene una bonita divisa. Mirá, allá afuerita hay un aguacatillo bien alto. Trepate a él pa que divisés a tu gusto. Salí puallí... Eso, trepate bien... horquetiate en esa rama que yo no me demoro... así... así así me gusta... ¡Date descanso viejita! Allí vas a estar hasta que a yo me dé la gana, que ni Cristo, con toda su pionada, te baja de esa horqueta! Y así sí ha cumplido lo que pedí. Que la muerte me llegue por delante y que yo pueda detener al que quiera en el puesto que yo le señale y por el tiempo que a yo me parezca... Y adelante con la caridá. *(Sale.)*

Fiesta de la muerte. Los lisiados, paralíticos y enfermos entran con una muerte enorme, tocando en tarros y cachivaches. Viene también el Viejo Limosnero y una mujer disfrazada de muerte. Viene el Leproso convertido en culebrero y algunos "dotores".

Doctor 1º.—Hemos vencido a la muerte. Con pociones y purgantes y lavativas la hemos desterrao.

Doctor 2º.—Quedan las enfermedades, pero las iremos espantando poco a poco.

Leproso.—¿Ven esta cara? Ta limpia como la de un recién nacido, ¿y quién me la limpió? ¡Mi propia ciencia! Aquí, aquí están las unturas.

> Las raices del borrachero
> disolvidas en manteca,
> una hoja de malva seca
> y un pedazo de avispero...

Viejo limosnero.—Una limosnita por amor de Dios.

Mujer.—Preparáte que te voy a dar el zarpazo.

Viejo limosnero.—Preparao ando su mercé...

Mujer.—¡Ahí va!

El Viejo Limosnero y la Mujer bailan una danza de la muerte.

Leproso:

> La ponzoña de alacrán
> y un lagartijo mediano,
> el tuétano de un marrano
> en siendo medio alazán...

Pantomima de médicos y enfermos burlándose de la muerte.

Peraltona.—¡Maruchenga! ¡Maruchenga!

Maruchenga.—*(Dentro.)* Ya voy, señorita.

Peraltona.—Traéme el otro abanico, que éste está deshilachao. Traéme los otros botines, que estoy que no puedo de las zancas.

Maruchenga.—Es que vusté ya no para en casa, señorita.

Peraltona.—Las obligaciones que tengo no me dejan. Que a la casa del obispo, que a la casa del rey, que al club de los gamonales, que al casorio de fulanita... ¡Qué sofoquina! Y tiene que andar una tiesa adentro de estos follaos y crinolinas, ni más ni menos que santo en procesión... inclinación pa allá, inclinación pa acá y un tiquismiquis con el gamonal de aquí y un minimisquí con el caudillazo de allá, porque todo son palabrejas raras y "misses" y "musiús" y agua de rosas y pachulíes y rosicleres. Ahora estoy invitada al baile de las Mogollones, pero allí sí voy con gusto, porque esas son encopetadas de verdá! ¡Apurá, tréme el abanico y los botines! *(Sale Maruchenga.)*

VIEJO LIMOSNERO.—*(Entrando.)* Ave María Purísima.

PERALTONA.—Sin pecado concebida.

VIEJO LIMOSNERO.—Siempre tan compuesta y tan buena moza y cada día pa atrás, pa atrás, hasta que vuelva a los quince...

PERALTONA.—Empalagoso que sos... ¿Qué murmuraciones traés?

VIEJO LIMOSNERO.—He oído unas cosas contra su hermano...

PERALTONA.—Así es como le agradecen su caridá. ¡Cría cuervos y te sacarán los ojos!

VIEJO LIMOSNERO.—Al principio mucha fiesta y mucho jolgorio con que no había muerte... Los dotores echando bomballa con sus jórmulas pero agora toti el mundo pide su poquito e muerte.

PERALTONA.—Por eso es que no quiero dares ni tomares con la humanidá. Me paseo y me venteo y me divierto y que se arreglen como puedan. Nada se paga tan caro en este mundo en que vivimos como ser bueno. Ahí verás al pobre Peralta. Hasta que no le machaquen el corazón contra las piedras no van a quedar contentos. *(Entra Maruchenga con el abanico y los botines.)*

MARUCHENGA.—Están casi todos con el tacón quebrao...

PERALTONA.—Y cómo querés que estén, si yo jamás me había puesto semejante martirio. Lo que inventa la gente...

VIEJO LIMOSNERO.—¿Y si viene toda esa montonera de gente a reclamar la muerte, vusté la entrega?

PERALTONA.—Ni me nombrés eso... ¿Yo qué me voy a meter con esa güesamenta? ¡Santo Dios!

MARUCHENGA.—¿Vusté no la ha visto a la pobrecita cómo está allá, moniada en esa horqueta?

PERALTONA.—Paso pu allí con los ojos cerraos y echándome bendiciones. ¡San Emigdio!

MARUCHENGA.—Los güesos los tiene ya mogosos y verdes con los soles que ha padecido...

PERALTONA.—¡Jesús Credo!

MARUCHENGA.—El telerañero se le enreda por todas partes. Ta llena de hojas y de porquerías de animal y con un avispero que li han hecho en la cuenca del lado zurdo, ha quedao tuerta. Todos dicen que don Peralta ha de ser brujo y ayudao pa mantenerla allí...

PERALTONA.—¡Ave María Purísima! Maruchenga, cerrá la boca.

MUJER DEL MÉDICO.—(*Entrando.*) Peralta, Peralta... Buen día le dé Dios, señorita Peraltona. ¿No puede darme razón del demontres de su hermano?

PERALTONA.—¿Ésa es manera de preguntar? Modérese y diga lo que le pasa.

MUJER DEL MÉDICO.—¿Pes qué me va a pasar? Soy la esposa del dotor Pantaleón. La legítima y la legal, que las otras dos son arrimadas y arrejuntadas, y como vulgarmente se dice, meras concubinas. Dende hace tiempo las enfermedades están dale que dale y no se muere un solo cristiano. Mi marido ha echao mucha bomballa al principio con lo que sabe... Pero a mí me fue colando la malicia que eso no pendía de los dotores. ¡Si yo los conozco! ¡Yo he visto la gente que mandan a la sepoltura! Mire, señorita, todo el mundo dice que su hermano escondió la muerte. Yo no le pido que la largue del todo, pero sí que le deje dar sus güeltecitas por ahí de vez en cuando, porque ya a mi marido nadie lo llama, ya se le murió el caballo y se le mogosiaron los fierros de hacer operaciones. (*Entran la Vieja Beata y el Sepulturero.*)

PERALTONA.—Mucho lo siento, mi señora, pero yo no tengo vela en ese entierro.

SEPULTURERO.—¿En cuál entierro?

PERALTONA.—Quiero decir que no me meto en eso.

SEPULTERERO —Ay, me dio un alegrón, señorita... Yo creí que don Peraltica se había acordado de mí y le había dao permiso a la muerte pa que pelara a alguno... Su mercé me haberá visto en el cementerio, señorita. ¡Quién si no yo mismo enterré a su madre, ánima bendita, y al finao de Peraltón, su padre, y a toda su parentela que Dios tenga gozando en la gloria!

VIEJA BEATA.—Ave María Purísima.

PERALTONA.—Sin pecado concebida, niña Eduviges.

VIEJA BEATA.—Vengo gañendo de subir esa cuesta y con el corazón en la boca.

PERALTONA.—¡Maruchenga!

MARUCHENGA.—(*Entre cajas.*) ¡Señorita!

PERALTONA.—Prepará masato con hojas de naranjo agrio pa la concurrencia.

MARUCHENGA.—Sí, señorita.

VIEJA BEATA.—Pues vengo mandada por el cura, porque Su Reverencia y el Sacristán están pasando hambre a lo perro.

PERALTONA.—¿El cura pasando hambre? No me venga con ésas, niña Eduviges.

VIEJA BEATA.—Como lo oye, señorita. Ni un entierrito, ni un mero responso, ni una misa pa las ánimas, ni un solo requiencantin pace en todo este tiempo. ¡San Emigdio! Ellos creen que es cosa del enemigo malo.

SEPULTURERO.—Y qué diré yo que no he güelido la abierta de una sepultura, que ni tengo ánimo pa limpiar el camposanto y eso está todo enmalezao, con los lagartos calentándose al sol bien campantes sobre las lápidas.

SOBRINA.—*(Entra seguida de la mujer del viejo rico.)* ¿Qué es esto, señorita Peraltona? Muy engalanada y de mucho tacón, caminando sobre las esperanzas y los corazones de la pobre gente.

PERALTONA.—¿Qué te has tragao vos, mocosa, pa hablarme así?

SOBRINA.—Hace un año que mi tío Román tiene un achaque de rimatiz y nosotros rece y rece pa que se muera y él allí bien orondo y los caudales pudriéndose en el arca. Y como es usurero, ahora se ha llenado más con las onzas de Peralta.

PERALTONA.—Eso no es cuenta mía.

SOBRINA.—Mi madre le manda un recao, que le empreste la muerte manque no sea más que en un brinquito...

MUJER DEL VIEJO RICO.—Y yo le venía a decir lo mesmo, que mi marido está con un mal de orina y toda la noche es un solo acueducto. La plata la hicimos juntos y él se la está dando toda al marido de esta señora, que lo único que hace es instalarle unos cañutos de carrizo pal desagüe.

MUJER DEL MÉDICO.—Calle la boca, vecina, que es el único cliente que nos queda y eso porque es de enfermedá húmeda.

MUJER DEL VIEJO RICO.—Pues lo que es yo tengo ganas de agarrar esa muerte y sacarla de onde esté que de no me quedo viuda cuando ya no haiga ni un céntimo en la faldriguera.

MARIDO DE LA MUJER VIEJA Y FEA.—*(Entrando con la Moza.)* Yo necesito esa muerte porque mi mujer, que era vieja cuando nos casamos, ahora está chocha y apergaminada. Todo lo que pido es que descanse ella y descanse yo.

Moza.—*(Que viene con él.)* Y nosotros queremos casarnos como Dios manda y no seguir por ahí medio arrejuntaos sin sacramento, expuesto uno a los cuchillos de las malas lenguas.

Peraltona.—Pero tu mujer, vieja y fea, tenía sus riales cuando te casaste con ella.

Marido de la mujer vieja y fea.—Cierto es, pero ya pagué mi deuda. Treinta años aguantándole rémoras y chocheces y untándole manteca de cacao en las coyunturas.

Peraltona.—Pues yo nada les puedo resolver, esas son cosas del atembao de mi hermano. Yo me voy agora onde las Mogollones y vustedes verán lo que hacen. *(Va saliendo.)*

Maruchenga.—Y yo también, que yo no me aguanto este tole tole. *(Sale.)*

Mujer del médico.—Bien emperifollada y bien respondona. Todo con la plata de los pobres. *(Sale.)*

Marido de la mujer vieja y fea.—¿Y cuál ha sido el beneficio de la tal plata?, al bolsillo de los usureros fue a parar y a las arcas de los tahures. *(Sale.)*

Sepulturero.—Y agora hay más ricos que antes y más pobres y todo sigue lo mismo. Sólo que no hay muertos y eso sí es una calamidá. *(Sale.)*

Sobrina.—Una calamidá que ya no se aguanta. *(Sale.)*

Vieja Beata.—Yo no quiero hablar, pero para mí que ese Peralta va pa masón y excomulgao que se las pela. *(Sale.)*

Viejo Limosnero.—*(Hace montones de monedas.)* Un montoncito pa préstamos al veinte por ciento y otro pa jugar en el garito y en la gallera. Ochenta le presté al caratejo... Ciento cincuenta que me debe el mocho... ¡Y allí te estás, pelona, que naides te baja de ese palo! ¡Cien años voy a vivir amontonando mis monedas!

TELÓN

DIABLO.—*(Saliendo del infierno a los trompicones.)* ¡Qué cuentas estás haciendo, so condenao!

VIEJO LIMOSNERO.—¡Santo Dios Bendito! ¡El enemigo malo! *(Sale corriendo y deja las monedas.)*

DIABLO.—¡Las mentadas onzas del rey!... ¡Cuánto problema ha armao el culichupao este!

PERALTA.—*(Entrando.)* Buenas, su mercé... ¿Vusté pua' aquí?

DIABLO.—No ti hagás el desentendido.

PERALTA.—¿Y estas onzas?

DIABLO.—Pues son de las que vos has repartido pa hacer alboroto.

PERALTA.—Pa hacer caridá, su mercé... ¿Pero qué le ha traído a vusté pu estos andurriales?

DIABLO.—Bien que lo sabés.

PERALTA.—¿Yo?

DIABLO.—Decíme, ¿dónde tenés la muerte?

PERALTA.—Ahí la tengo, en un aguacatillo del solar. ¿Pa qué la quiere su mercé?

DIABLO.—Pero no ves que me tenés a mí y a los mayordomos y a toda la pionada del infierno con los brazos cruzaos? Al camino del cielo mandé un atisba el otro día pa que vigilara por esos laos a ver si todas las almas se estaban salvando... ¡Qué salvación ni qué demontres, le dijo San Pedro; esto se está acabando! Eché a averiguar y descubrí que eras vos el de todo eso...

PERALTA.—Mire, su mercé, yo no puedo soltar a la muerte, porque al primero que agarra es a mí. Pero hagamos una cosa. Se la juego contra cualquier alma de la gente de su mercé.

DIABLO.—¿Que vos querés jugar conmigo? ¿Y quién crees que sos vos pa atreverte a tanto?

PERALTA.—Pes nada, su mercé...

DIABLO.—¿Vos no sabés que dende que yo soy diablo naides mi ha ganao al juego?

PERALTA.—Así será, pero yo soy muy vicioso. Me gusta jugar manque lleve las de perder.

DIABLO.—¡Pago! Pero con una condición. Además de la muerte, te jugás tu almita.

PERALTA.—¡Pago! *(Juegan.)* Cuarenta, as y tres, no la perderás por mal que la jugués.

DIABLO.—¿Qué? Bueno, no te entusiasmés que te estoy dando ventajita, no más... *(Juegan.)* Hum... Ahora si es más distinto...

PERALTA.—Ta bien, ahí voy... ¡Siete de triunfos!, cambio, agarro el as.

DIABLO.—Vos sos culebra echada, ¿go qué demonios?

PERALTA.—Tanté culebra, su mercé... lo que menos. Sigamos pa que se desquite.

DIABLO.—A ver, amostrá.

PERALTA.—Aguántese un tantico...

DIABLO.—¡Amostrá, te digo, solapao!

PERALTA.—Pacencia, su mercé.

DIABLO.—¡Qué pacencia ni qué diablos! ¡Amostrá, que ya no aguanto!

PERALTA.—Tute de reyes.

DIABLO.—¡Pero por qué no puedo hacerte trampa, maldita sea, por qué! ¡No te rías, culichupao!

PERALTA.—Si no me estoy riendo, su mercé.

DIABLO.—A mí no me fregás vos. ¡Doblo!

PERALTA.—Doblemos, pero pinte algo bueno.

DIABLO.—¡El todo por el todo! Te juego, de una vez por todas, una cochada de almas completa, contra la muerte... y contra la tuya.

PERALTA.—¿Y cuánto es una cochada?

DIABLO.—Una calderada. Más o menos unos treinta y tres mil millones de almas.

PERALTA.—Pues ahí va. *(Juegan.)*

DIABLO.—¡Tomá!

PERALTA.—Triunfos, cambio.

DIABLO.—*(Ruge.)* ¡Ni una trampita! No me cuaja ni una.

PERALTA.—Por una vez tendrá que jugar limpio su mercé.

DIABLO.—Vos tenés algún poder malino...

PERALTA.—Cuarenta, as y tres, otra vez; por mal que la jugués no la perderés...

DIABLO.—¡Ganaste!

PERALTA.—Así parece, su mercé.

DIABLO.—Y vos te quedás con la muerte y con mis almas...

PERALTA.—En juego limpio haberá sido...

DIABLO.—Vos ganarme a mí, al mejor jugador de tute que hay en el mundo. ¿Qué poderes tenés, vos, so marrullero?

PERALTA.—Yo nada, su mercé...

DIABLO.—¡Has arruinao el infierno!

PERALTA.—Vusté que es vicioso, su mercé... Pero si quiere le doy un desquite...

DIABLO.—¡No! ¡No juego más! Se acabó el carbón. (Saliendo.) ¡Vos me las pagás! Agora tenés ayudas y poderes, pero vos te desembrujás y cuando te desembrujés ya veremos, solapao. (Sale por su infierno.)

PERALTA.—Ya si ha cumplido: "Que el Patas no mi haga trampa en el juego..." Tengo la muerte y treinta y tres mil millones de almas. ¡Hijue y el escandalito que se jormará ahora en el infierno con el Patas llorando a moco tendido y el mayordomo y la pionada soltando almas a lo perro!

Jesús y San Pedro salen a la puerta de la nube.

JESÚS.—Tiene que ser que él la tiene; no hay otra causa. Bajá, pues, y tratá a ese hombre con mucha mañita, pa ver si nos presta la muerte, porque de no, nos embromamos.

SAN PEDRO.—Ta bien... Yo le dije a vusté que ese hombre estaba loco...

Jesús.—Bajá, Pedro, y hacéme caso; tratálo con mañita.

San Pedro.—Asina haré, pero si pendiera de mí...

Peralta.—*(Con sus monedas.)* Y yo no me toca jugar sino repartir... Tengo que hacer la caridá con los ojos cerraos.

San Pedro.—Peralta.

Peralta.—Qué milagro de verlo, su mercé.

San Pedro.—Qué milagros ni milagros. Decíme una cosa, Peralta: ¿por qué sos así?

Peralta.—¿Qué pasa?

San Pedro.—¿Qué pasa? ¿Vos te crees que a nosotros nos engañás?

Peralta.—Yo no he pensao en eso...

San Pedro.—¿Qué has hecho con la muerte?

Peralta.—El Señor me dio permiso pa dejar una cosa onde yo quisiera por el tiempo que a yo me diera la gana.

San Pedro.—¿Pa eso hiciste esas peticiones tan estrambóticas? Tus intenciones tenías de armarnos semejante trimolina.

Peralta.—¿Trimolina, su mercé?

San Pedro.—¿No te das cuenta que por allá no llega un alma y el cielo está parao? Yo me fui onde el Maestro y le dije: Maestro, aquí tiene su destino de portero, busque a quién dárselo, que yo no soy hombre pa estarme por ahí sentao sin hacer nada. Entonces el Maestro me mandó onde vos, pa que nos largués la muerte. Fijate bien que vengo mandao.

Peraltona.—*(Entrando.)* ¡Maruchenga!

Maruchenga.—*(Tras ella, cargada como siempre.)* Ya voy, señorita.

Peraltona.—¡Ay, si aquí está el pelegrino de las onzas! ¡Maruchenga!

Maruchenga.—Señorita...

Peraltona.—Llevá eso pa allá dentro y preparále su chocolatico... pero corré.

Maruchenga.—Ya voy.

PERALTONA.—¡Ay, qué serviciales estas de agora! Pues ya ve vusté cómo han rendido las onzas.

SAN PEDRO.—Sí, ya veo.

PERALTONA.—Caridá por todas partes. Ya no sabemos qué hacer con tanta caridá... Perdóneme su mercé que me voy a mudar estas tiesuras y crinolinas, porque vengo muy sofocada. *(Con un dengue.)* Con vuestra licencia... *(Sale.)*

SAN PEDRO.—Bueno, ¿qué estaba diciendo?

PERALTA.—Que el Maestro lo había mandao...

SAN PEDRO.—Fíjate, pues, que es orden del Señor.

PERALTA.—Está bien, se la largo con mucho gusto, con la condición de que a yo no me haga nada.

SAN PEDRO.—Concedido, como dice el Maestro.

PERALTA.—Aguárdame aquí, que ya se la traigo.

SAN PEDRO.—Es bien sobao el Peraltica; poquito que he tenido que contenerme pa no amasijarlo.

MARUCHENGA.—Aquí tiene, señor pelegrino, y perdone lo mal servido. Siéntese y coma, que ya sale la señorita.

PERALTONA.—*(Dentro.)* ¡Maruchenga!

MARUCHENGA.—Ya voy, señorita. *(A San Pedro.)* Está que es un solo melindre.

PERALTONA.—¡Maruchenga!

MARUCHENGA.—*(Saliendo.)* Ya voy, señorita...

SAN PEDRO.—Hum... esto es comida. Ya estaba aburrido de tragar gloria.

PERALTA.—*(Con la muerte.)* Mírela su mercé cómo está. Toda baldada, tullida y desmayadita... No puede dar paso...

SAN PEDRO.—¡Llévate eso de aquí ligero. ¿No ves que estoy comiendo?

PERALTA.—En un santiamén la limpio y la arreglo, su mercé... y perdone. *(Sale.)*

SAN PEDRO.—Ya me dañó éste el chocolate y me regolvió todo el estómago... Habráse visto; traer esa güesamenta cuando uno está comiendo... *(Música de la muerte.)* ¡Uyyyyyyy, qué frío!

MUERTE.—¡Ayyyyy, ayyyy! *(Grita con brutal alegría, salta, corretea y sale disparada.)*

PERALTA.—¡Hijuepucha que estaba hambrienta con el ayuno! Apenitas la limpié, cogió fuerzas y amoló la desjarretadera en la piedra del patio.

SAN PEDRO.—¿No ves? Ahora yo me tengo que subir a los trompicones porque va a comenzar a despacharme gente pa esa portería... ¡Con vos no se puede!

PERALTA.—Y hay más tuavía, su mercé...

SAN PEDRO.—¿Qué hay?

PERALTA.—No hace mucho, le gané al diablo una traquilada de almas, jugando al tute.

SAN PEDRO.—¿Una traquilada?

PERALTA.—Sí, su mercé, una cochada, unos treinta y tres mil millones de...

SAN PEDRO.—¿Qué estás diciendo? ¿Y ónde están?

PERALTA.—¿Qué sé yo?

SAN PEDRO.—¡Maestro Divino! ¡Dame paciencia! ¿Cuántas dijiste?

PERALTA.—Treinta y tres mil millones.

SAN PEDRO.—Treinta y tres... ¡Santo Dios!

PERALTA.—Vea a ver cómo acomoda esa gentecita...

SAN PEDRO.—¡Gentecita! ¡Señor, este hombre es loco de remate!

PERALTA.—Las gané en juego limpio con el Patas y a mí ni el cielo me viene a meter macho rucio.

SAN PEDRO.—¡Macho rucio! Animal... ¡Yo se lo dije al Maestro! ¡Santo Dios, Santo Fuerte, Santo Inmortal! *(Sale por su nube.)*

MARUCHENGA.—*(Dentro.)* ¡Ay, mi señora! ¡Ay, mi señorita Peraltona! *(Entra.)* Don Peraltica: mi señora Peraltona está muerta... ¡Tiesita y fría como un pajarito muerto! ¡Ay, qué desgracia!

PERALTA.—Se vengó la condenada. Requiencantin pace.

MARUCHENGA.—Amén.

Salen. Entra un cortejo fúnebre.

VIEJA BEATA.—Requiencantin pace.
TODOS.—Amén.
VIEJA BEATA.—

> Dios te salve, ánimas fieles
> que hacia el pulgatorio vais
> y grandes penas pasáis.
> Vos juiste lo que yo soy,
> yo he de ser lo que vos sos.
> Rogad a mi Dios por mí,
> que yo rogaré por vos.

TODOS.—Amén.
MARUCHENGA.—Deténganse un tantico y arrímesen aquí a rezarle a mi señorita Peraltona.
MUJER DEL MÉDICO.—Pero si todo esto ha sido invención del tal Peralta.
MARUCHENGA.—Así será, mi señora, pero ella nada tiene que ver.
VIEJA BEATA.—(*Entrando en la casa con el cortejo.*) Requiencantin pace.
TODOS.—Amén.
VIEJA BEATA.—

> Ánimas del pulgatorio
> que agora penando estáis,
> rogad a Dios por losotras
> dende el lugar onde estáis,
> que losotras rogaremos
> pa que de penas salgáis.

MUJER DEL MÉDICO.—Hasta última hora estuvo en pie, luchando contra las enfermedades.
SOBRINA.—Pero las enfermedades se requintaron...
MUJER DEL MÉDICO.—Que las virgüelas castellanas onde Julano, que el sarampión onde Zotano, que la

tosferina y la culebrilla onde Mengano. El dolor de costao, el tabardillo... ¡Ánimas benditas!

VIEJA BEATA.—Ánimas benditas, rogad por nosotros.

TODOS.—Amén.

MUJER DEL MÉDICO.—Sin que le llegara novedá ninguna ahí me la tiene, caído de bruces entre sus enfermos... Él que era tan caritativo... ¡Ánimas benditas!

VIEJA BEATA.—Ánimas benditas, rogad por nosotros.

TODOS.—Amén.

MUJER DEL MÉDICO.—Taría de Dios...

MOZA.—Taría del diablo. Así cayó mi viejo. Un güinchazo de la muerte y al hoyo derechito. Todo esto es cosa de embrujaos y ese Peralta es brujo adotorao...

VIEJA BEATA.—¡Ave María Purísima! ¡Ánimas del Pulgatorio! Déjese de eso, niña...

En el nombre de Dios Padre
y en el nombre de Dios Hijo
y en el de San Marcial,
que ni por fuera ni por dentro
me puedan hacer el mal. Amén.

TODOS.—Amén.

SOBRINA.—Que mi tío Román se muriera ta bien. Era su hora y era la de nosotros heredar. Pero que mi mamá y mis tíos y toda mi parentela se fueran derás d'él... Es una injusticia.

MOZA.—Todito lo ha trastornao el tal Peralta en este mundo. La vida con sus onzas y la muerte con su invención.

VIEJA BEATA.—Sigamos nuestro camino, que la tendedera de muerto no tiene término. No si alcanzan ni a enterrar los pobrecitos y a muchos los dejan puai... medio tapaos con tierra.

Mujer del médico.—Y su mercé de plácemes, niña Eduviges. Un responso pa allá, un Pater Noster pa acá y un Inducas Intentacione pal otro lao.

Vieja Beata.—*(Sin oírla, inicia la retirada.*

> Ánimas del Pulgatorio
> que agora mismo viajáis
> por esos aires arriba,
> no os olvidéis, si llegáis,
> de rogar por los que abajo
> en este mundo dejáis...

Todos.—Amén...

Salen.

Jesús.—*(En la puerta de la nube.)* Barajo que sos porfiao, Pedro. Bajá y hablá con él.

San Pedro.—Yo se lo dije, Maestro, que estaba loco.

Jesús.—Dejá la sofoquina y la manotiadera y bajá a hablar con él.

San Pedro.—Yo con ese demonio de hombre no quiero tener cuentas. Yo, Maestro, le sirvo de portero todo el tiempo que quiera. Vusté sabe lo que he luchao en esa portería últimamente.

Jesús.—Jamás tuve queja de vos, Pedro... Ahora bajá a hablar con él, como te estoy diciendo...

San Pedro.—Ta bien, pero no respondo. Solamente le digo eso. Si le quiebro una llave en la cabeza, no respondo.

Jesús.—No siás alborotero y malosgenios. Él no tiene la culpa. Al fin y al cabo ha sido un estrumento.

San Pedro.—Valiente estrumento se jue a buscar su Divina Majestá. ¿No le dio vusté las oportunidades?

Jesús.—A todos los hombres se las damos.

San Pedro.—Sí, pero a él le dio unas más güenas y más provechosas y velay las peticiones que hizo.

Jesús.—Andá, Pedro, y revestite de Santa Paciencia.

San Pedro.—¡Santa Paciencia! Semejante... solapao... Quién lo ve tan pánfilo y tan mansito... El que no lo conozca que lo compre... ¡Peralta! ¡So infeliz!

Maruchenga.—¡Ay! Jesús, María y José; ¡qué es lo que viene agora!

San Pedro.—¡So vagabundo! ¡So condenao! ¿Onde está ese Peralta?

Maruchenga.—En un santiamén se lo llamo, señor pelegrino... y le traigo su chocolatico... *(Sale.)*

San Pedro.—Darle explicaciones a ese calzonsingente... ¡A dónde hemos llegao!

Peralta.—A su mandar, señor, aquí me tiene.

San Pedro.—Pues el Maestro me ha mandao... Pero aquí entre nos, si de mí pendiera...

Peralta.—Déjese de nojarse así, que ya no está en edá pa eso.

San Pedro.—¡Explicaciones a vos! Pero el Señor quiere que todo sea claro y yo lo tengo que aclarar.

Peralta.—¿Y qué es lo que no está claro, su mercé?

San Pedro.—Bien que lo sabés.

Peralta.—Yo no sé nada.

San Pedro.—Vé, no me hagás perder la poca paciencia que me queda. Vos le ganaste al enemigo malo esos treinta y tres mil millones de almas...

Peralta.—En juego limpio...

San Pedro.—Calláte.

Peralta.—Ta bien.

San Pedro.—Vos no tenés alcances pa saber en qué enredo di alta teología nos metiste...

Maruchenga.—Aquí está su chocolatico con queso, como se lo hacía preparar la señorita; ánima bendita... ¡Ay, tan buena que era manque tuviera su geniecito!...

PERALTA.—Ta bien; entráte pa allá, que estamos hablando.

MARUCHENGA.—¡Ay! Cómo me hace de falta con sus dengues y sus melindres... *(Sale.)*

SAN PEDRO.—Ella pagó por tus invenciones. Allá llegó al cielo y tuve que dejarla entrar. Vos sabés lo escandalosa que era... *(Corre.)* Esto está güeno... Es lo único que me aplaca... Pero decíme: ¿vos no te has dao cuenta del mal que has hecho?

PERALTA.—Yo repartí las onzas que me dio el Señor.

SAN PEDRO.—¿Y quién se aprovechó? ¿Hum? ¿No ves la batahola que has armao?

PERALTA.—Tu mano izquierda no debe saber lo que da la derecha, dice la Sagrada Escritura.

SAN PEDRO.—¡Hasta Escritura sabés ya! *(Limpia la taza.)* Perdoná, pero está muy güeno y yo nunca dejo política.

PERALTA.—¿Y qué hubo del enredo de la tología?

SAN PEDRO.—Teología, aprendé a hablar. Ha sido uno de los mayores enredos que se nos han presentao allá arriba. Yo de eso, pa decir verdá, no entiendo ni papa. Eso pa mí es pura música celestial. Pero pa que sepás, que hubo que llamar a Santo Tomás de Aquino pa que lo resolviera, porque el Maestro dijo que los condenaos, condenaos se tenían que quedar pa toda la eternidá.

PERALTA.—¿Y cómo lo resolvieron?

SAN PEDRO.—Y te burlás encima, ¿so pergüétano?

PERALTA.—¿Yo acaso me estoy burlando?

SAN PEDRO.—No me toriés, no me toriés, que me paro de aquí y te amasijo.

PERALTA.—Estese ahí tranquilo su mercé, que se le indigesta el chocolate, y cuente qué pasó.

SAN PEDRO.—Esas almas, sacadas del infierno, ¿ónde iban a ir?

PERALTA.—Al cielo.

SAN PEDRO.—¿Pero no estás viendo que eran almas de condenaos? Santo Tomás echó a cavilosiar y cavilosió y cavilosió como diez minutos celestiales, que son como un año de los de ustedes, y después pidió junta con el Maestro y con Santa Teresa de Jesús... y eso fue lo que más embeleció a las santas, que aunque sea el cielo, son mujeres... Empezó a oírse una bullita y unos mormullos y se fueron amontonando en la plaza...

PERALTA.—¿Y di ahí?

SAN PEDRO.—Esperáte, no acosés. Santa Teresa se sentó en un pupitre y empezó a echar pluma. Santo Tomás iba relatando y ella iba jalando pluma. Y esa sí es escribana. Aí se le vio todo lo vaquiana que es en cosas de escribanía...

PERALTA.—¿Pero qué escribía?

SAN PEDRO.—¡No me interrumpás! Acomodada en su tabrete iba escribiendo, escribiendo sobre el atril; y a conforme escribía iba colgando por detrás de los tramotiles esos un papelón muy tieso, ya escrito, que se iba enrollando, enrollando...

PERALTA.—Y yo estoy esperando, esperando...

SAN PEDRO.—Ojalá no tengás que esperar por toda la eternidá, donde sabemos, so marrullero...

PERALTA.—Ta bien; siga su cuento.

SAN PEDRO.—Al rato, como cinco minutos celestiales, echó una plumada muy larga, y le hizo señas al Maestro de que ya había acabao.

PERALTA.—¿Y qué?

SAN PEDRO.—Tené paciencia, que es mucha la que hemos tenido con vos. El Maestro mandó a echar bando y principiaron a redoblar todos los tambores del cielo y a desgajarse a los trompicones toda la gente de su puesto, pa oír lo que nunca habían oído, pues pa que sepás que ni San Joaquín, el agüelito del Maestro, había oído nunca leyendas de gaceta en la plaza de la corte celestial.

PERALTA.—Y al fin qué. Diga, por amor de Dios, en qué paró todo, su mercé.

San Pedro.—¿Pues en qué había de parar? Ultimadamente el documento quería decir que era muy cierto que vos le habías ganao al enemigo malo esa traquilada de almas con mucha legalidá y en juego muy limpio y muy decente.

Peralta.—Me gusta que reconozcan...

San Pedro.—¡Ay! Pero hubieras visto a la santica leyendo eso: "Nos, Tomás de Aquino y Teresa de Jesús, mayores de edad y del vecindario del cielo, por mandato de Nuestro Señor hemos venido a resolver un punto muy trabajoso..."

Peralta.—Estábamos en que yo le había ganao al enemigo malo...

San Pedro.—Pero hubieras oído la vocecita con que lo leía. Era como cuando los mozos montañeros agarran a tocar el capador, como cuando en las faldas echan a gotiar los resumideros en los charquitos insolvaos...

Peralta.—Ta bien; si no quiere, no diga nada.

San Pedro.—No te insolentés; aunque ganaras con legalidá, esas almas no pueden entrar al cielo ni de chiripa.

Peralta.—¿Y por qué?

San Pedro.—Porque vos, por más avispao que siás, no podés hacer contradecir al Señor.

Peralta.—No es eso, pero...

San Pedro.—Esos condenaos se quedarán dando güeltas.

Peralta.—¿Güeltas a ónde?

San Pedro.—¡No grités!

Peralta.—Yo estoy reclamando...

San Pedro.—Ve, te parto la cabeza... *(Cae rendido por el esfuerzo.)* ¡Ay, ay! ¿No ves que yo sufro del corazón y la subidera y la bajadera me ha puesto pior?

Peralta.—¿Y quién lo manda a enjurecerse?

San Pedro.—Señor, dame paciencia. Tráeme un jarro di agua.

298

PERALTA.—Aquí está.

SAN PEDRO.—Al fin y al fallo esos condenados no vuelven a las penas de las llamas, sino a otro infierno de nuevo uso, que vale lo mismo que el de candela.

PERALTA.—Eso es más distinto. ¿Y cómo es ese infierno, su mercé?

SAN PEDRO.—Pues es una indormia muy particular. Echáme otro mate di agua. Dizque es de esta moda: que mi Dios echa al mundo treinta y tres mil millones de cuerpos y que a esos cuerpos les meten adentro las almas que vos sacaste de los profundos infiernos, y que esas almas, aunque los taitas de los cuerpos crean que son pal cielo, ya están condenadas desde en vida, y por eso no les alcanza el santo bautismo. Cuando se mueren los cuerpos, vuelven las almas a otros y después a otros y sigue la misma fiesta hasta el día del juicio, di ahi pendelante las ponen a voltiar en redondo del infierno per sécula seculorum, amén... A ver, echá más agua, que estoy muerto.

PERALTA.—De modo que dende en vida ya son gente del Patas.

SAN PEDRO.—Sí, y el infierno en que se queman es la envidia.

PERALTA.—Pues me parece muy bien y muy verdá y muy güena la inguandia que inventaron.

SAN PEDRO.—Echá más agua que me dejaste seco.

PERALTA.—Si quiere, le hago preparar otro chocolatico...

SAN PEDRO.—No. Lo que vos no sabés es que a tu hermana la dejé entrar al cielo de contrabando pa eso, pa que mi haga chocolate, porque eso de comer gloria no es pa un viejo como yo... ¡Maruchenga!

MARUCHENGA.—Señor.

SAN PEDRO.—Traéme un máiz que me encargó la Peraltona pa las arepas.

MARUCHENGA.—Sí señor.

SAN PEDRO.—Y vos, Peralta, no me hiciste caso y se ti han evaporao las peticiones. ¿Cuántas te quedan después de tanta batahola?

PERALTA.—Una, su mercé.

SAN PEDRO.—La de volverte chirringo...

PERALTA.—Esa mesma, su mercé.

SAN PEDRO.—¿Quién te entiende a vos, Peralta?

PERALTA.—Ni mero yo me entiendo, su mercé.

MARUCHENGA.—Aquí está su máiz, señor... Pero ¿cómo es eso de que la señorita Peraltona?...

SAN PEDRO.—Que te explique Peralta. Yo me voy subiendo, que va siendo hora de merendar.

MARUCHENGA.—Don Peraltica, todo esto es tan misterioso... ¿Ónde vamos a ir a parar?

PERALTA.—¿Y qué sé yo, Maruchenga? (*Sale.*)

MENDIGO 1º—(*Entrando con el Mendigo 2º*) ¿Y no sabe su mercé a qué hora viene don Peraltica?

MARUCHENGA.—Estará al llegar, que anda que parece un duende, de aquí pa acá, en una y otra casa, amortajando los difuntos, consolando y socorriendo a los vivos...

MENDIGO 2º—Aplacando el avispero que alborotó.

MARUCHENGA.—Vos callá la boca, malagradecido.

MENDIGO 1º—Ha podido repartir las onzas sin tanto bolate.

MARUCHENGA.—¿Qué saben vustedes? ¡Son cosas de Dios!

MENDIGO 2º—Cosa de Dios que la muerte esté colgada de una horqueta y que la descuelguen...

MENDIGO 1º—Y que en un tris acabe con los cristianos.

MENDIGO 2º—¿Dejando ese reguero de muertos, como gusanos de cosecha, que ni toda la gallinazada del mundo alcanzaba a comérselos?

MARUCHENGA.—Los que más ha favorecido son los que más murmuran.

Mendigo 1º—A mí no es mucho lo que me ha favorecido...

Mendigo 2º—Ni a mí.

Maruchenga.—Vustedes no son más que pedigüeños y plañidores bullosos. Si pendiera de mí, los zumbaba de aquí con esta escoba.

Mendigo 1º—¿Sabe quiénes han aprovechao? Los que con esa mortecina heredaron tanto del caudal, que no saben onde ponerlo.

Mendigo 2º—Y que ahora se la pasan en fiestas y bebetas y corrompiciñas.

Mendigo 1º—¿Vusté cree que el mundo se puede cambiar y mejorar con unas onzas?

Mendigo 2º—¿Y con milagros y hechizos y brujerías?

Maruchenga.—Yo nada sé; que se haga lo que Dios quiera.

Mendigo 3º—*(Entrando.)* ¡Ave María Purísima!

Maruchenga.—Sin pecado concebida.

Mendigo 3º—Vustedes me ven cómo vengo... Pes asina me dejaron en el camino rial, casi en cueros, pa robarme todito lo que me había dao Peraltica.

Mendigo 1º—Con el ladrocinio que si ha desatao...

Mendigo 2º—Todito ta corruto y dañao agora.

Mendigo 3º—Y ahí vienen más. Son nubes y nubes de pedigüeños, dañinos y tragones como langosta.

Mendiga.—*(Entrando.)* ¡Alabado sea el Señor!

Maruchenga.—Sea bendito y alabado.

Mendica.—¿No está pu aquí don Peraltica?

Maruchenga.—Ta en su caridá y en sus güenas obras.

Mendiga.—Pues que las güelva a hacer conmigo, porque la plata que él mi había dao se me evaporó como por encanto. Le di las onzas a un señorón joráneo de muy güena cara. El izque me las degolvía dobladas al cabo di un mes. Pasó el mes y toparías. Pasó otro mes y tuve que golver a la limoniadera.

VIEJO LIMOSNERO.—*(Entrando.)* ¡Santo Dios! ¡Qué escarramán tan horrible!

MARUCHENGA.—¿Qué ha pasao?

VIEJO LIMOSNERO.—Qué calamidá tan calamitosa.

MARUCHENGA.—Hablá.

MENDIGO 1º—Ése sí qui ha provechao. Pa él han sido las onzas.

MENDIGO 2º—Con la usurería y con l'uña se está enriqueciendo.

MENDIGO 1º—Amontonando plata y plata bajo las mechas... Ahí ende lo ven todo mechoso...

VIEJO LIMOSNERO.—¿Y vustedes no han aprovechao? Yo sé los negocitos qui han hecho y no si hable de aprovechamiento, porque será nombrar la soga en casa de toítos los ahorcaos...

MARUCHENGA.—No les hagás caso y contá.

VIEJO LIMOSNERO.—Pes el Peralta, cuando enterró los dijuntos se echó pal pueblo y encontró esa fiestanganada de los que si han enriquecido con la muerte y echó pal garito y lo encontró colmaíto, colmaíto...

MENDIGO 2º—A él que no le gusta la jugarreta.

MENDIGO 1º—Con las trampas que sabe...

MENDIGO 3º—Le dieron en la mera pepa del gusto...

MENDIGA.—Dejen contar, bullosos.

VIEJO LIMOSNERO.—Y se pega al tute y va pelando caimanes y va amontonando onzas.

MENDIGA.—Dios lo bendiga; tan caritativo.

MENDIGO 1º—Ya no sabe onde meterlas.

MENDIGO 2º—¡Y güelva a rodar la mesma roleta!

VIEJO LIMOSNERO.—Y se prende el avispero... Hubo cuchillo, hubo barbera y él serenito: "¡Triunfos!" "Cuarenta, as y tres."

MARUCHENGA.—¿Y di ahí?

VIEJO LIMOSNERO.—En eso llega mensaje del rey.

Que vaya a casa del rey. Que su sacarrial majestá lo está esperando. ¡Y sale esa montonera de gente detrás, gritando como condenaos! ¡Que tiene poderes! ¡Que lo chamusquen por hereje! ¡Que usa daos cargaos!

MARUCHENGA.—¿Y qué pasó?

VIEJO LIMOSNERO.—Llegan allá y el rey ta sentao en un trimotil bien alto y a un lao la reina y detrás un poco de gente muy blanca y de agarre que parecían jefes o mandones. A un lao unas señoras muy bonitas y muy ricas, que parecían principesas. Ahí se para un señor de negro él y con un bonete y dice: Peralta, el rey va a sentenciar. Y el rey si acomodó la corona y con un vozanchón por allá muy atronador grita: Peralta, nos tuviste muy asustaos. Por un tiempo creímos que el reino se trastornaba y vos juiste la causa de esa batahola. Y ahí le pasaron un papelote enrollao pa que leyera: "Todos sabemos que el mundo no puede cambiar y que asina como está hecho se debe dejar, porque asina es como los otros, los reyes, lo podemos gobernar." Hijueldiablo, la acusadera que llovió ahí sobre Peralta. Todito el mundo dijo su pite contra él y el rey lo condenó al destierro con sus bártulos y corotos.

MARUCHENGA.—Malagradecidos que son. Con tanto que los ha javorecido a todos.

MENDIGO 1º—Y pa onde lo destierren se van las onzas.

MENDIGO 2º—Lo debían encerrar pu ahí a producir moneda.

MENDIGO 3º—Pes antes de que lo echen di aquí lo he de ver pa que me remedie.

MENDIGA.—Jesús; qué gobierno atolondrao el que tenemos. Su sacarrial majestá no sabe de la misa la media.

VIEJO LIMOSNERO.—Aquí llega... (*Entra Peralta.*) Miren cómo viene amilanao y cariacontecido... ¡Una caridá, don Peraltica!

MENDIGO 1º—No se olvide de sus pobres, don Peralta.

MENDIGO 2º—Dios se lo pague y le dé el cielo.

MENDIGO 3º—Mire cómo me dejó el ladrocinio, casi en cueros, don Peralta... Dios se lo pague.

MENDIGA.—Aquí me tiene otra vez en la inopia, don Peralta. Socórrame por Dios. Dios se lo pague...

MARUCHENGA.—Ni haberá merendao. Espéreme, que ahí le traigo su máiz sancochao. (*Música de la muerte. Entra ésta dando saltos.*)

MUERTE.—Hum... Parece que están escarmentaos... ¿Por qué si agallinan? ¿Tuavía no si han acostumbrao a mí? ¿Cuáles son los que esta vez se van conmigo? Yo no los quiero tristes sino bien contentos y enfiestaos... Ahí he traído los espectros di unos músicos pa dale una serenatica a mi amigo Peralta... ¡Hola, los músicos! Son unos artistas consumaos, pero se murieron di hambre y no tienen juerzas pa tocar... ¡Toquen! ¡Toquen, tuntunientos! Pero qué alicaídos y amustiaos que están todos... Ahí va una coplita...

> El pan de la venganza
> se come frío;
> esta tarde me toca
> comerme el mío...

¿Y ahora el señor Peralta se dinará partir conmigo?

PERALTA.—Sí, señora, con mucho gusto, que harto he vivido y disfrutao.

MUERTE.—Y hartas fechorías has hecho, condenao.

PERALTA.—Que me juzguen como quieran. Yo quise hacer el bien. ¿Qué culpa tengo si ha salido el mal? Pero atiéndanme una razón. Mando que mi mortaja sea de limosna y que me hagan un bolsico

en el sudario y precisadamente me metan en él la
baraja y los datos. Mando que me entierren sin
ataúl, en la propia puerta del cementerio onde todos me pisen harto. A todos los pongo por testigos
pa que se cumpla mi última voluntá, y agora sí
podemos partir, mi señora.

MARUCHENGA.—¡Ay, que se lo lleva la muerte!

MENDIGA.—Se nos va Peraltica ¿y quién nos fa-
vorece agora?

VIEJO LIMOSNERO.—Requiencantin pace.

TODOS.—Amén.

MENDIGA.—Descansen en paz con la santa
          compaña de cabecera...

TODOS.—Descansa en paz.

MENDIGA.—Con el ángel San Miguel
          y su espada justiciera...

TODOS.—Descansa en paz.

MENDIGA.—Con la llave que todo lo abre
          y la mano que todo lo cierra...

TODOS.—Descansa en paz... *(Salen.)*

EPÍLOGO

ABANDERADO.—*(Entrando.)* Y Peralta se coló al
cielo. El Padre Eterno lo llamó a su nube y le dijo
de esta moda: Peralta, escogé el puesto que querás.
Ninguno lo ha ganao tan alto como vos, porque vos
sos la humildá, porque vos sos la caridá. No te hu-
millés más, que ya estás ensalzao. Y como Peralta
no había usao la virtud de achiquitarse que el Maestro le concedió, la usó y se jue achiquitando, achiquitando hasta convertir en un Peraltica de tres
pulgadas... ¡Y quién lo va a creer! Con una agilidá
de bienaventurao se brincó al mundo que tiene el
Padre Eterno en su diestra, se acomodó bien y se

abrazó a la cruz. Y allí está, allí, en la diestra de
Dios Padre, y allí estará por toda la eternidá.

Entran todos los personajes, como al principio.

JESÚS:

Y así termina esta historia
como había de terminar,
con Peraltica en la gloria.

SAN PEDRO:

Y una lección ejemplar,
pa que quede en la memoria
del que la quiso escuchar.

EL DIABLO:

Si es mentira,
pan y harina;
si es verdá,
harina y pan;
y los defectos qui hubiere
les rogamos perdonar.

LA MUERTE:

Así nuestra mojiganga
ha llegado a su final;
que la entierren en un hoyo
y requiencantin paz.

ABANDERADO:

Permiso pido señores
pa podernos retirar,
que los cómicos andamos
de un lugar a otro lugar.
En nombre de mis amigos

doy los agradecimientos
por los finos cumplimientos
que nos hicieron aquí.
Queden con Dios las señoras,
y los señores también,
que mucho los recordaremos
por siempre jamás, amén.

TELÓN

RENÉ MARQUÉS

[1919]

Portorriqueño. Nació en Arecibo. Perteneciente a una familia de agricultores quiso, él también, continuar en el ejercicio de esa profesión. Obtuvo el diploma de agrónomo. Después se trasladó a España, donde cursó algunos estudios de literatura durante un año en la Universidad Central de Madrid. De regreso en Puerto Rico fundó y presidió Pro Arte de Arecibo, e inició su actividad literaria en la revista Asomante. *La Fundación Rockefeller le otorgó, en 1949, una beca para hacer estudios de arte dramático en los Estados Unidos. En 1954 comenzó a dirigir el Teatro Experimental del Ateneo Portorriqueño y en ese mismo año obtuvo una beca Guggenheim para escribir su primera novela.*

La vocación dramática de Marqués se manifestó desde 1948, en que publicó en Asomante *su obra* El hombre y sus sueños, *de raíz unamunesca. A partir de ese momento ha escrito y estrenado, con reiterado éxito, varias obras que le han situado entre los autores de mayor ambición y de mejores logros en la América Hispánica.*

Sus obras dramáticas son las siguientes: El hombre y sus sueños *(1948)*, El sol y los MacDonald *(1950)*, La carreta *(1953)*, Juan bobo y la dama de Occidente *(1956)*, La muerte no entrará en Palacio *(1957)*, Los soles truncos *(1958)*,

Un niño azul para esa sombra *(1958)*, Carnaval adentro, carnaval afuera *(1961)*, El apartamiento *(1963)*.

Marqués es autor de varios volúmenes de cuentos, tales como Otro día nuestro, Pasión y huida de San Juan Santero, Dos vueltas de llave y un Arcángel, En una ciudad llamada San Juan *y* La víspera del Hombre.

La creación dramática de Marqués incluye obras de costumbres como La carreta *y otras de un depurado acento poético y universal, expresado en símbolos, como* Un niño azul para esa sombra.

En el vasto recorrido dramático que significa adentrarse en la creación del brillante escritor portorriqueño, advertimos, sin embargo, una preocupación permanente, expresada en diversas maneras artísticas: la de analizar los fenómenos que ocasionan la desadaptación de los pobladores de Puerto Rico, al enfrentarse con una cultura que deben aceptar y que es diferente de sus primeros orígenes culturales. En ese proceso fatal los personajes de Marqués hallan su verdadera motivación trágica, como se expresa en La muerte no entrará en Palacio, *obra de gran vuelo poético, en la que el autor, con elementos despersonalizados, ha trazado un cuadro total de la problemática de su país.*

La muerte no entrará en Palacio

TRAGEDIA EN DOS ACTOS Y CUATRO CUADROS

Nada hay que el hombre no pueda conseguir; pero tiene que pagarlo.

EMERSON

PERSONAJES

TERESIAS
CASANDRA
ALBERTO
DOÑA ISABEL
ANTONIO, *Criado*
SECRETARIO
DON JOSÉ
CAMPESINOS: *Don Ramón, El Mozo, Tres hombres de mediana edad, Pascasia, Rosa*
JEFE DE JUSTICIA
INVITADOS A LA RECEPCIÓN
ALTOS FUNCIONARIOS DEL GOBIERNO
DOS CRIADOS
UNA INVITADA
UN INVITADO
UN ALTO FUNCIONARIO
UNA PAREJA JUVENIL
OTRA INVITADA
EL COMISIONADO DEL NORTE
Voces (en el orden en que se escuchan:
VOZ DE COQUÍ
UNA GRAN VOZ (*que no surge del escenario como las otras, sino de la parte posterior del teatro, ampliada*)

Voz del Ruiseñor

Voz de Empleada

Voz de Empleado

Voz de Señora

Voz de Don Rodrigo

Voz del Capitán de la Guardia

Voz de Oficinista

Coro Masculino

Coro Femenino

Música (en el orden en que se escucha):

Música irreal *("leit-motiv" de uno de los subtemas de la obra, a utilizarse sólo cuando así se señale, calificada siempre en las indicaciones como "música irreal")*

Música dramática *(a utilizarse como transición de escenas en el Cuadro segundo del Acto I y en el Cuadro segundo del Acto II; también, al iniciarse el Cuadro primero del Acto II, como transición al discurso de don José)*

Música religiosa *(para la escena de Alberto-Casandra del Cuadro segundo del Acto II y, luego, como fondo a los Coros en esa escena y en la final)*

Vals vienés

"Blues"

Lugar: Una isla

Epoca: Actual

ACTO PRIMERO

Cuadro I

Es de noche. Se vislumbra un parque iluminado a trechos por la luna. A la derecha, surgen, en silueta,

311

estructuras que sugieren las ruinas de un palacio. En el centro, tras una balaustrada, se alzan grandes árboles cuyos troncos están cubiertos de yedra y lianas salvajes. A la izquierda, hacia el fondo, se yergue una estatua de mármol sobre pedestal de granito. Al descorrerse el telón, la luna ilumina el mar, entrevisto allá, en el horizonte. Lo demás sólo es sombra, excepto cuando algún cocuyo deja en una piedra o una hoja su rastro de luz.

De la entraña de la espesura, salpicada de rocío y luciérnagas, surge la nota cristalina del coquí; monótona en su musicalidad: co-quí; repetida en el tiempo y el espacio: co-quí; invariable en el ayer, el hoy, el mañana: co-quí; conciencia implacable de lo perecedero: co-quí; voz omnisciente de lo eterno: co-quí. Y de la atmósfera como de cosa soñada que envuelve la escena, baja hacia la tierra una música difusa, vaga, irreal.

Cuando nuestras pupilas se han adaptado a la penumbra como para captar lo poco o mucho que el cuadro sugiera, y cuando nuestros oídos se han empapado de la música vaga, imprecisa, y nuestra conciencia empieza a angustiarse con la nota sempiterna del coquí, se oye una gran voz (voz que sale de todas partes y de ninguna, que lo envuelve y lo penetra todo) diciendo:

UNA GRAN VOZ.—Así ves tú el cuadro, Teresias. Así lo ves.

Al extinguirse la Voz, un rayo tenue de luna se escurre por el follaje y va a herir la estatua: talla en mármol de una mujer joven vestida con túnica que puede ser antigua o moderna, de cualquier época; gesto altivo, ojos alucinados, el brazo derecho en alto como sorprendido en el instante de asestar un golpe, el izquierdo tenso a lo largo del cuerpo, la mano agarrando, crispada, un paño que no es

*parte de las vestiduras y que bien podría ser un pa-
bellón, una bandera, una capa, quizás.*

Una Gran Voz.—Así ves tú a Casandra, Teresias.
Así la ves.

*Ahora, de espaldas y en silueta, puede verse la fi-
gura de Teresias apoyado en un bastón. Está en
primer término, un poco a la derecha, observando
la estatua. Teresias se quita los espejuelos, saca un
pañuelo y limpia los cristales. Se vuelve lentamente.
Con paso trabajoso se acerca más a primer término. Sus ojos miopes escudriñan penosamente la
masa de cabezas y conciencias que formamos ante
él, mientras sus dedos siguen, automáticamente,
limpiando los cristales. Un rayo de luz rosada ha
empezado a iluminar su rostro. Es un hombre de alrededor de sesentiocho años. El cabello canoso, la
barba, el bigote y el bastón, parecen añadir edad a
su figura. Pero, como compensación, su cutis terso
y pálido, que se enciende ligeramente en los pómu-
los y la frente, tiene una frescura casi juvenil. Y
sus grandes ojos miopes, al abrirse totalmente, miran al modo que lo hacen los niños cuando descu-
bren mundos que están más allá de la realidad
circundante. Y su sonrisa rara vez es amarga. No lo
es siquiera en aquellas ocasiones en que sus labios
pronuncian palabras desoladas. Su voz llena, cálida
y bellamentne modulada, puede ser densamente grave o jovialmente amable.
Tras de él el cuadro sigue inalterado: la luna
rielando en el mar lejano, las ruinas y los árboles
en silueta, el rayo tenue sobre la estatua de mármol, las luciérnagas, el coquí, la música irreal que
baja blandamente sobre la tierra húmeda...*

Teresias.—Así veo el cuadro. Así veo yo a Casandra. *(Pausa.)* No ha sucedido. Pero sucederá. *(El*

tono se hace ahora más familiar, más íntimo.) Es curioso observar cómo los hombres, inmersos en la realidad pequeñita de cada día, se olvidan del tiempo. El tiempo que fluye para convertirse en Historia. Causa un no sé qué, zozobra acaso, observar cómo los seres se obcecan en la brega diaria, cómo escudriñan tan de cerca las cosas tangibles, cómo pierden con ello toda noción de la perspectiva que el tiempo dará a la realidad operante del hoy. (*Sonriendo.*) ¡Quién sabe! Quizás sea necesario mantener a distancia razonable los detalles de la realidad que vivimos. Quizás no ver demasiado pueda ser una virtud. (*Guardando los espejuelos en el bolsillo superior de su chaqueta.*) Vamos, que quizás la miopía no sea un mal tan molesto como lo solemos creer. (*Dando unos pasos hacia la derecha.*) Entonces podríamos admitir que un palacio estremecido de febril actividad pueda algún día convertirse en ruina, que un jardín rebosante de sol y vida, de risa, y canto de ruiseñores, pueda tornarse en parque sombrío, monumento de un pueblo que ha vivido su drama; y que una muchacha alegre y confiada, sin el fuego de las grandes pasiones, sin conciencia histórica alguna, pueda merecer pedestal de granito que sostenga en alto su figura esculpida en mármol. (*Sonriendo.*) ¡Es el tiempo que fluye para convertirse en Historia! (*Precipitadamente.*) Pero no, no se me entienda mal. (*Se adelanta más a primer término.*) Es preciso aclarar. (*Vuelve a sonreír, como excusándose.*) Nosotros nos pasamos la vida aclarando lo que decimos. Quizás porque los demás se pasan la vida entendiendo mal nuestras palabras. (*Escudriña al público con sus ojos miopes.*) Es una lástima, porque, ¿saben ustedes?, con ello se pierde la esencia misma de la Poesía. (*Se lleva la mano a la frente.*) Pero no divaguemos. Sólo quería decirles que esa transfiguración de la realidad que llamamos Historia no es

314

precisamente algo improvisado o arbitrario. Está en la entraña misma de los actos del hombre. *(Señalando al cuadro tras de sí.)* Para que la realidad se convierta en esto, es preciso que alguien, consciente o inconscientemente, infrinja el orden moral del universo. Para que Casandra se convierta en mármol, es preciso que el equilibrio moral se haya roto mucho antes de que ella realice el acto histórico. *(Sonríe amablemente.)* ¿Hay algún historiador en el público? *(Pausa breve.)* ¿Concibe usted, amigo mío, la Historia en un mundo donde el orden moral se mantenga inalterado? *(Pausa breve.)* Sí, comprendo su punto de vista. Pero la raíz trágica de la Historia no es mera licencia poética de Sófocles o de Shakespeare. ¿Me permite, por lo tanto, que traiga, en la carne y la sangre de seres muy humanos, muy corrientes, sin estatura heroica alguna, la explicación de este cuadro que mi... miopía me permite percibir?

Empieza a oscurecerse la figura de Teresias y languidece el rayo de luna sobre la estatua de Casandra. Se va atenuando la luz plateada del fondo y se desvanecen lentamente los sonidos.

No. No ha sucedido aún. Pero sucederá. No es mañana aún. Es sólo hoy. La muerte no entrará en Palacio. El parque sombrío es un jardín alegre. Y Casandra no es mármol tallado sobre un pedestal de granito, sino la chiquilla que vive, y canta, y ríe.

La escena ha quedado totalmente a oscuras. Sobre las últimas palabras de Teresias y de la música irreal, que no se ha desvanecido del todo, se oye la risa de Casandra. A medida que aumenta la risa empieza a iluminarse normalmente la escena con viva luz mañanera. Teresias y la estatua han desapa-

315

recido. El parque sombrío se va tornando en jardín alegre y bien cuidado, cuyos árboles están libres de yedra y lianas. Hay al fondo una espléndida vista a un mar de azul intenso. La estructura del palacio se yergue a la derecha, proyectándose un tanto hacia la escena. Una amplia puerta vidriera se abre sobre una terraza pequeña e íntima de forma circular que está a un nivel más alto que la otra terraza cuya baranda cruza al fondo de izquierda a derecha. Esta segunda terraza está a su vez un escalón más alta que el primer término de la escena. Una escalera de mármol une la pequeña terraza circular con la terraza más amplia. Se adivina que el jardín del fondo, tras la baranda, baja en niveles escalonados hasta las viejas murallas cuyos cimientos ha batido el mar durante siglos. Tras la balaustrada del fondo, un poco hacia la izquierda, se yergue una ceiba centenaria. En la terraza circular de la derecha hay muebles de hierro forjado: una mesa redonda, sillas, butacas y una pequeña mesa sobre ruedas repleta de licores. En la terraza amplia hay varios bancos de piedra y, cerca de la ceiba, a su sombra, un par de sillas plegadizas de jardín. A la izquierda, primer término, parte un camino enarenado que conduce a una de las entradas principales de los terrenos palaciegos. A la derecha, primer término, hay una recia puerta de ausubo que conducía a un subterráneo, pero que ahora está condenada.

La terraza circular de la derecha ha quedado, de primera intención, más intensamente iluminada que el resto de la escena. En ella aparece Casandra sentada. Casandra tiene diecisiete o dieciocho años. Viste de blanco: pantaloncitos cortos y sencilla blusa de deporte; zapatos blancos de goma y medias cortas azules. Lleva atado al cuello un pañuelo de seda azul y echada sobre los hombros una capa blanca de toalla. Sobre sus rodillas descansa una raqueta de "tennis". Ríe alegremente. Alberto está *de espaldas sirviéndose un ron con soda frente a la mesita de los licores. Tiene veinticuatro años. Viste pantalón gris y camiseta de deporte blanca, muy ceñida.*

ALBERTO.—*(Volviéndose a medias.)* ¡Eres imposible!

CASANDRA.—*(Riendo.)* Pero Alberto, si tienes cosas de niño. ¡A quién se le ocurre!

ALBERTO.—Se le ocurre a cualquiera con sentido común.

CASANDRA.—No tienes la menor idea de lo que es sentido común. Si la tuvieras, sabrías que ser hija del gobernador no significa nada.

ALBERTO.—No es eso. No es a tu posición a la que me refiero. Es a la mía.

CASANDRA.—*(Seria ya.)* El puesto de Ayudante Militar de Palacio me parece una posición muy respetable.

ALBERTO.—¿A quién tratas de engañar? Sabes tan bien como yo que es una farsa.

CASANDRA.—*(Severa.)* ¿Quieres decir que todo aquí es una farsa?

ALBERTO.—*(Impaciente.)* No. No. No es eso. Hablo de mí, de mis ridículos uniformes, de mi posición de soldado de chocolate. ¿Qué sentido puede tener un Ayudante Militar en un país sin ejército propio?

CASANDRA.—Tenemos Guardia Nacional, ¿no?

ALBERTO.—Chiquita, la Guardia Nacional no pasa de ser eso. ¡No es un ejército!

CASANDRA.—*(Levantándose.)* Está bien, está bien. No tenemos ejército. Después de todo, ¿para qué lo querríamos? Ahí tenemos el ejército del Norte listo a defendernos si llegara la ocasión. *(Acercándose a él.)* Pero Alberto, tú cumples una misión en palacio.

317

ALBERTO.—Sí, la de ayudar a mantener la "fachada".

CASANDRA.—(*Riendo.*) Lo hacemos todos. ¿Te fijas en la pobre mamá cuando se pone de largo y muy tiesa, muy tiesa, tiene que recibir a la gente en las recepciones oficiales? ¡Y cómo le revientan a la pobrecita las recepciones oficiales! ¡Ya ves! Y ella ni siquiera ocupa un cargo oficial en palacio.

ALBERTO.—Es distinto.

CASANDRA.—Naturalmente que es distinto. Ella es la esposa. Pero tú, Alberto, eres el hijo del que fue su amigo. Papá te quiere y confía en ti. ¿Puedes culparlo si no te ve como un cargo oficial y sí como a un ser humano?

ALBERTO.—Lo sé. Y lo agradezco. Pero ello no me impide sentirme... inútil a su lado. Casandra, si yo hubiese ejercido mi carrera, si por complacer a mi padre no hubiese aceptado este puesto en palacio...

CASANDRA.—Quizás no nos hubiésemos conocido.

ALBERTO.—Es cierto. Pero si te hubiese conocido en estas circunstancias (*abrazándola*), ¡qué libre y feliz me sentiría al decirte que te quiero!

CASANDRA.—Alberto, Alberto, no seas injusto con nuestro amor. Sólo por él somos felices. Dime que quieres llevarlo lejos de todo esto e iré contigo.

ALBERTO.—¿Serías capaz?

CASANDRA.—No estamos prisioneros en palacio. Puedes renunciar tu puesto cuando quieras. Somos libres. Nadie nos impide ser felices. Mamá no, ciertamente. Y papá... Bueno, ella lo convencería. ¿Quieres? (*El la besa apasionadamente.*) Pero amor mío, me darás tiempo, ¿no es cierto? Tiempo para hablar con mamá. Y sobre todo para preparar a papá. Él cree que al casarnos nada cambiará, que nos quedaremos aquí junto a él. Es preciso que el pobre se vaya acostumbrando a la idea de que va... a perdernos.

ALBERTO.—*(Abrazándola estrechamente.)* Eres maravillosa.

CASANDRA.—*(Desprendiéndose a medias.)* Yo no, la vida es maravillosa. *(Le toma el rostro entre las manos.)* ¿Comprendes, amor mío? ¿Comprendes? *(Se desprende de él llena de euforia y baja los escalones dirigiéndose a la izquierda.)* ¡La vida es maravillosa! Todo está en orden en el mundo: hay un sol y un mar; hay una ceiba que nos protege del sol y unas murallas que nos protegen del mar. Hay un palacio y un pueblo. El amor entró en palacio y el pueblo es feliz. Todo está en orden en el mundo.

ALBERTO.—*(Toma el vaso, y baja y la sigue.)* En *tu* mundo.

CASANDRA.—¿Por qué dices en *mi* mundo? No. En *el* mundo, el mío y el de todos. Ven. Mira. *(Alberto se acerca a ella, ambos están junto a la baranda. Casandra señala hacia el fondo izquierdo, a un punto fuera de escena.)* ¿Ves? Allí está el pueblo. Y el pueblo es feliz. Por lo tanto, también nosotros podemos serlo, sin remordimientos.

ALBERTO.—¿Sin remordimientos?

CASANDRA.—Ah, es un decir. De mamá, ¿sabes? *(Con voz fingidamente grave.)* "Nadie en palacio tiene derecho a la felicidad si el pueblo no es feliz."

ALBERTO.—¿Doña Isabel dice eso?

CASANDRA.—Me lo repite todas las noches, como si fuese otra oración de las que debo rezar. Pero no me pide que yo la diga. La repite ella, nada más.

ALBERTO.—*(Tomándola suavemente por los hombros.)* Casandra, ¿desde cuándo tu madre repite esas palabras?

CASANDRA.—No sé. Desde siempre. Sabes que yo apenas tenía un año cuando vinimos a palacio. Pues bien, desde que puedo recordarlo. Desde toda mi vida. Pero... ¿Por qué preguntas? ¿Te parece extraño?

319

ALBERTO.—No. Es decir, sí. Porque esas palabras son de don Rodrigo.

CASANDRA.—¿De don Rodrigo? Pero sería... ¡Es absurdo! Don Rodrigo está en prisión, allá en el Norte. ¡Desde hace veinte años!

ALBERTO.—Él sí. Pero sus palabras... La gente las repite ocasionalmente, quizás sin saber que sean de él. Y ésa es una de sus frases...

CASANDRA.—¿Estás seguro? Pero si fuese así... ¡Mamá precisamente! Ella sería la última persona en la Isla capaz de repetir lo que ha dicho don Rodrigo.

ALBERTO.—Es cierto. No sé. A lo mejor me equivoco. De todos modos resulta curioso que me hayas dicho eso hoy, hoy precisamente.

CASANDRA.—¿Por qué?

ALBERTO.—Porque esta mañana tu padre recibió una comunicación del Norte.

CASANDRA.—(Encogiéndose de hombros.) ¿No es eso lo rutinario?

ALBERTO.—Esta vez no. Don Rodrigo está libre. Cumplió su sentencia y quiere regresar a la Isla. El gobierno creyó prudente avisar a don José. Ellos nada pueden hacer para evitarlo. Y eso es lo grave. Tiene perfecto derecho a volver.

CASANDRA.—Pues entonces, ¡que vuelva! ¿Por qué tiene nadie que hacerse mala sangre si el pobrecito quiere regresar a su Isla?

ALBERTO.—No puedes entender... Tu padre está preocupado.

CASANDRA.—Bah, papá nada tiene que temer de ese pobre anciano. El pueblo adora a mi gobernador. (Echándole los brazos al cuello.) Vamos, vamos, no se te ocurran ideas negras. Vivimos en una isla maravillosa. ¡No sucederá nada!

ALBERTO.—Casandra, me gustaría que no tomases ciertas cosas tan a la ligera.

CASANDRA.—No tomo las cosas a la ligera. Y para

demostrártelo, te recuerdo que ya es hora de que vayas a ponerte tu uniforme. El deber ante todo, mi generalísimo. *(Desprendiéndose de él.)* Pero antes, te serviré otro trago. *(Dirigiéndose a la derecha mientras Alberto saca un cigarrillo y lo enciende.)* ¿A que no sabes por quién vas a brindar? *(Sube a la terraza circular y empieza a preparar la bebida.)* ¿No adivinas? ¿No te sientes generoso? ¡Por don Rodrigo! ¡Por el regreso de don Rodrigo!

Doña Isabel entra por la puerta vidriera de la derecha a tiempo de oír la última frase de Casandra. Se detiene un instante y una sombra cruza por su rostro. Pero al fin reacciona y se dispone a avanzar. Tiene alrededor de cincuenta años, mediana estatura. Su cuerpo tiende a la obesidad. Pero sin que se hayan perdido del todo unas formas muy femeninas que fueron hermoass. Lleva el largo cabello recogido en moño y viste con sencillez. Hay en sus ademanes gran firmeza. Maneja el palacio como su madre manejaba la casa campesina que la vio nacer: con diligente eficacia. Con su porte y su desenvoltura no hace mal papel en las ocasiones formales. Pero no es ése su fuerte ni deriva de ello placer alguno. Su verdadero papel es de esposa y madre, y a él se dedica en cuerpo y alma. No entiende la política como ciencia. De un modo peculiarmente femenino la intuye, es decir, también ante el pueblo y sus necesidades reacciona como madre o esposa.

DOÑA ISABEL.—¡Casandra! ¿Todavía estás en esa facha? No puedes quedarte así, hijita. De un momento a otro vendrá una delegación de campesinos a ver a tu padre. *(Se vuelve hacia la puerta vidriera.)* ¡Antonio! *(Aparece Antonio, Criado.)* Llévate esos licores, por favor. *(Le quita el vaso a Casandra.)* Éste también. *(Antonio toma el vaso, lo coloca sobre la mesita y empuja ésta hacia el interior del palacio.)*

CASANDRA.—Pero, mamá, ésa es la bebida de Alberto.

DOÑA ISABEL.—El Ayudante Militar no puede beber en horas laborables. Ayúdame a poner un poco de orden aquí. *(Mueve una butaca.)* O no, mejor vete. Tal como estás no eres precisamente un espectáculo edificante para los campesinos. *(Llama.)* ¡Antonio! *(Aparece Antonio en la puerta vidriera de la derecha.)*

CRIADO.—Sí, señora.

DOÑA ISABEL.—Ayúdame a colocar bien estos muebles.

Alberto se ha vuelto y mira sonriendo la escena en la terraza circular. Casandra, a espaldas de Doña Isabel, le envía un beso. Luego, se acerca a la madre, que está limpiando la mesa con un paño y le da un soberano beso en la mejilla.

CASANDRA.—Adiós, "gobernadora". *(Se va corriendo por la derecha.)*

DOÑA ISABEL.—*(Llamando.)* ¡Casandra! *(Casandra se detiene y se vuelve en la puerta derecha.)*

CASANDRA.—¡Presente!

DOÑA ISABEL.—No pases frente al despacho de tu padre. Está terminando su conferencia con los economistas y no quiero que esos hombres te vean así. *(Casandra suelta una carcajada.)*

CASANDRA.—Pero mamá, ¡ni se darían cuenta!

DOÑA ISABEL.—Tienen ojos, ¿no?

CASANDRA.—*(Riendo.)* ¿Los economistas? Pero "gobernadora", ¿en qué mundo vives? ¡Tendría yo que ser material industrializable! *(Sale riendo.)*

DOÑA ISABEL.—Lo que eres me lo reservo ahora. Pero yo entraré en cuentas contigo. *(A Antonio.)* Y tú, ¿qué tienes? No vayas a explotar, hijito. Ríete,

ríete. Si así es como me la han echado a perder todos: riéndole las gracias. Empezando por el padre. (*Antonio se ruboriza y se le desvanece la risa.*) Estos tiempos de progreso serán buenos para cualquier cosa, menos para criar a una hija como Dios manda.

Alberto, quien se ha acercado riendo silenciosamente, se apoya en la barandilla de la terraza circular y pregunta:

ALBERTO.—¿Puedo dar una ayudadita?

DOÑA ISABEL.—Ah, eres tú. ¡También estás en una facha! ¿No se supone que estés embutido ya en tu uniforme?

ALBERTO.—Éste es *uno* de mis uniformes.

DOÑA ISABEL.—El de jugar al tenis, supongo.

ALBERTO.—Precisamente. Órdenes del señor Gobernador: dos horas diarias de tenis para la "princesa".

DOÑA ISABEL.—Hum. Tenis. (*Señalando de pronto hacia la izquierda.*) ¿Qué hace ese vaso allí? Antonio, haz el favor de venir a recogerlo. (*A Alberto.*) Colócame esta butaca en aquella esquina, ¿quieres? (*Alberto sube la escalera de mármol y mueve la butaca.*) Para la falta que hace en este palacio un Ayudante Militar, bien podrías estar todo el santo día de Dios jugando al tenis.

ALBERTO.—¡Doña Isabel, cómo coincidimos usted y yo en nuestras opiniones! ¿Por qué no convence al gobernador para que me deje cesante?

DOÑA ISABEL.—No es mala idea. Encontrarías algo más provechoso que hacer. Porque, acá entre nos, eso de llegar algún día a ser suegra de un uniforme, no me entusiasma demasiado. Me sentiría mejor, ¿sabes?, si le dieras algún uso a tu diploma de agrónomo. La tierra sigue pidiendo que la trabajen. (*A Antonio, que sube a la terraza circular con el vaso.*) Llévale adentro. Espera. Y esas raquetas también.

(Sale Criado derecha con el vaso y las raquetas.) Bueno, creo que esto ya está en orden. *(Baja la escalera y se dirige a la izquierda.)* Ah, me olvidaba decirte que las lecciones de tenis no incluyen adiestramiento en el uso de bebidas. Si a su debido tiempo te llevas a Casandra —con nuestra bendición y la de la Iglesia, se entiende— la podrás readiestrar a tu modo y capricho. *(Arregla una silla plegadiza y recoge la capa que dejó Casandra.)* Pero, mientras tanto, me dejas su adiestramiento a mí.

ALBERTO.—*(Riendo, desde la derecha.)* ¡Es usted terrible, "gobernadora"!

DOÑA ISABEL.—*(Arreglando la otra silla.)* Soy una madre chapada a la antigua. Nada más. *(Volviéndose.)* ¡Ah, y no soy gobernadora!

El Secretario entra por la derecha. Tiene 38 años. Alto, delgado, espejuelos de concha, ademanes en extremo cortesanos, tomando muy a pecho su papel en palacio. Viste de gris y usa corbata negra.

SECRETARIO.—Señora, el señor Gobernador, bajará en seguida.

DOÑA ISABEL.—¿Se fueron ya los economistas?

SECRETARIO.—*(Echando una ojeada significativa a la indumentaria informal de Alberto.)* Los señores se están despidiendo en estos momentos. *(Cruza hacia la izquierda. Al pasar junto a Doña Isabel ésta le detiene con el gesto.)*

DOÑA ISABEL.—¿Llamó usted a Teresias?

SECRETARIO.—Ah, sí, señora, me olvidaba. Localicé al señor Teresias en el Círculo de Literatura. Pero me encargó le dijera que le será imposible venir a verla mañana a la hora indicada por usted.

DOÑA ISABEL.—*(Extrañada.)* ¿No dijo por qué?

SECRETARIO.—Sí, señora. El señor Teresias me explicó que mañana, precisamente a esa hora, tiene un compromiso en el aeropuerto.

DOÑA ISABEL.—¿En el aeropuerto?

SECRETARIO.—Repito exactamente sus palabras. Añadió que iba a recibir a alguien de su más alta estima. *(Doña Isabel se muestra sumamente preocupada. Se da cuenta, sin embargo, de que el Secretario la observa, y dice):*

DOÑA ISABEL.—Está bien. Gracias.

SECRETARIO.—Si la señora me lo permite, iré a atender a la delegación de campesinos.

DOÑA ISABEL.—Vaya usted. *(El Secretario sigue hasta extremo izquierda. Allí se vuelve.)*

SECRETARIO.—*(Echándole otra ojeada de reproche a la indumentaria informal de Alberto.)* El señor Gobernador recibirá a la delegación aquí en la terraza.

DOÑA ISABEL.—*(Secamente.)* Ya estoy enterada. *(El Secretario se inclina y sale izquierda. Alberto baja los escalones y se acerca lentamente a Doña Isabel. Cuando está a su lado ella dice sin mirarlo.)* Es la primera vez que Teresias no responde a una llamada mía. ¡Si él supiera cuánto necesito hoy de su presencia, de sus consejos...!

ALBERTO.—¿Puedo yo serle útil en algo?

DOÑA ISABEL.—*(Un tanto bruscamente.)* ¡No! *(Arrepentida de su involuntaria brusquedad, sonriendo y dándole unas palmaditas en el brazo a Alberto.)* Quiero decir que te lo agradezco mucho. No es nada. Anda, anda, vete a cambiar. *(Le vuelve la espalda como si él ya le hubiese obedecido.)*

ALBERTO.—*(Sin moverse.)* ¿Tiene usted idea de quién pueda ser la persona de tan alta estima que Teresias recibirá en el aeropuerto?

DOÑA ISABEL.—*(Volviéndose a él sobresaltada.)* No. *(Dominándose.)*. No sé. No puedo imaginar... Un amigo, quizás...

ALBERTO.—Un amigo peligroso, en todo caso.

DOÑA ISABEL.—¿Qué quieres decir?

ALBERTO.—Don Rodrigo está libre.

DOÑA ISABEL.—*(Cruza las manos estrechamente y*

325

así, unidas, se las lleva a los labios. De pronto pregunta angustiada.) ¿Y crees que...?

ALBERTO.—Pudiera ser.

DOÑA ISABEL.—*(Se aleja unos pasos, se vuelve y se acerca rápidamente a Alberto.)* ¿José lo sabe?

ALBERTO.—Que está libre, sí.

DOÑA ISABEL.—¡Dios mío!

ALBERTO.—Creí que usted debía saberlo.

DOÑA ISABEL.—Casi lo sabía... sin saberlo. Gracias, hijo. Y ahora vete, por favor. Quisiera estar sola...

ALBERTO.—*(Impulsivamente le toma una mano y se la besa.)* No se preocupe demasiado. Dios nos ayudará a todos.

Rápidamente va hacia la derecha y sale. Doña Isabel se mueve hacia el fondo. El ruiseñor canta en la ceiba. Ella alza la cabeza y mira hacia lo alto del follaje. El ruiseñor enmudece. Ella deja caer los brazos y se dirige lentamente hacia la derecha. Antes de llegar a la escalera reacciona y empieza a caminar de prisa. Don José sale por la puerta vidriera. Tiene 58 años. Alto, corpulento. A pesar de que el cuerpo se inclina ligeramente tiene un porte digno, y en su voz, su sonrisa y sus ademanes hay un calor humano que ejerce notable influencia sobre los demás, subyugando voluntades y despertando afecto o, por lo menos, simpatía. Lleva bigote; el resto del rostro cuidadosamente rasurado. Todo su físico rebosa salud. Cuando sonríe muestra, sin embargo, una dentadura bastante deteriorada. Por ello, al sonreír abiertamente, tiende a llevarse una mano a la boca para ocultar el deterioro de los dientes. Es un gesto inconsciente que resulta infantil en un hombre de su corpulencia y carácter, pero que quizás por lo mismo añade cierto encanto a su personalidad. Sus ojos grandes tienen, en momentos

326

*de bonanza, una imborrable carga de tristeza. Di-
ríanse los ojos de un poeta, no de un político.*

DON JOSÉ.—Vaya, vaya, ¿a dónde vas tan de prisa?

DOÑA ISABEL.—A tejer un rato.

DON JOSÉ.—*(De buen humor.)* ¡Una tarea impro-
rrogable!

DOÑA ISABEL.—Cada cual tiene sus tareas... im-
prorrogables.

DON JOSÉ.—Sin duda. *(Transición.)* Pensé que te
gustaría ver a los campesinos.

DOÑA ISABEL.—Pensaste mal. *(Él la mira sorprendido. Se vuelve automáticamente para servirse un
trago, pero no encuentra la mesita de los licores.)*
Antonio retiró los licores.

DON JOSÉ.—*(Llevándose la mano a la boca para
ocultar una sonrisa.)* Pero necesito un trago... si
"Antonio" no tiene inconveniente...

DOÑA ISABEL.—Beberás después que atiendas a
los campesinos.

DON JOSÉ.—Ah, sí, sí, claro. *(Doña Isabel se dirige
a la derecha. Él, sin volverse, llama en un tono inesperado.)* Isabelita. *(Doña Isabel se detiene pero no
se vuelve. Él, siempre sin mirarla, dice en voz baja.)*
No me dejes solo. *(Ella se vuelve rápidamente. Don
José, turbado, saca un cigarrillo de la pitillera y se
lo lleva a los labios. Doña Isabel se acerca a él. Le
enciende el cigarrillo. Don José, esquivando la mirada, baja los escalones. Doña Isabel va lentamente
a dejar el encendedor sobre la mesa. Se vuelve desde allí y le observa.)*

DOÑA ISABEL.—¿Y bien? No me he marchado.

DON JOSÉ.—*(Sin mirarla.)* Gracias. *(Luego se
vuelve a medias.)* ¿Te molesta?

DOÑA ISABEL.—Me duele. *(Transición.)* Pero si es
necesario.

DON JOSÉ.—Necesario no.

DOÑA ISABEL.—*(Moviéndose hacia la escalera.)* Es

327

igual. Estoy aquí. *(Baja.)* Los veré. Los veo ya. Vendrán con sus ojos tristes, cohibidos, impresionados, nerviosos e inseguros. Se sentirán quizás un tanto halagados, pero no podrán ocultar su zozobra. Lo sé. Lo experimenté yo al entrar por vez primera en este palacio.

Don José.—*(Volviendo a ella.)* Nada tienen que temer.

Doña Isabel.—Tampoco yo entonces. Y sin embargo, temí.

Don José.—Sin razón, ya lo ves. Hoy eres feliz. Y ellos también lo son. Les he dado todo, todo lo que podía anhelar para los míos: pan y techo seguros, instrucción, libertades, progreso...

Doña Isabel.—José, tú no comprendes. Eres un hijo de la ciudad y además te educaste en el Norte. Yo soy campesina, como ellos. Pero con una ventaja. La de poder verlos ahora desde afuera. Y es horrible lo que intentas.

Don José.—*(Impaciente.)* Por favor, no insistas en...

Doña Isabel.—*(Como si no lo oyera.)* Es horrible lo que ya has logrado.

Don José.—Isabelita, tienes un corazón de oro y yo idolatro esa bondad tuya. Eres sentimental y no te querría tanto si no lo fueras. Pero ya sabes cómo pienso.

Doña Isabel.—Sí, que ellos no tienen derecho a sentir como yo.

Don José.—Isabel, Isabel, el sentimentalismo ha mantenido a nuestro pueblo en la más abyecta miseria. Lo sabes bien. Nuestra historia ha sido una pueril sucesión de estallidos emocionales que no han conducido a parte alguna. Era ya hora de que la razón dominara a la emoción. Nos ha tocado vivir en la hora del progreso. No podemos escapar a la urgencia que nos plantea el tiempo. Fíjate, precisamente la Comisión Asesora de Economistas...

DOÑA ISABEL.—*(Tapándole la boca suavemente.)* No, no, mi Joseíto, no me hables de los economistas. A otros sí, pero a mí, a tu mujer, no. Las ciencias son muy útiles y muy respetables. Pero a tu mujer no se le habla en el lenguaje de la ciencia sino en el del corazón. Dale a mi pueblo toda la ciencia y todo el progreso que él pueda asimilar. Pero no pases del límite. Ten cuidado de que la dosis no sea excesiva. Porque le puedes matar algo que vale más que toda la ciencia y todo el progreso del mundo. Eso es lo horrible. Eso es lo que temo que esté sucediendo. Y si es así, José, si es así, hay mucho que temer. Porque si el pueblo llega a darse cuenta de que se le está muriendo algo muy dentro de su entraña, sería capaz...

DON JOSÉ.—*(Bruscamente.)* ¡Estás loca! No me gusta lo que dices. No me gusta tampoco el calor que pones en tus palabras. Hablas del pueblo como si fuese un individuo. El pueblo es una masa y como tal sólo siente las necesidades primarias. Su felicidad consiste en la seguridad económica. Y eso es lo que le he dado. ¡Tírate a la calle! Pregunta. Ve al campo, a tu propio campo. Pregúntales a los tuyos. Háblales del "alma del pueblo", de lo que se les está muriendo en la entraña, y se burlarán de ti. Háblales en cambio del salario alto, de las nuevas industrias, del plan de viviendas, del seguro social, y te llamarán líder. No se puede hacer metafísica con el pueblo, hay que hacer política. Política que conduzca al buen gobierno. Eso es todo.

DOÑA ISABEL.—No, no es todo. Ya sé que hablo de cosas que no se pueden demostrar en estadísticas, de cosas que quizás nuestra gente no puede expresar porque están muy ahogadas en el trajín de sus necesidades diarias. Pero tienes que creerme, José. Esas cosas que no puede probar la ciencia, que ni siquiera pueden expresarse, existen. Se sienten, Joseíto. Las siento yo.

Don José.—(*Conciliador.*) Está bien, Isabelita, está bien. (*Sonriendo.*) Lo que tú digas.

Doña Isabel.—(*Se desprende de él, decepcionada.*) Me hablas como le hablarías a Casandra. Chiquilladas, ¿no es cierto? Y sin embargo, hace unos minutos tuviste miedo de quedarte a solas.

Por la izquierda entra el Secretario.

Secretario.—Señor, la delegación de campesinos.

Don José.—Que pase, que pase. (*Sale el Secretario. Don José se acerca a Doña Isabel y la besa.*) Sin ti estoy siempre a solas. (*Luego sube a la terraza circular y se coloca detrás de la mesa.*)

Por la izquierda entra el Secretario seguido de los campesinos: Don Ramón, el Mozo, tres hombres de mediana edad, Pascasia y Rosa. Visten con humilde pulcritud. Su apariencia y actitud coinciden con la anticipada descripción que ha hecho Doña Isabel. Siguen al Secretario en su recorrido de izquierda a derecha. Doña Isabel va a su encuentro.

Secretario.—La señora del gobernador. Los delegados de Altamira.

Doña Isabel.—(*Etrechando la mano de todos.*) Bienvenidos a su casa. Adelante. Adelante. ¡Conque de Altamira! No se imaginan la alegría que nos causa su visita. ¿Saben? Precisamente Altamira colinda con el campito donde nací. ¿Todavía se bañan los chicos en la vieja represa?

Mozo.—No, señora. Aquello es ahora una represa moderna. La más grande de toda la Isla. Los centinelas no permiten acercarse...

Doña Isabel.—Sí, naturalmente. ¡Qué lástima! Adelante. Adelante.

A medida que han ido estrechando la mano de

doña Isabel —y siguiendo la indicación del Secretario— van acercándose a la terraza circular. El Secretario sube.

Secretario.—El señor Gobernador.

Los campesinos suben y se acercan tímidamente a la mesa. Don José da un paso hacia ellos y estrecha la mano del más anciano. El influjo de la personalidad de don José y su habilidad política se notan de inmediato en la reacción del grupo. A sus palabras los campesinos se olvidan de que están en palacio y se empiezan a sentir a gusto, casi como si hablaran con uno de su propia clase. Doña Isabel sube y permanece de pie, detrás de la butaca de don José.

Don José.—Ah, mi querido don Ramón, ¡qué gusto me da verlo por acá! Dígame, dígame, ¿todavía cuela la doña el cafecito tan rico como antes?

Don Ramón.—Igual. Igualito, don José. Pero sin esperanza de volver a compartirlo con usted.

Don José.—Oh, algún día será. ¿Y la familia?

Don Ramón.—Muy buenos todos, gracias. Aquí le traigo al mayor de mis nietos.

Don José.—Ah, ¿sí? ¿Este mozo? Parece buena la cosecha de Altamira. *(Estrechando la mano del mozo.)* ¿Qué tal? ¿Cómo estás tú? *(Refiriéndose a los otros.)* ¿Y los demás?

Don Ramón.—Buenos vecinos todos. Y buena gente del partido. Leales a carta cabal. *(Presentando. Don José va estrechando la mano de cada uno.)* Aquí, Nicasio Flores, Prudencio Pérez, Moncho Muratti, Pascasia Rodríguez, Rosa Meléndez.

Don José.—Encantado. Encantado de verlos a todos. Y más encantado aún de ver que las mujeres de Altamira participan activamente en la vida pública. ¿Meléndez? ¿Familia de don Jacinto?

Rosa.—Sí, señor. *(Sonriendo.)* Pero de la rama pobre.

Don José.—¡Y a mucha honra, Rosa Meléndez! Las ramas pobres de la familia isleña son precisamente las que están transformando este país en un mundo mejor. Pero, siéntense. Siéntense, por favor. *(El Secretario va indicándole a cada cual el asiento que debe ocupar.)* Tengo gratos recuerdos de Altamira. Buena gente la de aquel campito. Lo mejor de la montaña. ¡Y cómo me ayudaron en mi primera brega! ¿Recuerda, don Ramón?

Don Ramón.—Cómo no me voy "arrecordar". Si parece que fue ayer...

Don José.—Diecinueve años ya. *(Señalando al mozo.)* Éste no había nacido aún.

Mozo.—Nací un año después.

Don José.—*(Sentándose.)* Bueno, bueno, ustedes dirán en qué puedo servirles. *(Todos se miran con embarazo.)* ¿Hay alguna dificultad en Altamira? ¿Algún... problema político?

Don Ramón.—Ah, no, no. Si allí la oposición apenas tiene cuatro gatos. Mire, cristiano, si el barrio completo es de los de nosotros.

Don José.—¿Entonces? ¿Una queja por deficiencia en algún servicio? *(Volviéndose al Secretario.)* ¿No fue el mes pasado que inauguraron el servicio de electricidad en esa zona?

Secretario.—Sí, señor. El veinticinco.

Don Ramón.—Justo. El veinticinco fue.

Don José.—Sabrán, además, que una firma del Norte va a establecer allí una fábrica dentro de poco.

Don Ramón.—¡Pero si no tenemos queja! Al contrario. Lo que pasa es que...

Rosa.—Que nos da un poco de vergüenza...

Hombre.—Porque traemos una cosa... Y no tenemos la seguridad de si sirve o no sirve.

Secretario.—Perdón, señor. Según me han explicado se trata de...

Don José.—¡Por favor, deja que lo expliquen ellos mismos!

Mozo.—Es sobre un tipo de piedra que descubrimos en el barrio.

Don Ramón.—La descubrió él, don José, él mismito.

Don José.—¿Y para qué creen ustedes que sirva esa piedra?

Mozo.—Ése es el problema. No lo sabemos. Pero usted... Quiero decir, aquí habrá facilidades para analizarla. En el laboratorio de química... En la escuela del pueblo, quiero decir, no pudimos averiguar gran cosa. A lo mejor se trata de alguna materia prima importante.

Don Ramón.—Algo que sirva "pa" el programa de industrialización.

Hombre.—Así tendríamos algo que fuera nuestro de "verdá".

Rosa.—Pero a lo mejor no sirve. Ya yo se los he dicho. A mí me parece que esa piedra no sirve "pa ná".

Pascasia.—¡Ave María... pues yo creo que sí sirve!

Don José.—¿Y dónde está la piedra?

Mozo.—La trae Pascasia.

Don Ramón.—Anda, Pascasia, enséñale la piedra a don José.

Pascasia se levanta y se dirige a la mesa luchando desesperadamente por deshacer el nudo del paño que envuelve la piedra.

Pascasia.—Ay, Virgen, este nudo... *(El mozo se levanta para ayudarla, pero ella no lo permite.)* No, deja, deja. Ah, ya. Ya está. *(Coloca el paño abierto sobre la mesa. En el medio se destaca una piedra blancuzca de mediano tamaño.)* ¿No "verdá" que es linda? *(El Secretario se muerde los labios. Don José*

*se muerde los labios para ocultar una sonrisa. En
doña Isabel hay un gesto de tierna piedad.)*

Don José.—Linda es, sin duda alguna. Pero tú
tienes razón, muchacho. Lo importante es hacerla
analizar. *(Con voz cálida y conmovida.)* Pero, ¿saben?, no importa que esta piedra tenga o no valor
industrial. Lo que importa es el gesto de ustedes.
Lo que importa de verdad es la fe y el entusiasmo
de ustedes en el programa que está transformando
esta isla en un mundo de progreso y bienestar económico. Por ese gesto, por esa fe, por ese entusiasmo, yo les doy las gracias.

Mozo.—¡Pero eso no basta!

*Las palabras de don José habían sumido a todos
en un éxtasis de complacencia. Por ello el tono
de voz y la contradicción del Mozo actúan a modo
de mazazo que los despierta con violencia. Y de-
muestran su resistencia a volver a la realidad con
gestos de alarma y desagrado. Doña Isabel, intu-
yendo lo que hay detrás de las palabras del Mozo,
pone suavemente una mano en el hombro de don
José. Entra suave la música irreal del principio del
acto. La iluminación general empieza a languidecer
como si una nube ocultara el sol. Sólo sobre el
Mozo se mantiene una iluminación brillante.*

Mozo.—Es necesario, es... tremendamente necesario que esa piedra tenga valor industrial.

Don Ramón.—*(Apurado.)* Mi nieto quiere decir que
si esa piedra sirviera, sería algo bueno "pa" el país.

Mozo.—Lo que quiero decir no es sólo eso, abuelo. Quiero decir que no podemos depender eterna-
mente del Norte si queremos ser libres..

*Tal parece que se ha pronunciado una palabra en
extremo peligrosa. Los campesinos se encogen ate-
morizados, excepto Pascasia, quien se yergue en su*

334

asiento y afirma enérgicamente con la cabeza. El Secretario, demudado, hace ademán de interrumpir al Mozo. Don José lo detiene con gesto enérgico. La mano de Doña Isabel hace ahora presión sobre el hombro de su marido.

Don José.—(*Su voz es pausada y tranquila, pero hay en ella vibraciones que anuncian tormenta.*) Te escuchamos, muchacho. Te escuchamos. ¿Qué quieres decir con eso de libres?

Mozo.—(*Un tanto cohibido por el efecto de sus palabras, pero decidido ya a decir lo que piensa y siente.*) Quiero decir... que sería mejor enfrentarnos a nuestra realidad. Atenernos a ella... Eso es. Quiero decir, que si somos un país pobre podemos mejorar todo lo que sea posible... Pero no podemos pretender vivir a lo rico como vive el Norte. Ellos tienen los medios y pueden hacerlo. Nosotros no. Quiero decir... que nos hace falta saber sacrificarnos. Sacrificarnos para ser... nosotros mismos.

Don José.—(*Acariciando la piedra.*) ¿Y crees que ello se logre con este pedazo de piedra?

Mozo.—Quiero creer que sí. Yo tengo fe en esa piedra. Porque no es sólo una piedra. Es... No sé si usted me entendería... Es nuestra realidad. En ese pedazo de roca está la contestación de lo que somos. Si tiene valor en moneda del Norte diremos todos: "¡Qué buen negocio se nos viene a las manos!" Y yo seré el primero en decirlo. Pero si no lo tiene, no podemos echarla a la basura y decir: "No sirve." La realidad nuestra puede ser dura como una roca. Y no por eso vamos a decir: "Hay que traer una realidad del Norte porque la nuestra es dura y nos destroza las manos." (*Poniéndose de pie y mostrando sus manos, en grito de pasión.*) ¡Yo me destrocé las manos arracándole esa piedra a la roca de mi campito! Y no me quejo. No digo: "Ay, bendito, mis pobres manos. Mandaré a buscar unos guantes al Norte para que protejan mis pobres manos." ¡No! Porque mis manos saben que la roca es dura. Si mis manos se sacrifican, yo me sacrifico. Si mis manos tienen valor, yo tengo valor.

Don José.—(*Tenso.*) ¿Valor... para qué?

Mozo.—Para volver atrás y empezar de nuevo, si fuere necesario.

Don José.—(*Conteniéndose y sonriendo al anciano.*) ¿Decías que sólo "cuatro gatos" constituían la oposición en Altamira? He aquí un "gato" con mucho corazón.

Don Ramón.—No, no, don José. Mi nieto...

Mozo.—(*Herida su dignidad por el tono zumbón de don José.*) Yo nací y me crié dentro de los ideales que usted predicó en Altamira. Mi canción de cuna fue el lema de su partido: Agro, pan, emancipación. Pero he visto cómo se ha olvidado la emancipación, la emancipación de esa sombra de siglos que es el Norte. Y cómo se ha olvidado el agro que Dios nos dio como única riqueza. Sólo ha quedado un ideal: el pan. Y el pan es bueno. (*Acercándose más a la mesa. El Secretario hace un ademán instintivo para evitarlo, pero se contiene.*) Sólo que yo creo que no es suficiente. Un pueblo puede morirse de hambre. Pero... (*Con acento apasionado.*) ¡Pero también puede morirse de pan! (*Don José hace ademán de ponerse de pie. Doña Isabel le detiene. El Secretario se muestra nerviosísimo.*)

Secretario.—Señores, creo que la entrevista ha tocado a su fin.

Don José.—(*Dando un gran manotazo sobre la mesa, grita con una voz que desconocíamos en él.*) ¡La entrevista tocará a su fin cuando yo lo diga! (*Pausa tensa. Luego su voz suena tranquila al dirigirse al Mozo.*) Porque vivimos en un país con libertades puedes expresarte como lo has hecho. Y lo has hecho con sinceridad y emoción. Con... pasión, sin duda. Ahora dime, ¿de qué libertad te ves privado tú?

Mozo.—*(En tono tranquilo y pausado.)* Sé bien, don José, que no vivo en una dictadura. Pero las libertades de que gozo no son de por sí... quiero decir, no son para mí *la libertad.* A lo mejor es verdad que gozamos de muchas libertades. Pero me parece que no gozamos de la libertad fundamental... de ser nosotros mismos. *(La iluminación empieza a hacerse normal. La nube que ocultaba el sol, ha pasado, se extingue la música de fondo.)*

Don Ramón.—Por favor, hijo, no sabes lo que dices. *(Levantándose.)* Perdónelo, don José. Es sólo un muchacho. Lee demasiados libros...

Don José.—No es un delito leer libros. *(Se pone de pie.)* Quizás tú y yo debemos discutir pronto algunas de esas lecturas. ¿Por qué no vienes a verme cuando te sientas en disposición de hablar... serenamente? *(Volviéndose al Secretario.)* Toma nota de su nombre. En cualquier ocasión que él venga, estaré dispuesto a recibirle.

Secretario.—¿En cualquier ocasión?

Don José.—*(Tajante.)* En cualquier ocasión. *(Extendiéndole la mano al Mozo.)* ¿De acuerdo?

Mozo.—*(Estrechando la mano de don José.)* No sé. *(Convencido.)* Será como Dios disponga.

Doña Isabel.—*(Interviniendo prontamente.)* ¿Y por qué no ir nosotros a devolverles esta visita? Don José, estoy seguro, se sentirá feliz de gozar una vez más de la hospitalidad de Altamira.

Don José.—En efecto, en efecto. *(Estrechando la mano de don Ramón.)* Y de probar una vez más el rico café que cuela su esposa, eh, don Ramón? *(El Secretario baja los escalones.)* Gracias a todos por haber venido. Pueden tener la seguridad de que la piedra será sometida al más riguroso análisis.

Secretario.—Por aquí, señores.

El mozo se dirige rápidamente a la izquierda.
Don José y Doña Isabel siguen estrechando la mano
de los campesinos.

Don Ramón.—Dios lo bendiga, don José. Y a usted también, señora.

Doña Isabel.—Gracias. Dios los bendiga a ustedes. *(Alzando la voz y mirando al Mozo que se ha vuelto en extrema izquierda.)* A todos ustedes.

El Mozo sale. El Secretario espera en extrema izquierda a que pasen los campesinos y luego sale tras de ellos. Quedan solos en escena doña Isabel y don José. Entra de nuevo suavemente la música irreal. Don José se deja caer en la butaca que ocupaba antes. Mira la piedra sobre el paño. Extiende la mano y acaricia la superficie áspera. Luego mira fijamente hacia la izquierda por donde ha salido el Mozo.

Don José.—*(Con voz cansada y acento casi triste.)*
La semilla que alguien sembrara aún no ha muerto.

Doña Isabel.—*(Detrás de él, apoyando suavemente la cabeza de don José sobre su pecho maternal y empezando a acariciar la frente torturada, con voz timbrada y grave.)* ¿Y por qué matarla, mi Joseíto? ¿Por qué no dejarla germinar? ¿Por qué no cultivar luego la planta con tus propias manos? ¡Es tan hermoso ayudar a la naturaleza en su empeño de lucha contra la muerte! ¡Es tan hermoso ayudar al triunfo de la vida!

TELÓN RÁPIDO

Cuadro II

Música irreal. Telón corrido. El teatro está totalmente a oscuras. Se oye el sonido de los motores

de un gran avión que aterriza. Se apagan los moto-
res y escuchamos ruidos y murmullos característi-
cos de una pista de aterrizaje en un moderno aero
puerto al descender los pasajeros de una nave in-
tercontinental. Se oye, ampliada por los altoparlan-
tes del aeropuerto, la Voz de una Empleada.

Voz de Empleada.—Atención, por favor. Su atención, por favor. Pasajeros que llegan del Norte en el vuelo dos dieciséis, sírvanse pasar al servicio de inmigración para el examen de sus equipajes. Al servicio de inmigración para el examen de sus equipajes.

Los sonidos cambian ahora del aire libre al in-
terior del aeropuerto. Aumenta el murmullo de la
multitud dentro del recinto cerrado. Se oyen golpes
secos de bultos y maletas al ser colocados sobre un
mostrador de superficie metálica. Se escucha la
Voz del Empleado, quien al hablar español lo hace
con ligero acento extranjero. La voz de este em-
pleado y la siguiente se oirán ampliadas, pero en
tono natural de conversación. No "enlatadas" y me-
cánicas como la voz de la empleada.

Voz de Empleado.—Open your baggage for inspection, please. Abran sus maletas para ser inspeccionadas, por favor. *(Se oye el sonido de llaves, cerraduras que se abren, etc.)* ¿Tiene algo que declarar, señora?

Voz de Señora.—No, señor. Mire usted mismo. Trajes, zapatos... No, si no va a encontrar drogas ni licores. ¡Ay, quién piensa en esas cosas!

Voz de Empleado.—Y esto, ¿qué es?

Voz de Señora.—*(Con naturalidad.)* Ah. Son unos bulbos de lirios que le traigo a mi hija.

Voz de Empleado.—*(Secamente.)* Lo siento. No puede pasar plantas ni semillas. Next!

Voz de Señora.—*(Se va apagando como si que-*

339

dara atrás.) ¡Pero, bendito, no me los quite! Son para mi hija. ¡Si viera usted qué lirios más preciosos...!

Voz de Empleado.—Sorry. Next. Usted, señor, ¿tiene algo que declarar? *(La música ejecuta un acorde dramático.)*

Voz de don Rodrigo.—*(Se oye con efectos acústicos de resonancia.)* Nada.

Voz de Empleado.—Ropa y libros, ¿eh? ¿No trae alguna planta?

Voz de don Rodrigo.—*(Amargo, su voz en resonancia.)* No se cultivan plantas en el lugar de donde vengo.

Voz de Empleado.—¿Alguna semilla, quizás?

Voz de don Rodrigo.—*(Elevándose solemne, en resonancia.)* Sí. Traigo una semilla. La misma que llevé conmigo hace veinte años. Traigo de nuevo a mi Isla... ¡la semilla de la libertad!

La música sube in crescendo *dramático. Se apagan todos los sonidos del aeropuerto y surge, por encima de la música, la voz de don José, al natural, irritada, violenta, acompañando sus palabras con grandes manotazos sobre una mesa mientras se alza rápidamente el telón en la oscuridad.*

Don José.—¡Palabras! ¡Palabras! ¡Palabras huecas! *(Se desvanece la música y aparece bajo un chorro de luz, a la izquierda, don José, de pie, golpeando el escritorio de su despacho. A su derecha, de pie, está Alberto luciendo su uniforme de Ayudante Militar. A su izquierda, sentado, está el Jefe de Justicia con unos papeles en sus manos. El jefe de justicia es un hombre de baja estatura y mediana edad; muy seguro de sí mismo. Habla pausadamente como si condescendiera a explicar claramente a los demás cosas para él muy sabidas. El círculo de luz sólo ilumina la pequeña área donde están los tres personajes. El resto de la escena permanece totalmente a oscuras.)* Desde que regresó a esta Isla, hace seis meses, sólo se dedica a hacer frases. Frases románticas, frases altisonantes, frases "lapidarias", como si hubiese entablado un diálogo definitivo con la Historia. ¡Pero es con el pueblo con quien tiene que dialogar! ¡No es con la Historia! Es con el pueblo. Y yo soy el pueblo. Yo, que democrática, limpia, abrumadoramente, fui elegido por ese pueblo para construir un mundo de progreso y bienestar económico sobre el dolor que todos los gestos románticos de él y de otros antes que él habían creado en esta Isla pobre y desgraciada. ¡La semilla de la libertad! Palabras. Palabras huecas. ¿Y cree el muy listo que con esas armas va a destruir mi obra? ¡Jamás! ¿Me oyen ustedes? ¡Jamás!

Se vuelve bruscamente hacia el fondo y queda de espaldas, las manos cruzadas atrás, el cuerpo todo vibrando de indignación.

Jefe de Justicia.—Me permito recordarle que no tenemos ya que depender de las autoridades del Norte para mantener a raya a don Rodrigo. Podemos arrestarlo nosotros mismos en cualquier momento.

Alberto.—¿Arrestarle? ¿Sin motivo?

Jefe de Justicia.—La ley provee para ello.

Alberto.—¿Qué ley? No hay ninguna...

Jefe de Justicia.—*(Interrumpiéndole.)* Recordará usted, señor Gobernador, que hace dos años, por indicación suya y anticipándose a los acontecimientos, la Asamblea aprobó una muy eficaz ley antisubversiva.

Alberto.—Don José, esa ley no se ha puesto nunca en práctica.

Jefe de Justicia.—Se pondrá cuando sea oportuno. Por ahora, sin embargo, sólo nos interesa ir haciendo acopio de las pruebas que condenarían a don Rodrigo si intentase pasar... de la palabra a la acción.

ALBERTO.—No creo que don Rodrigo apele a la violencia.

JEFE DE JUSTICIA.—(*Poniéndose de pie.*) Él no. Pero sus secuaces sí. Ya lo han hecho en el pasado. Siempre cabe la posibilidad de otro acto terrorista. Si ocurriera, apresaríamos y juzgaríamos a don Rodrigo como responsable de sedición. Para probarlo, bastaría esgrimir en su contra las frases aparentemente inocuas que hoy prodiga. Aquí en este informe, señor Gobernador, están los datos recogidos hasta la fecha, y el plan de acción a seguir. Tenemos que ser minuciosos. Las autoridades del Norte han depositado en nuestras manos el problema. Es una gran responsabilidad para el gobierno local. Cuando don Rodrigo vuelva a ingresar en la cárcel, habrá sido condenado, no por extranjeros, sino por sus propios compatriotas.

ALBERTO.—Usted habla como si estuviera ya todo provisto para el arresto y condena de don Rodrigo.

JEFE DE LA JUSTICIA.—Provisto, no, mi joven amigo, Sólo previsto. Mi responsabilidad en este caso es, entre otras cosas, no hacer el ridículo. Cuando llegue el momento no sería conveniente para nuestro gobierno un proceso de farsa como el que llevó a cabo el gobierno del Norte hace veinte años. Quiero descargar mi responsabilidad asegurando una condena honesta basada en una acusación razonable; y una acusación razonable basada en la letra de la ley. Para ello acumulo pruebas desde el momento mismo en que don Rodrigo puso el pie en tierra isleña hace seis meses. Aquí están las pruebas. Si fuese necesario y, ajustándome escrupulosamente a la letra de la ley aprobada hace dos años, ahora mismo, en este instante, podría expedir la orden de arresto.

ALBERTO.—*(Tomando los documentos que le alarga el Jefe de Justicia.)* ¿Está seguro?

JEFE DE JUSTICIA.—Completamente. ¿Usted no?

ALBERTO.—*(Hojeando el informe.)* No sé. No entiendo de esto. Pero la verdad es que nunca me pareció que la ley antisubversiva tuviera semejante alcance.

JEFE DE JUSTICIA.—*(Sonriendo, y golpeando familiarmente el hombro de Alberto.)* Las buenas leyes siempre tienen largo alcance.

ALBERTO.—Pero... Pero esto no es un informe. Más bien parece un... diario de espionaje.

JEFE DE JUSTICIA.—*(Suspirando y encogiéndose de hombros.)* La semántica es una ciencia muy exacta. *Informe* es la palabra.

ALBERTO.—Pero es que aquí hay... conversaciones privadas, íntimas, intervenciones de conferencias telefónicas...

JEFE DE JUSTICIA.—*(Riendo.)* Naturalmente. Y si viera usted las sorpresas que nos llevamos. Si supiera las personas que se relacionan con don Rodrigo...

ALBERTO.—*(Disgustado, cerrando el informe.)* Pero esto es...

JEFE DE JUSTICIA.—¿Indigno? Es posible. *(Riendo.)* ¿Le exigiría usted un código de honor a nuestro Servicio de Seguridad Interna? Si lo hubiese... *(Castañetea los dedos.)* ¡Adiós seguridad! *(Pasando la punta de sus dedos por la pechera del uniforme de Alberto.)* Los militares abandonan su código de honor cuando estalla la guerra, ¿no es cierto? Nuestra policía secreta vive en perpetua guerra. Entonces, ¿de qué le puede servir un código como el de usted? *(Sonriendo.)* ¿Comprende? *(Volviéndose a don José, quien continúa de espaldas, inmóvil.)* Y bien, señor Gobernador, le pido encarecidamente que examine mi informe. Le agradeceré sus observaciones. No sólo por la satisfacción que ello me proporcionaría sabiendo mi deber cumplido, sino porque hay algunos datos en el informe que, me parece, debe usted conocer personalmente. Por ejemplo, y para ser específico, el caso de alguna persona allegada a palacio que honra con sus visitas la casa de Don...

Don José.—*(Volviéndose bruscamente.)* ¡Basta! ¡Basta! Admito que para proteger a un pueblo de la subversión y la anarquía se llegue hasta lo bajo y lo sucio. Pero no admito que se me venga a restregar en las narices esa porquería. ¡No admito que se revuelque en mi presencia y se me arroje a la cara esa mierda! *(A gritos.)* ¡Llévate tu informe! No lo leeré. No quiero leerlo. Está aprobado, ¿me oyes?, está aprobado. *(Arranca de las manos de Alberto el informe y lo arroja sobre la mesa frente al Jefe de Justicia.)*

Jefe de Justicia.—*(Lívido.)* Pero don José...

Don José.—¿Para qué crees que te tengo en ese puesto? Te he puesto ahí precisamente para que seas lo que eres, para que te ensucies por mí, para que por mí te revuelques en la porquería. Hazlo. Es tu deber. ¡Hazlo! Pero antes de entrar en mi casa, lávate las manos. *(Extiende el brazo izquierdo por encima del escritorio y agarra con violencia al Jefe de Justicia por la solapa.)* No quiero que traigas a mi despacho la podredumbre de tus procedimientos. ¿Entiendes? No me interesan los procedimientos que se ajusten a la letra de la ley. Lo que me interesa son los resultados. *(Lo empuja soltándole la solapa.)* ¡Vete! Llévate tu informe. ¡Vete! *(El Jefe de Justicia recoge el informe y sale presuroso por la izquierda. Don José queda con ambos puños cerrados apoyados en el escritorio, la cabeza inclinada sobre el pecho. Pausa. Alberto se dirige lentamente hacia la derecha.)* ¡No te vayas! *(Alberto se detiene y se vuelve. Don José habla ahora en voz casi baja.)* No. No es cierto que no me importen los procedimientos. Me importan. Todavía soy capaz de sentir asco. (*Su voz vuelve a elevarse apasionada.*) Pero lo horrible es que cada vez siento menos asco. ¿Comprendes lo que eso significa? (*En grito de pasión.*) Significa que un día, un día tendré yo la inconsciencia de esa alimaña que acabo de echar de mi despacho.

ALBERTO.—Don José, por favor. Usted es un hombre digno, demasiado digno...

DON JOSÉ.—(*Precipitadamente.*) No, Alberto, no. En el poder no hay hombres *demasiado* dignos. Tú debes aprenderlo. Tu padre lo sabía. (*Se deja caer en la butaca.*) Él, que luchó junto a mí en aquella hermosa campaña inicial de nuestro partido, él a quien se debía en gran medida nuestro triunfo, no quiso compartirlo. Se negó terca, obstinadamente, a aceptar puesto alguno en el gobierno. "Compartí contigo los más nobles ideales de libertad y decencia humana —decía—. Eso me basta. Me moriría de vergüenza si el poder nos impidiera ahora realizar esos ideales." El poder, Alberto, el poder. Yo entonces no podía percibir el alcance de las palabras de tu padre. Él murió feliz. Murió a tiempo. Porque a la hora de su muerte estábamos todos limpios, conservábamos todavía la frescura del bautismo que los ideales habían derramado sobre nuestras cabezas. "Lo lograrás, José. Lo lograrás", me dijo pocos días antes de morir. ¿Lo he logrado? Contéstame. ¿Lo he logrado, Alberto? No puedes, ¿verdad? No puedes contestar. (*Levantándose.*) Pero la pregunta es: ¿Lo habría logrado alguien? ¿Lo lograría alguien jamás? ¡Nadie! ¡Nunca! Ni *ése* que anda por ahí dialogando con la Historia. Ni ése que ha pretendido erigirse en voz de mi conciencia, ni ése de palabra apocalíptica que se cree limpio, inmaculado; que se cree libertador, mártir, santo; ¡ni él lo lograría! Es fácil serlo todo antes de llegar al poder. Pero él aquí, en mi puesto, durante dieciocho años en mi puesto, se estaría pudriendo tanto como yo. ¡Que me dé gracias a mí por conservarlo puro y limpio! Que me agradezca el que yo, impidiéndole llegar a palacio, le permita hacer un hermoso papel para la Historia! ¡Ah, qué fácil es! Siempre tiene que haber alguien ensuciándose el alma para que otros muestren sus caras limpias ante la Historia. *(Volviéndose hacia el fondo, como si le hablara a la Historia a través de una ventana inexistente. Entra suave tema musical.)* ¿Me oyes, don Rodrigo? Soy yo quien te hago a ti. ¡Soy yo quien hago tu historia!

Sube la música dramáticamente y la escena queda totalmente a oscuras. La música sigue in crescendo por unos segundos. Luego empieza a decrecer hasta que queda de fondo a la Voz de don Rodrigo, la cual se oye, como siempre, ampliada y con efecto acústico de resonancia.

VOZ DE DON RODRIGO.—"Yo no he venido a traer la paz." Pero el que lucha por mí no es por mí por quien lucha, sino por cosas más altas. Lucharán mis hermanos por la raíz honda de la raza que manos impías quieren profanar; por la tierra dada en heredad para nutrir la raíz sagrada; por la lengua que legaron los abuelos, por la Cruz de la Redención, ¡por la libertad de la Isla!

Sube la música in crescendo triunfal. Luego baja y empieza a desvanecerse. Se ilumina una pequeña área en la derecha. Doña Isabel está sentada tejiendo. A su derecha hay un costurero y a su izquierda otra silla. El resto del escenario permanece totalmente a oscuras. Entra Antonio por la derecha.

ANTONIO.—El señor Teresias acaba de llegar.

346

Doña Isabel.—Que pase, que pase en seguida. *(Sale Antonio. Doña Isabel recoge su tejido y lo coloca en el costurero abierto. Por la derecha entra Teresias.)*

Teresias.—Buenas tardes, mi querida Isabel.

Doña Isabel.—*(Levantándose y yendo a su encuentro.)* ¡Teresias, por fin! *(Le extiende una mano que él estrecha cariñosamente.)* ¡Qué difícil le está resultando al padrino visitar a sus ahijados en palacio! *(Le conduce a la izquierda y le ayuda a sentar.)*

Teresias.—Difícil no, hijita, difícil no. Lo cierto es que he estado sumamente ocupado.

Doña Isabel.—Lo sé.

Teresias.—*(Sonriendo.)* ¿Lo sabes?

Doña Isabel.—*(Sentándose, con un gran suspiro.)* ¡Ah, Teresias, este palacio es un monstruo con mil ojos!

Teresias.—*(Riendo.)* No necesitaba tener tantos para seguir mis pasos.

Doña Isabel.—*(Tomando el tejido del costurero.)* Pero los tiene. Nunca lo supe hasta ahora. Y es horrible. *(El la mira en silencio, se inclina y, estrechando el dorso de la mano de doña Isabel, dice):*

Teresias.—Isabelita, ¿desconfías de mí?

Doña Isabel.—*(En sincera protesta.)* ¡No, padrino, por Dios! Sé bien que usted nada tiene que reprocharse. Sé bien que sólo sigue los dictados de su conciencia. No, de usted no. Desconfío de los otros. *(Tejiendo.)* Desconfío... de los que desconfían. Porque no acierto a comprender lo que tienen en sus conciencias.

Teresias.—*(Encogiéndose suavemente de hombros.)* Sólo cumplen con su deber.

Doña Isabel.—Triste deber. Pero no. No me refiero sólo a los que reciben un sueldo por ejercer tan ingrato oficio. Eso es lo horrible. Todos, ¿comprende usted, padrino?, todos de pronto se sienten obligados a hacer el papel de espías. Desde los

347

más altos funcionarios del gobierno hasta los empleados más insignificantes, vienen a palacio con una delación temblándole en los labios. Desde los más nobles y más dignos hasta los más rastreros y miserables. Todos. Todos por igual se han puesto de acuerdo para rebajar su dignidad y convertirse en delatores. Me van a volver loco a José.

TERESIAS.—Oh, José tiene demasiado temple para dejarse influir por esas bajezas.

DOÑA ISABEL.—Quizás. Pero las escucha. Al principio los hacía callar a tiempo. Pero ya los escucha. Y no sé cómo puede. Yo hice desconectar el teléfono de mi saloncito. Ni siquiera abro la correspondencia que viene dirigida a mí. Y cuando hay una recepción, me finjo enferma. Porque si asisto, me muero de vergüenza oyendo lo que traen en sus bocas, las mujeres de los funcionarios. ¡Ah, padrino, si usted las oyera! Mientras los maridos asedian a José, ellas vienen a vomitar todas sus negras delaciones sobre mí. ¡Qué asco! Y cuando las veo tan despreciables a pesar de su ostentación —el traje que le ha costado el sueldo del mes al marido, las joyas de relumbrón, el último peinado importado del Norte, el maquillaje a lo estrella de cine, y luego, su pretendida dignidad de damas de alta alcurnia— ¿sabe lo que me ocurre, padrino? (Levantándose.) ¡Que me avergüenzo de mi condición de mujer!

TERESIAS.— Tú eres de muy distinta condición...

DOÑA ISABEL.—No sé. No sé hasta dónde pueda ser eso cierto. Uno puede a la larga dejarse arrastrar por la corriente. Y entonces es igual a las otras. (Yendo a él.) Tengo miedo, Teresias. Miedo por mí y por Casandra. Más por ella, claro está. Porque yo...

TERESIAS.—No te avergüences de tu miedo. Está bien que tengas miedo, Isabelita. Es saludable que lo tengas. Porque ese miedo te demuestra que lo mejor de ti misma se ha salvado. Y que podrás salvar también lo mejor de tu hija. No te tortures. A seres como tú, no los arrastra la corriente.

DOÑA ISABEL.—(*Alejándose de él.*) Pero la corriente me ha arrastrado hasta aquí, Teresias. Me pregunto a veces si ha valido la pena.

TERESIAS.—¿Qué quieres decir?

DOÑA ISABEL.—¿Por qué tenía que ser yo? ¿Por qué yo? (*Sonriendo con tristeza.*) Recuerdo que cuando niña mi única ambición era estudiar para maestra. Lo logré. Luego, mi ambición fue obtener una plaza precisamente en el campito de mi montaña. También lo logré. Descubrí de pronto que había colmado todas mis ambiciones. (*Burlándose suavemente.*) Las ambiciones de una "mujer emancipada". No tenía nada más que pedirle a la vida. Tenía fe en mí misma y en mi gente. Eso era todo. Sabía que allí, en mi propia montaña, donde día a día les enseñaba el ABC a los pequeñuelos, un campesino me escogería por esposa. Él en su conuco labraría la tierra dura e ingrata y yo en mi escuelita rural seguiría abriendo surcos en la mente blanda y fértil de mis discípulos. Ésa era la felicidad a que yo tenía derecho. Nunca se me ocurrió pedirle nada más a la vida. (*Entra suavemente música irreal.*) Pero un día llegaron a la montaña tres desconocidos: usted, Teresias; el padre de Alberto; y José. El poeta, el filósofo y el político. Tres hombres empeñados en la noble tarea de redimir un pueblo. Don Rodrigo había empezado a cumplir su larga condena en el Norte. Y ustedes habían decidido que su sacrificio no fuese en vano. Más aún, al ideal de libertad política para la colonia añadían los ideales de reforma social y vida democrática para el pueblo. Por dos años habían marchado los tres por valles y montañas como Tres Magos de una nueva Epifanía, ofrendando al pueblo los tres dones de una sabiduría milenaria: agro, pan, emancipación. Y el pueblo oía, y entendía, y con el corazón encendido de esperanza recibía los dones, y seguía a los tres desconocidos.

Teresias.—E Isabel, la maestrita rural, recibió un don más precioso que el le ofrecían los Magos: el amor. Y en el pueblo vecino las campanas de la iglesia anunciaron la buena nueva.

Doña Isabel.—*(Intensamente emocionada se acerca a él y le pone una mano en el hombro.)* Y el poeta fue el padrino. *(Sin apartar la mano del hombro de Teresias se vuelve hacia el fondo y rompe a llorar.)* Ay, padrino, padrino nuestro. Dios me castiga por haber aceptado un destino que no era el mío. *(Teresias la contempla en silencio y luego, paternalmente, empieza a acariciar la mano de Doña Isabel.)*

Teresias.—Nada ni nadie puede imponernos un destino: lo escogemos nosotros mismos. El que tú escogiste era el tuyo. Tu responsabilidad ahora es vivirlo rectamente, sin vacilaciones, sin traicionarlo nunca; haciéndolo cada día más tuyo, siéndole cada día más fiel.

Doña Isabel.—Pero a veces, es imposible. A veces todo resulta tan confuso.

Teresias.—La vida siempre es confusa. Pero tú tienes la fortaleza necesaria para vencer la confusión, tienes en ti suficiente luz para caminar a través de las sombras. Tienes fe...

Doña Isabel.—*(Apartándose de él.)* ¡La fe! Si viera qué difícil es conservarla.

Teresias.—¿Crees que no lo sé?

Doña Isabel.—Hace muchos años que nuestra fe estuvo prendida a la voz de don Rodrigo. ¿Recuerda? José recogió aquella voz y la hizo suya. Y el objeto de nuestra fe no se alteró lo más mínimo. Porque nos parecía que ambas voces eran una. Pero ahora, de pronto, sabemos que hay dos voces. ¡Y una sola fe!

Teresias.—*(Levantándose.)* La fe siempre es una.

Si intentaras dividirla, perdería su verdadera esencia: dejaría de ser fe. Las voces, en cambio, del mismo modo que se antagonizan, pueden conciliarse. He tratado de lograr una entrevista entre José y don Rodrigo.

DOÑA ISABEL.—*(Esperanzada.)* ¿Qué ha dicho don Rodrigo?

TERESIAS.—Está dispuesto. Pero no vendrá a palacio.

DOÑA ISABEL.—¿Y José?

TERESIAS.—No saldrá de palacio.

DOÑA ISABEL.—¡Dios mío! Debe haber algún medio...

TERESIAS.—No, Isabel, no lo hay. *(Suspirando.)* No hay medio capaz de vencer la soberbia y el orgullo de los hombres.

DOÑA ISABEL.—¿Y qué haremos? ¿Qué podemos hacer nosotros?

TERESIAS.—Nada. Sólo nos queda un camino: escoger el objeto de nuestra fe. *(Alzando el tono de su voz.)* Si las voces no se concilian, si hay dos voces, tenemos que escoger entre una u otra; ¡tenemos que ser fieles sólo a una voz!

La música que había estado de fondo sube dramáticamente y se apagan las luces quedando el escenario totalmente a oscuras. El crescendo de la música se sostiene por algunos segundos. Luego decrece para quedar de fondo a la Voz de don Rodrigo que se oye con efecto de resonancia.

VOZ DE DON RODRIGO.—*(Con grandiosidad litúrgica.)* "Y cayeron las lluvias, y los ríos salieron de madre, y soplaron los vientos y dieron con ímpetu sobre la casa, mas no fue destruida porque estaba fundada sobre piedra." *(Con apasionamiento profético.)* ¡Pero la casa no es ya de piedra! Porque los fariseos despreciaron la piedra nuestra y edificaron su ostentoso edificio sobre cimientos falsos. Por eso yo os digo: Cuando lleguen las lluvias, cuando se desborde el torrente de los ríos, cuando soplen los vientos y den con ímpetu sobre la casa, ¡la casa será derribada!

Sube música in crescendo *dramático. Se sostiene así durante algunos segundos. Luego decrece a medida que se ilumina una reducida área en el centro de la escena. Aparece Casandra sentada, leyendo. Vuelve una página y lee con atención. Interrumpe la lectura con el ceño fruncido; vuelve a leer el mismo pasaje. Pensativa cierra a medias el libro colocando un dedo entre sus páginas. Se levanta y, con el libro haciendo presión en sus labios, intensamente preocupada, da unos pasos hacia la derecha. Por la izquierda entra Alberto de uniforme. Se acerca lentamente y toma a Casandra por los hombros. Ella da un grito de terror apartándose de él.*

ALBERTO.—Soy yo, Casandra. *(Ella se arroja en sus brazos y oculta el rostro en el hombro de él.)* Perdóname. No fue mi intención... Pero, ¿qué pasa? ¡Estás temblando! ¿Te sientes mal? *(Ella niega con la cabeza, el rostro siempre hundido en su hombro. Él la acaricia con ternura.)* Vamos. Cálmate. Calma esos nervios. ¿Quieres que salgamos al jardín? *(Ella mueve la cabeza negativamente. Él la separa de sí y le alza el rostro.)* ¿Qué tal entonces si damos un paseo en auto?

CASANDRA.—*(Amarga.)* ¿En la limosina blindada? ¿Con un detective a cada lado? *(Se aparta de él y da unos pasos hacia la izquierda.)*

ALBERTO.—*(Sonriendo.)* Podríamos prescindir de los detectives, si te molestan.

CASANDRA.—*(Sin volverse.)* ¿Podríamos prescindir también de la limosina? ¿Podríamos usar tu pequeño auto sin capota, como lo hacíamos siempre?

ALBERTO.—Mucho me temo que no. Las órdenes del Jefe de Seguridad son terminantes.

CASANDRA.—¿Lo ves? Estamos presos en palacio.

ALBERTO.—(*Riendo.*) No tanto. No hay que exagerar.

CASANDRA.—Naturalmente que no. Basta ajustarse a los hechos. Voy y vengo al colegio dentro de una caja de seguridad sobre ruedas. No puedo ir de compras. El Jefe de Seguridad, bajo órdenes del Jefe de Justicia, me ordena comprarlo todo por teléfono. No puedo ir al cine. Tengo que ver las películas que *no* me gustan en nuestra sala de proyección.

ALBERTO.—Pero chiquita, si antes, cuando podías hacerlo, apenas salías del palacio.

CASANDRA.—Pero es distinto. Ser libre para elegir el no hacer una cosa es muy distinto a no poderla hacer porque se le haya privado a una de la libertad de hacerla. ¿No fue ésa una de las cosas que mi padre predicó por los campos y los pueblos de nuestra tierra?

ALBERTO.—(*Esforzándose por no sonreír.*) No exactamente en esas palabras...

CASANDRA.—Es igual. La forma no importa. Pero la esencia es igual. Lo he leído aquí. (*Leyendo en la portada del libro.*) "Un pueblo en marcha hacia el progreso." ¿Lo conoces? Su autor es uno de esos escritores del Norte que papá sabe pagar tan bien.

ALBERTO.—(*En tono de admonición y reproche.*) Casandra...

CASANDRA.—Oh, Alberto mío, estoy aprendiendo mucho. Y pronto. En seis meses he tenido que recuperar dieciocho años de tiempo perdido; dieciocho años de vida en la más alta montaña de la luna. Sí, sí. Desde que la hija del gobernador dejó de ser una isleña más para convertirse en el ser privilegiado cuya seguridad es preciosa para el Estado, he abierto los ojos a un mundo que no conocía. ¿Sabes cómo debió titularse este libro, Alberto? No "Un pueblo en marcha hacia el progreso" sino, "Don José en marcha hacia el poder". ¿Y sabes otra cosa? Que algún día alguien deberá escribir la secuela de este libro. ¿Y sabes cuál será su título? ¿No lo adivinas? "Don José en lucha desesperada por mantenerse en el poder."

ALBERTO.—*(Severo.)* No hables así. Estás siendo injusta con tu padre.

CASANDRA.—*(Al borde de las lágrimas.)* Él fue injusto conmigo. Y tú también. Todos. Todos los que fabricaron para mí una imagen de papá que no era la verdadera. *(Llora. Alberto va a ella y la estrecha entre sus brazos.)*

ALBERTO.—*(Con ternura.)* ¡Casandra! ¡Pobrecita mía! Sé que es doloroso. Pero... Pero no es nada extraordinario. Nos sucede a todos... en el instante mismo en que dejamos de ser niños, en ese momento decisivo en que vemos a nuestro padre como a un ser humano, como a un hombre falible, capaz de errar, de equivocarse... No. Nadie fabricó para ti una imagen de tu padre... La forjaste tú misma, como la forjamos todos... *(La conduce a la butaca.)* Vamos, no llores. Precisamente hoy has dejado de ser una chiquilla. *(Le da su pañuelo para que se seque las lágrimas.)* Todos pasamos por eso. Quizás... quizás te consuele conocer mi experiencia. *(La ayuda a sentarse.)* ¿Quieres saberla?

CASANDRA.—*(Afirma con la cabeza mientras se seca las lágrimas, luego explica.)* Si no te trae malos recuerdos...

ALBERTO.—*(Sonriendo con tristeza.)* Oh, ya no, ya no. Han pasado tantos años. *(Pausa.)* Sabes... sabes que papá, como don José, era un hombre importante. Sin ser político influyó grandemente en la vida pública del país. Le llamaban filósofo, pero no lo era. Más bien, un pensador. Y un idealista incorregible. Vivió siempre a la altura de los idea-

354

les que predicó. Jamás claudicó. Jamás se rebajó a la más mínima concesión. Jamás transigió ni admitió componendas. Y su físico estaba a la altura de su altivez espiritual. ¿Has visto su retrato en el despacho de don José? Así le vi siempre. *(Soñador.)* La frente ancha y noble, la mirada serena, fija en una verdad que a los demás se nos escapa; los labios firmes, enérgicos; capaces, sin embargo, de producir esa casi sonrisa que es un grito de compasión y ternura; y luego la barba cerrada enmarcando la dignidad del rostro. *(Emocionado.)* Te imaginarás el pedestal que yo había forjado para un padre así. Era tan feliz. Todos lo éramos: mi madre, mis hermanos mayores. Y él también. También él parecía serlo. Hasta que un día descubrí... *(Vacila. Luego su voz suena cargada de resentimiento.)* Descubrí que el hombre grande, el pensador de altura, el prócer intachable, el moralista incorruptible era del mismo barro que los demás hombres; engañaba a mi madre; como cualquier hijo de vecino tenía una querida. *(Transición, en tono menos tenso.)* Hoy... hoy, claro está, puedo apreciar el hecho en su justa perspectiva. La flaqueza de la carne no tiene necesariamente que manchar lo que hay de noble en el pensamiento de un hombre. Pero entonces no podía comprenderlo. Yo tenía trece años... En aquella crisis le odié tanto que hubiera sido capaz de destruirlo, si hubiera sabido cómo. Él comprendió que yo lo sabía. Y no intentó mentir ni defenderse. Me habló, me habló largamente. Me dijo en otras palabras lo que te dije hace poco: que con aquel choque doloroso la niñez quedaba atrás y empezaba para mí la vida. "Nadie —me dijo— debe vivir a imagen y semejanza de su padre. Tú tienes que forjarte tu propia imagen. No permitas que la mía haga sombra, buena o mala, sobre la tuya. El hijo, para triunfar, debe matar la sombra de su padre." Entonces no entendí del todo sus palabras. Hoy sí. (*Sonriendo con amargura.*) Ahora puedo comprender por qué los hijos de los grandes hombres están condenados a ser mediocres. ¡Les sucede lo que a mí! Son incapaces de matar la sombra de sus padres.

CASANDRA.—(*Conmovida, extendiéndole una mano.*) ¡Alberto!

ALBERTO.—(*Sonríe, toma la mano de Casandra y se acerca más a ella.*) ¡Pero qué importa no ser grande si se puede ser feliz!

CASANDRA.—(*Besa la mano de Alberto y luego la estrecha contra su mejilla.*) Es cierto, amor mío, no queremos ser grandes. Sólo queremos ser felices. (*Irguiéndose en su asiento.*) Pero es cierto también que para serlo necesitamos ser nosotros mismos. (*Levantándose.*) Alberto, no nos interesa matar las sombras de nuestros padres. Pero tenemos que alejarnos de esas sombras. Renuncia hoy mismo a tu puesto. Nos casaremos mañana. Pasado, estaremos lejos de palacio. Tú no serás ya más el hijo del filósofo, ni yo seré la hija del gobernador. Seremos sencillamente Alberto y Casandra; dos seres con derecho a una vida propia. Podrás ejercer tu carrera; serás tú mismo. No una figura nacional, pero para mí ¡el hombre más grande del mundo! Y para nuestros hijos. Hasta que a ellos les llegue la hora de saber...

ALBERTO.—Casandra... Es un sueño demasiado hermoso.

CASANDRA.—¡No es un sueño, Alberto! Es la realidad que podemos empezar a vivir hoy mismo si quieres. La realidad a la que tenemos derecho.

ALBERTO.—No estoy seguro, Casandra. No sé si en verdad tengamos derecho...

CASANDRA.—¿Qué quieres decir?

ALBERTO.—Renunciar a mi puesto ahora es imposible. No puedo hacerlo. No puedo abandonar a tu padre en estos momentos.

CASANDRA.—¿Abandonarlo? ¡Si tiene alrededor más gente de la que él mismo puede soportar!

ALBERTO.—Es igual. Me necesita. Sería una deserción.

CASANDRA.—Pero tú mismo dijiste...

ALBERTO.—Hace seis meses. Entonces sí. Ahora, es demasiado tarde. Compréndelo.

CASANDRA.—*(Volviéndole la espalda.)* No puedo comprenderlo. ¡No quiero!

ALBERTO.—*(Va hacia ella, la vuelve hacia sí, la toma por los hombros y le habla con energía.)* ¡Tienes que comprender! Recuerda que hoy dejaste de ser una chiquilla. Escúchame. Entiende bien lo que te digo. Estamos viviendo una crisis y no podemos eludir nuestras responsabilidades. Lo que está ocurriendo no sólo nos afecta a nosotros, sino a todo el pueblo. *(La suelta.)* ¿No sientes la amenaza de don Rodrigo a todas horas, en todo momento? *(Se pasea, casi como si hablara para sí.)* No sabemos en qué forma va a concretarse esa amenaza. Pero está ahí, latente...

CASANDRA.—*(Nerviosa.)* No ocurrirá nada. El Jefe de Seguridad exagera para sentirse importante. ¿No te das cuenta? Parece mentira que tú y papá se dejen convencer tan fácilmente. Cualquiera diría que están deseando que ocurra algo, que con tanto alarde están provocando que ocurra. ¡Pues no ocurrirá! ¡No ocurrirá nada, te digo!

ALBERTO.—No es el Jefe de Seguridad quien me convence, Casandra. Es la voz de Don Rodrigo. Esa voz que parece llenarlo todo, que la sientes como algo material que va impregnando tu piel, irritándola, abrasándola. Esa voz que desde hace seis meses martillea incansable en los oídos y la conciencia del pueblo. No podemos menospreciar el poder de esa voz.

CASANDRA.—*(Encogiéndose, como si sintiera una súbita corriente helada.)* Alberto, no sigas.

ALBERTO.—Lo siento. No es mi intención asustarte. Sólo deseo que te des cuenta de las circunstancias. Ésa es una de las razones que me impiden renunciar. Pero hay otra. Más importante aún.

CASANDRA.—¿Cuál?

ALBERTO.—No sé... No sé si deba hablarte de esto.

CASANDRA.—Sí, Alberto, sí. Por favor. No me ocultes nada. Es mejor saber...

ALBERTO.—Bien. Don José intenta hacer de la colonia un protectorado.

CASANDRA.—¿Un protectorado?

ALBERTO.—Tu padre está trabajando en los planes con expertos del Norte. Si esos planes se concretan, no habrá salida al futuro. Será la perpetuación del *statu quo*.

CASANDRA.—No entiendo.

ALBERTO.—No puedo explicarte más. Es un golpe político. Un golpe desesperado de Don José para contrarrestar la influencia de Don Rodrigo. Hay que evitarlo.

CASANDRA.—Hablaré con papá. Quiero saber...

ALBERTO.—¡No! Se supone que yo no te haya hablado de eso. Déjame a mí. Hay algo en Don José que se ha deteriorado, que se está deteriorando de modo lamentable. Y él lo sabe. Y lucha contra eso. Tengo que ayudarle en esa lucha. Por eso yo me siento responsable. Por lo que hay de mi padre en los ideales que Don José echó a un lado y que todavía podemos salvar. Ya ves; al fin y al cabo, soy fiel a la sombra de mi padre. No puedo evitarlo.

CASANDRA.—*(Después de una pausa, suavemente.)* No, Alberto, no puedes evitarlo. *(Volviéndole la espalda, con voz rota por las lágrimas.)* Estamos condenados a sacrificar nuestra felicidad, ¡en aras de unas sombras que no podemos matar!

Entra música dramática, empieza a languidecer la

*luz mientras Alberto va hasta Casandra, la abraza
por la espalda, ella se vuelve y apoya la cabeza en
el pecho de Alberto, sollozando. Sube música y
queda la escena totalmente a oscuras. El crescendo
de la música se sostiene por unos segundos y luego
decrece para quedar de fondo a la Voz de Don Rodrigo.*

Voz de Don Rodrigo.—*(Con efecto de resonancia,
litúrgica.)* "¡Oh, qué angosta es la puerta y cuán
estrecha la senda que conduce a la vida escogida!"
(Profético y apasionado.) Ríos de sangre cruzó el
pueblo de Dios para alcanzar su libertad. Y la espa-
da de los libertadores se tiñó de sangre hermana.
Y su verbo tuvo también sabor de sangre. ¡Sangre
de amor como bautismo de libertad para los pueblos!

Sube la música, se mantiene in crescendo *por unos
segundos, luego decrece para servir de fondo al sonido de un timbre de teléfono, urgente, apremiante.
A la derecha se ilumina la figura de Alberto en el
momento en que descuelga el teléfono.*

Alberto.—Hola. Diga. *(Pausa.)* Él habla. *(Pausa.)*
¡Cómo! ¿Cómo dice? *(Pausa. Alarmado.)* ¿En Altamira? ¿Está seguro? *(Pausa.)* ¿Aquí también? ¿A
palacio? ¿Con ametralladoras? *(Pausa. Irritado, en
medio de su sobresalto.)* ¿Pero no han podido detener ese auto? *(Pausa breve.)* ¡Llame inmediatamente al Cuartel General! Que envíen refuerzos.
(Pausa breve. Impaciente.) La guardia de palacio
no tiene ametralladoras. ¡Que envíen gente arma-
da! ¡Pronto! *(Cuelga. Abre el conmutador de un
pequeño aparato de intercomunicación. Habla, apremiante.)* Capitán de la Guardia. ¡Capitán de la
Guardia!

Voz de Capitán de la Guardia.—*(Deformada a tra-*

vés de la pequeña bocina del aparato de intercomunicación.) Capitán de la Guardia, a sus órdenes.

Alberto.—Aquí, el Ayudante Militar. Aviso urgente. Un auto negro con terroristas se dirige a atacar palacio. Refuerce la guardia de la fachada principal. Y que desalojen las oficinas. Toque la sirena de alarma. Oiga. Espere. ¡Oiga!

Voz del Capitán de la Guardia.—Oigo.

Alberto.—Envíe dos guardias a las habitaciones superiores. Que permanezcan allí. Que no permitan salir de sus habitaciones a la esposa del Gobernador y a su hija. ¿Entendió? *(Angustiado.)* ¿Entendió usted?

Voz del Capitán de la Guardia.—Entendido, señor.

Alberto.—Bien. Dese prisa. *(Cierra el conmutador y abre otro en el mismo aparato.)* Oficina del Gobernador. Oficina del Gobernador.

Voz de Oficinista.—*(Parsimoniosa.)* Oficina del Gobernador, a sus órdenes.

Alberto.—Póngame al habla con el Secretario.

Voz de Oficinista.—*(Parsimoniosa.)* ¿Quién habla, por favor?

Alberto.—*(Irritado.)* El Ayudante Militar. Póngame al habla con el Secretario. ¡Es urgente!

Voz de Oficinista.—*(Más parsimoniosa, como para vengarse de la brusquedad de Alberto.)* Un momento, por favor.

Voz del Secretario.—El Secretario del señor Gobernador, a sus órdenes. *(Empieza a oírse la sirena de alarma.)*

Alberto.—Óigame bien. Unos terroristas intentan atacar palacio.

Voz del Secretario.— *(Ahogada de susto.)* ¿El palacio?

Alberto.—*(Irritado.)* Sí, el palacio, el palacio. Impida que Don José salga de su despacho. ¿Me oyó? Enciérrelo con llave si es preciso. Yo iré a conducirlo a lugar seguro. *(Se oyen murmullos y vo-*

360

ces de alarma.) Espere. Al personal bajo sus órdenes, que se refugie en el salón de proyección. ¿Entendió? *(Angustiado.)* Pronto. Pronto. *(Cierra el conmutador.)* ¡Dios santo, danos tiempo!

Se apaga la luz y queda el escenario completamente a oscuras. Después de un breve crescendo *de murmullos y voces, éstos amainan, quedando sólo el grito agudo de la sirena, que a su vez decrece para quedar de fondo a la Voz de Don Rodrigo.*

Voz de don Rodrigo.—*(Con efecto de resonancia.)* Y en la hora suprema del sacrificio veo los símbolos del escudo nuestro: Leones rugientes guardando castillos seculares; reciedumbre del yugo sobre la fuerza mortal de las flechas vengadoras; Cruz de Jerusalén, triunfante de fanáticas cruzadas. Y el Cordero níveo, inmaculado, reclinando su mansedumbre sobre el libro de Dios. *(Aumenta el tono profético de la voz.)* Y veo la estrella blanca de la bandera sobre el triángulo azul de una trinidad inmutable: ¡Amor! ¡Vida! ¡Muerte!

Sube la sirena in crescendo *dramático mientras empieza a iluminarse todo el escenario. Aparece la escena tal como apareció en el Acto I: jardín y exterior del palacio. La puerta vidriera de la derecha está cerrada. La iluminación se intensifica hasta convertirse en luz del mediodía. No hay nada en la escena soleada que haga presagiar visualmente violencia o desastre. Pero sigue oyéndose el sonido perturbador de la sirena. De pronto cesa el sonido. Rompe a cantar el ruiseñor en la ceiba. Calla el ruiseñor. Se oye el canto intempestivo, anacrónico, del Coquí: Co-quí, Co-quí. De súbito se oye, proviniendo de la derecha, el ruido de un auto que se acerca en "primera", a toda velocidad; un frenazo*

dramático y luego, fuego cerrado de ametrallado-
ras. Al iniciarse el sonido del auto empieza a lan-
guidecer la luz de la escena, excepto un círculo de
luz blanca y brillante que quedará sobre la puerta
vidriera de la derecha. En medio del fragor de los
disparos se oye la Voz de don José gritando dentro
del palacio, detrás de la puerta cerrada.

Voz de don José.—¡A mí, guardias! Quieren ma-
tarme. ¡Asesinos! ¡Me matan! ¡Asesinos!

Al oírse la Voz de Don José, el círculo de luz bri-
llante ilumina la puerta cerrada de la derecha. Cae,
rápido, el

TELÓN

ACTO SEGUNDO

CUADRO I

Teatro a oscuras. Telón corrido. Se oye música (que
no es la irreal del Acto Primero); sube y queda de
fondo. Surge la Voz de don José, ampliada, pero sin
efecto de resonancia. La voz al principio suena sere-
na y grave, pero a medida que se desarrolla el parla-
mento adquiere intensidad y efectismo, aunque sin
perder nunca cierta pausada dignidad y sin recurrir
a los tonos agudos de la oratoria corriente. Tanto al
principio como en el resto de la alocución, la voz
pone especial énfasis en determinadas palabras. No
es el énfasis que dictan los resabios de una retórica
burda, sino una sutil y bien medida carga de emo-
ción que resulta en extremo efectiva y convincente.
A ello contribuye la articulación exageradamente

meticulosa y el casi silabeo de aquellas palabras o frases que intenta subrayar.

Voz de don José.—Y ahora, que los principios del *orden* y de la *democracia* han triunfado sobre la subversión y la anarquía, me dirijo a mi pueblo. Me dirijo a ese *pueblo bueno y noble* para agradecer su actitud *serena* y ecuánime ante la revuelta provocada por un puñado de *asesinos*. Altamira, incubadora de la revuelta, ha sido ocupada por las tropas del Norte. Algunos hombres nobles y buenos de nuestro Cuerpo Policiaco y nuestra Guardia Nacional cayeron heroicamente en defensa de la democracia. La *paz* y el *orden* vuelven a reinar en nuestra Isla. El espíritu cristiano del pueblo se ha estremecido de horror ante la vileza del atentado. Un atentado que iba aparentemente dirigido contra *mí* y contra mi familia, pero que en realidad intentaba herir el corazón mismo de este pueblo pacífico y democrático. *(Sube de tono.)* Todos han de saber, todos lo saben ya, que el responsable, el *único* y *verdadero* responsable de estos actos *criminales* ha sido juzgado de acuerdo con la ley —juzgado *justa y democráticamente*— y paga ahora, por su *obcecado* empeño en perturbar el *orden social*, la sentencia máxima de cadena perpetua. Quiero informarle al mundo —para que se sepa a través de mares y continentes— que en esta Isla, amante de la paz y del orden, sólo hay un medio *moral* y *legal* de lucha política: las *urnas eleccionarias. (Dramático.)* Siendo ésa nuestra *realidad*, yo le *garantizo* al *pueblo*; ¡entiéndase bien lo que digo!, le garantizo al pueblo que la subversión y la anarquía ¡no *entrarán* en la Isla! Y a los que conmigo comparten la *noble tarea* del gobierno, yo les garantizo, ¡óiganme bien!, les *garantizo*, que la violencia y la *muerte*, ¡no entrarán en palacio!

Sube la música y se descorre el telón rápidamente. Aparece la escena tal como apareció en el Cuadro Primero del Primer Acto, con una excepción: a la izquierda se yergue ahora una alta verja de recios barrotes de hierro, cuya ornamentación barroca no disimula del todo el propósito utilitario al cual sirve. La parte de la valla que intercepta el camino enarenado es un portón de la misma altura que el resto de la verja. El portón está cerrado. Detrás de la verja, flanqueando el portón, se ven las espaldas de dos centinelas armados, que permanecen inmóviles. La música decrece y se extingue.

Es una calurosa tarde de julio. Don José, en mangas de camisa, ha hecho de la mesa, en la terraza circular de la derecha, un improvisado despacho. Está revisando papeles y firmando ocasionalmente. Desarrolla esa rutinaria actividad con una fiebre desacostumbrada. De vez en cuando, sin apartar la vista de los papeles, se seca el sudor de la cara y el cuello con un pañuelo estrujado. En una esquina de la mesa hay una botella de whiskey y vasos. En otra esquina, una botella de alcoholado abierta.

Por la izquierda, visible a través de los barrotes de hierro, se acerca Teresias. Los dos centinelas, con gestos de autómatas, cruzan sus armas interceptándole el paso. Teresias sonríe. Con gesto pausado saca de su bolsillo una tarjeta y se la entrega a un centinela. Éste la mira y, con gesto mecánico, se la alarga al otro centinela. El segundo lee rápidamente y ambos, con gestos automáticos, apartan las armas. Teresias da un paso y se enfrenta al portón cerrado. Uno de los centinelas abre el portón. Teresias pasa. El otro cierra el portón y ambos centinelas vuelven a su posición original recobrando una inmovilidad absoluta.

Teresias da tres pasos hacia la derecha y se detiene. Como al principio del Primer Cuadro del Acto

Primero, lleva espejuelos. Se vuelve a medias y echa una intensa mirada a toda la estructura de hierro. Al fin aparta sus ojos de la verja, se quita los espejuelos y reanuda su marcha, mientras guarda los espejuelos en el bolsillo superior de la chaqueta. El ruiseñor canta en lo alto de la ceiba. Teresias sube de nivel del primer término a la terraza inferior y se detiene. Alza la cabeza hacia lo alto de la ceiba. Vuelve a reanudar su marcha hacia la derecha. A cada paso suyo el bastón suena golpeando las baldosas de la terraza inferior. Al llegar Teresias a la escalera de mármol, Don José alza la cabeza y le echa una ojeada, pero vuelve a enfrascarse en su tarea.

DON JOSÉ.—¡Ah, Teresias! Adelante, adelante. *(Teresias sube a la terraza circular.)* Perdóname un momento. Te atiendo en seguida. Siéntate. *(Continúa revisando papeles y firmándolos. Teresias se sienta en una silla del fondo. Echa una ojeada a la mesa revuelta y luego su mirada vaga hacia la izquierda, deteniéndose, al fin, en la verja de hierro. Don José alza instintivamente la vista y observa a Teresias. Sigue la mirada de éste hasta detenerse en la verja. Bruscamente interrumpe su labor y se pone de pie.)* ¡Hace un calor del demonio! *(Toma la botella de alcoholado, vierte un poco del líquido en la palma de la mano y se unta el rostro. Repite la operación y se unta alcoholado en el cuello. Deja la botella, se frota las manos y se acerca a Teresias extendiéndole la diestra.)* ¿Qué tal? ¿Cómo estás? *(Teresias estrecha la mano de don José en silencio. Éste se vuelve con rapidez a la mesa y sirve* whiskey. *Vuelve a medias la cabeza.)* ¿Un trago? *(Teresias hace un leve gesto de rechazo con la mano.)* Un calor endemoniado, te digo. *(Bebe la mitad de lo que se ha servido y, con el vaso en la mano, va rápidamente al fondo y se pone a observar el mar. Sin volverse, dice.)* ¿Crees que habrá tormenta este año. *(Sin esperar respuesta, se vuelve.)* Hace más de veinte años que no nos azota un ciclón. *(Vacía el vaso de un trago.)* Hasta las fuerzas ciegas de la naturaleza nos son propicias. ¿No te dice nada eso, visionario? *(Se acerca, deja el vaso sobre la mesa, se sienta en el borde de ésta y, cruzando los brazos sobre el pecho, pregunta.)* ¿Y bien? *(Teresias alza hacia Don José su rostro sereno.)* ¿Escribiste los versos para el himno? *(Teresias sonríe a medias y se encoge de hombros. Don José, sin cambiar de posición, se inclina un poco.)* ¿Qué significa eso? ¿Una respuesta?

TERESIAS.—*(Suavemente, pero con convicción.)* ¡Estás loco!

Don José se golpea brusca y sonoramente los muslos con las palmas de las manos; se levanta, da la vuelta por detrás de la mesa, agarra la botella de alcoholado y, con violencia casi, repite la operación de la untura del líquido en el rostro y el cuello. Mientras hace esto último, habla con voz que trata de ser contenida.

DON JOSÉ.—Teresias, has elegido un mal día para poner a prueba la paciencia de un hombre. Especialmente si ese hombre ha estado trabajando desde las cinco de la mañana. Y si tiene la cabeza llena de cosas graves e importantes que afectan el futuro de su pueblo. *(Coloca la botella de alcoholado sobre la mesa y apoya ambas manos en el borde de ésta. La mesa está ahora entre los dos hombres.)* Vamos, poeta, sé generoso con un agobiado hombre de acción. Contesta sencillamente a una sencilla pregunta. *(Siempre conteniendo la violencia en su voz.)* ¿Escribiste la letra del himno?

TERESIAS.—*(Tranquilo.)* No.

DON JOSÉ.—*(Alzando las manos al cielo y yendo rápido hacia la puerta vidriera; con voz de trueno.)*

¡Ah! Pido una contestación sencilla y se me complace: "¡No!" ¡Es justo! ¡Sin duda, es justo! Me dan exactamente lo que pido. *(Frente a la puerta vidriera se pone las manos en la espalda, se vuelve y en tono de voz natural, casi amable.)* ¿Por qué no, Teresias?

TERESIAS.—*(Tranquilo.)* Mi pluma no está al servicio de tus caprichos.

DON JOSÉ.—*(Alzando el puño derecho y gritando, magníficamente amenazador.)* ¡Teresias! ¡Teresias!

TERESIAS.—*(Sonriendo.)* José, José. ¿Dónde está tu público? ¿A quién tratas de impresionar? *(Don José mira el puño, que se le ha quedado en alto. Lo mira como si no fuese suyo. Al darse cuenta de que lo es, lo baja desconcertado.)* Sufrimos el calor endemoniado de una tarde de junio. Tú, según afirmas, has trabajado desde las cinco de la mañana. Estás cansado e irritable. Y, además, estás solo. El ruiseñor que cantaba en la ceiba huyó probablemente a tu primer grito. Nadie te escucha. Nadie te ve. Excepto yo. Y créeme, ¡soy tan pésimo expectador!

DON JOSÉ.—*(Acercándose, desconcertado y mesándose una barba inexistente.)* ¿Crees?... ¿Crees que yo... actuaba?

TERESIAS.—*(Acentuando su sonrisa.)* Siéntate.

DON JOSÉ.—*(Apoyándose en la mesa, siempre preocupado, en voz confidencial.)* No, no, en serio. ¿Tú crees?

TERESIAS.—No creo. Simplemente acato leyes inflexibles de la naturaleza humana. No serías buen político si no poseyeras magníficas dotes de histrión. Y no finjas que lo ignoras, porque eso sería también... parte de tu papel.

DON JOSÉ.—*(Se deja caer en la butaca que ocupaba originalmente y empieza a sonreír.)* Es curioso. Es curioso. *(Su sonrisa se acentúa tanto que su mano, inconscientemente, se mueve para cubrir su*

367

boca.) De verdad que es curioso. *(Ríe silenciosamente, la mano apoyada en la boca, el cuerpo enorme sacudido por la risa. Al fin cruza los brazos sobre la mesa y apoya en ellos la frente. En esa posición, en que nadie puede ver su boca, ríe abierta y ruidosamente.)* ¡No me doy cuenta! *(Alza la cabeza más calmado, aunque todavía luchando por dominar la risa.)* Ya ni siquiera me doy cuenta. Es la costumbre, ¿sabes? La maldita costumbre. *(Se pasa la mano por la cara.)* ¡Ah, caramba, conque así es! *(Alarga el brazo, toma la botella de* whiskey *y se sirve.)* Da... *(Bebe bruscamente, interrumpiéndose. Luego concluye.)* Da un poco de vergüenza. Se... se borra el límite entre lo que uno siente y lo que pretende sentir. Es... gracioso, ¿no?

TERESIAS.—Trágico.

DON JOSÉ.—*(Desconcertado.)* ¿Trágico?

TERESIAS.—*(Encogiéndose de hombros.)* Cuando se borra el límite entre la farsa y la vida, se tiende a vivir sólo la farsa. Pero no basta entonces vivir la farsa. Se pretende, además, que otros también la vivan. *(Pausa breve, mirándole a los ojos.)* Yo no puedo compartir tu farsa, José.

DON JOSÉ.—*(Con voz sincera.)* No, Teresias, por favor...

TERESIAS.—*(Alzando la voz, casi hablando por encima de las palabras del otro.)* Me sangra el corazón decir cosas que jamás creí tuvieran que ser dichas. Pero alguien tiene que decirlas, José. Alguien tiene que golpear este silencio de muerte que te rodea. *(Levantándose.)* Tiene que alzarse una voz. Una voz siquiera tiene que alzarse por encima de la adulación y el servilismo, por encima del temor y la cobardía, para decirte: ¡Gobernador de esta Isla, eres un farsante!

DON JOSÉ.—*(Levantándose violento.)* ¡Basta! ¡Basta! ¡Basta!

TERESIAS.—¡No, no basta! No basta tu violencia

para hacerme callar. ¡Grita! ¡Golpéame! ¿Crees que mi voz es tan poca cosa que pueda silenciarse con tus gritos, tus amenazas, tus golpes? ¿Por quién me tomas? No soy un alto funcionario de tu gobierno. No soy un legislador de tu partido. No soy un lacayo de palacio. Soy una voz libre. ¡Libre! ¿Me oyes? *(Con súbito dolor.)* Y te has atrevido, José, te has atrevido a enviarme una orden...

DON JOSÉ.—*(Silabeando la frase.)* Una petición.

TERESIAS.—*(Firme.)* ¡Una orden! Una orden para que escriba la letra de un himno que utilizarás en esa cosa que llamas Protectorado, en esa autonomía de mentirijillas que inventas para este pueblo.

DON JOSÉ.—*(Gritando.)* ¡No entiendes! ¡No entiendes!

TERESIAS.—*(Enérgico.)* Entiendo que te has equivocado conmigo. *(Con tristeza.)* ¡Después de tantos años, José!

DON JOSÉ.—*(Dominándose.)* Te equivocas. Exageras, eso es todo. Te complaces en hacer un drama absurdo de una cosa racional, lógica. ¿Es que he compuesto yo la música de ese himno? No. No es un himno improvisado a capricho. Es el himno revolucionario, el himno que surgió del pueblo hace más de cien años.

TERESIAS.—El que tú cantabas en una época, el que luego empezaste a perseguir...

DON JOSÉ.—*(Interrumpiéndole.)* Está bien. Ya lo sé. Estaba equivocado. ¿Es que un hombre no tiene derecho a cometer errores? Pero ahora lo he adoptado como himno oficial.

TERESIAS.—Se lo has robado al pueblo para tus propios fines.

DON JOSÉ.—Se lo devuelvo legalizado.

TERESIAS.—Un himno revolucionario sólo puede legalizarse si el pueblo alcanza los objetivos de la revolución.

DON JOSÉ.—Los alcanzaremos con el Protectorado.

TERESIAS.—*("Pisando los talones" de las contesta-ciones de don José.)* El Protectorado será tu más grande farsa.

DON JOSÉ.—Dejaremos de ser colonia.

TERESIAS.—Sólo en apariencia.

DON JOSÉ.—Tendremos una Constitución propia.

TERESIAS.—Limitada por el poder del Norte.

DON JOSÉ.—Garantizaremos la democracia y el bienestar económico del pueblo.

TERESIAS.—Garantizarás tu personal continuación en el poder.

DON JOSÉ.—*(Explotando, yendo hacia la izquierda y bajando la escalera de mármol.)* ¿Es que me juzgas tan miserable? ¿Es que no me concedes nada? ¿Ni siquiera el derecho a ser grande? ¿A hacer algo real y positivo por lograr la felicidad permanente de este pueblo? A hacer eso que *nadie* ha logrado antes de mí?

TERESIAS.—Te concedo la habilidad extraordinaria de político que en realidad tienes. Te concedo la astucia que poseía la zorra de las viejas fábulas. Más aún, te concedo una inteligencia y un corazón que no has sabido encauzar hacia la meta que un día tú mismo te señalaste.

DON JOSÉ.—*(Sarcástico.)* ¡Pero, claro, grandeza no!

TERESIAS.—Es por no haber sabido ser fiel a tu destino que no puedo concederte grandeza alguna, José. Ni te la concederá la Historia.

DON JOSÉ.—*(Desde la terraza inferior.)* ¿Quién eres *tú*, después de todo, para hablar a nombre de la Historia? *(Baja la intensidad de la iluminación general como si una nube ocultara el sol, excepto en el área donde está Teresias. Entra música irreal de principios del Acto I y se mantiene discretamente de fondo.)*

TERESIAS.—*(Desde lo alto de la terraza circular, hablando en un tono de voz singular que no le co-nocíamos.)* Yo soy sólo un poeta. Mi reino no es

de tu mundo, José. Mi voz, ciertamente, no es la voz de la Historia. Pero está más cerca de ella que la voz de los tuyos. No me es permitido llegar a la verdad absoluta. Pero percibo realidades que están más allá de tu realidad circundante. En ello estriba mi grandeza... y mi tragedia. Cuando tú dices: "¡Iré!", yo he de decir: "¡Ya he ido!" El tiempo de mi realidad está varios compases más adelante que el tiempo de la tuya. Cuando tú dices: "Veré", yo he de decir: "Ya he visto." Tu mundo y mi mundo no podrán jamás sincronizarse. ¡Y ésa es nuestra tragedia! En vano me desgarro el corazón y la voz dándoles a los tuyos el alerta de lo que encontrarás más allá de la realidad en que agonizan. En vano te torturas tú queriendo ser honesto en tu agonía, luchando desesperadamente por percibir mi voz a través de la valla de silencio que te rodea. Yo estoy condenado a ser sólo una voz que no encuentra eco alguno en tu acción. Tú estás condenado a ser sólo una acción en el más pavoroso silencio de tu mundo. Tú, eres el Hombre, José. Yo, soy sólo el Poeta.

Se extingue la música irreal y la iluminación va adquiriendo su intensidad normal. Ambos personajes permanecen inmóviles por breves segundos. Al fin don José, quien escuchaba a Teresias con la cabeza baja, va lentamente hacia el fondo y se acerca a la baranda. Teresias baja la escalera. Cuando pasa junto a don José se acerca a él y le pone una mano en el hombro: ademán en que hay una mezcla de compasión, ternura y aliento. Luego prosigue hacia la izquierda. Don José alza la cabeza, ve a Teresias que se aleja, y llama en voz baja.

Don José.—Teresias... (*Teresias prosigue su marcha hacia el portón de hierro. Don José alza la voz, en tono casi angustioso.*) ¡Teresias! (*Teresias se detiene sin volverse.)* ¿Qué puedo hacer para escuchar tu voz? *(Teresias se vuelve lentamente y observa a don José.)*

TERESIAS.—No sabría decírtelo.

DON JOSÉ.—¿Por qué?

TERESIAS.—Porque no lo sé. *(Se vuelve. Va a echar a caminar, cuando su vista capta el conjunto de la verja de hierro. Se detiene mirando los barrotes.)* Quizás... Quizás te ha faltado el valor. *(Se vuelve a don José.)* Sí. Eso es. Te ha faltado valor.

DON JOSÉ.—*(Señalando dramático la verja.)* ¿Te refieres a la protección que le doy a mi familia contra el fanatismo y el asesinato?

TERESIAS.—*(Tranquilo.)* No. No precisamente. Eso para mí es sólo... un símbolo de tu otra cobardía.

DON JOSÉ.—¿Qué otra cobardía?

TERESIAS.—La de conductor de un pueblo. *(Se acerca a don José.)* Hubo un momento, José, un momento en tu historia personal, en que tuviste ante ti la grandeza que hoy anhelas y que no puedes ya alcanzar.

DON JOSÉ.—*(Amargo.)* Una vez más me desahucias para la Historia.

TERESIAS.—*(Sonriendo.)* Oh, no, José. Duerme tranquilo. Tu nombre aparecerá en los textos escolares de Historia. A donde no llegará nunca es al libro que escriben los dioses para la inmortalidad. Y a ése precisamente es al que tú aspiras. ¿No es cierto? *(Paternal.)* Es una aspiración legítima, José. No tienes que avergonzarte de ella. Lo que sí debiera avergonzarte un poco es no haberla realizado cuando estuvo en tu mano hacerlo. ¿Recuerdas?

DON JOSÉ.—*(Sacando nervioso su pitillera, tomando un cigarrillo y poniéndoselo en los labios.)* No... *(Busca inútilmente fósforos.)* No sé de qué hablas.

TERESIAS.—*(Mientras habla saca pausadamente fósforos de su bolsillo y le enciende el cigarrillo a don José.)* Naturalmente que lo sabes. Recuerda bien. El padre de Alberto había muerto. Sólo quedaba yo a tu lado. Era tu cuarto año en el poder. Lo más grande que en el orden económico y social has realizado en tus veinte años de gobierno, estaba ya realizado. La reforma agraria estaba en su apogeo. El pan, si no abundante, estaba al menos en todas las bocas. Sólo faltaba la tercera consigna de nuestro lema: emancipación. *(Don José se vuelve hacia el fondo.)* Era el momento. Todo nos era propicio: el impulso renovador en la conciencia del pueblo, una administración liberal en el Norte que hubiera acogido generosamente nuestra demanda, una base económica y social razonable —óyeme bien, no digo excepcional, no digo infaliblemente segura, digo sólo "razonable"— para empezar la tarea futura. Y teníamos un líder, un líder de gran corazón e inteligencia en el cual creíamos ciegamente. Pocos pueblos han reunido en determinado momento de su historia tantos factores favorables para encarar con dignidad y optimismo el camino de la libertad. Era el momento. Bastaba una palabra tuya para que aún los más acobardados y miserables te siguieran. Bastaba una palabra tuya para que el pueblo concurriera a las urnas y votara por su libertad. Bastaba una palabra tuya para que el mundo viera el espectáculo de un país que alcanzaba su soberanía, pacífica y democráticamente; sin arrebatos románticos ni derramamientos de sangre, poniendo la emoción contenida al servicio de la razón. Era el momento. Estabas tú frente a la Historia, cara a cara con tu destino. Y la Historia dijo: "Espero esa palabra." Y tu destino dijo: "Pronuncia la palabra." Y yo murmuré a tu oído: "En nombre del amigo muerto, di la palabra." Era sólo una palabra; una palabra corta, pequeña, humilde, sencilla: ¡la que tú no dijiste!

Don José.—*(Yendo hacia la derecha.)* ¡No era el momento! Estás equivocado. Había mucha obra por hacer para el pueblo.

Teresias.—Había más obra por hacer para ese pueblo dentro de la realidad de la emancipación. Y fue precisamente esa obra la que te acobardó. No, José, no trates de engañarte a ti mismo. Rechazaste el destino que habías escogido; negaste de lo que eras, de lo que habías querido ser. Tienes que enfrentarte hoy a la mísera realidad que te pone ante los ojos tu condición de renegado: el poder perpetuo dentro de la *colonia*.

Don José.—*(Subiendo a la terraza circular y acercándose a la mesa.)* ¡Te prohibo que pronuncies esa palabra! Ante mí, al menos. *(Se sirve whiskey.)* Te gusta esa palabra, ¿no es cierto? ¡Ah, sí! Te regodeas pronunciándola. *(Volviéndose bruscamente en dirección de Teresias.)* ¿Sabes por qué? Porque en el fondo eres un espíritu colonial. No concibes la libertad sino dentro de la ilusión de una independencia absoluta. ¡Pues no hay independencia absoluta! ¡Encara tú esa realidad, poeta! ¡En el mundo actual no hay ningún país que pueda en verdad ser libre! *(Bebe de un trago el contenido del vaso.)*

Teresias.—Esa realidad la encaramos tú y yo hace más de veinte años. ¿Recuerdas? La emancipación no la concebíamos como un suicidio. La soberanía nacional no la concebíamos como un aislamiento del mundo. No deseábamos morir de asfixia. Todo lo contrario. Anhelábamos precisamente que nuestro pueblo abriera todas sus puertas al mundo, en vez de mantener abierta una sola puerta al Norte. No deseábamos empequeñecernos sino superar nuestra pequeñez; no cerrar nuestra puerta al Norte, sino abrirnos también al Sur, al Occidente y al Oriente. Queríamos vivir y crecer dentro de la comunidad ancha del mundo. Así concebíamos la libertad: sin nacionalismos estrechos, sin egoísmos provincianos; con altivez y dignidad, pero con generosidad también.

Don José.—Te digo, Teresias, que eso precisamente lo lograremos con el Protectorado.

Teresias.—*(Golpeando fuertemente el piso con el bastón. Aunque sus palabras son casi un remedo de las de don José, en él suenan distintas. Don José hablaba con amargura, casi con cinismo. Teresias habla con la sincera indignación del que mantiene viva una fe.)* ¡Te prohibo que pronuncies esa palabra! Ante mí, al menos. ¡Protectorado! Te gusta esa palabra, ¿no es cierto? Ah, sí. Te regodeas pronunciándola. ¿Sabes por qué? Porque necesitas un "protector" que te garantice la seguridad que tú mismo no has sabido proporcionarte. ¡Encara tú este hecho, hombre de acción: Los "protectores" jamás protegen a los débiles! ¡Se los tragan!

Hace ademán de dirigirse a la izquierda, doña Isabel entra por la puerta vidriera de la derecha a tiempo de escuchar los últimas palabras de Teresias.

Doña Isabel.—¡Teresias! No sabía que estaba usted con nosotros esta tarde. José, ¿por qué no me avisaste? *(Se adelanta, cambiando de tono.)* ¿Qué ocurre? ¿Peleaban ustedes?

Don José.—*(Evasivo.)* Discutíamos.

Teresias.—Permitíamos el diálogo de nuestras sombras.

Doña Isabel.—*(Bajando los escalones, hacia la terraza inferior.)* Pues yo quiero terciar en ese diálogo. Venga, suba, padrino. Siéntese. No sabe cuánte me alegra su visita.

Teresias.—No, Isabel, tendrás que perdonarme. Pero para una tarde sofocante de julio ya he tenido bastante.

Doña Isabel.—Vamos, venga. Sólo un ratito. Yo sé que usted va a sobrevivir a ese pequeño sacrificio.

Teresias.—No estoy muy seguro. El espíritu es endiabladamente joven. Pero el cuerpo... Dios los bendiga a ambos. *(Deteniéndola.)* No, no me acompañes. *(Suavemente irónico.)* Te lo agradezco, pero no es necesario. *(Señalando la verja.)* Ya hay en palacio quien haga los honores a la puerta. *(Sonriendo.)* Adiós, Isabeliña.

Se dirige a la izquierda lo más aprisa que le permiten su edad y su cansancio. Doña Isabel da unos pasos indecisos hacia la izquierda como si intentara seguirle, pero se detiene. Teresias sale izquierda. El centinela cierra y vuelve a recobrar su inmovilidad. Don José se sienta en su butaca. Doña Isabel deja escapar un suspiro, se vuelve, se dirige a la derecha y sube a la terraza circular. Don José se pasa la mano por la nuca con gesto de cansancio. Instintivamente extiende la otra mano para alcanzar la botella de whiskey. *Doña Isabel tapa la botella a tiempo que don José la alcanza. Suavemente la retira y la coloca lejos de él. Toma la botella de alcoholado, vierte un poco en la palma de su mano, va por detrás de don José y le fricciona con suavidad la nuca.*

Doña Isabel.—*(Después de un intervalo.)* ¿Sabes que Teresias renunció a su pensión?

Don José.—¡No! ¿Quién te dijo...? ¿Desde cuándo?

Doña Isabel.—Hace meses ya. Cuando supo que habían arrestado a don Rodrigo.

Don José.—¡Idiota! ¡Idiota! ¿Y qué hace? ¿De qué vive?

Doña Isabel.—En los periódicos le proporcionan de vez en cuando pequeñas tareas: traducciones, reseñas de libros. Un pretexto para ayudarlo. Pero eso no le da para vivir. ¡Está pasando hambre, José!

Don José.—(*Grita tapándose el rostro.*) ¡Dios! ¡Dios! (*Se levanta bruscamente.*) ¿Qué se propone? ¿Vengarse?

Doña Isabel.—Teresias sería incapaz...

Don José.—¿Y por qué me humilla así? ¿Por qué quiere herirme en lo que más duele? ¡Si esto parece calculado, premeditado...! ¿No te das cuenta? Mi amigo personal, el escritor honrado con una pensión de la Asamblea... el más querido, admirado... ¡Morirse de hambre! ¡Morirse de hambre en medio de la prosperidad que *yo* he traído al pueblo! ¡No es ése el más diabólico plan que puede forjar quien desea desprestigiarme a *mí*, a *mi gobierno*, a *mi obra* toda?

Doña Isabel.—¡No sabes lo que dices! Nuestro poeta no tiene la frialdad de uno de tus peritos. Teresias sólo sigue los impulsos de su corazón.

Don José.—(*Vociferando.*) ¿Y por qué no se me informa lo que está pasando? ¿Por qué he de ser yo el último en saber las cosas que más me importan? (*Se dirige violento a la puerta vidriera.*) ¿Qué clase de imbéciles me rodean? ¿Quién se creen que soy?

Doña Isabel le detiene interponiéndose entre él y la puerta.

Doña Isabel.—(*En grito de angustia.*) ¡No, José!

Don José.—(*Luchando con ella.*) ¡Déjame! ¡Déjame!

Doña Isabel.—(*Gritando.*) ¡No! ¡Pégame a mí si eso te hace más hombre! ¡Pégame a mí! (*Las palabras de doña Isabel son como un mazazo para don José. Se queda inmóvil observándola con ojos de asombro. Doña Isabel se aparta de él ocultando el*

377

rostro entre las manos. Hay una pausa tensa. Al fin ella saca un pañuelo y se enjuga las lágrimas. Habla con voz entrecortada, tratando de dominar su emoción.) Quizás... quizás quisieron evitarte un disgusto. O quizás tuvieron miedo... miedo de tu violencia. Conociendo a Teresias sabrían que no había nada que hacer. ¿Y qué puedes hacer tú ahora? ¿Golpearlos a ellos para demostrar tu poder? Ya... ya es bastante... ¿No te parece? No necesitas recurrir a la violencia. No necesitas golpear a nadie para probarlo. *(Volviéndose a él, con voz apasionada.)* ¿Por qué necesitas probar tu poder a cada instante? ¿Es que te odias tanto que quieres destruirte? ¿Es que quieres destruirnos a todos?

DON JOSÉ.—*(Con voz ahogada.)* ¡Isabel!

DOÑA ISABEL.—¿No somos al fin y al cabo tus siervos? ¿Qué más quieres? ¿Qué más quieres, si tienes el poder del más absoluto tirano?

DON JOSÉ.—¡No, no es cierto!

DOÑA ISABEL.—Oh, es cierto, José, no te engañes. Tienes a tus pies un pueblo ingenuo, agradecido, deslumbrado por el progreso y la prosperidad. Poco importa que esa prosperidad sea artificial, que dependa, no de ellos ni de ti, sino del Norte. Poco importa que en cualquier momento una crisis en el Norte o un ciclón de nuestro trópico pueda arruinarlos. Poco importa. Son felices. Tú tenías razón. Era yo la equivocada. Tú conoces tu oficio y sabes apreciar el material con que trabajas. No se puede hacer metafísica con el pueblo. Sólo se puede hacer política. ¿No es así, José? Y luego despertar su codicia. Que vea llegar el dinero del Norte y que lo palpe momentáneamente antes de que las monedas emprendan el viaje de regreso a su lugar de origen. Que el pueblo vea ese torrente de monedas, y que luego te adore. ¡Y te adora, José! ¿Qué puedes pedir, demandar de ese pueblo que él no te conceda? Y que tengas a tu alrededor funcionarios dóciles, con almas pequeñitas de cortesanos, que te sirvan. ¡Y te sirven bien, José! ¿Qué puedes pedir, demandar de esos funcionarios que ellos no te concedan? ¿A qué recurrir a los insultos y a la violencia si el más absoluto poder te lo garantiza la democracia misma? Porque nadie se atrevería a negar que gozamos de la más perfecta democracia. ¿No hay elecciones limpias para elegir al gobernante? ¿No hay libertades civiles? ¿No hay una Asamblea elegida también honradamente por el pueblo?

Don José.—¿No hay todo eso, Isabel?

Doña Isabel.—Sí, lo hay. Lo hay. Lo que ocurre, mi Joseíto, es que eres un gigante en un gobierno de enanos. Los enanos rinden sus derechos para aumentar el poder del gigante. ¿Te imaginas a un enano preocupándose por los principios cuando se trata de complacer al gigante? ¿Y qué culpa tienes tú de ser gigante? ¡Ninguna! La culpa fue de los griegos que inventaron la democracia. Como ellos eran gigantes, hicieron un gobierno para gigantes. No podían pensar los muy buenazos que su invento iba a caer un día en poder de los enanos.

Don José.—Eres injusta con la gente de mi gobierno.

Doña Isabel.—¿Injusta yo? ¿No acabas tú de llamarles imbéciles? ¿No les insultas y les vejas cuando incurren en tu enojo? ¿Te atreverías a hacer tal cosa si estuvieran ellos a tu nivel, si fueran gigantes como tú? No, no puedes negarlo. Los desprecias. Y no me importa. No me importa ya nada. ¡Estoy harta de este palacio! ¡Harta de tu gobierno! ¡Harta del poder en tus manos! Muy harta, José. Muy harta de la "democracia", del bienestar del pueblo, de la cantaleta de los ideales. ¡Harta de todo! ¡No creo ya en nada!

Don José.—(*Casi suplicante.*) No hables así, Isabel.

Doña Isabel.—(*Citando las palabras de don Ro-*

drigo, con expresión casi alucinada.) "Porque los fariseos despreciaron la piedra nuestra y edificaron su ostentoso edificio sobre cimientos falsos." ¿Recuerdas?

DON JOSÉ.—¡Palabras!

DOÑA ISABEL.—Sí, palabras. Por eso, cuando llegaron las lluvias, cuando se desbordó el torrente de los ríos, cuando soplaron los vientos y dieron con ímpetu sobre la casa, la casa fue derribada. *(Sonriendo a medias.)* ¿Sólo palabras, José?

DON JOSÉ.—La casa sigue en pie.

DOÑA ISABEL.—¿Cuál casa? La mía fue arrasada hace tiempo. Y después, hace sólo unos meses, también la de mis padres, allá en Altamira. Y la de aquel Mozo campesino que trajo la piedra para someterla a análisis. ¡Analizar la piedra! ¡Ése fue su gran pecado! ¡La piedra no debe analizarse! Y el Mozo expió su pecado sobre la roca más dura de Altamira. ¿Lo sabías, José? Su sangre cubrió la piedra de mi montaña. ¡Qué fácil es para la fuerza matar la fe de un pueblo débil!

DON JOSÉ.—Pero no es cierto, Isabel. La fe del pueblo no ha muerto. Y tú... tú crees. ¡Tienes que creer!

DOÑA ISABEL.—*(Alejándose de él, casi con dureza.)* Sólo creo que en un hogar común y corriente; un hogar donde haya un marido capaz de ser honesto y una hija capaz de ser feliz, capaz de gozar de la juventud y del amor. *(Amarga.)* Después de conocer las alturas, sólo en eso creo.

DON JOSÉ.—*(Acercándose a ella y tomándola por los hombros.)* Pero lo tienes, Isabelita. Todo eso lo has tenido siempre.

DOÑA ISABEL.—*(Acariciándole distraídamente una mejilla a don José.)* No, mi Joseíto. Mi hogar ha sido una casa pública. Mi marido ha sido el gobernante. Y mi hija solloza de noche en la oscuridad de su habitación. ¡No es feliz!

Entra el Secretario por la derecha.

SECRETARIO.—Perdón. Conferencia telefónica para el señor Gobernador.

DON JOSÉ.—*(Impaciente.)* Cancélala. No estoy para nadie.

SECRETARIO.—Perdóneme, pero es el Rector. Dice que los doctores del Colegio de Leyes han terminado de redactar la Constitución para el Protectorado. El señor Rector tiene dudas sobre una de las cláusulas. Él cree que el Gobierno del Norte no le impartiría su aprobación.

DON JOSÉ.—Está bien. Iré en seguida.

SECRETARIO.—Deseaba informarle además que ya arreglaron el aire acondicionado del despacho. Si quiere, le llevaré esos papeles a su escritorio.

DON JOSÉ.—No, no, déjalos ahí. *(El Secretario saluda y sale. Don José se vuelve a doña Isabel.)*

DOÑA ISABEL.—¡La casa del pueblo!

DON JOSÉ.—*(Sonriendo, tomándole el rostro entre las manos.)* No pierdas la fe, Isabeliña. Necesito mucho de tu fe. Mucho.

La besa suavemente en los labios y sale presuroso por la derecha. Doña Isabel se queda un instante mirando hacia la puerta vidriera, luego va lentamente al fondo. En la izquierda aparece Alberto con un cartelón doblado en sus manos. Un centinela abre el portón. Alberto pasa y se dirige rápidamente a la derecha. El centinela cierra y vuelve a su inmovilidad. Alberto sube a la terraza circular. Al ver a doña Isabel se detiene.

ALBERTO.—¿Dónde está don José?

DOÑA ISABEL.—*(Desde el fondo, volviéndose a medias.)* En su despacho.

Alberto va presuroso al fondo.

ALBERTO.—*(Desplegando indignado el cartelón ante doña Isabel.)* ¡Vea esto!

DOÑA ISABEL.—¿Qué es?

ALBERTO.—Un cartelón de propaganda para el referéndum sobre el Protectorado.

DOÑA ISABEL.—*(Con gesto impaciente.)* No quiero saber nada...

ALBERTO.—¡Pero es necesario que sepa! Lea eso. Lea lo que dice en letras rojas: "Si usted no vota por el Protectorado, estará contra la Democracia. Si usted no vota por el Protectorado, se hará cómplice de los subversivos."

DOÑA ISABEL.—Sí, ya lo veo.

ALBERTO.—¿Y bien?

DOÑA ISABEL.—¿Qué quieres que diga?

ALBERTO.—¡Pues que es una propaganda desleal! ¡Que es indigno, sucio...!

DOÑA ISABEL.—*(Encogiéndose de hombros.)* No entiendes nada. La mayoría votará por lo que José le indique: la ley de la relatividad, la cuadratura del círculo, la fórmula científica para desintegrar el átomo, cualquier cosa. *(En el tono de explicar una lección elemental a un niño.)* Pero, a pesar de eso, el partido en el poder tiene que hacer su propaganda. ¿No lo entiendes, hijito? ¡Es la política!

ALBERTO.—Se puede hacer política limpia! *(Doña Isabel empieza a reír callada, pero convulsiva, histéricamente. Es algo penoso, doloroso de observar. Alberto la mira estupefacto, al fin ella no puede contenerse y estalla en carcajadas.)* ¡Doña Isabel! ¿Qué le pasa? ¡Por favor! ¿Se siente enferma? *(Mira en derredor suyo. Va a la mesa. Sirve a toda prisa whiskey y vuelve al fondo.)* Tome. Beba un poco. Esto le haré bien.

Doña Isabel, esforzándose por dominarse, rechaza con la mano. Al fin puede hablar.

Doña Isabel.—Gracias, Alberto. Estoy bien ya.

Alberto.—¿Está segura?

Doña Isabel.—Sí. Perdóname. Un poco de nervios, nada más. ¿Qué me estabas diciendo?

Alberto.—(*Turbado.*) Oh, nada, nada. No tiene importancia.

Doña Isabel.—Ah, sí el cartelón. Y el referéndum. ¿Crees en verdad que eso tenga importancia?

Alberto.—(*Desconcertado.*) Pues... En cierto modo sí. Si el pueblo vota a favor del Protectorado...

Doña Isabel.—Que votará, no te quepa duda.

Alberto.—Don José podrá firmar el tratado con el Norte.

Doña Isabel.—Dalo por firmado.

Alberto.—(*En angustiada rebeldía.*) ¡Pero es injusto!

Doña Isabel.—(*Fingiendo asombro, en suave burla.*) ¡Injusto, Alberto!

Alberto.—Toda la maniobra es injusta. El referéndum, en primer lugar. Sólo se le da a escoger al pueblo entre la colonia y el Protectorado. Si vota por la colonia... ¡Pero naturalmente que nadie votará por la colonia! Es una trampa sucia. Se está obligando prácticamente al pueblo a votar por una sola cosa: el Protectorado.

Doña Isabel.—(*Impasible.*) Es cierto.

Alberto.—Y el Protectorado no es otra cosa que un nuevo disfraz para la colonia.

Doña Isabel.—También es cierto.

Alberto.—(*Apasionado.*) ¿Y por qué este engaño? ¿Para qué esta farsa?

Doña Isabel.—(*Como quien explica la cosa más natural del mundo.*) Para acallar nuestras conciencias. ¿No lo comprendes? Para que el pueblo se entretenga con *su* himno, *su* bandera, *su* Constitución. Para que viva una ilusión hermosa y pueda jugar a la libertad calladamente, pacíficamente, inocentemente. (*Con arranque brusco y voz terrible,*

383

señalando a la izquierda.) ¡Para que no nos obligue a levantar más vallas de hierro alrededor de palacio!

ALBERTO.—Si es así... Si piensa usted así, puede ayudarme. Tenemos que hacer algo, doña Isabel. Tiene usted que ayudarme a convencerlo.

DOÑA ISABEL.—*(Maternal, no queriendo matar del todo en él la fe que agoniza en ella.)* No, Alberto, yo no . Tú, tú, que tienes el alma joven y limpia. Tú, que aún conservas tus ideales y que eres capaz de creer, de tener fe... *(Lo va conduciendo hacia la derecha.)* Tú sí. Ve. Él está en su despacho. Ve tú. Si hay una voz que pueda llegar a lo que hay de mejor en él, esa voz es la tuya. *(Empujándole suavemente.)* Ve. Háblale, convéncele.

Alberto sale derecha. Doña Isabel deja escapar un gesto de lástima, quizás por él,. quizás por sí misma. Se vuelve lentamente. Se oye el ruido de un motor europeo, tipo deporte, que se enciende. Doña Isabel va al fondo y se asoma a la barandilla de la terraza circular. Se oye el motor acelerando sin que aún se ponga en marcha el auto.

DOÑA ISABEL.—¡Casandra! ¿Qué haces? ¡Casandra! ¿A dónde vas?

VOZ DE CASANDRA.—*(Proviniendo del fondo, abajo.)* Voy a respirar aire puro, mamá. Me asfixia *tu palacio.*

DOÑA ISABEL.—¡No puedes salir en ese auto descubierto! ¡Casandra! Tiene que acompañarte alguien. Tu padre no quiere... *(El auto se pone en marcha bruscamente, a gran velocidad.)* ¡Casandra! ¡Casandra! *(El auto se aleja rápido.)* ¡Casandra!

Doña Isabel se vuelve lentamente. Avanza con paso torpe como si de pronto se le viniera encima un cansancio de siglos. Al pasar, se apoya en la mesa, llega hasta la butaca de don José y se deja caer en ella. Es la primera vez que doña Isabel se sienta durante todo el transcurso de su presencia en este cuadro. Por ello la acción adquiere significación de derrumbe total, definitivo. Con voz transida de amargura murmura: ¡Mi palacio! *Se queda inmóvil, encogida, mirando los papeles en desorden sobre la mesa. En medio del más absoluto silencio cae el*

TELÓN

Cuadro II

Música. Teatro a oscuras. Se descorre el telón. Total oscuridad en escena. Se oye música irreal que sube. Luego decrece para quedar de fondo a Una Gran Voz.

Una Gran Voz.—*(Magníficamente ampliada.)* Teresias, Teresias, para ti descorro otro velo del misterio. Sólo para tus ojos me permito desgarrar las sombras. ¿Qué ves ahora en el cuadro?

Teresias.—*(En el tono de salmodia de un coro trágico.)* ¡Ay, dolor, dolor! ¡Dolor y miseria! ¡Húndeme en las sombras, Señor! ¡Otra vez las sombras! ¡Que jamás el pan llegue a mi boca! ¡Que el corazón se me desgarre en jirones! ¡Que mis ojos estallen de llanto y mis pupilas no vean jamás el espanto de Tu justicia! Porque Tu mano, Señor, caerá sobre el palacio. ¡Ay dolor, dolor! ¡Dolor y miseria! *(Aparece Teresias en centro, primer término, bajo un chorro de luz roja.)* Se ha roto el equilibrio de Tu ley inmutable. Y la sangre de los míos correrá por la blancura del mármol. ¡Sangre inocente junto a la sangre culpable! ¡Señor, Señor, piedad para los míos! ¡Aparta de mí este cuadro!

Una Gran Voz.—Así sacio tu hambre, Teresias. Así calmo tu sed.

Teresias.—Mi hambre era de justicia. Mi sed, de amor. Calma sólo mi sed, Señor. Y aparta de nos Tu justicia.

Una Gran Voz.—Sólo por mi justicia clamaréis vuestra sed de amor.

Teresias.—*(En grito de angustia, mientras se apaga sobre él la luz rojiza.)* ¡Ay, amor, amor! ¡Dolor y miseria! ¡Amor!

Sube la música in crescendo *dramático, luego decrece hasta extinguirse. A la derecha se ilumina una pequeña área en medio de la cual aparece doña Isabel sentada, y a sus pies, la cabeza hundida en la falda maternal, Casandra sollozando.*

Doña Isabel.—Cálmate, Casandra. Cálmate, hijita. Fue sólo un sueño, una pesadilla.

Casandra.—*(Alzando la cabeza.)* Pero horrible, ¡horrible! Yo había cortado la ceiba del jardín con mis propias manos. La ceiba, ¿comprendes?, el más hermoso de nuestros árboles. Porque ya en sus ramas no cantaba el ruiseñor. Y a cada golpe de mi hacha sentía un dolor espantoso aquí, aquí. *(Se golpea el pecho.)* Pero no podía detenerme. Y golpeaba más, más fuerte. Y el dolor aquí era más, más intenso.

Doña Isabel.—*(Sonriendo con ternura.)* Pero Casandra, no hay que hacer caso. Es un sueño absurdo. *(Tomándole las manos.)* ¡Cómo podrían tus manos, tan chiquitas, tan débiles, empuñar un hacha y cortar la ceiba! *(Atrayendo la cabeza de Casandra y besándola en la frente.)* Vamos, vamos, ríete conmigo de tu pesadilla. *(Ríe suavemente.)* La ceiba no ha caído. Y el ruiseñor volverá a cantar en sus ramas. Y mi Casandra no tendrá malos sueños que vengan a perturbar su alegría.

Casandra.—Ya no hay alegría, mamá.

Doña Isabel.— ¡No! *(Estrechándola contra su pecho.)* ¡No digas eso, no! ¡Claro que hay alegría! A tu edad siempre hay alegría. *Tiene* que haberla. *(Desprendiéndola de sí para mirarla a los ojos.)* ¡Oh, Casandra, la vida a tu edad es la cosa más hermosa que le puede suceder a un ser humano! ¡Vívela, vívela en toda su hermosura! No permitas que nada ni nadie estorbe tu goce de vivirla.

Casandra.—No siento goce alguno en vivirla.

Doña Isabel.—¡Cómo puedes hablar así estando enamorada! ¿Qué ocurre? ¡Te has peleado con Alberto!

Casandra.—No. Pero nuestro amor se asfixia entre estas paredes.

Doña Isabel.—Nadie les impide llevarlo fuera de ellas. ¿No era eso lo que Alberto quería? ¿No es eso lo que me pediste hace tiempo?

Casandra.—¿Cuánto hace, mamá? Ya no lo recuerdo. Todo ha cambiado. Alberto quiso quedarse. Para salvar una sombra...

Doña Isabel.—Alberto tiene ideales.

Casandra.—Yo no los tengo.

Doña Isabel.— *(Precipitadamente.)* Sí, sí los tienes. Los ideales de Alberto son tus ideales. *(Angustiada.)* Casandra, Casandra, no cometas nunca el error de... *(Se detiene un instante para corregir.)* No cometas el error de otras mujeres. Si quieres salvar tu amor debes mantener tu fe en el hombre que amas. Tienes que creer en él ciegamente, ¿me entiendes?, irracionalmente, con la misma fe ciega con que creemos en Dios. Cuando la razón haga caer a pedazos todo lo que tú habías creído seguro, incorruptible, admirable; cuando te veas de pronto en un mundo arrasado, desolado, tendrás el asidero de tu fe que será tu única salvación. No importa a dónde te lleve esa fe. Ella te dará fuerzas para arrostrarlo todo, todo. *(Con honda tris-*

teza.) Si supieras, hijita, si supieras lo horrible que es compartir el destino de un hombre y descubrir de pronto que en tu alma se ha apagado la fe en ese destino. ¡No permitas nunca que eso te ocurra a ti! Para bien o para mal, cree ciegamente en el hombre que amas, aún más allá de la muerte. Alberto tiene ideales. ¡Son tus ideales, Casandra! ¡Cree en ellos! *(Abrazándola estrechamente, en grito entrecortado por las lágrimas.)* ¡No pierdas tu fe, Casandra! ¡No pierdas tu fe, hijita!

Entra música dramática. Se apaga la luz sobre doña Isabel y Casandra. Teatro a oscuras. El cres-cendo de la música se sostiene por algunos segun-dos. Luego decrece y va extinguiéndose mientras se ilumina una pequeña área a la izquierda, en me-dio de la cual está don José sentado detrás de su escritorio. Entra Alberto por la izquierda. Viste ahora de paisano.

Don José.—*(Alzando la vista de los papeles so-bre el escritorio; de excelente humor; eufórico casi.)* ¡Hola, Alberto! Acércate. ¿Está ya todo listo, no? Ya sé, ya sé, ¡un gran día para mí! Para el pue-blo también, desde luego. Dentro de unas horas ejecutaré el mandato democrático de ese pueblo noble y bueno. *(Alberto le alarga un sobre abierto.)* ¿Qué es esto? Bah, no quisiera atender más asun-tos hoy. ¿Es importante? Pero... veo que no lle-vas el uniforme. ¿Te has tomado unas horas de asueto? Bien, bien. Pero recuerda que la recepción empieza a las ocho. Y que a las nueve llegará el Comisionado del Norte para firmar el tratado. Es-tarás de uniforme, naturalmente. A mi derecha. ¿O será a mi izquierda? *(Riendo.)* ¿Qué es lo que indica el protocolo? Vaya, no pongas esa cara. Tam-bién yo tendré que estar enfundado en un "smoking", Sí, sí, ya sé que lo más apropiado sería un chaqué.

(Castañetea los dedos.) Aunque tampoco. Siendo de noche la ceremonia, me parece que lo indicado es un frac. Ah, pero eso sí que no. *(Riendo.)* Ya el "smoking" es suficiente tortura. ¿Has visto a Casandra? Te adelanto que le tengo una sorpresa. *(Se levanta y toma una caja que está en el extremo más apartado del escritorio.)* ¿Te das cuenta de que ésta será la primera recepción protocoloria a que ella asista? Pues bien, para celebrarlo le he comprado un regalo. Yo mismo, ¿eh? No me he fiado de nadie. *(Empieza a abrir el paquete, pero se interrumpe a menudo para accionar mientras hace el relato.)* He ido a la tienda de modas más exclusiva... y más cara. Sí, sí, yo mismo. ¡Ah, debiste estar allí! ¡Si vieras qué aprieto! La francesita que atiende el negocio por poco se cae de nalgas al verme: *"Monsieur le Gouverneur!"* Y yo, más asustado que ella: *"¡Mademoiselle!"* —a lo mejor debía decir *"Madame"*— naufragando en un mar de cosas fofas: velos por aquí, encajes por allá, cojines en el piso, y como si fuera poco, a punto de un síncope por los endemoniados perfumes franceses. Hasta que vino a rescatarme una señora menos asustadiza que la otra. Y más guapa. Que hablaba nuestro idioma, además. Voy a tener que salir más a menudo, Alberto. Oh, no, no me entiendas mal. Quiero decir que deben acostumbrarse a ver al gobernante por las calles sin sufrir un colapso. *(Abriendo la caja.)* En fin, ¡qué diablos!, conseguí lo que quería. Mira. *(Extiende sobre el escritorio una larga y hermosa capa de noche de rico terciopelo negro, forrada en su interior de* lamé *plateado.)* Una capa de noche. ¿Qué te parece? Como la recepción es en los jardines, Casandra podrá lucirla cuanto le plazca. Te gusta, ¿eh?

ALBERTO.—Le agradecería que leyese la carta.

DON JOSÉ.—*(Desconcertado.)* ¿La carta? ¡Ah, sí! De modo que es una carta. Bien. Si crees que es

389

importante... (*Dudando, casi con angustia, refirién-dose a la capa.*) ¿Crees que le gustará a Casandra? ¿No es bonita?

ALBERTO.—(*Después de una breve pausa.*) Sí. Un poco ostentosa, quizás.

DON JOSÉ.—(*Precipitadamente.*) No, no, no. La señora me dijo que era severa... muy digna... muy chic... (*Sonriendo.*) En fin, ¡qué entendemos nosotros de esas cosas! Lo cierto es que ella me aseguró que cualquier mujer se sentiría dichosa con un regalo así. Y eso es lo importante. Quiero que esta noche Casandra se sienta feliz, tan feliz como yo. (*Dobla la capa y la coloca en la caja.*) Espero darle la sorpresa poco antes de que lleguen los invitados. Bueno, y vamos a ver el asunto de esa carta. No quiero detenerme mucho. Supongo que tendrás cosas que hacer antes de la recepción. ¿Dónde la puse? Ah, sí. (*Saca la carta del sobre y se sienta a leerla. Antes de comenzar, echa una oja-da a la firma. Alza la cabeza sorprendido.*) ¡Pero si es tuya! (*Alberto permanece inmóvil y silencioso. Don José baja la cabeza y lee. Al concluir se pasa la mano por la cara y el cuello como si se estuviera untando un alcoholado inexistente.*) Conque era eso. (*Agita el papel en sus manos sin encontrar palabras para expresar lo que siente.*) Era eso. (*Mientras sostiene la carta en una mano golpea el papel con la otra.*) No es en serio, ¿verdad? (*Alberto no con-testa.*) No puede serlo. Y hoy, precisamente hoy. ¿Por qué, Alberto, por qué? (*Mira el contenido de la carta.*) Sin explicaciones. Sin motivo. (*Yergue la cabeza.*) No te la aceptaré. (*Alargándole la carta.*) Retírala.

ALBERTO.—Mi decisión es irrevocable. (*Colocando las insignias sobre la mesa.*) Aquí están las insig-nias. He entregado mis uniformes y mi pistola al Capitán de la Guardia.

DON JOSÉ.—De modo que lo tenías planeado. Planeado cuidadosamente para darme este disgusto hoy.

ALBERTO.—No, señor. Si esperé hasta hoy fue porque... porque tuve la absurda esperanza de que el día de hoy no llegaría nunca.

DON JOSÉ.—No te entiendo. ¿O es que te refieres...?

ALBERTO.—Al tratado que usted firmará dentro de unas horas.

DON JOSÉ.—Sí. Eso. Claro, debí sospecharlo. *(Pasándose la mano por la nuca.)* Alberto, Alberto, estás actuando como un chiquillo. Esto... no es serio. Si tu padre viviera...

ALBERTO.—Aprobaría mi actitud, sin duda.

DON JOSÉ.—No, no, no. Te la reprocharía. Te diría: "Hijo mío, por encima de tus emociones están los intereses del pueblo."

ALBERTO.—Si lo dijera se estaría refiriendo a emociones bastardas, no a la emoción que yo siento por el ideal que él y usted compartieron.

DON JOSÉ.—*(Levantándose se acerca a Alberto, en tono paternal.)* Hay distintos medios de alcanzar un fin. El Protectorado es lo que más se acerca al ideal que tu padre y yo compartimos.

ALBERTO.—No lo creo. Teresias no lo cree. Mi padre no lo creería.

DON JOSÉ.—El pueblo lo cree.

ABERTO.—*(Brusca; brutalmente.)* ¡No me venga con esa monserga demagógica! ¡Ni siquiera lo cree usted mismo!

DON JOSÉ.—*(Enérgico.)* Me estás faltando al respeto.

ALBERTO.—Al político quizás. Al hombre no.

DON JOSÉ.—El político *es* el hombre.

ALBERTO.—Peor entonces. Para todos.

DON JOSÉ.—¿Es eso una amenaza?

ALBERTO.—¿Hay algo que pueda ser amenaza para *usted?*

Don José.—(*Exasperado.*) ¡Cristo! Estamos diciendo cosas sin sentido! ¡Estamos hablando como dos idiotas! (*Calmándose y poniendo una mano en el hombro de Alberto.*) Vamos a ser sensatos. No hagamos frases. Dime todo lo que sientes. ¿Qué tienes en mi contra? ¿Cómo puedo explicarte? ¿Qué debo hacer para convencerte?

Alberto.—Sólo hay una cosa que me convencería.

Don José.—Dila.

Alberto.—No firme ese tratado.

Don José.—(*Apartándose de él.*) No sabes lo que dices.

Alberto.—Sé al menos que aún es tiempo. No lo firme. Usted no fue capaz de darnos la emancipación. Está bien. Otros vendrán después de usted y tendrán el valor de realizar lo que usted no pudo. Por ésos, por los que vienen después, no cierre usted el camino. No comprometa el futuro de este pueblo con ese tratado irrevocable. ¡No tiene usted derecho!

Don José.—Tengo todos los derechos.

Alberto.—Ni usted ni nadie tiene derecho a dar un portazo definitivo a nuestras aspiraciones de libertad.

Don José.—¿Quién se propone cerrar nada? Abro precisamente una nueva puerta a nuestra libertad. Abro el camino de la libertad con protección, que es la única efectiva, la única verdadera. Trata de comprenderlo. Empezaremos nueva vida. Indultaré a don Rodrigo. Olvidaremos rencores y resentimientos. Habrá paz y sosiego para continuar la obra.

Alberto.—¿Qué obra? ¿La del conformismo y la reacción?

Don José.—¿Qué es eso? ¿Vas a llamarme reaccionario también?

Alberto.—¿Qué ocurre, don José? ¿Está tan ciego que no se da cuenta? ¿O pretende cegarnos a todos?

No es un solo ideal el que usted ha traicionado. Vuelva la mirada atrás y contemple su obra. Al cuarto año en el poder abandonó usted la reforma agraria. Al sexto, echó por tierra las medidas socialistas que beneficiaban al pueblo. A los diez años estaba ya aliado con los capitalistas poderosos que combatió desde la oposición. Hoy fomenta usted el absentismo, industrializa el país sobre bases falsas, alienta la emigración, olvida la agricultura. ¿Qué queda de su obra? ¿Es ésta la obra de un partido revolucionario? ¿A cambio de qué traicionó usted el ideal de emancipación? A cambio del poder. A cambio de garantizar su cómoda seguridad en el poder. ¡Eso es lo que tengo que reprocharle! Ésa es la verdad que el pueblo no percibe. No me venga, pues, a hablar de la voluntad del pueblo expresada en las urnas. Un pueblo adormecido por la demagogia no está capacitado para expresar su voluntad, no tiene siquiera voluntad que expresar.

DON JOSÉ.—¡De modo que no sólo dudas de mí, sino también del pueblo! (*Dramáticamente escandalizado.*) ¡Hasta de la democracia!

ALBERTO.—(*Exasperado, casi a gritos.*) ¡No me hable como si yo fuese otro de los imbéciles que lo rodean! (*Dominándose.*) La democracia sin principios liberales es en teoría pura demagogia, y en la práctica, algo peor: pura dictadura de un mesías hipócrita. Ha sido usted, precisamente el campeón del ideal democrático, quien ha logrado hacer muy claras y muy palpables las fallas y debilidades de la democracia. Y quien se ha aprovechado hábilmente de ellas. Ésa es también su obra. Y esa obra es la que quiere sellar, remachar, con la firma del tratado esta noche. Y no piensa en la Historia, no piensa en su responsabilidad, ni siquiera piensa en la dignidad del pueblo...

DON JOSÉ.—(*Estallando, a gritos.*) ¡Al estampar mi firma en ese documento estaré elevando a este miserable, estúpido pueblo, a un nivel de dignidad que jamás ha conocido! (*Pausa lenta. Ambos se miran en silencio. Uno con la espantosa conciencia de haber desnudado su alma, el otro, anonadado por el horror de contemplar un alma desnuda.*)

ALBERTO.—(*Reponiéndose del deslumbramiento de la revelación.*) ¡Ah, de modo que era eso! (*Acercándose a Don José.*) De modo que ese pueblo no tiene dignidad. De modo que durante veinte años usted ha estado halagando, mimando a un pueblo, que en el fondo desprecia. De modo que por eso se acobardó usted en el momento decisivo. ¡No tuvo confianza en su pueblo! Ese "miserable, estúpido pueblo", no era digno de la libertad.

DON JOSÉ.—(*Huyendo de Alberto.*) ¡No he dicho eso!

ALBERTO.—(*Iniciando el acosamiento de Don José.*) ¡Qué muchas cosas puedo comprender ahora! El énfasis desorbitado en la cosa económica, por ejemplo. Un pueblo sin dignidad sólo tiene un ideal: el estómago. La ecuación perfecta: panza ahíta, pueblo feliz. ¡Qué mucho debe habernos despreciado usted! ¡Cuánta razón tiene en llamarnos miserables! ¡Qué situación terrible la suya, Don José! Ser elevado al poder por un pueblo en el cual se cree y descubrir de pronto que ese pueblo es sólo un rebaño despreciable de seres hambrientos. ¿En qué momento ocurrió eso? ¿En qué momento se descubrió usted superior a su pueblo? ¿En qué momento dejó de ser usted uno de nosotros? No importa. Debe haber sido un momento terrible. Por eso, porque ya era un extraño, empezó usted a medirnos con la tabla de valores del Norte. ¡Qué bien entiendo su paradoja! El demócrata convencido, el purista del proceso democrático, violando constantemente los principios de la verdadera democracia. ¡Era eso!

DON JOSÉ.—¡Basta!

ALBERTO.—No era usted. Era el pueblo. Era el "miserable pueblo" que no estaba a la altura de sus ideales.

DON JOSÉ.—¡Cállate!

ALBERTO.—¡Qué Via Crucris para un conductor de pueblos!

DON JOSÉ.—¡Basta!

ALBERTO.—¡Qué calvario!

DON JOSÉ.—¡Déjame! ¡Vete!

ALBERTO.—Si lo único que le falta es el sacrificio final.

DON JOSÉ.—*(A gritos.)* ¡Cállate!

ALBERTO.—Si casi está usted pidiendo la crucifixión.

Empieza a languidecer la luz y entra música suavemente.

DON JOSÉ.—¡Vete! ¡Te he dicho que te vayas!

ALBERTO.—*(En tono natural.)* No firme el tratado, Don José. *(Inicia mutis por la izquierda.)*

DON JOSÉ.—*(A gritos; su voz suena patética, casi preñada de lágrimas.)* Lo firmaré. Nadie impedirá que ejecute el mandato de este pueblo *noble* y *bueno.* Lo firmaré. ¡Lo firmaré!

Se apaga totalmente la luz y sube la música que se sostiene turbulenta por algunos segundos para luego decrecer adquiriendo cierta serenidad, cierta grandiosidad religiosa y quedar así de fondo. Se empieza a iluminar una pequeña área en el centro de la escena con luz de un ligero tinte rojizo. Aparece, bajo el chorro de luz, Casandra, arrodillada en un reclinatorio. Éste está tapizado de terciopelo rojo encendido. El reclinatorio, y por lo tanto Casandra, están encarados casi tres cuartos hacia el fondo derecha, en dirección a donde habitualmente hemos visto la terraza circular (que ahora, desde luego, no se ve). La figura reclinada de Casandra está, desde los hombros, totalmente cubierta por la capa de

noche que le ha regalado Don José. Aunque en este
instante no podemos apreciarlo, lleva bajo la capa
un traje de recepción color gris estilo túnica griega.
La aparición de esta figura debe dar la impresión
de algo estatuario o de composición pictórica. La
capa está extendida, formando un semicírculo per-
fecto sobre el piso para enmarcar artísticamente al
personaje. Cada pliegue ha sido cuidadosamente dis-
puesto para captar el mejor efecto de la luz rojiza
sobre el terciopelo negro. El peinado alto añade dig-
nidad a la cabeza. Los ojos miran al frente (tres
cuartos fondo derecha) a un nivel normal, es decir,
la cabeza ni se inclina ni se alza. Las dos manos entre-
lazadas (no juntas con las palmas abiertas, sino
sencillamente entrelazadas), de las cuales cuelga un
largo rosario de nácar y oro, rozan apenas la bar-
billa. Casandra reza instantes antes de la recepción.
Sin embargo, su actitud de oración no debe restar
altivez ni magnificencia a su figura. La música, que
se ha mantenido serena lo suficiente como para per-
mitirnos captar plenamente el efecto plástico del
cuadro, sube de tono. De ella surge un coro de voces
masculinas.

Coro Masculino.—*(Cantando.)* Dolor, dolor. Dolor
y miseria. ¡Dolor!

Casandra va extendiendo los brazos hacia el frente,
las manos siempre entrelazadas, hasta que el rosario
queda colgando paralelo a las dos columnillas del
reclinatorio, la cruz de oro rozando casi (pero sin
tocarlo) el piso, mientras baja lentamente la cabeza.
El volumen de la música decrece para quedar de
fondo a la voz de doña Isabel.

Voz de doña Isabel.—*(Ampliada, pero entrando*
suave, lenta, para hacer menos perceptible la tran-
sición entre el canto y el recitado.) "Cuando la razón

haga caer a pedazos todo lo que tú creías seguro, incorruptible, admirable; cuando te veas de pronto en un mundo brutalmente arrasado, desolado, tendrás el asidero de tu fe, que será tu única salvación."

Sube música de transición y entra el coro de voces femeninas.

Coro Femenino.—*(Cantando.)* Dolor, dolor. Dolor y miseria. ¡Dolor!

Baja música, transición, y luego queda de fondo la voz de doña Isabel.

Voz de doña Isabel.—"Si quieres salvar tu amor, debes mantener la fe en el hombre que amas. Para bien o para mal, cree en él ciegamente." *(Casandra empieza a alzar lentamente la cabeza, las manos entrelazadas. El movimiento de su cabeza seguirá más allá de la posición original hasta que, al entrar los dos coros, su rostro esté alzado al cielo.)* La fe en el hombre que amas te dará fuerzas para arrostrarlo todo, todo.

Sube música de transición; entran los dos coros cantando simultáneamente.

Coro Masculino y Coro Femenino.—Amor, amor. Dolor y miseria. ¡Amor! *(Entra Alberto por la izquierda y siguen los coros* in crescendo *final.)* Amor, amor. Dolor y miseria. ¡Amor!

La música religiosa queda de fondo y se va extinguiendo hasta morir totalmente cuando se inicia el diálogo. Alberto observa con ternura la figura arrodillada. Se acerca a ella lentamente por la derecha (derecha del actor, no de Casandra en su posición actual), apoya una mano en la barandilla del recli-

natorio e hinca una rodilla en tierra, quedando casi de frente a Casandra, dando tres cuartos de su perfil derecho al público. Casandra baja la cabeza y le mira sin sorpresa. Sonríe con suavidad, extiende su mano derecha y le acaricia el cabello. Alberto toma suavemente la mano que lo acaricia y la besa. Se miran con ternura. Casandra se inclina hasta tocar con su frente la frente de Alberto. Pero no se besan. La mejilla de él resbala acariciando la mejilla de Casandra.

ALBERTO.—¿Por quién rezabas?

CASANDRA.—Por nosotros. Por nuestro amor. *(Casi en murmullo.)* Alberto, creí que no venías.

ALBERTO.—*(Poniéndose de pie.)* No era mi intención venir. *(Ayuda a Casandra a ponerse de pie.)*

CASANDRA.—¿Por qué no? Me habías prometido... ¡Pero estás sin uniforme! ¿No vas a la recepción?

ALBERTO.—No.

CASANDRA.—Entonces, yo tampoco iré. *(Tomándole de la mano, intenta llevarle hacia la izquierda.)* Ven. Nos quedaremos en el saloncito.

ALBERTO.—Casandra, tengo algo que decirte.

CASANDRA.—Ya me contarás todo lo que quieras. Ven.

ALBERTO.—*(Sin moverse.)* Vine a despedirme.

CASANDRA.—*(Sorprendida, soltando su mano.)* ¿A despedirte?

ALBERTO.—He renunciado mi puesto en palacio.

CASANDRA.—*(Ilumniándosele el rostro.)* ¿Has renunciado?... *(Se interrumpe y corre a sus brazos.)* ¡Alberto, Alberto, qué alegría! Al fin te decidiste. ¡Qué felices vamos a ser! ¡Qué felices, mi amor!

ALBERTO.—*(Estrechándola contra sí desesperadamente.)* ¡Casandra, Casandra!

CASANDRA.—*(Sin percibir la angustia de Alberto, absorta en su dicha, hablando con la cabeza apo-*

398

yada en el hombro de él.) Nuestro sueño bueno al fin va a realizarse. No más pesadillas. No más sueños malos. Tú y yo, lejos de aquí, juntos para siempre. *(Estrechándose más a él.)* ¡Qué linda es la vida, Alberto! ¡Qué felicidad quererte y estar en tus brazos!

ALBERTO.—*(Tratando de apartarla de sí para mirarla a la cara.)* No, Casandra, no me has entendido. Dije que vine a despedirme.

CASANDRA.—Ya lo sé. Y me dirás: "Buenas noches, mi amor." Y me darás un beso. *(Haciendo un mohín de mimoso disgusto.)* Y no te veré hasta mañana. *(Alegre.)* Pero pronto no habrá más mañana...

ALBERTO.—*(Conteniéndose apenas.)* Casandra, por favor...

CASANDRA.—Sino un hoy muy nuestro que nadie podrá disputarnos.

ALBERTO.—*(Desprendiéndose bruscamente de ella y volviéndose hacia la derecha, quedando al lado del reclinatorio.)* ¡No! ¡No! ¡No entiendes! No tenemos derecho a ese hoy.

CASANDRA.—*(Desconcertada.)* Alberto...

ALBERTO.—¡No debí venir! *(Dejándose caer de rodillas en el reclinatorio y hundiendo el rostro entre sus brazos.)* ¡Dios! ¡Dios!

Casandra se acerca a él por el fondo y, temerosa, le acaricia la cabeza.

CASANDRA.—Alberto... ¿Qué tienes, mi amor? ¿Qué he dicho?...

Alberto, siempre arrodillado, se abraza a ella desesperadamente hundiendo su cabeza en el pecho de Casandra.

ALBERTO.—Quise verte por última vez. No debí hacerlo. No tengo derecho. *(Se empieza a oír un vals vienés. La música proviene del fondo derecha y se oye un tanto lejana. Alberto se yergue.)* ¿Oyes? Ha empezado la recepción. *(Se pone de pie sin mirarla.)* ¿Has visto a tu padre?

CASANDRA.—Sí, vino a traerme esta capa. Pero...

ALBERTO.—Te dijo si... ¿Habló algo sobre el tratado?

CASANDRA.—No... Directamente no. Pero dijo que esta noche es la más importante de su vida.

ALBERTO.—*(Sombrío.)* Lo será, sin duda.

CASANDRA.—Alberto, no entiendo...

ALBERTO.—*(Volviéndose a ella y tomándola por los hombros, en actitud que es ahora enérgica y decidida.)* Escúchame, Casandra. Tengo algo que pedirte. No vayas a la recepción.

CASANDRA.—Ya dije que me quedaría contigo...

ALBERTO.—No. Yo debo marcharme. Pero tú no saldrás al jardín. Te irás arriba a tu habitación. ¿Me lo prometes?

CASANDRA.—Sí.

ALBERTO.—Gracias. *(Emocionado, tomándole el rostro entre sus manos.)* Y prométeme... que no vas a odiarme demasiado. No, no. Perdóname. No me prometas eso. Adiós. *(La besa suavemente y se dirige a la izquierda.)*

CASANDRA.—¡Alberto! *(Corre a él y lo detiene.)* No puedes irte así. Sin explicarme... sin decirme qué ha pasado. Hablas de un modo... No entiendo. ¡Me das miedo, Alberto!

ALBERTO.—¿Crees en mí, Casandra? ¿Tienes fe en mí?

CASANDRA.—*(Vehemente.)* Sí, mi amor, sí.

ALBERTO.—No me pidas que te explique ahora. Pero oye bien. No importa lo que suceda, debes estar segura de mi amor. Te quiero, Casandra, te quiero más que a mi vida. ¡Recuérdalo!

CASANDRA.—*(Refugiándose en sus brazos, llorosa.)* Tengo miedo, Alberto. ¡No me dejes!

400

ALBERTO.—Es sólo… hasta mañana. *(Besándola en la frente.)* "Buenas noches, mi amor."

Trata suave, pero firmemente, de desprenderse de sus brazos. Al aflojar su abrazo, la mano de Casandra tropieza con algo que está oculto en el bolsillo izquierdo de la chaqueta de Alberto. El roce con el objeto sólido es como un chispazo de luz para su intuición hipersensibilizada por la emoción que acaba de experimentar.

CASANDRA.—¿Qué es eso, Alberto? *(Él trata de detener su mano. La voz de ella sube de tono, casi un grito.)* ¿Qué tienes en el bolsillo?

Sin que él pueda evitarlo, ella ha metido su mano en el bolsillo y saca a medias el objeto. Él trata de impedirlo.

ALBERTO.—No es nada. ¡Casandra, deja!

Ella se libra de él y mira con horror el objeto ya en su propia mano: un revólver.

CASANDRA.—¡Era esto!

ALBERTO.—*(Tratando de conservar su sangre fría.)* Es la pistola de reglamento. Iba precisamente a entregarla al Capitán de la Guardia al salir. Ten cuidado. Está cargada. *(Hace ademán de tomarla.)*

CASANDRA.—*(Retrocediendo.)* No. No es la pistola de reglamento. Es un revólver. Un revólver que nunca te había visto. Reluciente. Nuevo. ¿Para qué necesitas tú un revólver? ¿Lo compraste hoy? *(Lentamente.)* Sí, precisamente. El mismo día de tu renuncia. El día más importante en la vida de mi pa… *(Se detiene horrorizada. Se lleva una mano a la boca para ahogar el grito de un…)* ¡No! *(Echa a correr hacia la izquierda tratando de esquivar a*

401

Alberto, pero éste le intercepta el paso y trata de arrebatarle el revólver.) ¡No! (Luchan cuerpo a cuerpo.)

ALBERTO.—¡Casandra! Dame esa arma.

CASANDRA.—*(Luchando.)* ¡No. No. No. *(Sollozando mientras lucha.)* ¡Tú no! ¡Tú no! Cualquier otro, menos tú. *(Suena un disparo. El matiz de la luz empieza a intensificarse hasta hacerse francamente rojo. Los dos cuerpos se inmovilizan en su lucha. El llanto de Casandra se ha cortado bruscamente. En el fondo, derecha, sigue oyéndose el vals vienés. Al fin el cuerpo de Alberto empieza a troncharse lentamente. Casandra tiene en su mano derecha el revólver humeante y mira el cuerpo caer con ojos desorbitados de espanto. En grito que rompe el silencio de un modo terrible.)* ¡Alberto! *(Se abalanza sobre el cuerpo a tiempo de poder sostener la cabeza antes de que toque el piso. Está ahora de rodillas, la cabeza de Alberto entre sus brazos. Se va sentando sobre sus talones y dejando que la cabeza de Alberto vaya suavemente a descansar sobre su falda mientras la mira con fijeza casi hipnótica. Sin pestañear, sin apartar su mirada de los ojos cerrados de Alberto, empieza a pasar sus dedos, rozando apenas, por el rostro lívido. En voz ahogada.)* Alberto... *(Atrae hacia sí el torso inerte como si quisiera acunarlo sobre su pecho. Su voz casi en susurro.).* Alberto... *(De pronto surgen los sollozos incontenibles, mientras estrecha más el cadáver contra sí y el tono de su voz, quebrado de sollozos, se eleva en lamento que no encontrará consuelo.)* ¡Alberto! ¡Amor! ¡Amor!

Sube la música del vals y se extingue la luz roja sobre Casandra. Teatro totalmente a oscuras. El crescendo del vals se sostiene por algunos segundos. Van uniéndose ahora a la música murmullos de voces, de risas, sonidos de una botella de champaña

al destaparse, de copas que chocan. Se ilumina toda
la escena mientras decrece la música hasta quedar
en su justa perspectiva: proviniendo del interior al
fondo derecha. La escena es la misma del cuadro
primero: terrazas y jardín. Hay iluminación artifi-
cial en las terrazas. El jardín y el mar, al fondo,
están iluminados por la luna. La puerta vidriera de
la derecha está abierta de par en par. En el inte-
rior, brillantemente iluminado, se reflejan sombras
de parejas que bailan. El portón de hierro de la iz-
quierda está también abierto. No hay centinelas
junto al portón. Los invitados fluyen desde más
allá de la verja de hierro, a través del portón abier-
to, hasta el interior del palacio, a través de la puerta
vidriera, y viceversa, como fondo al bullicio y, casi
ahogada por éste, se percibe de vez en cuando la
sempiterna voz del coquí.

Los hombres visten de "smoking" o de frac. Los
más jóvenes llevan "smoking" de verano (dinner
jacket). Las mujeres visten de gala y hacen recor-
dar, en su mayoría, la descripción que de ellas
hiciera doña Isabel. En la terraza circular de la de-
recha, de pie, está la más nutrida concentración de
hombres rodeando a don José: los altos funcio-
narios de su gobierno. Son todos sorprendentemen-
te jóvenes para las responsabilidades de los cargos
que ocupan. Sus edades fluctúan de los treinta a
los cincuenta años. Tienen apariencia de buenos
burgueses; bien comidos y muy atildados. Hombres,
en fin, eficientes: peritos y técnicos limitados por
sus respectivas especialidades. Triunfo, no de la de-
mocracia, sino de la mesocracia. Se echa de menos
en el grupo la nobleza que confiere una auténtica
comprensión y sabiduría de la vida y sus proble-
mas, o la mirada encendida por el fuego de una
eterna juventud visionaria. Entre ellos descuella,
agigantada, la figura de don José. No pueden menos
que recordarse las palabras de doña Isabel: "Eres

*un gigante entre enanos." Y surgen inquietantes in-
terrogaciones de orden moral: "¿Los eligió don José
precisamente por las características que hoy exhi-
ben? ¿Fueron siempre así? ¿O fueron en un tiempo
gigantes potenciales que don José aplastó, defor-
mándolos, hasta convertirlos en lo que hoy son?"
Ninguno de los invitados a la recepción podría contestar estas interrogaciones.*

*En la terraza inferior, bajo la ceiba, está sentada
doña Isabel. La rodea el corro de esposas de los
funcionarios. No demuestra el mismo aplomo y dominio de que hace gala su marido. Se nota inquieta, incómoda, casi angustiada en el esfuerzo por
parecer amable. Parejas y pequeños grupos de gente
joven están dispersos en distintas áreas de la escena, especialmente en extremo derecha e izquierda
de primer término. Algunos invitados se mueven
desde detrás de la reja, cruzan el portón de la izquierda, y se dirigen a la terraza circular para entrar al salón por la puerta vidriera. Otros vienen
del salón, cruzan hacia la izquierda, salen por el
portón, y se les ve perderse, a través de la reja, por
los terrenos del palacio. Es importante destacar esa
área de la izquierda como área natural de actuación
en esta escena. Una iluminación más acentuada sobre el portón abierto contribuirá a destacar su importancia. Esta área y aquella donde está don José,
en la terraza circular, serán las más intensamente
iluminadas.*

*Antonio y dos criados se mueven entre los invi-
tados, sirviendo. Antonio lleva una bandeja con
copas de champaña; el segundo criado, una bandeja
con vasos de whiskey y soda; y el tercer criado, una
bandeja con "canapés" y entremeses. Al pasar Antonio frente al grupo de mujeres bajo la ceiba, doña
Isabel le llama, se levanta y avanza hacia él. No es
imprescindible que oigamos el diálogo. Verosímil-
mente no lo oiríamos debido al bullicio. La mímica*

bastará para nosotros aunque los personajes hablen realmente en escena.

DOÑA ISABEL.—¿No ha bajado Casandra aún?
ANTONIO.—(*Moviendo la cabeza.*) No, señora, no la he visto.

Antonio se inclina y continúa hacia la izquierda. Doña Isabel, preocupada, mira hacia una ventana superior de la fachada, luego se vuelve, da unos pasos hacia la izquierda y mira hacia el área más allá del portón. Desalentada, va a regresar al fondo cuando sus ojos tropiezan con una juvenil pareja que, detrás de la verja de hierro, y recostada sobre la misma, forman una estampa de íntimo coloquio amoroso. Doña Isabel sonríe, maternal. Le hace una seña a Antonio. Éste se acerca.

DOÑA ISABEL.—Llévale champaña a la pareja de enamorados.

Antonio sonríe, se inclina, cruza el portón y le vemos detrás de la verja, ofreciéndoles champaña a los enamorados. Éstos despiertan de su sueño, toman las copas y agradecen sonriendo. Antonio no se aleja. Los novios chocan las copas y mirándose ensimismados a los ojos, beben. Doña Isabel sonríe y regresa al grupo de mujeres bajo la ceiba. Pero no se sienta. Unos segundos de intervalo y cesa la música. Aparece el Secretario a la derecha y anuncia en voz que domina el bullicio:

SECRETARIO.—¡El Señor Comisionado del Norte!

El Secretario se aparta. Hay unos segundos de expectación durante los cuales va amainando el bullicio, aunque sin apagarse del todo. Aparece el Comisionado en la puerta de la izquierda. Es un hombre rubio, alto, corpulento; desgarbado y de apariencia bonachona. Su indumentaria de calle, de corte holgado, y el lazo torcido de su corbata hacen un violento contraste con la nitidez y formalidad de la indumentaria de los nativos. No muestra estar consciente de ello. No hay en él encogimiento o timidez. Ostenta sus modales un tanto rudos (sin llegar nunca a lo ridículo o a lo grosero) con naturalidad, sin afectación alguna. Sus ojos azules, grandes e ingenuos, echan una mirada al conjunto que tiene ante sí. Sus labios sonríen, y es una sonrisa casi infantil. En extremo izquierda, primer término, una Invitada comenta (y esta vez sí oímos el diálogo, aunque se supone que no lo oigan los que están en la terraza circular de la derecha.)

Una Invitada.—¡Dios Santo, qué facha! *(Un Invitado, su acompañante, se encoge de hombros.)*

Un Invitado.—*(Irónico.)* ¡Psss! Él puede. Después de todo es el... *(La voz de don José, partiendo de la derecha, ahoga para nosotros el resto de la frase.)*

Don José.—*(Quien se ha separado del grupo y se acerca a la puerta vidriera con la mano extendida.)* ¡Señor Comisionado! Bienvenido. *(El Comisionado estrecha la mano de don José desde lo alto del escalón que forma la entrada al salón, en relación al nivel de la terraza circular. Su sonrisa se hace más amplia.)* ¡Adelante, por favor! Adelante.

Al dirigirse ambos hacia el grupo de altos funcionarios, éstos prorrumpen en un cerrado aplauso. Algunos de los invitados en la terraza inferior aplauden cortésmente. La mayoría, sin embargo, se conforma con observar la escena. Se oye música de un "blues". El Comisionado empieza a estrechar la mano de los altos funcionarios a medida que Don José los presenta. Vuelven a subir el murmullo y las risas, y a reanudarse el movimiento de los invitados y los criados. *Adentro bailan algunas parejas. Doña Isabel se dirige a la derecha y sube a la terraza circular. El grupo de funcionarios se abre para darle paso. Don José presenta a su esposa al Comisionado. El Comisionado sonríe siempre. Hay un ligero cambio de frases amables. El Comisionado se vuelve a Don José y dice algo que debe ser agudamente humorístico porque el grupo prorrumpe en carcajadas. Doña Isabel sonríe y le hace señal al criado con la bandeja de* whiskey y soda. *Éste se acerca y ofrece bebidas al grupo. Un Alto Funcionario se coloca entre el Comisionado y Don José, alza su vaso y dice con voz que logra en parte dominar el bullicio:*

ALTO FUNCIONARIO.—¡Por la eterna amistad de nuestra Isla con el Norte!

Los de la terraza circular alzan sus vasos en brindis, menos Doña Isabel, quien no ha tomado vaso alguno. El Comisionado sonríe. Todos beben. Simultáneamente, en primer término, extremo izquierda, otra Invitada ríe ruidosamente en medio de un pequeño grupo.

OTRA INVITADA.—(*Ahogada de risa, con toda la inconsciente crueldad de quien es experta en la charla frívola.*) ¡En serio! Me lo dijo *Madame*. Él mismo, en persona. Una capa de noche. ¿Saben de qué? ¡De *lamé* y terciopelo! ¡Se imaginan qué ridiculez! Una capa de noche así para una muchacha tan poquita cosa. ¡La pobre Casandra! Creo que por eso no se ha atrevido a bajar. Parecerá... lo que es. Una campesina jugando a ser princesa.

El grupo corea sus carcajadas. A la derecha, en

*la terraza circular, se ha iniciado un movimiento del
grupo para acercarse a la mesa y rodearla. Don José
se sitúa detrás de la butaca que ha ocupado en ocasiones anteriores. A su izquierda está el Comisionado del Norte, a su derecha Doña Isabel. Todos
permanecen de pie. Don José mira impaciente hacia
la puerta vidriera, como si dijera: "¡Esa música!"
Hace señas al Secretario. Éste se acerca. Don José
le habla brevemente. El Secretario se inclina y sale
presuroso por la puerta vidriera. Segundos después
cesa la música del "blues".*

DON JOSÉ.—(*En voz que domina los murmullos.*)
¡Señores...! (*Desde el comienzo de la escena, es
decir, desde el instante de aparecer a nuestros ojos
el escenario iluminado, hasta el momento en que
empieza a hablar Don José, el juego escénico de la
recepción, que ha tomado tanto espacio en expli-
carse debido al empeño en describir minuciosamente los detalles significativos, habrá durado sólo breves minutos en su realización. La mímica de escenas
individuales y los breves trozos de diálogo deben
haber fluido espontáneamente dentro de la acción
general sin que en momento alguno parezca estar
detenida para destacar los primeros, excepto al aparecer el Comisionado, incidente que lógica y vero-
símilmente interrumpe por algunos segundos la acción del conjunto. A pesar de la continuidad de la
acción general que fluye y refluye desde el salón
de la derecha hasta detrás de la verja de hierro de la
izquierda, y a la inversa, debe haberse establecido
desde el principio cierto sutil contraste entre la "atmósfera" del grupo de funcionarios al fondo de la
terraza circular (más formal, más "política" y ofi-
cialesca"), y la "atmósfera" de la terraza inferior
(más "social", más festiva y frívola, y por ello quizás más humana también). Este contraste, que no
debe hacerse burdamente obvio, adquiere relieve*

irónico en las dos ocasiones en que un comentario maligno o frívolo de personajes en primer término izquierda, les ha "pisado los talones" a las palabras o acciones más serias y dramáticas de la terraza circular en la derecha. Ahora, sin embargo, al terminar Don José su discurso, el ambiente festivo se desvanece en la terraza inferior. La atención empieza a concentrarse en 'la figura del gobernante. Los invitados que estaban a la izquierda, detrás de la verja, cruzan el portón y avanzan hacia la derecha. Los personajes en primer término empiezan a moverse hacia el fondo centro o fondo derecha de la terraza inferior. Todos colocan sus vasos y copas en las bandejas. Los criados luego se retirarán de escena. Algunos de los invitados de la terraza inferior han subido a la terraza circular, pero sin confundirse con el grupo de funcionarios. Otros pocos, viniendo del salón, se acomodan también en esta área sin estorbar la entrada a la puerta vidriera. Don José, en voz no tan fuerte, ya que el ruido ha amainado bastante, repite:) ¡Señores!...

Entra el Secretario por la puerta vidriera trayendo en sus manos el tratado y la estilográfica de escritorio. Coloca la estilográfica sobre la mesa y entrega el tratado al Comisionado del Norte. Luego se dirige a Don José en voz natural que podemos oír.

SECRETARIO.—Señor, los periodistas. Preguntan si pueden pasar.

DON JOSÉ.—(Conteniendo un gesto de impaciencia.) Reténlos en mi despacho. Los veré luego. (El Secretario se inclina ligeramente y sale presuroso por la derecha. La luz general empieza a languidecer imperceptiblemente. Lo mismo ocurrirá con la luz brillante del interior del salón. Sólo se mantendrá en su intensidad original el área donde está *don José. El área del portón, a la izquierda, no se apagará por completo, pero la iluminación bajará para hacerse muy discreta. Los invitados de "smoking" y frac se habrán colocado en posición tal que ahora, imperceptiblemente, puedan ir cubriendo con sus cuerpos las figuras femeninas brillantes y policromas, de modo que cuando bajen las luces hayan formado una barrera negra entre nosotros y lo que pudiera distraer nuestra atención, fija presumiblemente en la terraza circular. Después de este movimiento todos los invitados permanecerán en una inmovilidad total, sin importar la acción que se desarrolle junto a ellos. Conservarán siempre esa inmovilidad, los ojos fijos en el gobernante. Ahora podrá oírse con claridad, como fondo al discurso de don José, la voz monótona del coquí. Don José, con voz grave y sobria.)* Distinguido señor Comisionado del Norte, compañeros apreciados de mi gobierno, amigos todos. Nos hemos reunido aquí esta noche para un acto que ha de ser de importancia trascendental en la historia de nuestro pueblo. Hubieran sido los más caros deseos de algunos de mis compañeros realizar este acto en el ámbito austero de nuestro Capitolio, donde en sesión plenaria, a los ojos del pueblo, ejecutaría yo un *sabio* y *democrático* mandato. Sin embargo, complaciendo una petición de nuestro huésped distinguido, hemos accedido a firmar el tratado en ceremonia *sencilla e íntima*, prescindiendo de toda pompa y todo protocolo. *(Desde aquí empieza a perder Don José el tono grave y sobrio que es característico de su oratoria. Diríase que se mueve en terreno resbaladizo y que, para disimular su falta de seguridad, se ve obligado a recurrir a trucos que son ajenos a los que suele utilizar en sus comunicaciones ordinarias con el pueblo.)* Ha de resaltar a los ojos de todos lo significativo de la petición del ilustre representante del Norte. Resulta conmovedor, hondamente conmovedor, que el gran País del Norte, en el instante mismo de demostrar su máxima generosidad, su grandeza espiritual, la realización en esta Isla de sus más entrañables principios de libertad, igualdad y fraternidad humanas, desee hacerlo sin aparatosidad ni protocolo, sin alarde ni ostentación. Yo, que en mis años juveniles pude convivir con aquel gran pueblo, conociendo a fondo su nobleza, la ausencia de prejuicios en su sociedad, su espíritu liberal y progresista, su honda generosidad y enorme comprensión para con los países menos poderosos y afortunados, no dudé nunca de que nuestras relaciones con una nación de tal grandeza, habrían de dar un día sus frutos de felicidad y bienestar para todos. Con el advenimiento del Protectorado no sólo desmiente la nación del Norte las injustas acusaciones de imperialista que viciosamente le lanzan sus enemigos, sino que el pueblo de esta Isla, ese pueblo noble y bueno, ese pueblo que yo tanto admiro porque ha sido... digno, sí, tan digno siempre a lo largo de su historia; realiza al fin sus más caras aspiraciones. Éste es, pues, un triunfo de dos pueblos *libres*, que se respetan y se aman; que *libremente*, en un plano de absoluta *igualdad* y *justicia*, han escogido el camino fructífero de lo que yo llamo la independencia dentro de la interdependencia. No es necesario insistir en ello. Todos estamos convencidos. Si alguna duda hubiese existido en la mente de alguien, el resultado aplastante del referéndum habría sido factor decisivo para convencerle. Porque el referéndum es la voz del pueblo. Y la voz del pueblo es *siempre* sabia. (*Toma la pluma. El Comisionado, sonriendo siempre, coloca el documento sobre la mesa, frente a Don José; lo hojea buscando la página deseada y lo deja al fin abierto en la página en que se supone estampe su firma el gobernante. Don José habla con la pluma en la mano. La composición del*

411

*grupo hace recordar vagamente la composición de
algún cuadro famoso representando la firma del documento fundamental que proclama la independencia de una nación. El escenario está ya totalmente
a oscuras, excepto dos áreas: la de Don José, brillantemente iluminada, y el área del portón abierto
que se ha mantenido iluminada discretamente. La
iluminación del salón se ha extinguido por completo. La luz de la luna, al fondo, está ya a punto de
extinguirse. Sigue oyéndose, sin que resulte perturbador, el coquí en el jardín.)* Al firmar este documento no sólo estaremos garantizando la continuidad de una obra de gobierno que ha traído el más
alto bienestar económico y el mayor progreso a
nuestra Isla, sino que también estaremos abriendo
las puertas a un grado mayor de libertad y de democracia. No sólo estaremos borrando vestigios colo-
niales, no sólo estaremos eliminando la angustia y
la incertidumbre de nuestro pueblo por su futuro
político, ahora asegurado, sino que estaremos dejando atrás odios y rencores de luchas fratricidas.
*(La voz de don José adquiere ahora inflexiones de
genuina emoción.)* Hoy comenzamos una página
blanca y limpia en nuestra historia. Como prueba
de ello, siento profunda satisfacción en anunciar a
ustedes una buena nueva. Esta tarde, a las cinco
en punto de esta tarde, firmé otro documento que
da la libertad a un compatriota nuestro. ¡Firmé
esta tarde, señores, el indulto de don Rodrigo!
Yo... *(Se detiene bruscamente. Ha quedado paralizado, petrificado en su gesto. Al pronunciar el
nombre de don Rodrigo ha entrado suavemente
de fondo la música irreal del principio del Acto I.
Simultáneamente Casandra ha aparecido detrás de
la verja a la izquierda. El área de luz de la derecha
se empieza a reducir hasta convertirse en un simple
rayo que sólo ilumina la cabeza y el torso de don
José. La luz de la luna, al fondo, se ha extinguido*

*por completo. Los demás personajes, inmóviles en
la sombra, resultan ya invisibles para nosotros. Casandra avanza lentamente hasta el área de luz de
la izquierda, deteniéndose después de haber pasado el portón. Al llegar al centro del círculo lumino-
so, éste aumenta en intensidad. Casandra luce la
misma indumentaria de la escena con Alberto, pero
su apariencia da señales del efecto de aquélla: el
cabello, peinado antes cuidadosamente, está ahora
semisuelto; el rostro muestra una intensa palidez;
los ojos, enrojecidos de llanto, tienen una mirada
alucinada; la capa, abierta al frente, deja al descubierto pliegues de la túnica gris manchados de sangre: la mano y parte del brazo izquierdo están también ensangrentados; el brazo derecho se mantiene
oculto bajo la capa negra. En el transcurso de toda
la tragedia es éste el único encuentro de don José
y Casandra en una misma escena. Ello deberá añadir significado especial al choque simbólico que
hemos de presenciar. Don José, quien ha estado
petrificado observando a Casandra desde su aparición, logra articular en voz apenas audible:)* ¡Casandra! *(La música irreal sube discretamente de
volumen. La voz de don José se hace más clara,
aunque siempre trémula de angustia.)* ¡Casandra!
¡Has venido, al fin!

Casandra.—*(En voz monótona y dura.)* He venido
a tu celebración, padre. He venido a lucir tu capa
negra en la noche más negra de mi vida.

*La luz, sobre Casandra, empieza a languidecer
imperceptiblemente.*

Don José.—La capa... No puedo verte bien. Acércate.

Casandra.—No necesitas verme. Mi voz... Sólo
mi voz llegará muy dentro de tus pupilas. Mi voz
que trae a tu celebración el presente de una buena

413

nueva. *(Con voz súbitamente terrible.)* ¡La muerte ya entró en palacio, padre!

Se extingue la luz sobre Casandra.

DON JOSÉ.—*(En grito de angustia.)* ¡No!

El rayo de luz sobre don José se reduce más para iluminar exclusivamente su rostro. La escena está ahora en total oscuridad, excepto el rostro iluminado del personaje. La música sigue de fondo.

CASANDRA.—*(Quien se ha movido un paso más hacia la derecha de lo que estaba antes de reinar la oscuridad.)* Sí, la muerte. A pesar de las rejas y las murallas, envuelta en el dolor de nuestra noche, la he tenido en mis brazos. Y a su cuerpo ensangrentado, con mis labios, le he arrancado la voz. ¡Y su voz, es ya mi voz!

DON JOSÉ.—*(Angustiado.)* ¡Casandra! ¿Dónde estás?

CASANDRA.—*(Terrible y solemne, contrastando con el realismo de la voz de don José.)* ¿Dónde están los ideales del padre de Alberto?

DON JOSÉ.—*(Apresurado.)* ¿Qué dices? El padre de Alberto murió.

CASANDRA.—¿Dónde está tu lealtad a Teresias?

DON JOSÉ.—*(Debatiéndose prisionero del rayo de luz que cae sobre su rostro, sus ojos buscando inútilmente algo en las sombras que le rodean.)* ¿Teresias? Le he aumentado la pensión. La ha rechazado. No tengo la culpa...

CASANDRA.—*(Moviéndose en la oscuridad un paso más a la derecha.)* ¿Qué has hecho de la felicidad de los tuyos?

DON JOSÉ.—*(Su angustia va en aumento, suda copiosamente, diríase sometido a un interrogatorio bajo tormento.)* Son felices. Isabelita cree en mí.

414

A Casandra le he regalado una capa muy hermosa. Son felices...

CASANDRA.—*(El mismo efecto. Se mueve en la oscuridad otro paso hacia la derecha.)* ¿Qué has hecho de la emancipación de tu pueblo?

DON JOSÉ.—El progreso... El Protectorado...

CASANDRA.—*(Interrumpiéndole, su voz in crescendo.)* ¿Dónde está el más joven, el más noble de tus amigos?

DON JOSÉ.—Me ha abandonado... ¡A mí! A mí que...

CASANDRA.—¡José! ¡José! ¡Devuelve lo que nos has quitado! ¡Limpia lo que has mancillado! ¡Humilla lo que has ensalzado! ¡Resucita lo que has matado!

DON JOSÉ.—¿Quién me habla, Dios Santo? Esa voz...

Cesa bruscamente la música irreal. Hay un instante de silencio, roto por la voz del coquí. Calla también el coquí. Y surge en la oscuridad la voz de Casandra, proviniendo de ella, quien está ya en el lugar donde antes veíamos la escalera de mármol que conducía a la terraza circular de la derecha.

CASANDRA.—¡Ésa es mi voz! ¡La voz de mi mundo arrasado por ti! La voz de tus ideales muertos, de nuestra patria entregada, de mi amor asesinado. ¡Ésa es mi voz! *(En grito terrible.)* ¡Es la voz de mi Alberto!

Suenan tres disparos. El rostro de don José se crispa de dolor y la luz que lo ilumina empieza a extinguirse muy lentamente. Entra de fondo música religiosa de la escena Alberto-Casandra. La música sube de volumen y entra el coro de voces femeninas.

Coro Femenino.—(*Cantando.*) Dolor, dolor. Dolor y miseria. ¡Dolor!

Intervalo musical. La luz sobre el rostro de Don José se extingue totalmente ahora. Toda la escena queda a oscuras. Entra el coro de voces masculinas.

Coro Masculino.—(*Cantando.*) Dolor, dolor. Dolor y miseria. ¡Dolor!

Intervalo musical. Sigue reinando la oscuridad. Música queda de fondo a la voz de Teresias proviniendo de él, en primer término derecha.

Teresias.—(*En tono salmódico.*) ¡Ay, dolor, dolor! ¡Dolor y miseria! Porque la ley de Tu universo fue violada. Y la voz de Tu justicia se derramó sobre mi pueblo. ¡Ay, dolor y miseria! Porque corrieron ríos de sangre y la casa fue derribada. (*Un débil rayo de luz azul pálido empieza a iluminar la figura de Casandra sobre el pedestal de granito. La figura aparece donde apareció la estatua al principio del primer cuadro en el Acto I, es decir, un tanto hacia el fondo izquierda, junto a la baranda de la terraza inferior, entre el lugar que ocupó la ceiba y el que ocupó la verja de hierro. A diferencia de la escena inicial del Acto I, la figura de Casandra no se ha convertido aún en mármol. Aparece mostrando su perfil izquierdo, sin capa, con la túnica de corte griego flotando al aire, el brazo colgando tenso, la mano izquierda crispada en la capa que sostiene por el borde y que yace mayormente sobre la base de granito, un poco hacia atrás, como si al caminar la hubiese estado arrastrando. Lleva el cabello semisuelto, como en la escena anterior. Su cuerpo se mantiene hierático, su mirada perdida en el misterio de la noche, el brazo derecho en alto, un poco hacia el frente, la mano abierta como sacerdotisa que derrama dones sobre la cabeza de los suyos.*) Y fue que la Justicia de Tu mano cayó sobre nuestro pueblo. Y el amor fue crucificado.

Un rayo tenue de luz amarilla empieza a destacar la figura de Teresias en primer término extremo derecha, apoyado en su bastón, contemplando a Casandra. Entra el coro de voces masculinas.

CORO MASCULINO.—(*Cantando.*) Amor, amor. Dolor y miseria. ¡Amor!

Breve intervalo musical y luego música queda de fondo a las palabras de Teresias.

VOZ DE TERESIAS.—Y sucedió. La Historia de los hombres perpetuó lo implacable de Tu fallo. ¡Por amor y por dolor Casandra es ya inmortal!

Entran simultáneamente voces del Coro Masculino y voces del Coro Femenino.

CORO MASCULINO Y CORO FEMENINO.—Amor, amor. Dolor y miseria. ¡Amor! (*La luz azul pálido sobre Casandra se ha ido haciendo más intensa. La brisa ha aumentado y agita ahora dramáticamente su cabello y su túnica. El telón cae mientras los dos coros suben a un* crescendo *triunfal y la luz amarilla sobre Teresias empieza a extinguirse.*) Amor, amor. Dolor y miseria. ¡Amor!

TELÓN

ÍNDICE

Este libro se terminó de imprimir en el mes de abril de 1992 en los talleres de Cuadratín y Medio, S. A. de C. V., Dr. Vértiz 931-A, Col. Narvarte, 03020 México, D. F. Se tiraron 1 000 ejemplares.

COLECCIÓN POPULAR

* **Tiempo Presente**

* TIEMPO PRESENTE ** NARRADORES LATINOAMERICANOS